主办：华东政法大学社会管理与公共安全研究中心

中国社会公共安全研究报告
Advances in China Public Security

主　编　杜志淳
副主编　张明军　易承志

第3辑
2013年第2期

 中央编译出版社
Central Compilation & Translation Press

图书在版编目（CIP）数据

中国社会公共安全研究报告 . 第 3 辑 / 杜志淳主编 .
—北京：中央编译出版社，2013.10
ISBN 978-7-5117-1939-3

Ⅰ. ①中…

Ⅱ. ①杜…

Ⅲ. ①公共安全—社会管理—研究报告—中国

Ⅳ. ① D63

中国版本图书馆 CIP 数据核字 (2013) 第 282560 号

中国社会公共安全研究报告 . 第 3 辑

出 版 人	刘明清
出版统筹	薛晓源
责任编辑	盛菊艳
责任印制	尹 珺
出版发行	中央编译出版社
地　　址	北京西城区车公庄大街乙 5 号鸿儒大厦 B 座 (100044)
电　　话	(010) 52612345 (总编室)　　(010) 52612335 (编辑室) (010) 66161011 (团购部)　　(010) 52612332 (网络销售部) (010) 66130345 (发行部)　　(010) 66509618 (读者服务部)
网　　址	www.cctpbook.com
经　　销	全国新华书店
印　　刷	北京金瀑印刷有限责任公司
开　　本	787 毫米 × 1092 毫米　1/16
字　　数	300 千字
印　　张	18.75
版　　次	2013 年 10 月第 1 版第 1 次印刷
定　　价	49.00 元

本社常年法律顾问：北京市吴栾赵阎律师事务所律师　闫军　梁勤
凡有印装质量问题，本社负责调换，电话：(010)66509618

编委会

主　任　杜志淳
副主任　杨正鸣　何明升　张明军
编　委　于建嵘　李连江　高小平　王教生
　　　　陆卫东　娄成武　朱正威　佘　廉
　　　　竺乾威　陈振明　倪　星　王永全
　　　　杨　龙　项继权　朱立言　沈忠新
　　　　陈　平　郭秀云　杨正鸣　何明升
　　　　张明军　倪　铁
主　编　杜志淳
副主编　张明军　易承志
编　辑　郭秀云　吴新叶　汪伟全
　　　　易承志　郑　谦

投稿信箱：hzggy021@126.com
投稿地址：上海市龙源路555号华东政法大学集英楼B308室

目录 Contents

主题探讨

2013年上半年群体性事件分析报告
………………………华东政法大学社会管理与公共安全研究中心 /003

本辑特稿

群体性事件中的暴力何以发生
——对1189起群体性事件的初步分析 ……………………… 肖唐镖 /015

本辑话题

公安微博是否提升了公众的公共安全感？
——以中国大城市为例 ……………………………………… 马 亮 /043
国外突发事件网络舆情信息流导控模式及其对中国的借鉴
………………………………………………………… 张玉亮，路 瑶 /063
网络舆情危机治理的理念评估与反思
——以湖南为例 …………………………………………… 郑志平 /075
中国公共突发事件网络舆情危机应对：经验、挑战及建议 …… 唐 玲 /083
突发网络群体性事件中的微博客主动引导对策 ……………… 李怀强 /092

研究报告

高速公路突发事件组织间应急信息沟通障碍实证研究 ……… 雷丽萍 /105
建立中国特色公共安全委员会组织体系初探 ………… 曾 春，王宗荣 /118

公共安全视域下我国省际人口安全及其影响因素测评实证研究
　　……………………………………………………………… 莫慧玲，崔　嫘 /131

案例分析

富裕社会中的孤岛：郊区危机 30 年
　　——城市骚乱的概念和理论 ……………………………… 雷尚谦，朱敏玺 /147
群体性事件的示范效应
　　——以重庆出租车停运事件为例 ……………………………………… 潘辰喻 /167
微博对网络舆论危机的影响评估
　　——以"沈阳商户歇业事件"和"H7N9 防控"为例 ………… 杨玉兰 /176

学术动态

公共突发事件联动应急中的部门利益梗阻及治理研究
　　——基于整体性治理理论的视角 ……………………… 盛明科，郭群英 /189
权力结构变迁中的政党与社会抗争治理研究 ……………………… 孙培军 /203
城市第二代移民的社会融入与社会稳定
　　——以上海为例 ………………………………………………………… 熊易寒 /222

热点热议

当前中国安全监管工作的社会学反思 ………………………………… 颜　烨 /241
新形势下无法回避的"必答题"
　　——关于网络事件的调查与思考 ………… 魏四海，张立恒，苏树增 /249
官民冲突视角下的群体性事件：表现、成因与应对 ……… 方小刚，王金叶 /257
耗散结构理论下的社会冲突与稳定
　　——以群体性事件为例的讨论 ………………………………………… 荣启涵 /266
转型期的政府网络舆论回应机制
　　——基于路径依赖的解释与分析 …………………………………… 李利文 /275

主题探讨

2013年上半年群体性事件分析报告

华东政法大学社会管理与公共安全研究中心

(张明军 陈 朋 王李兵)

一、总体概述

当前,随着转型社会、风险社会和网络社会的同步来临,再加上现代社会管理体制的不够健全,不同群体之间的利益冲突和社会矛盾日益增多,群体性事件作为各种利益冲突和社会矛盾爆发的主要呈现方式,其发生的频数和规模越来越大、破坏性越来越强、情况越来越复杂、影响越来越广泛,日益构成社会良性运行和协调发展的重大威胁。

根据初略数据统计,2013年上半年全国发生的群体性事件大约为8.4万起,平均每天发生约455起。这与2012年上半年的数据相比,同期增长了1.1个百分点。参见下图:

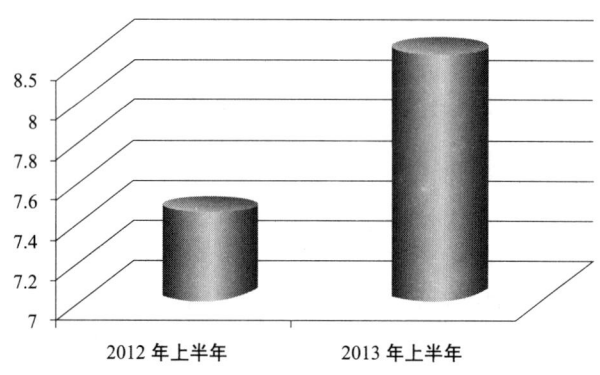

2013年上半年全国群体性事件同期对比图

展开来看,2013年上半年的群体性事件呈现如下基本态势:

（一）从涉及领域看，主要集中在征地拆迁、劳资纠纷、环境污染等领域

数据显示，征地拆迁、劳资纠纷和环境污染分别约占群体性事件总数的36.1%，15.3%，16.1%。

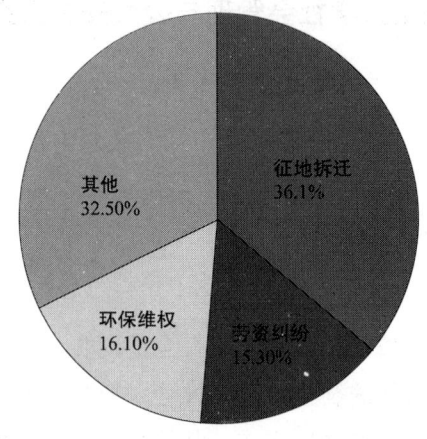

由此可见，当前的群体性事件主要集中在基于民生的经济利益诉求等方面，基于权力指向的政治性特征并不明显。在这些事件中，征地拆迁引发的矛盾最为突出。如4月9日，山东省枣庄市市中区永安乡夏庄村，数百名村民因没有领到征地补偿款，而对征地施工进行阻拦，在此过程中与施工方发生冲突，造成3名村民被打伤。时隔4天，4月13日，福建省厦门市西柯镇潘涂社区（村改居）上千名被征地村民因不满在镇政府门前静坐。事件起因于24年前凯歌高尔夫俱乐部占用潘涂村3300余亩土地。村民原以为这块土地属潘涂村集体所有，租赁给凯歌公司。但春节前却得知，政府早已将土地收归国有，使用权出让给凯歌公司，从而引发近千名村民前往静坐。14日凌晨4时许，厦门市同安区行政执法局组织人员拆除了西柯镇潘涂社区村民在凯歌高尔夫俱乐部门前搭建的聚集区。这一行动引发了冲突，继而导致村民和政府工作人员不同程度受伤。

其实，像这样的群体性事件在2013年上半年颇为突出，几乎每周都在发生。征地拆迁之所以容易引发矛盾和冲突，同基层政府的不当行为直接相关。党的十八大鲜明提出，坚持走中国特色新型工业化、信息化、城镇化、农业现代化道路，推动信息化和工业化深度融合、工业化和城镇化良性互动、城镇化和农业现代化相互协调，促进工业化、信息化、城镇化、农业现代化同步发展。随后，在2013年"两会"期间，李克强总理又多次强调，有序释放城镇化的内需潜力。这些举措传递出来的信号就是城镇化成为新一届中央政府的重点努力方向。出于这一嗅觉，一些基层政府全力推出城镇化建设方略。然而，在实际工作中却出现了诸多偏颇：将城镇化偏狭地理解为修

筑高楼大厦、修建柏油马路、兴建厂矿企业，而忽视了城镇化最重要的内容——人的发展和需求满足。于是，一些"被上楼"的事件屡见报端，一些理应得到支付的补偿款迟迟不到位，甚至是挪作他用或被贪腐，一些进城的农民享受不到合适的就业、养老、教育和医疗保障及服务。这些因素累积在一起，终将政府与群众"扭打"在一起。

劳资纠纷主要源于劳动者不满悬殊的收入差距和不公平的绩效分配。虽然这类群体性事件并未占据多数，但依旧不能忽视。首先，这些事件抗争的就是不公平的待遇，维护的是公平正义，而公平正义正是社会运行的基本准则。丧失公平正义，社会将难以为继。其次，这些事件的主要参与者多是年轻的"80后"，他们青春年少，但从事着劳动密集型行业的工作，比如快递、建筑、组装等，一旦这些从业人员参与群体性事件，不仅会影响地方社会秩序，而且会影响整个社会的有序运行。值得注意的是，劳资纠纷已经开始向高层次智力劳动者扩散，如3月16日，重庆工商大学全体教师罢课，是因为前一天下午学校强行通过的绩效改革方案引发了教师集体不满。他们堵在校门口，高唱国歌，大喊罢课。

环境污染问题导致的群体性事件近年来频频发生。2013年上半年这些群体性事件依然占比较大，而且激烈程度强。如1月19日下午，深圳南山区科华路附近数百名居民上街游行，抗议在科技园内建LCD工厂，排放三废，污染空气及周边水厂，危害居民健康。当日，近万名周边群众在联名抵制"毒工厂"横幅上签下自己的名字。5月12日，数百名上海民众举行集会，反对一个有争议的电池厂项目。据悉，当时在松江区街头聚集的一些抗议者手举"不要工厂，我们爱松江"等标语的牌子，还有许多人身穿反对修建污染工厂图案的T恤。事发于合肥国轩高科动力能源有限公司的电池工厂项目计划落户松江，而当地居民担忧工厂会排放有污染的废水废气。

（二）从冲突形式看，游行、示威、肢体冲突构成了事件的主要行动方式，对抗性程度加剧

对于目前的群体性事件，学者对其政治特性的判断基本一致——除了极少数群体性事件以外，其余的基本上都不具备明确的权力指向。但这并不意味着群体性事件的激烈抗争性因此消失。事实上，在一些事件中"相当一部分参与主体的行为方式，越来越趋向于采取各种极端手段和违法行为，带有强烈的对抗性和暴力性色彩。他们动辄聚众阻断交通，围攻、冲击基层党政办公场所，甚至破坏公共财物和设施，打砸基层政府机关，造成恶劣的社会影响。在事件发生过程中，少数骨干分子常常通过制造各种谣言和事端，挑动和激起围观群众和参与者的不满情绪，并通过暗示和模仿，相互感染和激发，使大量参与者失去理性，采取极端的方式发泄心中的不满，从而使事件带有明显的暴力性和对抗性。①"

数据显示，2013年上半年的群体性事件，采取制度外的集体行动依然居多，其中，采取示威、肢体冲突的约占事件总数的33.9%和28.3%。在示威中，采取堵路的形式尤为普遍，如1月15日，广东江门市新会区睦洲镇南安村2000多村民不满镇政府偷偷征地堵路维权，掀翻警车。其原因是，南安村租给镇政府的土地被区国土资源局挂牌出让，2000多村民不满土地易主，于是堵路维权，掀翻警车。时隔3天，1月18日上午，海南省三亚市凤凰镇林家村也发生一起数百名村民堵路示威活动，上百村民拿着两条写有"强毁祖坟 丧尽天良"、"入土为安 死者为大"的横幅，向政府示威，极力反对强拆祖坟。

在群体性事件中，肢体冲突也非常明显。数据显示，城管执法人员与摊贩之间发生的群体性事件多是肢体冲突。初步统计，这类事件大约占到了事件总数的26.7%。其基本套路是先有城管执法人员与小摊贩之间的口交之争，随后双方发生个体间的肢体冲突，再后来则会引发相关利益群体乃至无关群体之间的激烈冲突。

激烈的对抗方式之所以不断涌现，主要是因为尚未建立起平等有效的利益协调机制和诉求表达机制，单个个体的力量难以在制度化的博弈中获得优势，便采取抱团的形式并借助制度外的方式。参与者希望通过游行、示威等方式可以将事情闹大，利用政府"维稳"心理，向政府施压，以引起广泛关注。尽管群体性事件大都起因于正当利益诉求的维权行为，但在特定情境下，由于群众集聚、谣言四起、情绪渲染、泄愤心理等因素的相互交织，场面失控和爆发肢体冲突就难以避免。

（三）从矛头指向看，企业和政府成为矛头指向的主要对象

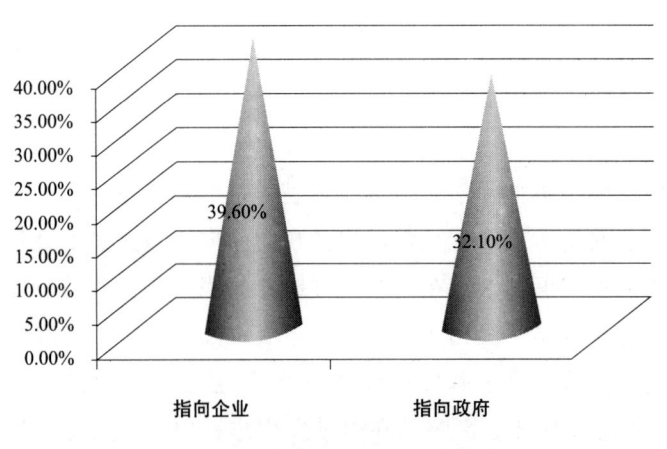

群体性事件的主要矛头指向

---

① 王庆功：《目前我国群体性事件的特点、趋势及防控对策》，载《东岳论丛》，2011年第1期。

数据显示，上半年群体性事件矛头指向企业和政府的分别占39.6%和32.1%。

之所以剑指企业，主要是抗争工资待遇。这在上文已有所阐述。将矛头指向政府，则原因更为复杂。客观而言，引发政府与群众之间的冲突，关键因素是政府与群众在争利益，"与民争利"成为绝大部分官民冲突的深层缘由。"与民争利"源于政府自身固有的权力扩张性，其表现形式多种多样，既有最典型的官员为满足个人的一己之私贪污腐化、侵害群众的利益，又有让群众深恶痛绝的官僚主义盛行，官员不作为、乱作为，一些官员不从为民、便民、利民、安民的角度考虑问题，而是从自身政绩、名位考虑，从方便管理、方便执法的角度考虑问题，不顾民意，硬性推行劳民伤财的"政绩工程"、"形象项目"，一些领导干部对人民群众的困难和问题，不是积极解决而是能推就推，能拖就拖，群众遇到的问题和困难长期得不到有效解决，致使群众与党和政府的对立情绪越来越严重，继而引发情绪发泄式的激烈对抗和冲突。特别是在发达地区，基层政府在征地拆迁、城管执法、资源开发、信访维稳等问题上不能很好地处理与人民群众之间的利益关系，大量积案和积怨长期得不到有效化解，导致党群干群关系紧张、官民对立和冲突不断涌现。

除此之外，官民冲突还同政府的治理能力有关。一般来说，政府的治理能力越强，群体性事件发生的机率越小；政府的治理能力越弱，群体性事件发生的机率越大。从个案来看，群体性事件之所以能够发生，在很大程度上正是基层政府治理能力弱化引起的。[①]

（四）从发生区域和空间分布上看，沿海发达地区和西部地区成为事件的多发区域，城镇构成了事件爆发的集中场域

通过众多案例的梳理分析发现，群体性事件呈现出华东、华南等沿海发达地区与西部地区成为事件多发区域的趋势。上半年群体性事件发生在华东、华南和西部地区的，分别占到总体的32.7%、26.4%和19.5%。华南地区以广东和福建居多，华东地区以江苏和上海居多，西部地区则以陕西和重庆居多。这个数据与2012年上半年基本相当。

相关研究认为，经济发展水平与群体性事件之间具有一定程度的关联性，即经济

[①] 关于群体性事件中的政府治理能力，有的人更倾向于称之控制能力。如陈良咨认为，改革开放以来，政府对社会控制的方式发生了很大的变化，一是从单位控制向社会控制转变，二是从单一型控制向复合型控制转变，三是从封闭型控制向开放型控制转变，四是从非制度型控制向制度型控制转变。这些变化，是我国政治进步的重要表现。同时必须承认，目前政府对社会的控制度在总体水平上有所下降，这是社会急剧变动时期必然出现的现象。

发展水平高和经济发展水平低的地区,一般都是群体性事件发生较为频繁,并且激烈程度也较高的地区。

城镇分别构成了群体性事件爆发的集中场域,这种场域特征与国家治理方略的调整密切相关。上世纪90年代,因农民负担过重而引发的农村群体性事件此起彼伏,农村成为群体性事件发生的集中地。进入新世纪以来,尤其是国家取消农业税并进行综合配套改革之后,农民负担大幅度减轻,并享受了各种惠农支农政策。在这种情况下,农村群体性事件随之大幅度减少。然而,随着城镇化进程的加快,群体性事件"由乡入城"的步伐随之加快,城镇日益成为群体性事件发生的集中地。

二、典型特征

1. 参与主体结构复杂。当前群体性事件参与者的成分结构日趋复杂,这主要体现在:一是社会各阶层人员均有涉及,有农民、农民工、失地农民、工人、教师、个体业主、学生、城管人员等;二是事件涉及的行业和组织也越来越多,既有第一产业,也有第二产业,还有新型服务业,既有体制内的人员参与,也有体制外的人员参与,事件波及机关、学校、医院、银行、厂矿企业等区域和组织;三是非直接利益诉求者卷入其中,众多群体性事件发生之初往往是利益相关者表达利益诉求,但随着事态的发展,人员聚集越来越多,而他们更多是基于一种发泄心理,最终导致局面难以控制。

2. 组织化倾向日渐突出。一段时间以来,群体性事件多体现出自发性和松散性特征,即事件的爆发由于极为偶然的因素诱发,事前毫无征兆,事件来得快,去得也快。而当前,一些群体性事件表现出日益突出的组织化倾向,特别是那些参与人数多、持续时间长、规模比较大的群体性事件,如环境保护、业主维权类等群体性事件,其组织化程度较高,目标明确、行动统一、进退有序。

3. 矛盾冲突领域相对集中。目前,群体性事件相对集中于征地拆迁、劳资纠纷以及业主维权等问题上,如2013年春节期间,由于拖欠农民工工资引发了众多群体性事件。值得关注的是,随着利益格局的深刻调整,社会管理类、金融类群体性事件呈现上升态势。此外,由环境污染、物业管理、交通运输、社会投资等因素引发的矛盾纠纷也不断涌现,且激烈对抗程度较高。

4. 维权意识逐渐增强。群体性事件的增多不仅与我国逐渐进入改革发展的关键时期,经济体制变革、社会结构变动、利益结构调整、思想观念变化密切相关,而且还与民众维权意识的迅速觉醒直接相关。然而,面对民众越来越增长的权利意识,政府尚且缺乏与之耦合的一套应对机制。因此,当民众的合法权益受到损害却不能通过制度化的途径予以化解时,越级群访、非法游行、冲击政府、堵塞交通、罢工抗议等形式就成了他们维权的行为选择。

5. 行为方式日趋激烈。群体性事件往往是深层次矛盾激化的外在表现，一旦爆发，其对抗性、暴力性、破坏性、激烈性明显增强。有些民众抱着"不闹不解决、小闹小解决、大闹大解决"的心态，越来越多地采取了诸如冲击党政机关、堵塞公共交通、集体上访、示威游行、暴力打砸等偏激行为，向政府和有关部门施压。此外，值得注意的是，许多群体性事件之所以造成严重的社会后果，往往源自于那些无直接利益诉求、无组织民众的"集体情绪宣泄"。

三、基本结论

1. "利益受损+诉求结盟"是群体性事件发生的基本诱因，网络信息技术的革新和全面普及则发挥了推波助澜的作用

在群体性事件基本无权力指向的背景下，利益受损构成其主要原因。从一系列群体性事件可以看出，参与者基本上都不是平白无故地参与其中，绝大部分参与者都是存在或多或少的利益受损，正是利益受损才将他们推向事件的前端。在事件发生的初始阶段，原本是一小部分人参与，但是，随着事态的逐渐扩散和升级，其他一些人会发现自己也属于利益受损的行列，于是，"以点扩面"地逐渐加入进来，进而演变成为利益诉求的结盟，以致小群体事件升级为成千上万的大规模群体事件。换言之，从群体性事件发生的现实层面看，其参与者主要是利益受损的普通民众，他们在现实生活中利益受损，又苦于无处表达与解决，进而逐渐走入"大闹大解决、小闹小解决、不闹不解决"的怪圈。

与此同时，现代信息技术的发展也为群体性事件起了推波助澜的作用。很多事件表明，手机通讯、网络平台、各类传媒等均成为群体性事件的重要推手。原本发生在一个地方的群体性事件，经过网络信息技术的迅时传递，很容易在短时间内引起连锁反应，让其他相关或不相关的群体迅速响应并加入。可以说，通过手机、QQ、微博等科技化网络平台建立联系、发布信息、参与现场、报道情况，为2013年的群体性事件重重地烙上了网络化印记。

2. 环保类、劳资冲突类等群体性事件仍将高发频发

近年来，环保类、劳资冲突类群体性事件日益显现，频繁爆发。从环保类群体性事件的基本态势可以看出，它有两种截然不同的展现方式：和平与暴力。比如，在厦门"PX事件"、广州"垃圾焚烧厂选址事件"中，参与者主要采取"集体散步"、"集体购物"、"集体上访"等比较平和、理性的行动策略，在得到积极回应后，事态迅速平息。然而，并不是所有的环保类群体性事件都是温和的，比如四川"什邡事件"、江苏"启东事件"和浙江"镇海事件"就呈现出明显的非理性和暴烈性特征。

"正如2000多年前古希腊政治家伯利克里所说，最坏的事情莫过于在结果尚未适当

讨论之前就匆匆地付诸行动。毋庸讳言，近年来中国因环境问题引发的群体性事件之所以迅速增多，与地方政府在上大项目过程中的信息不公开、不透明密切相关"。① 这种分析是客观的，而且这种情形在近期难有多大改变，再加上中国基层政府所面临的压力型考核机制短期内尚不能改变，因此，可以预计近期环保类群体性事件依旧会高发频发。

近年来，由劳资矛盾引发的群体性事件正在以更加激化和暴力的形式呈现在公众面前。对此，众多专家的认识更加趋于一致——劳资矛盾已成为当前中国社会的一个主要矛盾，严重威胁着社会公共安全。当前，长三角、珠三角、环渤海、京津塘等引领中国经济发展走向的主要地区，都在进行深刻的经济转型升级和改革创新。但是，在转型发展过程中，一些地方政府为提高吸引力，减少"资本压力"，较多地考虑对资本的吸引力，而对相关社会政策与劳工权益的维护较为忽视。基于此，一些地方侵犯职工合法权益的不和谐现象不断出现，使劳动关系的脆弱性不断扩大。未来一段时间，因此而起的劳资冲突不会减弱，而且预计其对抗性和暴力性更为明显，上街堵路、政府门前静坐、发生肢体冲突的可能性也会更大。

3. 城镇将成为群体性事件的集中爆发地

可以预测，伴随城镇化进程的加快，群体性事件"进城"的步伐也会随之加快。之所以得出这个结论，有三点原因：其一，非均衡的城镇化进程的"无意携带"。当前快速推进的城镇化有一个无法回避的客观事实：过于重视速度而忽视质量，以致带来了非均衡发展的严重后果。在一些地方，建起了漂亮的高楼大厦，修建了宽阔的柏油马路，引进了大量的企业生产线，却忽视了与这些硬件相配套的软件建设，随之便出现了所谓的"半拉子城镇化"。毋庸置疑，放弃城镇化是不现实的，但在相应的配套措施没有得到应有跟进的情况下，一些突出问题不可避免地为群体性事件埋下了伏笔。其二，城镇拥有迅时便捷的沟通手段提供了"技术支撑"。同农村相比，城镇无疑具有更好的沟通手段和技术条件：有便捷的交通枢纽，有及时畅达的通讯，有无处不在的网络，有触手可及的媒体。对于群体性事件的发生和传播而言，这些便捷通达的沟通技术手段带来的最大好处就是"蝴蝶效应"：只要城镇的某一个角落发生一点事情，便会迅速引起连锁反应，进而使一个原本不甚起眼的事情由小变大，由弱变强。其三，聚集在城镇的流动人口因难以享受同城待遇而成为"潜在力量"。根据《中国流动人口发展报告2012》，当前我国的流动人口总量已接近2.3亿，其中一半为"80后"新生代农民工。总体上看，流动人口规模达到历史新高，流动人口流量、流向、结构和利益诉求都在发生深刻变化，他们虽然很关心流入地的发展和变化，融入当地社会意愿强烈，但与流入地其他社会群体的交流却并不多，社会参与渠道较少。更主

---

① 王赐江：《警惕环保类群体性事件高发势头》，载《改革内参》，总第848期。

要的是，其理想的生活预期与现实的生活境遇形成了巨大落差。久而久之，诸多问题纠缠在一起，就会形成累积效应。而一旦出现某种导火索，就难免成为群体性事件的潜在力量。

4. 基层政府贫弱的执政能力是群体性事件频发的直接原因，因而，强化基层政府的宗旨意识，加快建设服务型政府，提升基层政府执政能力是当务之急

从众多案例可以看出，对于群体性事件，一些基层政府"紧张"之余"重视"不够，往往错过最佳处理时机，容易走入"起因很小——政府反应迟钝——事态升级爆发——无法控制——引起强烈反响——迅速处置——事态平息"的怪圈，从而导致"小事拖大、大事拖炸"，这集中暴露出基层政府执政水平的薄弱。

显然，传统的"头痛医头、脚痛医脚"的应急式处理方式已经难以适应新形势下处理群体性事件的要求。基于此，处于直接面对群体性事件的基层政府要想从根源上清除群体性事件所带来的隐患，加强自身执政水平建设，强化宗旨意识，加快向服务型政府转变应是根本对应之策。

5. "无直接利益冲突群体性事件"不断增多，映射了群体心态失衡的客观现实，因而，应注重培育公民精神，强化公民意识，塑造理性、开放、包容的社会心态

良好的社会心态是社会稳定的重要因素，社会心态失衡必然会危及社会秩序和稳定。通过对一些群体性事件案例的分析发现，社会心态失衡是造成重大群体性事件的首要诱发因素。如河南济源5月26日发生的一起普通交通肇事案，正因肇事女司机一句"钱多后台硬"引发了民众对"有钱有势的人"的极大痛恨。6月17日，湖南醴陵"宝马车撞人事件"，一辆普通的宝马成了众人眼中权力和金钱的符号，从而引发市民集聚并引发砸车行为。以上两个案例的诱因看似简单，有一定的偶然性，但放眼全国，类似的事件层出不穷，它实则表明当前社会深层次矛盾和问题长期积累和压抑而得不到有效化解导致民众心理失衡。仇官、仇富、仇警成为当前很危险的社会心态信号，一场普通的交通事故、一起简单的刑事案件都极有可能酝酿成一场"集体无意识"的非理性发泄。

"无直接利益冲突"源于社会心态的异变，因此，解决此类群体性事件的关键在于社会心态的调适。但这不是一朝一夕就能改变的，需要立足当前、着眼长远规划，既要从微观角度解决与群众直接相关的"民生"问题，也要从宏观入手，着力改善总体的社会心态环境，努力塑造成一个理性、开放、包容的社会。

6. 群体性事件的治理亟需新思维

虽然群体性事件频繁爆发，但是客观而言，基层政府尚未找到合适、有效的治理方略，运用最多的还是压制型的治理模式。这种模式以权力为中心，以维稳为目标，以控制和压制为手段，重应急管控轻预防规划。事实证明，这种治理模式终究不是治理群体性事件的良策，相反还会带来更多的附带性问题。

因而，面对日益严峻的群体性事件，理应坚持新思维来积极应对。对此，有人提出要以维权的思维来治理群体性事件，杜绝片面的维稳思维。在其看来，正是由于基层政府片面追求维稳，而漠视公民权利，从而导致一些群体性事件屡屡发生，而且激烈程度与日俱增。这种分析确实很客观，维权是维稳的前提和基础，维稳只有建立在对民众的基本权利保护基础上，才可能稳固而长久。如果为了维稳不惜侵害民众的基本权利，这样的稳定只能是暂时而脆弱的。① 因此，有效治理基层群体性事件，需要寻求民众维权与政府维稳的合理均衡。

这种思路有其合理性，但深层观之，与其维权不如赋权。维权实则是在利益受到侵害以后的不得已为之，而赋权则是事前行为，将群众理应享有的知情权、监督权和制约权均予以归还。在群众切实享有权利的情况下，他们便可以对政府进行行之有效的监督，促使政府在阳光下运作。一旦置于阳光之下，政府便会自觉按照群众的意愿来行为，从而确保群众的利益得到维护。实际上，从西方发达国家群体性事件治理来看，它们走的正是赋权策略，比如英美等发达国家正是适应了阶层分化的实际，通过赋予公民"民事权—政治权—社会权"等来维持了社会的长期稳定，掌握了符合时代要求的维稳主动权。总而言之，维权并非治本之策，合理赋权才能维系长期稳定。

此外，还要努力畅通官民沟通的渠道，充分发挥现代科技的积极作用，善于利用新媒体施政，及时发布消息、疏导民意，汲取民意，建立网络互动平台，及时回应民意。对于突发性群体事件，更要敏锐地捕捉网络信息，防患于未然，还要有效甄别网络信息，掌握引导舆论的主动权。

---

① 于建嵘：《维权就是维稳》，载《人民论坛》，2012年第1期。

本辑特稿

群体性事件中的暴力何以发生

——对 1189 起群体性事件的初步分析[*]

肖唐镖[**]

摘　要： 在群体性事件中，民众组织程度的提升是否会导致冲突升级乃至暴力化？通过对 1189 个群体性案例的统计分析发现：群体性事件中的组织程度与其暴力程度高度相关，但呈负相关。也就是说，群体性事件中的组织程度与其暴力程度之间是反比关系，暴力化的群体性事件更容易发生在低组织程度状态下。实际上，有组织的表达活动更容易强化行动风险、责任及其坐实的认知与评估机制，这有助于集体行动的自我约束。如果被抗议者和政府能够理性回应民众的抗议行动，民众有组织的表达和抗议活动就更易于和平、理性和有序。就此而言，社会秩序稳定的基础，在于民众的组织化而非碎片化。因此，应当深入反思和科学评估新时代民众集体行动组织化与其暴力性的关系，调整相关法律和政策。

关键词： 群体性事件；组织化；暴力化；社会稳定

近 20 年来，中国大陆的群体性事件一直呈快速增长的态势。有资料显示，这类事件的数量，1993 年约 8700 起，1995 年 11000 起，1997 年 15000 起，1999 年超过 32000 起，2003 年 60000 起，2004 年 74000 起，2005 年百人以上的群体事件 47000 起，2006 年 15 人以上的群体事件达 87000 起。[①]尽管此后几年的数据官方并未公布，但"高

---

[*] 本文系国家社会科学基金项目《社会转型时期的群体性事件研究——以政府与民众关系为视角的比较分析》（05BSH009）、国家行政学院重大委托项目《加强和创新社会管理》子课题《群体事件生成规律及其治理研究》的研究成果，其初稿曾在吉林大学"'政治科学研究方法及其应用'中美双边研讨会"（2009 年 8 月，长春）和西南政法大学"中国社会稳定与危机管理学术研讨会"（2010 年 11 月，重庆）上宣读，得到李连江、牛铭实、贺欣等教授的指正。特此致谢！

[**] 肖唐镖，法学博士（政治学），南京大学公共事务与地方治理研究中心教授、博士生导师。主要研究领域：社会运动与冲突、地方治理、政治文化。

[①] 来自《瞭望》新闻周刊，2008 年 9 月 28 日；肖唐镖，2003；Thomas Lum 2006；Carl Minzner 2009。

位运行"的态势并未改变。而从定性角度看，人们已认同或者说已习惯于这样的表述，即群体性事件的总体趋势是，参与主体多元化、组织化程度提高、冲突形式升级、处置难度加大。（中组部党建所课题组，2001[①]；中央政法委员会研究室，2001[②]；中国行政管理学会，2002[③]）在这里，"组织化程度提高"与"冲突形式升级"相提并论，前者似乎成了后者的导因，换言之，组织程度提升导致了冲突升级乃至暴力化。实际上，这也已成为多数人的"下意识"。笔者感兴趣的是，群体性事件的冲突升级因何而起？将"组织化程度提高"作为"冲突形式升级"的重要原因是否合适？换言之，组织程度提升真的会导致冲突升级乃至暴力么？本文试图通过群体性事件的统计分析与案例剖析，对此作初步分析。

一、研究的问题

本文选题首先来自本人多年来田野调查中的困惑。众所周知，对于民众在社会政治领域的自组织行为，我国政府至今仍持极为谨慎乃至限制、打击的态度。也正因此，民众在聚众性行动中便往往极力去组织化，或者将其组织秘密化。不过，在多年来的田野调查中，我得到的却多是相反的意见。多位主持或参与过处置群体性事件的地方政府官员曾告知笔者：处置该类事件的关键和要害在于发现并掌控事件的组织者、策划者，但因其处于秘密状态而往往特别困难。"躲在后面"或"雪藏地下"的事件组织者如肆意而行，往往将行动推向恶性化。而事件如果确实没有组织者、策划者，呈"乌合之众"状，则更易引发骚乱局面。这也就是说：与现行政策的要求和主流意识的判断不一样，对于群体性事件，相当部分亲临处置的政府官员实际上希望其呈有组织状况，更希望能通过掌控负责人而掌控、化解其活动。笔者以为，政策与其实践的这一反差特别值得关注和解释，应当科学、理性地评估民众集体行动组织化与其暴力性的关系。这对日益增多的群体性事件能否理性、有序转型，促进中国社会的和谐稳定发展，至关重要。反观学界对中国情景下的上述问题，尽管近些年来有关群体性事件研究的文献日众，不少学者关注到民众表达或集体行动的对抗性或暴力化趋势（肖

[①] 中组部党建所课题组：《中国调查报告》，中央编译出版社2001年版。
[②] 中央政法委员会研究室编：《维护社会稳定文集》，法律出版社2001年版，第10—11页。
[③] 中国行政管理学会：《群体性事件研究专辑》，载《中国行政管理》，2002年增刊，第2页。

唐镖，2003①；于建嵘，2007②；刘能，2009③），关注到群体性事件的组织形态（童星、张海波，2008④），但相关的探讨与研究依然远远不足。

笔者以为，就其实质而言，对上述问题的讨论将指向更深的层面，即社会秩序稳定的基础何在？社会民众究竟是以组织化方式，还是以碎片化方式存在，更有助于形成有序的社会？显然，这是社会管理和政治统治的重大问题。在传统中国，帝国对基层社会的统治借助"民间力量"而完成，宗族、士绅、村社在其中发挥了重要作用。我们党取得全国政权后，在1949—1979年间仍通过自上下而的"超组织化"控制，维护了对基层社会的管理秩序。两者尽管表现形式不同，但有相通之处，即不允许民众之间政治性结社组织存在，不允许真正的政治结社自由。在政治理念上，两者均认为"结社影响稳定"。

在新的社会政治环境下，社会政治领域的结社和民间组织与社会政治稳定究竟会是怎样的关系？对此国际学界主要有两种考察和分析路径：一是有关反叛或革命的研究，研究者们大都认为：组织是反叛或革命成功的重要前提与基础。二是有关民众集体行动、社会运动和抗争政治的研究，这方面又主要集中于两个层面：其一，民间组织发育程度不同的社会与民众集体行动、社会运动的关系；其二，在民众抗争活动中，其组织程度与抗争活动有序性的关系？在前一个层面，研究者的意见尽管不尽一致，但多数人认为民间组织发达的社会有助于抑制暴力性的社会抗争。刘明兴等人对国内"农村半独立社团"的实证研究也发现，当这些"半独立的社团"具备了社会纠纷调解职能时，就可以有效地削减村庄的大规模群体性上访，而由官方控制的负责治保或民调类的社团却无法达到同样的效果。（刘明兴、刘永东、陶郁、陶然，2010⑤）

本文拟讨论后一个层面的问题，即民众抗争活动中其组织程度与抗争活动有序性的关系。国际学界对这一问题的意见主要有三派。一种意见认为，组织的程度与对抗中的暴力程度成反比。Frances Fox Piven 与 Richard A. Cloward 在20世纪70年代的

---

① 肖唐镖：《二十余年来大陆农村的政治稳定状况》，载《二十一世纪》，2003年第2期。裴宜理（Perry），*Permanent Rebellion? Continuities and Discontinuities in Chinese Protest*, Kevinn J. O' Brien ed., *Popular Protest in China*, New York: Harvard University Press, 2008, pp. 205-215.

② 于建嵘：《中国的社会泄愤事件与管治困境》，经济全球化进程中的和谐社会建设与危机管理国际学术研讨会，2007年12月。

③ 刘能：《当代中国转型社会中的集体行动：对过去三十年间三次集体行动浪潮的一个回顾》，载《学海》，2009年第4期。

④ 童星、张海波：《群体性突发事件及其治理——社会风险与公共危机综合分析框架下的再考量》，载《学术界》，2008年第2期。

⑤ 刘明兴、刘永东、陶郁、陶然：《中国农村社团的发育、纠纷调解与群体性上访》，载《社会学研究》，2010年第5期。

一项研究发现，实际上，"并不是说正式组织起来的群体从来不使用捣乱和暴力等破坏性手段，而是说，从总体上来看，组织本身就限制了此类策略手段的采用。抗议活动可以引发严厉的镇压，正式组织一般不敢冒这个险（而秘密的或地下的组织则在这方面处境稍好一点）"。（转自莫里斯、缪勒，2002①）他们认为，组织不是抗议扩张和破坏背景的推动力，而是通过把资源转移到更常规的渠道而从抗议中得到的破坏的鼓励。（转自汉斯－克里西等，2006②）奥伯肖尔提出一个更简化的命题："组织的程度与对抗中的暴力程度成反比。"（莫里斯、缪勒，2002③）

但资源动员理论向上述论点提出挑战，证明在破坏性抗议的扩散中组织的重要作用。在许多资源动员学派的个案研究中，抗议活动还被刻画成是过度组织的（over-organized）（莫里斯、缪勒，2002④）。如迈耶尔·N.扎尔德认为，资源需要被动员出来并组织起来，因此组织行动是十分关键的（莫里斯、缪勒，2002⑤）。塔罗对变化着的抗议技能的解释，强调了组织的作用和组织中间的竞争，认为社会运动组织是破坏和暴力的根源。（转自汉斯－克里西等，2006⑥）

第三种意见坚持"中间路线"的主张，即认为不同类型的组织及组织在不同时期的作用并不相同，既可能暴力化也可能温和化。汉斯－克里西等人对德国和荷兰1975—1989年社会运动的研究显示，组织的介入具有温和的影响而不是破坏性影响。但是，在破坏性抗议的扩张中自发性的作用却不应过分强调……因此，强调破坏的自发性和组织的温和影响，以及强调组织为破坏准备基础的重要性，这两种观点都包含着真理的因素。其间的差别在于，它们集中注意的是动员过程中组织的不同类型和不同的时期。（汉斯－克里西等，2006⑦）

以上结论主要是基于西方经验的研究。可是，在具有不同制度、文化和传统背景的中国，行动者组织状况对其行动的暴力化又会呈现怎样的作用呢？在当今中国，群体性事件之间的激烈和暴力程度并不相同，行动者组织状况在其中究竟发挥了怎样的影响？其影响是如何发生的？本文拟重点讨论这些问题。显然，影响民众表达方式激烈程度的因素无疑是多元的，包括行动者心理、问题诉求和政府回应等等，但本文

---

① ［美］莫里斯、缪勒：《社会运动理论的前沿领域》，刘能译，北京大学出版社2002年版，第368页。
② ［瑞士］汉斯－克里西等：《西欧新社会运动——比较分析》，张峰译，重庆出版社2006年版，第150页。
③ ［美］莫里斯、缪勒：《社会运动理论的前沿领域》，刘能译，北京大学出版社2002年版，第369页。
④ 同上，第364页。
⑤ 同上，第382—383页。
⑥ ［瑞士］汉斯－克里西等：《西欧新社会运动——比较分析》，张峰译，重庆出版社2006年版，第149—150页。
⑦ 同上，第155—157页。

仅以组织因素为中心进行考察。

二、研究设计和样本资料

本文拟采用混合型研究方法，即首先，对群体性事件进行计量统计，分析行动者组织状况与其行动暴力程度之间的相关性；然后，再以案例比较方法，探讨群体性事件中行动者组织发挥作用的机制。因此，本文的研究单位为群体性事件。

1. 研究设计

针对前述核心问题，本文提出如下假设：群体性事件的暴力化程度与其行动者的组织程度呈负相关，即组织程度越高，事件的暴力程度就越低，反之亦然。

在当下中国，民众意见表达方式呈现多元化状态，其中，既有上访、游行示威、罢工罢市、打砸抢等传统方式，也有"散步"等新型方式。这些表达方式所蕴含的暴力程度有着明显的差异。委内瑞拉学者洛佩兹梅耶在对其本国社会抗争的研究中，将民众抗争事件分为三类，即那些已广为普通大众所熟知、且不会激起当局或公众惧怕或产生任何威胁感的"传统事件"；并不以暴力为特征、而是通过利用某些资料以期引起人们对其行为感到震惊，导致当局或公众产生紧张或对抗感的"对抗性事件"；以及，包括物质毁坏或人身伤害的"暴力事件"。（转自梯利和塔罗，2010[①]）这一分类不太适合中国情境，比如，在当今中国，"传统事件"的暴力程度或许更重。这里，我们依民众表达方式的激烈程度（和平、理性或暴力程度），将其划分为非暴力表达、低度暴力抗议和暴力抗争三种类型：

非暴力的表达，即不含暴力的抗议，包括：本地上访、进京上访、游行示威、静坐、罢工息工、罢课、罢市、罢驶、留守、打横幅、喊口号；

含有低度暴力的抗议，如聚众闹事、堵塞交通要道、抗税拒缴、围堵纠缠、围堵办公场所、扰乱会场秩序；

暴力抗争，即含明显暴力或破坏性的冲突，有对物或人身的攻击或伤害，包括：冲击党政机关、携尸闹事、打砸抢烧警用设备、言辞攻击、人身攻击、毁损公私财物、自杀胁迫、绝食抗议、持械对峙。

在对群体性事件的登录处理中，我们依照上述原则进行分类。不过，在实际中，往往出现这种情况：一起事件可能含有多种表达形式，既有非暴力表达，也有低度暴力的行动，还有暴力性抗争行动。对此，我们均一一照录，但在本文的数据处理中，则依其最激烈的方式进行合并，以使每个事件仅有一个暴力程度值。

以上是对因变量——"群体性事件暴力程度"的界定和操作化处理。下面，再界

[①] [美]梯利、塔罗：《抗争政治》，李义中译，译林出版社2010年版，第63—64页。

定有关的自变量：

其一为行动者的组织程度，即群体性事件中行动者之间的组织和协同行动状况。我们以专门性或临时性组织、行动的负责人、行动的动员状况、行动纪律的自我约束状况等维度进行测量和界定，从理想类型角度分为"无组织"、"低度组织"和"强组织"三种类型。无组织的群体性事件，2004年"万州事件"、2005年"池州事件"系其典型。笔者曾研究的禾川村在与驻地企业"五八厂"的冲突（叶凯、肖唐镖，2005[①]）中，村组织和村干部作为行动的组织者和指挥者在幕后发挥作用，迫使企业作出赔偿让步。在这里，尽管没有形成事件的专门行动组织，尽管也有行动的自我约束，但已有的村组织和村干部仅以临时角色起作用，所以，呈现典型的"低度组织"状况。而在笔者研究的G县军转干部上访案例（肖唐镖、陈达，2009[②]）中，企业军转干部们为争取自身权益而坚持长达7年的集体上访，其专门性的"上访委员会"发挥了十分至关重要的作用，表现出浓重的"强组织活动"特点。

我们在对群体性事件的数据处理中，依上述规则测量其组织状况，按"无组织"、"低度组织"和"强组织"三种类型登录。对一些无从知晓其组织状况的案例，均按缺失值处理。

笔者以为，行动者组织的出现，除了需组织目标、负责人与领导机构、组织纪律与章程等要素外，还与行动者之间的社会关联有关。在当今中国结社权利尚不自由的条件下，超出行动者既有社会联系之外的自组织往往难以形成。换言之，行动者之间要以有组织的方式行动，一般要借助相互间既有的关系网络与利益关系。借助共同的或相近的关系网络，如血缘、地缘关系，职业联系，民族宗教关系，同学战友关系；或借助共同的利益诉求，行动者走到一起，形成相对固定或临时性的组织。因此，笔者在分析组织因素影响的同时，也增加对以下两个变量的考察：

其二，行动者之间的利益相关度，即行动者行动与自身利益的相关性。行动者如果有共同的利益诉求，并与行动本身有直接或间接的关系，则定义为高度或中度相关；行动者如果缺乏一致或相近的利益诉求，其行动与自身利益并不相关，则定义为低度相关和不相关。

其三，行动者之间的关系网络，包括：血缘地缘关系、职业关系、民族宗教关系、同学战友关系、偶发性关系等。按马克思主义理论，以生产关系为基础的稳定的阶级关系，是发达国家工人抗争行为的基础。但是，裴宜理对上海工人的研究却发现：那

[①] 叶凯、肖唐镖：《厂民关系的历史变迁：一种影响农村稳定因素的分析》，载《中国农村观察》，2005年第3期。

[②] 肖唐镖、陈达：《民众表达行动的演进及其政策意义——以G县企业军转干部连续七年的上访事件为例》，载《北京行政学院学报》，2012年第5期。

些曾被认为是工人行动障碍的同乡忠诚、性别、行会、帮会等因素,恰恰是20世纪上半叶工人得以进行罢工行动的重要基础。(裴宜理,2001[①])在当今中国,笔者认为,在缺乏正式组织网络的背景下,社会关系网络依然会是民众抗议的重要基础。(蔡禾、李超海、冯建华,2009[②];李超海,2009[③])

对于后两个变量与事件暴力程度的关系,我们再分别提出两个假设:

其一,行动者行动与其利益的相关度越高,事件的冲突激烈程度就越低;

其二,行动者之间不同的关系网络,对事件的冲突程度有不同性质的影响,既可能是正相关,也可能是负相关。

在本文第五部分中,有案例比较,探讨这些相关性发生的若干过程和机制。

2. 样本资料

本文研究的样本资料及其来源主要有二:

一是笔者或我们课题组的深度田野调查,取得五个群体性事件。包括2000年发生的"丰城抗税事件",2000年至2007年G县军转干部集体上访事件,1958年至1998年"禾川事件",2004年"万州事件",以及2003至2005年河北"定州事件"。对这五个案例,我们均曾作深度的考察研究,并形成较为详细的研究报告。在第五部分,笔者依据这些报告进行比较分析。

二是文献调查,收集到1189个群体性事件案例。它们主要来源于互联网(占88.6%),此外,还有部分来自书报杂志的公开报道或学者、官员(包括我们自身)的调研报告,具体见表1。

表1 资料来源(部分案例有多个来源)

网络		报刊杂志		调研报告		其他来源	
案例数(个)	百分比	案例数(个)	百分比	案例数(个)	百分比	案例数(个)	百分比
1053	88.6	114	9.6	62	5.2	34	2.9

对这些案例,笔者根据自己的观察研究,并参考学界的已有研究,尤其是台湾学者的数据库样式[④],设计出"登录表"。其中包括:资料来源、案例类型、行动者的

---

① 裴宜理:《上海罢工》,刘平译,江苏人民出版社2001年版。
② 蔡禾、李超海、冯建华:《利益受损农民工的利益抗争行为研究——基于珠三角企业的调查》,载《社会学研究》,2001年第1期。
③ 李超海:《农民工参加集体行动及集体行动参加次数的影响因素分析——基于对珠江三角洲地区农民工的调查》,载《中国农村观察》,2009年第6期。
④ 承蒙朱云汉教授应允,2004年本人在访问台湾大学时取得他们对台湾社会运动进行解读的登录表。

身份、诉求、组织与动员方式、行动资源、抗议的区域与对象、抗议方式、行动领袖、政府回应等可操作化项目。由译解者对每一个案例进行定义解读，并进行登录处理，建立 SPSS 数据库。本文的统计分析即基于对此数据库的应用。

这里，有必要先交代所收案例的发生时间。从表 2 所列的统计看，除 29 个案例年份不清外，其他 1160 个案例发生在自 1975 年至 2009 年的 35 年间，其中多数发生在 2005 年后。各年份所收的案例数完全是非随机的，其非均衡性未必意味着相应年份实际案例的多与少，而主要与近年来群体性事件的相对"脱敏"、公开报道渐多有关。

表 2 案例发生的年份表

年度	案例数(个)	百分比	年度	案例数(个)	百分比	年度	案例数(个)	百分比
1975	1	0.1	1993	2	0.2	2002	31	2.6
1985	1	0.1	1994	5	0.4	2003	43	3.6
1986	3	0.3	1995	3	0.3	2004	68	5.7
1987	1	0.1	1996	8	0.7	2005	107	9.0
1988	3	0.3	1997	7	0.6	2006	164	13.8
1989	2	0.2	1998	19	1.6	2007	242	23.3
1990	3	0.3	1999	17	1.4	2008	126	10.6
1991	1	0.1	2000	18	1.5	2009	250	21.0
1992	4	0.3	2001	31	2.6	总数	1160	

不过，能较为客观反映事件发生时间点的数值，是其在一周 7 天内的分布状况。从表 3 可见，与星期六和星期日相比，民众的表达行动更趋向于选择从周一到周五的上班日。

表 3 案例发生在星期几？

	周一	周二	周三	周四	周五	周六	周日	不详
案例	206 个	156 个	193 个	175 个	128 个	105 个	107 个	119 个
百分比	17.3	13.1	16.2	14.7	10.7	8.8	9.0	10.0

三、行动者及其表达行动

在解释群体性事件的暴力程度之前，先从以下四个方面对事件中民众的表达状况作一个简要描述。

1. 行动者之间的关系网络

对行动者之间的关系网络，我们分别设置了宗亲（血缘）、村民（地缘）、社区（地缘）、民族或宗教、职业关系、上访户耦合（自发性关系）、学生、自发性联系、移民（地缘）、退伍军人（战友）和其他等11个类型。结果如表4。其中，行动者之间的关系类型，以职业关系和同村村民居多，分别占35.2%和34.7%；次为自发性耦合者、同宗同族者、城市社区居民、学生和退伍转业军人。

表4 参加者之间的相互关系（多项选择）

	宗亲	村民	城市社区	民族或宗教	职业关系	上访户耦合	学生	自发性	移民	退伍军人	其他
案例（个）	107	412	99	6	419	11	55	159	9	18	73
百分比	9.0	34.7	8.3	0.5	35.2	0.9	4.6	13.4	0.8	1.5	6.1

2. 行动者的组织与动员

关于行动者的动员方式，我们设计了14个类型，结果见表5。其中，诓骗方式占2.4%；胁迫方式占1.8%；敲锣打鼓（钟）动员的占1.6%；会议动员的占3.4%；成立组织以进行动员的占6.7%；通过互联网联系的占2.4%；通过电话联系的占6.9%；贴出大字报或告示进行动员的占3%；走访串联动员的较多，占13.1%；广播动员的占1.2%；散发文件、资料动员的占1.9%；现场激发、刺激动员的最多，占26.9%；采取学习、宣传上级文件和政策方式动员的占2.7%；此外，还有占6.7%的事件采取了其他类型的动员方式。

中国民众进行动员的资源一般会有哪些？梯利在对西方民众集体行动的研究中发现，民众动员的资源包括忠贞、知识、财富、组织、沟通网与其他种种事物。他将这些资源归纳为三大类：一是规范性资源，包括人民对理想、对团体或其他一些人的誓约；二是约制性资源，如处分他人或限制他人选择的手段；三是功利性资源，包括其他所有的事物，尤其是让人们觉得获取预期报酬的事物。（梯利，1884：681）我们设计的主要有七种：①武器/器械，②集资/募捐，③募集物资，④人力，⑤舆论，⑥成立组织，⑦其他。统计结果如表6所示，其中，居前三位的是：人力、舆论和武器、器械。

表 5　事件行动者的组织与动员方式（多项选择）

	诓骗	胁迫	敲锣打鼓动员	会议动员	成立组织并动员	互联网联系	电话联系
案例数(个)	28	21	19	40	80	29	82
百分比	2.4	1.8	1.6	3.4	6.7	2.4	6.9
	贴大字报、告示动员	走访串联	广播动员	散发文件动员	现场激发、刺激	学习、宣传上级政策	其他方式动员
案例数(个)	36	156	14	23	320	32	80
百分比	3.0	13.1	1.2	1.9	26.9	2.7	6.7

表 6　组织与动员的主要资源（多项选择）

	武器/器械	集资/募捐	募集物资	人力	舆论	成立组织	其他
案例数(个)	91	22	10	1031	348	42	6
百分比	7.7	1.9	0.8	86.7	29.3	3.5	0.5

3. 事件的规模

在人们对群体性事件的报道中，凡有参与者具体人数说明的，我们均照实登录。但往往见到较为模糊的人数表达，如"几个人"、"几十个人"、"几百人"之类的说明，为了便于操作化处理，对此情况我们皆取中数"5"而代之，即：几个人换为5人，几十个人换为50人，以此类推。

各事件参与人数的规模的分段处理结果见表7。从我们所收案例看，参与人数最多的一起为10万来人。

表 7　事件最高潮时的参与人数

规模(人)	5—10	11—50	51—100	101—150	151—200	201—250	251—300	301—400
案例(个)	211	118	147	27	52	7	37	68
比率(%)	17.7	9.9	12.3	2.3	4.4	0.6	3.1	5.7
规模(人)	401—500	501—600	601—700	701—1000	1001—1500	1501—5000	5001—	不详
案例(个)	35	14	8	110	10	118	69	158
比率(%)	2.9	1.2	0.7	9.2	0.8	9.9	5.8	13.3

4. 表达抗议的地点与被抗议对象

表达抗议的地点设置有：政府机构、人民团体、执行公权力现场、外国机构、大学校园、交通要道、公有土地或公共设施、私人机构、私人住宅等场所。被抗议的对象设置有：政府机构、执行公权力之特定人物、人民团体、外国机构、大学当局、私人机构等类别。

如表8所示，政府机构所在地既是民众表达抗议的主要地点（占36.2%），其本身也是被抗议的主要对象（达49.9%）。

表8 行动者表达抗议的地点与抗议的对象（可多项选）

	表达抗议的地点		被抗议的对象	
	案例数（个）	百分比	案例数（个）	百分比
① 政府机构	**431**	**36.2**	**594**	**49.9**
中央级	23	1.9	14	1.2
省（直辖市）级	62	5.2	65	5.5
地（市）、县级	242	20.4	362	30.4
乡（镇）级	104	8.7	153	12.8
② 人民团体	**150**	**12.6**	**189**	**15.9**
经济性团体	87	7.3	117	9.8
非经济性团体	27	2.3	28	2.4
综合性团体	36	3.0	44	3.7
③ 执行公权力现场	86	7.2	/	/
④ 外国机构	4	0.3	2	0.2
⑤ 大学校园或其当局	39	3.3	22	1.8
⑥ 交通要道	142	11.9	/	/
⑦ 公有土地或公共设施	126	10.6	/	/
⑧ 私人机构	**118**	**9.9**	**221**	**18.6**
⑨ 私人住宅	40	3.4	/	/
⑩ 执行公权力之特定人物	/	/	156	13.1
⑪ 其他	151	12.7	173	14.5

表9 抗议地点和被抗议对象所属的行政区域（或国家）

	抗议地点所属行政区域（或国家）		被抗议对象所属行政区域（或国家）	
	案例数（个）	百分比	案例数（个）	百分比
北京	61	5.1	54	4.5
天津	7	0.6	7	0.6
上海	14	1.2	13	1.1
重庆	45	3.8	46	3.9
广东	182	15.3	177	14.9
海南	25	2.1	25	2.1
福建	35	2.9	35	2.9
江苏	28	2.4	28	2.4
浙江	53	4.5	52	4.4
山东	40	3.4	41	3.4
辽宁	33	2.8	37	3.1
吉林	22	1.8	22	1.8
黑龙江	22	1.8	22	1.8
河北	36	3.0	36	3.0
河南	46	3.9	44	3.7
湖北	64	5.4	64	5.4
湖南	57	4.8	55	4.6
江西	37	3.1	37	3.1
安徽	37	3.1	37	3.1
贵州	28	2.4	24	2.0
广西	35	2.9	35	2.9
云南	27	2.3	27	2.3
四川	89	7.5	89	7.5
山西	26	2.2	28	2.4
陕西	39	3.3	39	3.3
青海	6	0.5	6	0.5
宁夏	17	1.4	17	1.4
甘肃	25	2.1	25	2.1
新疆	25	2.1	23	1.9
西藏	5	0.4	3	0.3
内蒙古	10	0.8	9	0.8
香港	不适用		2	0.2
中央	不适用		2	0.2
全国多地	不适用		2	0.2
外国（日本）	不适用		3	0.4
不详	15	1.3	25	2.1

表 9 则显示了抗议地点和被抗议对象所属的行政区域。这些事件遍布国内各省（市、自治区、直辖市），但广东、四川和湖北三省均居其前三位。当然，这未必说明该三省民众抗议行动的突出，或许与三省对群体性事件公开报道的管理有关。

四、群体性事件何以暴力化：相关性分析

本节将先描述群体性事件的暴力程度分布状况，然后，分别从行动者的组织程度、关系网络和利益关系的角度，考察其与群体性事件暴力程度的相关性。

1. 群体性事件暴力程度的分布

在群体性事件设计和解读中，如表 10 所示，我们列出 25 种民众表达的具体方式。

表 10 事件中的抗议手段（多项选）

	a 本地上访	a 进京上访	a 游行示威	a 静坐	b 聚众闹事	b 堵塞交通要道	b 抗税拒缴	b 围堵办公场所	b 扰乱会场秩序
案例数（个）	220	57	215	102	258	216	7	159	46
百分比	18.5	4.8	18.1	8.6	21.7	18.2	0.6	13.4	3.9
	a 罢工怠工	a 罢课	a 罢市	a 罢驶	a 留守	a 打横幅	a 喊口号	c 携尸闹事	c 冲击党政机关
案例数（个）	101	27	15	42	13	145	74	25	91
百分比	8.5	2.3	1.3	3.5	1.1	12.2	6.2	2.1	7.7
	c 打砸抢烧	c 围堵纠缠	c 言辞攻击	c 人身攻击	c 毁损公私财物	c 自杀胁迫、绝食	c 持械对峙	其他	/
案例数（个）	93	101	57	162	184	17	73	188	/
百分比	7.8	8.5	4.8	13.6	15.5	1.4	6.1	15.8	/

按非暴力抗议、低度暴力抗议和暴力抗争的分类，笔者对表 10 进行两步简化归并：首先，按多项选方式进行归并，发现：占 60.7% 的事件采取了非暴力方式 (a)，50.5% 的事件是低暴力抗争 (b)，42.0% 的事件采用了暴力过激手段 (c)。然后，再按暴力程度"就高不就低"的原则对表 10 进行归并，情况有所变化，即：单纯采取非暴力方式的事件下降为 34.3%，暴力程度最高为低暴力的事件占 23.6%，采用了暴力过激手段的事件依然是 42.0%。详见表 11。

表 11　事件中抗争的暴力程度　　　　　　　　　　N=1120

		a 非暴力	b 低暴力	c 暴力
多项选	案例数（个）	682	568	470
	百分比	60.7	50.5	42.0
单一选	案例数（个）	386	264	470
	百分比	34.3	23.6	42.0

2. 相关变量的转换

为方便进行 Logitic 回归分析，我们再对相关变量作如下处理：

首先，将暴力程度设定为二分变量，即将非暴力和低暴力定义为 0，将暴力定义为 1；

其次，对行动者之间的关系进行合并，其中，血缘关系 = 宗亲，地缘关系 = 村民 + 社区 + 移民，职业关系、耦合关系 = 上访户耦合 + 自发性联系，友缘关系 = 学生 + 退伍军人。这些变量全部赋值：1（有），或 0（无）。涉及民族或宗教关系的样本仅有 6 个，不具有统计意义，不纳入分析范围①；

再次，对组织程度变量转换为 1 个二分变量，即："组织程度"变量，1= 有组织，0= 无组织；

第四，再将利益相关度变量转换为 1 个二分变量，即："利益相关度"变量，1= 有利益相关，0= 无利益相关。

上述处理的结果见表 12。

表 12　相关变量的转换（%）

	暴力	组织程度	利益相关度	血缘关系	地缘关系	职业关系	友缘关系	耦合关系
否	58.0	38.3	10.4	91.0	57.5	64.7	94.0	85.9
是	42.0	61.7	89.6	9.0	42.5	35.3	6.0	14.1

3. 哪些因素影响着民众抗争的暴力程度

笔者以群体性事件的暴力程度为因变量，以行动者之间的关系网络、行动与利益的相关度作为自变量，同时，将各种动员方式（均为 1、0 二分变量）作为控制变量，进行 Logitic 回归分析。初次回归模型结果见表 13。

从表 13 观测相伴概率值最小、卡方值（Wald）最大的变量，可见在该模型中，利益相关度对暴力程度的作用是显而易见的，血缘关系、职业关系和诓骗、胁迫、电

---

① 同时，这类案例有可能涉及叛乱问题，与本文研究的一般意义上的群体性事件有所区别。

话、告示、串联和现场激发等动员方式的影响也很显著；相比之下，组织程度影响的显著性虽也存在，但较弱。不过，值得注意的是，组织程度和利益相关度的影响均是负相关。

表13 回归模型1　　回归模型中的变量

		系数值	标准误	卡方值	自由度	P值	OR值
步骤1[a]	血缘关系	.893	.265	11.310	1	.001	2.442
	职业关系	−.931	.211	19.545	1	.000	.394
	地缘关系	.289	.192	2.269	1	.132	1.336
	耦合关系	.022	.223	.010	1	.920	1.023
	友缘关系	.196	.315	.386	1	.535	1.216
	组织程度	−.338	.159	4.504	1	.034	.713
	利益相关度	−1.261	.273	21.302	1	.000	.284
	诓骗动员	1.496	.661	5.122	1	.024	4.462
	胁迫动员	1.425	.607	5.515	1	.019	4.156
	锣鼓动员	−1.050	.610	2.959	1	.085	.350
	会议动员	.611	.433	1.990	1	.158	1.842
	组织动员	.361	.305	1.403	1	.236	1.435
	网络动员	−.428	.555	.595	1	.441	.652
	电话动员	.584	.292	4.001	1	.045	1.793
	告示动员	−1.030	.495	4.323	1	.038	.357
	串联动员	−.947	.232	16.653	1	.000	.388
	广播动员	−.296	.738	.161	1	.689	.744
	文字动员	.421	.566	.553	1	.457	1.523
	现场激发	1.027	.178	33.473	1	.000	2.793
	学习文件	−.435	.491	.784	1	.376	.647
	常数 (Constant)	.848	.304	7.763	1	.005	2.335

a.纳入回归方式步骤1的变量有：血缘关系，职业关系，地缘关系，耦合关系，友缘关系，组织程度，利益相关度，诓骗动员，胁迫动员，锣鼓动员，会议动员，组织动员，网络动员，电话动员，告示动员，串联动员，广播动员，文字动员，现场激发，学习文件。

在上述模型中，利益相关度与组织程度可能会发生共振影响，从而消减其实际影响力。实际上，对这两个变量与群体性事件的暴力程度进行回归分析，发现其相关系数性达 0.496，可见两者之间的相互影响确实显著。为此，我们剔除"利益相关度"自变量，再将其他自变量全部纳入进行回归分析，结果见表 14 的回归模型 2。

表 14　回归模型 2　　　　回归模型中的变量

		系数值	标准误	卡方值	自由度	P 值	OR 值
步骤 1[a]	血缘关系	.878	.258	11.596	1	.001	2.407
	职业关系	−1.042	.202	26.718	1	.000	.353
	地缘关系	.171	.184	.866	1	.352	1.187
	耦合关系	.182	.212	.738	1	.390	1.199
	友缘关系	.238	.306	.609	1	.435	1.269
	组织程度	−.459	.153	9.036	1	.003	.632
	诓骗动员	1.659	.645	6.616	1	.010	5.252
	胁迫动员	1.314	.596	4.856	1	.028	3.721
	锣鼓动员	−1.053	.616	2.917	1	.088	.349
	会议动员	.598	.426	1.973	1	.160	1.819
	组织动员	.469	.294	2.551	1	.110	1.599
	网络动员	−.347	.521	.446	1	.504	.706
	电话动员	.655	.286	5.234	1	.022	1.925
	告示动员	−1.045	.470	4.938	1	.026	.352
	串联动员	−1.067	.231	21.368	1	.000	.344
	广播动员	−.430	.710	.366	1	.545	.651
	文字动员	.384	.562	.467	1	.494	1.468
	现场激发	1.062	.174	37.039	1	.000	2.891
	学习文件	−.598	.493	1.476	1	.224	.550
	常数（Constant）	−.126	.199	.398	1	.528	.882

a. 纳入回归方式步骤 1 的变量有：血缘关系，职业关系，地缘关系，耦合关系，友缘关系，组织程度，诓骗动员，胁迫动员，锣鼓动员，会议动员，组织动员，网络动员，电话动员，告示动员，串联动员，广播动员，文字动员，现场激发，学习文件。

回归模型 2 显示，在剔除利益相关度这一变量后，组织程度对暴力程度的影响变得更加显著，且仍为负相关；而血缘关系、职业关系和诓骗、胁迫、电话、告示、串联和现场激发等动员方式对暴力程度的影响依然存在。

4. 统计发现

从模型 1 和模型 2 可见，本研究所提出的统计假设得到验证。具体说来，就群体性事件的暴力程度而言，首先，行动者组织程度的影响显著，且呈负相关；

其次，行动者利益相关度的影响也是显著的，也呈负相关；

再次，在行动者之间的关系网络中，血缘关系和业缘关系的影响是显著的，但血缘关系的影响是正向的，而业缘关系的影响却是负向的。换言之，越是宗亲血缘群体，其集体行动的暴力性越强；而越是同一职业（单位）群体的行动，其暴力性却越弱。其他关系纽带如地缘关系、友缘关系和耦合关系的影响，未得到验证；

最后，在作为控制变量而加入检验的诸种动员方式中，诓骗、胁迫、电话、告示、串联和现场激发等动员方式均有较为显著或特别显著的影响。其中，影响特别显著的变量有诓骗、胁迫、串联和现场激发四种，电话与告示动员两种变量的影响稍弱；诓骗、胁迫、电话和现场激发等动员方式显示出正相关性，而告示、串联方式却呈现出负相关性。

五、群体性事件暴力化的机制解释：案例比较

行动者的组织程度是如何对其行动的暴力程度发生作用的？对此，笔者将借助 5 个案例的比较作初步探讨。

1. 进一步的研究假设

笔者以为，从行动者角度看，群体性事件的暴力程度应当与各方行为主体之间的互动，尤其是行动表达者与被抗议对象和政府之间的互动高度相关。在此，我们将从行动者与被抗议对象和政府之间的互动，讨论其影响群体性事件暴力程度的机制。

对上一节统计结果的解释，笔者提出如下假设，即在非反体制类的群体性事件中，行动者如果出现如下状况，将导致群体性事件的暴力程度显著降低：

其一，其组织的负责人若曾经是或仍然是体制内成员，因其政治经验而对集体行动的风险能有较为清晰的认知和规避，能提出明确而集中的诉求目标，并较好地约束成员的行动，开展有策略的抗争，同时因其已有的社会政治资本而提高问题求决的可能性；

其二，组织成员相对固定、紧密，行动单位的规模不过大。如此，既有助于减少"搭便车"行为，更有助于行动责任和纪律的相互区分、认知和约束；

其三，在利益诉求方面，若它与行动表达者的相关度越高，则往往会致使组织者尽力寻求最佳的求决渠道和方式，暴力冲突很明显未必是有利的选择。相反，如果行动表达与其利益的相关度底，就往往因无"后顾之忧"而任意行动，更易于失控。

其四，如果行动表达者与被抗议者和政府之间已有"积怨"，则极易激化行动者的不满情绪；尤其是如果被抗议者和政府的回应方式过激，如压制和打击，则往往使行动者失控，甚者走向暴力。

在上述假设中，我们设计了两组自变量（详见表16）：首先，"行动者组织状况"，包括：组织负责人的身份，组织成员（行动者）之间的关系（以紧密和固定与否来测量），组织（行动者）规模，目标诉求，行动策略，行动的利益相关度；其次，"被抗议者和政府的回应互动"，包括：其与行动表达者之间的既有关系，在事发中被抗议者的回应和政府的回应。两组变量中实际上包含了9个二级变量，这里仅分析5个案例，无疑有着"变量太多而案例太少"的缺陷[①]。

2. 案例比较

以组织程度三分（自变量）与暴力程度二分（因变量）做交互组合，如下表15所示，可以得到6种不同的理想类型。在我们深度研究的案例中，有其中5种不同类型的案例，但尚缺乏无组织的非（低）暴力型群体性事件。这里，试图通过对5个信息详实、各具特色案例的比较，探讨行动者组织对其暴力程度的影响机制。

表15 案例比较的理想类型

组织程度		暴力程度	
		暴力	低/非暴力
组织程度	高组织程度	1 定州事件	2 军转干部上访事件
	中组织程度	3 丰城事件	4 禾川事件
	无组织	5 万州事件	6 —

下面，先依次简述5个案例，再进行比较分析。

"定州事件"[②]：这是一起有组织的暴力事件。2003年，为国华电厂一期工程建贮灰场，河北省定州市确定对绳油村进行建设征地。因对征地赔偿款数额和征地程序有异议，当年10月，便引发以村干部为首的村民的阻扰，后村民自发组织起大规模集体抗争，多次前往当地和上级政府集体上访，并派出村民一直留守被征地。在采取合法手段和惯常打压手段仍无法平息村民的集体阻拦行动后，定州市政府主要负责人最终选择勾结商人和黑社会力量，于2005年6月11日，对抗争村民进行暴力驱逐，由此造成6人死亡、15人重伤的严重后果。

---

① 对比较研究中的这一缺陷，详见Todd Landman在《比较政治的议题与途径》第三章中的分析，周志杰译，台北：韦伯文化国际有限公司2003年版。

② 详见陈烁：《征地过程中的政府行为与民众抗争——定州事件调查》，国家社会科学基金项目"社会转型时期的群体性事件研究"课题组工作报告，2009年。

"军转干部上访事件":这是一起有组织的低暴力事件。2000年,在外地战友抗争信息的刺激下,为了争取自身的经济待遇,G县150余位企业军转干部坚持长达七年的集体上访。在数位"军官"的组织和领导下,军转干部们组成紧密、团结而秘密的组织——"上访委员会",经常开展组织活动。围绕明确而统一的诉求目标,他们制订了严格的组织纪律和行动策略,开展有计划、有步骤、有艺术的抗争。为了自我保护,他们十分秘密地开展组织活动,在行动中进行交叉掩护(以防负责人暴露),在上访和其他场合注意使用"政治正确"的话语表达。随着政府对其活动从最初的压制、排斥转向接纳和服务,军转干部们也放弃肢体拉扯、游行示威和围堵等过激行为,转向与政府协商解决问题。(肖唐镖、陈达,2012)

"丰城事件"[①]:这是一起有组织的暴力抗税事件。2000年,因当地农民负担沉重,在读到宣传中央和省有关农民负担政策的期刊——《减轻农民负担手册》[②]后,江西省丰城市数个乡镇出现临时性的抗税鼓动者、事件策划者和行动参与者。经过数天村庄、宗族内部的动员以及跨村庄、跨宗族的松散联系,数万农民先后冲击数个乡镇政府,对乡村基层组织和干部进行打、砸、抢。面对农民始发的不满行动,乡镇干部采用压制手法,更激起农民不满。但是,农民中间尽管出现鼓动者和策划者,但仅是临时角色,更无严密的组织。为了让冲击行动成功,策划者们在村庄和宗族之间发动了对村干部的交叉行动,但其行动时散乱、无约束,目标诉求由"减负"扩散到人际报复和泄愤等方面。事后,数位参与打砸抢的农民被处罚。

"禾川事件":这是一起有组织的非暴力抗争事件。自1958年中央企业五八厂进村至1998年40年间,禾川村居民与该企业之间的关系,经历了从和谐到摩擦、再到冲突的三阶段变迁。双方尽管并无积怨,但1998年南方发生的大水灾使他们之间的冲突达到高潮。当年的水灾致使企业生产的废弃物严重损毁了农田和农作物。在数次向企业索赔无果、并经乡县政府协调仍然未果后,在得到县领导默示下,村干部秘密组织和发动村民,以村小组为单位(各出20人),同时到企业进行集体抗议,并要求:不得影响企业内部生产,不得发生直接冲突,仅以砂石围堵企业大门。村里以此为压力,将企业拉回了谈判桌,听从县政府的居间协调。在这里,村干部充当了临时的行动组织者,并制订和实施了规避风险的行动策略。(叶凯、肖唐镖,2005)

"万州事件"[③]:这是一起突发性的无组织暴力事件。2004年10月18日,万州

---

① 详见李远、肖唐镖:《农村群体性事件中的集群互动关系——F市"8·16"事件分析》,国家社会科学基金项目"社会转型时期的群体性事件研究"课题工作报告,2005年。

② 该手册全名为《尚方宝剑在手 农民朋友抓牢——减轻农民负担手册》,系中共江西省委农村工作委员会主办刊物《农村发展论丛》的一期增刊。

③ 详见李小锋:《万州事件调查》,国家社会科学基金项目"社会转型时期的群体性事件研究"课题工作报告,2007年。

区因 3 人间的日常纠纷，引发首先针对治安管理机关、继而冲击区政府的严重骚乱。在事件中，数万民众或旁观或参与，甚者纵火焚烧建筑、车辆，毁坏办公设备，并打砸抢。尽管"事不关己"，但行动者们如此举动，据了解原因是多方面的，如：因企业破产而下岗，因移民而生活困难等，对当地政府或部分干部产生不满情绪。事后，10 余位闹事者被处罚，其中绝大多数是年轻农民。

表 16 5 个案例的变量列表

	1 定州事件	2 军转干部上访	3 丰城事件	4 禾川事件	5 万州事件
事件特征	从和平走向暴力	从激烈转向和平	打砸抢	从和平转向冲突	突发性骚乱
暴力程度	高	低	高	非暴力	高
a 组织程度	高	高	中	中	低
a1 负责人	一般农民	军转干部	一般农民	村干部	无
a2 行动者关系	成员固定、紧密	成员固定、紧密	成员不固定、不紧密	成员固定、紧密	成员不固定、不紧密
a3 行动者规模	数百人	100 余人	数万人	200 来人	数万人
a4 目标诉求	集中	集中	散乱	集中	散乱
a5 行动策略	有抗争艺术和自保意识	有抗争艺术和自保意识	有抗争艺术，无自保意识	有抗争艺术和自保意识	无抗争艺术和自保意识
a6 利益相关度	高	高	高	高	低
b 表达或被抗议的对象	企业与市政府	县、市政府	乡镇政府	中央驻地企业	区政府
b1 与被抗议者的既有关系	有积怨	无积怨	有积怨	无积怨	有积怨
b2 事件中被抗议者的回应	暴力应对	从压制转向疏导和服务	压制和打击	拖延不决	迟钝与无措
b3 事件中的政府回应	压制和暴力应对	从压制转向疏导和服务	压制和打击	居中调解	迟钝与无措
行动者事后被罚	无	无	数个农民被处罚	无	10 余人被处罚

依照前述设计，笔者将各案例的相关变量制作成表 16。对该表我们分三步进行比较：

首先，对各案例的相关变量进行比较分析，案例可分为两个类型，即："暴力程度高"与"暴力程度低（及非暴力）"两组。前者包括定州事件、丰城事件和万州事件，后者包括军转干部上访事件和禾川事件。

其次，通过求同法，分别找出上述两组案例中自变量的相同项。群体性事件暴力程度"高"案例组分别有：组织负责人要么是一般农民，要么是没有；行动者规模均较大；与被抗议者均有"积怨"；事件中被抗议者的回应均不够理性或恰当，要么采取压制、打击或暴力手段，要么"反应迟钝与无措"。相反，暴力程度"低"案例组共有的自变量有：组织负责人均曾是或正是体制内成员，有当国家干部或村干部的经历或身份；组织成员均为固定、紧密的关系；行动者规模在100到200人左右，不过大；行动的目标均集中；行动均有抗争艺术和自保意识；利益相关度高；与被抗议者均无"积怨"；事件中被抗议者的回应均较为平和与理性。

再次，采取求异法，分别找出影响两组案例的结果不同的变量。我们将两组案例不同的自变量制作成表17。从中可见，一方面，在"行动者组织状况"的6个二级变量中，两组案例显示出不同的特征：暴力程度低的案例组表现出高度的一致性，显示出较高的组织性；而暴力程度高的案例组则有4个不一致。在这里，两者仅在"负责人"与"行动者规模"两个变量上出现差异。这表明："负责人"与"行动者规模"是导致事件暴力程度不同的重要变量，而"行动者关系"、"目标诉求"、"行动策略"和"利益相关度"等4个变量只是导致低暴力抗争的必要条件而非充分条件。换言之，低暴力或非暴力的群体性事件除了必须具备相应的"负责人"与"行动者规模"

表17 两组案例的比较简表

	自变量	暴力程度高的案例组	暴力程度低的案例组
a 组织程度	a1 负责人	一般农民	干部
	a2 行动者关系	成员既有固定、紧密的，也有不固定、不紧密的	成员固定、紧密
	a3 行动者规模	大	不过大
	a4 目标诉求	既有集中的，也有散乱的	集中
	a5 行动策略	既有抗争艺术和自保意识的，也有缺乏策略和艺术的	有抗争艺术和自保意识
	a6 利益相关度	既有高的，也有低的	高
b 表达或被抗议的对象	b1 与被抗议者的既有关系	有积怨	无积怨
	b2 事件中被抗议者的回应	不够理性与恰当	平和与理性
	b3 事件中的政府回应	不够理性与恰当	平和与理性

条件外，还应具备表17中"低暴力案例组"的其他4个组织因素；仅具备后4个因素或其中部分因素的，也有可能发生暴力程度高的抗争事件。

另一方面，在"被抗议者和政府的回应互动"的3个二级变量中，两组案例均显示出各自统一但迥然对立的差异。与暴力程度高案例组的"有积怨"、回应"不够理性与恰当"不同，暴力程度低的案例组则"无积怨"、回应"平和与理性"。由此可见，"被抗议者和政府的回应互动"也是影响群体性事件暴力程度的重要因素。

综合上述比较可见，"表达行动者的组织程度"与"被抗议者和政府的回应互动"两组变量，均是影响群体性事件暴力程度的重要条件。群体性事件如要走向非暴力，则应当满足这样的条件：一方面，表达行动者的组织程度要高，比如，要有政治素质和经验较高的负责人，组织规模不过大，成员相对固定、紧密，目标诉求集中、并有较高的利益相关度，开展富于策略的抗争，善于自我保护；另一方面，被抗议者和政府应与抗议者没有深深的积怨，能够平和而理性地回应抗议行动。双方之间这种良性的互动，正是确保群体性事件非暴力化的基本保障。反之，群体行动缺乏其中的任一条件，均有可能走向暴力化。以案例1定州事件为例，其表达行动者的组织程度原本较高，多个变量均接近非暴力事件中的相应指标，但被抗议者和政府缺乏理性和文明精神的回应互动，使得数年内双方之间始终剑拔弩张，最终以暴力冲突收场。

3. 机制解释

为何表达行动者组织状况，以及被抗议者和政府的回应互动会影响表达行动的暴力程度？这种影响是如何发生的？这里，我们试图讨论其中的作用机制。

在西方国家的体制背景下，民众拥有受法律保障和限定的行动表达权利，一旦超出法律范围即要受到法律的相应处罚。众所周知，在我国，民众的行动表达权利在法律方面的保障依然不足，所受到的限制却是严格的。尤其是对所谓有组织的表达或抗议活动，往往会被因组织"非组织活动"而受到更严厉的制裁。以"军转干部上访案例"为例，在当初发动上访时，多位军转干部心怀强烈的顾虑而不敢参加；在发动成立"企业军转干部上访委员会"时，绝大多数人员更不敢在其中担任任何职务，可见，对我国民众来说，以有组织，尤其是强组织方式展开表达行动，尚是艰难的。在我们统计的千余个案例中，尽管存在有组织活动的案例达6成，但绝大多数属于仅有牵头人之类的临时组织，且一般处于隐秘状况。

那么，在当前社会政治环境下，有组织状况对群体表达活动非暴力化的作用是怎样发生的呢？

笔者以为，对绝大多数民众而言，其行动选择一般是理性的，他们应有一定的风险认知和自我保护意识。对参与群体性事件的成本和风险，作为理性人的民众更会评估其成本和风险，并注意自我保护，一般不会采取非法乃至违法行为。但在某些情景下，如在参与者众多且杂乱，相互间陌生、且缺乏相互监督和约束之时，民众的行动就可能出现变化，不仅可能出现"理性丧失"的乌合之众心理，还会出现即使违法也不可能被发现和追究的侥幸心理；既然大家都这样，那我也这样的从众心理；以及"法不责众、法难责众"的心理。在万州事件和丰城事件中，十分典型地反映了这类特点，事后被追究的违法犯罪人员的供述，也多表明他们便是在以上心理的影响下而行动的。

与此相反，一旦群体活动呈现有组织状况，就将出现以下变化：

其一，组织负责人更会注意其活动的风险并自我保护。对于文化、政治素质较高、政治经验较丰富的负责人来说，尤其是那些曾是或仍然是体制内成员的负责人来说，其风险认知和规避的能力就更强。比如，因其政治经验，对组织集体行动的风险能有较为清晰的认知，能提出明确而集中的诉求目标；因其领导能力，能较好地约束成员的行动，开展有策略的抗争；因其社会政治资本，能提高问题求决的可能性。如在军转干部上访案例中，他们一直注意使用"政治正确"的话语表达，在行动中一直注意采用"交叉行动"方式掩护负责人。在禾川事件中，作为事件组织者和发动者的主要村干部，在安排好村民集体抗议的所有行动和细节后，并没有出现在现场，而是在乡县干部通知后"才得知事态"，似乎自己毫不知情，即以"事不关己"但又严格约束集体行动的方式保护自己。

其二，组织或其内部单元的成员之间能形成相互监督与纪律约束，形成风险与责任的落实和追究机制。一般地，抗议活动的组织或其内部单元的成员相对固定、紧密，规模不会过大，大家相互熟悉。熟人之间的有组织行动，有助于相互监督和约束，从而既可能减少"搭便车"行为，更能使行动的责任和后果的相互区分、认知和落实。在这里，侥幸心理和乌合之众心理难以存在。以职业群体的群体性事件为例，一旦某同事在行动中有出格行动，就有可能被规劝；如不被成功规劝，事后也易于会被落实责任而被追究。这也就是这类群体有组织抗争暴力程度低的重要原因。相反，在血缘群体中，由于其内部一般有相互保护、出卖者将被内部严厉追究、为家族牺牲者将得到特别荣耀和保障等规则，其成员的集体行动往往易趋于暴力化。

综上可见，组织对群体性事件非暴力化的核心机制之一在于：集体行动风险和责任及其坐实的认知与评估机制。在有组织状况下，这一机制能得以形成并运转，从而使组织者和参与者能清晰认知和研判自身在行动中的角色和责任，清晰认知和研判行动风险、成本与收益，促使行动者有效地相互监督和约束，进而使集体行动非暴力化。相反，在无组织状况下，由于没有伙伴的规劝或约束，由于陌生人状态下需要"英雄"和"临时领袖"，因此，所谓的"英雄主义者"和激愤者极易出现，侥幸、从众或乌合之众的行为极易出现，尤其在法律和政治素养较低者及怨愤者中间。这一机制是发生在组织和行动者内部的作用机制。

而就组织与外部互动的作用机制（核心机制之二）而言，则是被抗议者和政府对抗议者的理性回应和互动。在被抗议者眼中，被抗议者和政府是什么形象，抗议者对他们是否有严重的不满？尤其是面对抗议活动，被抗议者和政府采取怎样的方式应对，是着眼于妥善解决问题，还是一味压制、打压？换言之，被抗议者和政府的理性纾解或粗暴回应，将对行动者的行动产生较大的刺激效应。在当今信息全球化和在场化的新形势下，权利意识日益强烈的民众已能借助更现代的新颖方式维权，并不会轻易放弃和罢休。即便如偏僻小县城的江西宜黄，2010年9月中旬面对暴力拆迁和抢尸事件，抗议者也能借助微博等前所未有的新手段，维护其自身权益。在前述案例中，非暴力抗争的2个案例均显示了被抗议者和政府的理性应对，而暴力抗争的3个案例则显示了被抗议者和政府应对的理性缺失和策略失范。军转干部上访案例中，军转干部们的表达行动从激烈转向平和，即与当地政府回应方式从压制转向疏导和服务相随，压制使上访者"以暴对暴"，相反，政府的疏导和服务却带来了上访者的"理性维权"。总之，对群体性事件来说，理性回应带来有序，压制和暴力意味着更加暴力。

六、结论

在一项涉及国内261个群体性事件案例的新近研究中，不同于西方学界对抗议行动中暴力使用的情感冲动或策略性选择的解释，蔡永顺借助群体—结构的框架，解释了中国抗议者对暴力的使用方式。他的研究发现，尽管暴力在中国发生于不同的场景，然而其产生的原因与参与者群体的结构有很大关系，即：由参与者类型、抗议涉及的社群类型以及是否存在领导者构成的结构影响了参与者对风险的认知，并进而影响到民众对暴力的使用。（蔡永顺，2011[①]）本文集中探讨群体性事件中的组织程度与其暴力程度之间的关系，研究表明：两者之间成反比，验证了"组织的程度与对抗中的暴力程度成反比"的结论。不过，这一关系的发生，本文也强调风险认知机制的作用、强调领导者的作用，但与蔡永顺所不同的是，笔者强调行动者规模及相互间的熟悉程度（而不是职业和社群类型），并强调被抗议者和政府回应方式的影响。由于行动者规模的合适及相互熟悉并存在领导者，因而能进行相互约束并协调，形成良好的抗争风险和责任及其坐实的认知与评估机制。如果有了这一机制的作用，再加上被抗议者和政府的理性回应，那么，群体抗争行动就易于去暴力化。显然，这一研究结论与国人传统的识见有着重大的出入，但与处于"维稳"第一线的多数领导干部的研判相一致。笔者以为，应当基于更为丰富的实证资料，重新科学评估新时代民众集体行动组织化与其暴力性的关系。

应当注意的是，本文所考察的群体性事件中的组织活动均是"非正式组织"的活

[①] 蔡永顺：《抗议行为中的暴力》，见肖唐镖主编：《中国社会稳定研究论丛（第2卷）：群体性事件研究》，学林出版社2011年版，第250—270页。

动,它们是在未经法律允可、缺乏法制保障的环境下而行动的,因此,其行动时刻带有自我保护性或防卫性的特点。比较起来,在允许结社自由和有组织自由表达的社会,有组织的抗争和表达活动者往往关注的是法律之边界,而在当下中国,集体表达和抗争的行动者们则不仅要关注法律(政策)的边界,更要防范组织本身私密性的暴露从而带来的政治风险。两者的风险和成本虽然未必一致,但一致的是:其风险和成本均要由组织者来承担。在法治状况下,风险与成本来自法律的规定,它们是稳定且一致的,民众的有组织活动合法而公开,更有助于走向有节制和有序化。在法治保障尚不健全的状况下,风险与成本则更多是政治责任和约束,它们是易变且多元的,如果对有组织或隐秘组织的行动给予十分严厉的打击,则往往会刺激民众选择秘密、民粹和暴力化的行动;如果政府的行动是易变的、非规则的,则易于刺激民众行动的机会主义策略。实际上,近些年对民众抗争的隐秘性组织,地方政府更多地采取了"睁一只眼、闭一只眼"的做法,这在相当大的程度上促使了民众组织行动的自我约束,以免更为严重的政治后果。相反,那些缺乏来自组织自我约束的群体性事件,则更易于走向暴力化。就此而言,当今社会秩序稳定的基础,在于民众的组织化而非碎片化。这正反映了现代型组织的基本特性,即"自我约束性和理性:组织的最显著、最独特的性质,或许就是审慎考虑公开宣称的自我限制"。(齐格蒙特·鲍曼、蒂姆·梅,2010[①])韦伯就曾提出,当代社会中的组织大量繁生,表明日常生活正不断趋于理性化。理性行动不同于传统性行动和情感性行动,后两者分别是由风俗习惯和一时之情绪触发的,做出这些行动的时候,并没有充分考虑各种后果;而前者则以明确界定的目标为取向。在韦伯看来,组织的特征,就体现为对于理性行动的要求的完美调适。(齐格蒙特·鲍曼、蒂姆·梅,2010[②])

上述结论富含深刻的政策含义,有助于我们深入反思长期来的执政理念与政策。应当承认,历史发展的大潮都将迎来结社自由和有组织表达的时代。正如查尔斯·梯利在考察欧洲国家民众抗争的历史时发现:在西方近代早期,民众的抗争活动倾向于毫无协调、地方化,后来走向有计划、有步骤、有范围、有纪律的协会型组织的集体活动,而从1700年起,各种协会型团体逐渐成为了民众集体活动的推动媒介。(梯利,1984[③])在我国,无可怀疑的是,民众自发的有组织表达活动也必将日益增多而频繁。应当积极而有效地将其纳入法治之轨而非拒斥于法治门外,如允许有组织的游行示威,

---

① [英]齐格蒙特·鲍曼、蒂姆·梅:《社会学之思》,李康译,社会科学文献出版社2010年版,第47页。

② 同上,第49页。

③ [美]查尔斯·梯利:《革命运动与集体暴行》,载Fred I. Greenstein & Nelson W. Polsby主编:《政治科学大全》(第三卷),赵知廉译,台北:狮文化事业有限公司1984年版,第684—691页。

修订"社会团体登记和管理条例",研制结社法等。这应是民主与法治建设题中的必然选择。

本辑话题

公安微博是否提升了公众的公共安全感?
——以中国大城市为例

马 亮[*]

摘 要:本文采用中国 36 个大城市的多源数据,实证研究了公安微博发展情况同社会公众的公共安全感之间的相关关系。结果表明,公安微博发展情况的多数测量指标都同公共安全感之间存在正相关关系,但均未通过统计显著性检验。从短期来看,公安微博可能并未提高社会公众的公共安全感,而如何进一步推进公安微博的发展状况并扩大其社会影响,将是未来公安微博发展的重要方向。

关键词:公安微博;公共安全;中国;大城市;实证研究

一、引言与文献综述

(一)问题的提出

微博或微博客(microblog)作为 Web 2.0 技术应用或社交媒体技术的集中体现,在过去几年获得了长足发展,一跃成为互联网和信息技术发展的重要标志。虽然 Twitter、Facebook 等国际主流社交媒体应用无法在中国使用,但中国本土的新浪、腾讯等微博平台开发了类似的功能,极大地满足了中国网民的微博需求[①]。在微博用户群体规模不断扩张的背景下,政府部门日益认识到微博作为一个新兴平台对于社会管理创新的重要意义。越来越多的政府部门开始"试水"微博应用,开通政务微博并

---

[*] 马亮,管理学博士,新加坡南洋理工大学南洋公共管理研究生院研究员,西安交通大学中国地方政府创新研究中心研究员。主要研究领域:公共服务绩效、政府创新、城市治理、公共安全。

[①] Liang Ma, "Diffusion and Assimilation of Government Microblogging: Evidence from Chinese Cities", *Public Management Review*, forthcoming, doi: 10.1080/14719037.2012.725763.

为网民提供在线互动和电子服务①。

在政务微博发展的浪潮中，公安微博可谓"一枝独秀"。无论是发展初期还是目前的发展中期，公安微博都能独占鳌头，引领中国政务微博的发展趋势②。人民网舆情监测室发布的"全国公安政务微博排行榜"显示，"公安微博群是我国规模和影响最大的政务微博群，长期以来遥遥领先于其他部门"③。最新的监测数据显示，公安部门开通的政务微博占据了中国政务微博的"半壁江山"。截止2013年第一季度，通过新浪微博认证的官方政务微博数突破7万个，其中包括41377家政务机构微博和29228个公职人员微博，覆盖注册微博用户超过5亿人④。在政务机构微博中，公安微博的数量高居榜首，达11215个，占27.1%；公职人员微博中公安微博的数量为5420个，占18.54%，仅次于团委系统。在新浪微博公布的全国政务机构微博前20名排行榜中，公安微博数多达10个；而在全国公职人员微博前20位排行榜中，公安系统占了9个。无论是在政务微博的开通数量和覆盖率方面，还是在政务微博的影响力和传播力方面，公安微博都当仁不让地成为中国政务微博的主力军和排头兵⑤。

公安微博的迅猛发展引起了社会公众和学术界的广泛关注，许多人士将其同社会管理创新联系在一起，认为公安微博为社会管理创新探索了新的途径，并为融洽警民关系、重塑公安形象和提升公共安全感等创造了条件。然而，公安微博是否真正发挥了应有的作用？虽然一些学者研究了公安微博的发展状况及其扩散的影响因素，但关于公安微博的效应或影响的研究却乏善可陈。对基层警员的访谈显示，犯罪率等客观指标越来越让位于社会安全感等主观指标，因为后者能够更加贴切地反映老百姓对社会治安的感知和评判。公安部也多次进行大规模的全国调查，了解社会公众的公共安全感⑥。所以，有关公安微博的一个直接问题就是，公安微博是否提升了公众的公共安全感？目前，该问题尚未发现系统的实证考察。为了填补这一研究空白，本文作为

---

① 马亮：《中国政务微博发展与社会管理创新研究》，见西安交通大学中国管理问题研究中心主编：《2013中国社会管理发展报告》，科学出版社2013年版。
② Liang Ma, "The Diffusion of Government Microblogging: Evidence from Chinese Municipal Police Bureaus", *Public Management Review*, Vol.15, No.2, 2013, pp.288-309.
③ 人民网舆情监测室主要通过粉丝活跃率、日均微博数、原创率、平均评论数、平均转发数、认证粉丝数和媒体热度等方面评分，并赋予相应权重。参见：人民网舆情监测室：《全国公安政务微博排行榜发布 维和警察进入前十》，http://yuqing.people.com.cn/GB/210118/17852285.html（访问时间：2012年5月10日）。
④ 新浪微博：《2013年第一季度新浪政务微博报告》，http://vdisk.weibo.com/s/AjrHQ（访问时间：2013年5月7日）。
⑤ 国家行政学院电子政务研究中心：《2012年中国政务微博客评估报告》，国家行政学院出版社2013年版。
⑥ 王智民、郭证：《我国公众安全感现状及其对比分析》，载《社会学研究》，1992年第3期。

一项探索性研究,将以中国30多个大城市为例,实证分析公安微博的发展情况同城市居民的公共安全感之间的相关关系。

(二)文献综述

自2010年兴起以来,公安微博便引起了学术界的广泛关注,并积累了大量文献。一些学者对公安微博的发展状况进行了评估,考察了公安微博的主要特征,为认识公安微博的整体发展情况提供了依据[1]。马亮采用全国地级市的数据对公安微博的扩散及其影响因素进行了实证分析,结果显示政府规模、互联网普及率、公安局所在省份其他市公安局开通微博的比例、上级公安部门的微博开通情况与公安微博开通概率显著正相关,而辖区财政资源状况、人均地区生产总值、电子政务发展水平、公共治安状况等与公安微博开通情况无显著相关关系,而且公安微博的开通在不同时期取决于不同因素的综合作用[2]。有学者对公安微博的作用进行了研究,认为公安微博的作用主要体现在"应对网络舆论、工作方法与机制创新、增强民警平等意识、和谐警民关系等方面"[3]。还有学者认为,公安微博在拓宽警民沟通渠道、构建和谐警民关系和打击违法犯罪行动等方面都发挥着至关重要的作用[4]。Meijer将新媒体与大众传媒和面对面会议进行比较,利用荷兰的警察侦查和公民网络两个案例的研究显示,发现新媒体在发展参与机会、推动实质公众参与以及公众参与的影响等三个阶段都对警察侦查和巡逻发挥了重要作用[5]。总体来说,多数针对公安微博的作用和影响的研究集中在个案分析和理论探讨层面,还缺乏系统的实证分析。

公共安全感是一个热点研究问题,国内外许多学者都对其进行了广泛研究。一项系统研究综述显示,1979—2008年共有274篇安全感相关的论文在中国期刊发表,心理学、社会学和医学等学科是研究的主要学科,而研究领域主要集中在公共安全感的影响因素[6]。公共安全感是一个复杂多维的心理构念,许多学者对其结构和因素进行了研究,并编制相关的量表对城市居民的安全感进行测量。例如,一项研究显示,

---

[1] 张谦:《公安微博的发展与展望》,见李林、田禾主编:《中国法治发展报告No.9(2011)》,社会科学文献出版社出版2011年版。
[2] 马亮:《公安微博的扩散研究:中国地级市的实证研究》,载《甘肃行政学院学报》,2012年第6期。
[3] 任雅丽:《中国公安微博现状研究》,载《图书情报工作》,2012年第3期。
[4] 廖建春:《公安微博的作用及相关问题研究》,载《中国人民公安大学学报(社会科学版)》,2011年第3期。
[5] Albert Jacob Meijer, "New Media and the Coproduction of Safety: An Empirical Analysis of Dutch Practices", *The American Review of Public Administration,* 2012.
[6] 张弦:《公安微博在打击违法犯罪行动中的应用》,载《湖北警官学院学报》,2012年第7期。

中国城市居民的安全感主要由社会稳定、家庭安全、公共安全、社区安全、职业安全和身体安全等6个主要因子构成[①]。公安部公共安全研究所曾于1988和1991年进行的全国城镇居民公众安全感抽样调查，主要从社会治安综合评价、执法公正情况评价、对公安工作的满意程度、敢于作证的比重、敢走夜路的比重等方面进行考察[②]。一些学者也通过抽样调查研究了公众个体对公共安全的认知以及个体特征和态度等对公共安全感的影响[③]。对城市居民的调查发现，居民对流动人口的态度如果是负面的，他们对公共安全的认知也会有所降低[④]。总体而言，目前的研究仍然集中在公众个体层面的主观和客观因素，缺少对城市层面的其他因素的系统研究[⑤]。最近，有学者利用全国综合社会调查的数据研究了居民对犯罪控制的满意度的影响因素，发现各省犯罪逮捕率和人均GDP同犯罪控制满意度无显著相关关系，但流动人口规模与居民对犯罪控制的满意度正相关[⑥]。

在探讨了公安微博和公共安全感的研究状况以后，我们发现将二者结合在一起进行研究的文献尚未出现。尽管一些学者探讨了公安微博同公共安全感的可能联系，但并未对二者的相关关系进行实证分析。公安微博的快速发展是否对抑制和打击犯罪活动并进而提升公众的公共安全感产生了显著作用？简言之，公安微博是否提升了公共安全感？只有对该问题进行实证分析，我们才能明确公安微博的作用及其限度，并对其未来发展进行规划和管理。

本文尝试研究公安微博与公共安全感之间的关系，考察公安微博是否以及在多大程度上提升了社会公众的公共安全感。本文以下部分的结构安排如下：首先，我们将

[①] 姚本先、汪海彬、王道阳：《1987—2008年我国安全感研究现状的文献计量学分析》，载《心理学探新》，2009年第4期。

[②] 汪海彬、姚本先：《城市居民安全感问卷的编制》，载《人类工效学》，2012年第4期。

[③] 王大为、张潘仕：《中国居民社会安全感调查》，载《统计研究》，2002年第9期；王俊秀：《面对风险：公众安全感研究》，载《社会》，2008年第4期；仓平、严文斌、袁珏：《公众安全感影响因素模型的构建与研究》，载《南京财经大学学报》，2011年第3期；尉建文、阮明阳：《中国城市居民安全感的实证研究——基于北京、郑州和昆明三城市的调查》，载《北京工业大学学报（社会科学版）》，2012年第6期；I. Nielsen, R. Smyth, "Perceptions of Public Security in Post-reform Urban China: A Routine Activity Analysis", *Asian Journal of Criminology*, Vol.4, No.2, 2009, pp.145-163.

[④] I. Nielsen, R. Smyth, "Who wants safer cities? Perceptions of public safety and attitudes to migrants among China's urban population", *International Review of Law and Economics*, Vol.28, No.1, 2008, pp.46-55.

[⑤] 余建辉、张文忠、王岱：《基于居民视角的居住环境安全性研究进展》，载《地理科学进展》，2011年第6期。

[⑥] Yue Zhuo, "Social Capital and Satisfaction with Crime Control in Urban China", *Asian Journal of Criminology*, Vol.7, No.2, 2012, pp.121-136.

回顾公安微博的研究文献并提出研究假设；其次，介绍本文的样本框架、数据来源和变量操作化等方法；之后，报告本文的主要实证分析发现，并讨论本文的研究启示和政策建议。最后，对本文的研究不足进行讨论，并指出该领域的未来研究方向。

二、研究假设

目前围绕公共安全感的影响因素主要集中在个体层面的分析，如个体的人口统计特征、心理态度等。还有一些研究对邻里状况等进行了研究，但对辖区层面的特征研究还不多见。我们认为，社会公众的公共安全感在很大程度上受到公安部门的影响，即公安部门的行为和表现会对形塑公众的公共安全感产生至关重要的作用。公安微博作为公安部门密切联系辖区居民的重要手段，在加强警民互动方面发挥着重要作用。与传统的政务大厅和政府网站等渠道相比，公安微博的双向性、互动性、便捷性、开放性和即时性等特征有利于公安部门与辖区居民的沟通与联系。公安微博使公安部门和公安干警放低身段，通过更加有效的沟通手段加强与社会公众的互动与交流，为警民关系的融洽提供了非常好的润滑剂作用。市民如果感知到公安部门通过微博平台的及时响应力，对公共安全的认知也会相应提升，并有利于公共安全感的提高。

公安微博在打击犯罪和维护公共安全方面发挥了重要作用。公安微博通过"微博打拐"、"微救助"和"微博征集破案线索"等积极为公安部门捕捉案件信息和挖掘破案线索。得益于微博用户群体的积极参与和"人海战术"，公安微博日益成为公安部门的"第二侦察队"，其触角可以延伸到社会的各个角落，而"随手拍"等微博用户的新兴手段也为公安部门获取破案线索提供了更多选择。公安部门限于财力、人力和物力等方面的制约，很难在当期日益复杂和多变的社会中有效应对不断升级的犯罪活动。广大微博用户群体的积极参与和来自四面八方的热情支援，为公安部门侦破案件提供了非常强大的舆论支持和情报辅助。公安微博为公安部门搜寻破案线索提供了有力支持，许多公安部门都积极利用微博平台发布悬赏信息，邀请网民转发博文并提供破案线索。据媒体报道，2011年10月，广东省公安厅在人民微博发布博文，呼吁知情群众积极向公安机关提供破案线索，"目前广州龙洞街伤害案的案情暂不明确，望广大知情网友联动转发"。[①]

2012年10月13日，温州乐清两名女子捡到一张银行卡后取走了卡里的现金。10月24日，警方调取监控录像并把她们取款的画面发上微博征集破案线索。结果微

---

① 人民网强国论坛：《广东公安巧用人民微博征集破案线索》，http://www.people.com.cn/GB/32306/184620/218062/15979321.html（访问时间：2011年10月21日）。

博发出两小时就有人通过私信表示要自首,连民警都感叹公安微博真是"微力无边"。①

2013年初,浙江余杭刑警在侦破一起谋杀案时遇到难题,无法辨识死者身份。刑警大胆尝试,通过公安微博公布了案情,并邀请网民寻找和分析线索,请广大人民群众帮助破案。余杭警方的悬赏征集破案线索得到了数万名网友的热心支持,很快收到群众来电近4万个、网上留言多达10余万条,并基于关键线索破获了这起案件。②

公安微博开通及普及以来,类似的微博助力案件破获的案例越来越多,以上只是公安微博帮助公安部门侦破案件的一些具体事例。更为重要的是,公安微博对公共安全感的作用不仅表现在具体案件的侦破方面,更表现在互联网上的传染和传播效应。即网民通过公安微博的强大作用而树立了对公安部门的信心,进而对公共安全形成正面和积极的态度,从而有利于公众建立较高的安全感。

结合以上探讨,我们提出如下研究假设。

假设1:城市公安微博的发展情况与城市居民的公共安全感正相关。

三、数据与方法

(一)样本与数据来源

有鉴于公安微博的发展情况和数据的可获得性等方面的考量,本文选取中国36个大城市作为研究对象,包括4个直辖市(北京、天津、上海和重庆)、27个省会城市(或自治区首府)和5个计划单列市(大连、青岛、宁波、厦门和深圳)。人民网舆情监测室对新浪、腾讯和人民微博的分析显示,省级和副省级以上的公安微博在公安微博总排行榜前十名中占60%,在前二十名中高达75%,在公安微博互动传播影响力排行前三十名中占66.7%,具有十分明显的带动与示范效应③。因此,选取省会、副省级和直辖市等大城市的公安微博进行研究具有较强的代表性。由于公安微博自2009年兴起并在2010年快速发展,我们选取2011—2012年作为本研究的时间框。

本文的数据来自于以下三个方面:

首先,有关公安微博发展的数据主要来自新浪微博提供的信息,以及作者在其"政务厅"搜索获取的数据。新浪微博作为目前中国最主要的微博平台,其影响力和辐射

---

① 今日早报:《警方试发微博找破案线索 两小时后有人来自首》,http://www.chinanews.com/fz/2012/10-30/4286608.shtml(访问时间:2012年10月30日)。

② 钱江晚报:《网友热情提供线索助警方破案》,http://www.chinadaily.com.cn/dfpd/zj/2013-04/25/content_16448296.htm(访问时间:2013年4月25日)。

③ 人民网舆情监测室:《全国公安政务微博排行榜发布 维和警察进入前十》,http://yuqing.people.com.cn/GB/210118/17852285.html(访问时间:2012年05月10日)。

力是最大的，而政务微博在该平台的运作也是最成熟和最完善的。选取该平台进行研究，具有一定的代表性。更为重要的是，许多知名政务微博均在腾讯微博、人民微博等多个微博平台上同时上线管理，因此我们从其最主要的一个微博平台即可获取多数信息。

其次，有关社会公众的公共安全感的数据则取自中国社会科学院开展的城市公共服务力调查①。虽然中国社会科学院也调查了珠海和汕头两个经济特区城市，但考虑到可比性，我们未将其纳入分析。

最后，有关其他控制变量的数据来自于国家统计局主编的最新《中国城市统计年鉴》②和中国城市竞争力研究会编写的最新《中国城市竞争力年鉴》③。由于所有数据都是公开获取的主流或官方数据，因此我们的研究具有较高的信度。

（二）因变量

本文的因变量是样本城市社会公众的公共安全感，主要通过问卷调查获取相关数据。如前所述，公共安全感是一个复杂的多维构念，我们很难用一个指标对其加以衡量。就我们关注的公安微博而言，我们主要侧重于社会治安方面的公共安全感，因此可以从社会治安角度对公共安全感进行操作化。我们的数据来自中国社会科学院主编的《公共服务蓝皮书：中国城市基本公共服务力评价（2011—2012）》。该报告对38个城市的居民进行抽样问卷调查，共发放调查问卷 27000 份，回收有效问卷 25115 份，问卷回收率达 93.02%；平均每个城市的样本量为 660 个，最少的南昌为 556 份，而最多的天津为 725 份。调查历时 8 个月，主要委托华图政信公共管理研究院的专业调研人员完成。该调查涉及公共安全的题项有 5 个，分别涉及如下方面：

① 人身安全：深夜（晚上 11 点至凌晨 4 点），您敢单独行走吗？（5 级李克特量表）
② 财产安全：如果您全家出门三天，对家里的财物会放心吗？（5 级李克特量表）
③ 食品安全：您对您平时所吃食物的质量担心吗？（5 级李克特量表）
④ 灾害防护：请问您所在的城市政府是否对灾害（火灾、地震等）进行过预防或应对工作？（5 级李克特量表）
⑤ 整体满意度：请您对所在城市的公共安全情况进行整体评价。（5 级李克特量表）

该调查对上述指标进行加权合并，采用等权重赋分法，各指标的选项从最低到最

---

① 侯惠勤、辛向阳、易定宏主编：《公共服务蓝皮书：中国城市基本公共服务力评价（2011—2012）》，社会科学文献出版社 2012 年版。
② 国家统计局城市社会经济调查总队：《中国城市统计年鉴 2010》，中国统计出版社 2011 年版。
③ 《中国城市竞争力年鉴 2011》，海天出版社 2011 年版。

高分别赋分20、40、60、80和100，然后5个指标等权重合并，即构成0~100分的公共安全感指数，作为衡量各城市的总体指标。

从2012年的调查结果来看，得分最高的是拉萨市（66.81分），最低的是汕头市（48.99分），平均分为55.49分，比2011年的调查结果略微有所改善。从100分的量纲来看，如果以60分作为"及格线"，那么中国最主要大城市的公共安全感尚不及格，整体情况令人堪忧。

（三）自变量

本文的自变量是样本城市公安微博的发展情况，如何衡量各城市公安微博的发展情况是一个仁者见仁智者见智的问题，很难达成共识。许多机构和学者对公安微博的评价和排名进行了大量研究，但都是专注于单个微博，还没有针对特定城市公安微博整体发展情况的评价和排名。人民网舆情监测室发布的"省会与副省级以上城市公安微博周榜"仅公布前10名且每周更新，无法对所有城市公安微博的年度得分进行统计分析[①]。新浪微博的"政府影响力榜"可以按月、周和天等对前100位的公安微博进行影响力排序，相对来说更为规范和稳定[②]。为此，本文选自两种策略对样本城市公安微博的发展情况进行评价。

首先，本文对样本城市公安局官方微博账号的表现情况进行评价，因为作为该城市的总体官方代表，其表现如何能够反映该城市公安微博的整体情况。对于其表现情况，我们主要从其粉丝数量、微博数量和开通时间等方面予以衡量，即开通时间越早、微博数量越多和粉丝数量越多的公安微博，其表现情况相对较好。开通时间以公安微博发布的首个微博作为标志，或将公安微博在新闻媒体上公开宣布正式开通的时间作为其开通日期。我们用2012年12月31日减公安微博开通日期，得到一个天数的指标，作为衡量开通早期性的衡量指标。公安微博发布的微博数量和吸引的粉丝数量均以2012年末的数据为准。

公安微博的粉丝数量同其开通部门所在辖区的人口规模紧密相关，通常来说辖区人口越多的公安部门开通的微博的"人气"也越多，因为互联网用户基础的影响较大。为此我们将公安微博的粉丝数量除以样本城市的人口规模，以校正人口规模对该指标的偏误影响。同理，公安微博发布的微博数量也同其开通时间密不可分，一般来说开通时间越久发布的微博数量也越多，因此需要统计每日微博发布数量，对开通历史产

---

① 人民网：《全国公安微博排行榜》，http://yuqing.people.com.cn/n/2012/0911/c209043-18977475.html（访问时间：2012年9月11日）。

② 网址为：http://data.weibo.com/top/influence/govern（访问时间：2013年7月22日）。

生的偏误予以校正。

其次,公安微博的突出表现在于基层性,即区县公安局和基层派出所同社会公众的联系更为密切,它们的表现对社会公众的影响更深,因此需要统计它们的表现。我们采用一个较为笼统性的指标,即样本城市开通公安微博的总数。显然,这是一个比较粗糙的代理指标,但目前还没有其他更好的指标。同上所述,样本城市开通公安微博的数量也与辖区公安机关的数量有关,而后者又同辖区人口规模紧密相关,因为中国的机构设置、人员编制和财政支出通常是根据辖区人口规模设计的。因此,我们也将样本城市开通的公安微博数量除以辖区人口规模,作为公安微博发展情况的一个相对衡量指标。

(四)控制变量

显然,影响公共安全感的因素很多,为此我们将其作为控制变量代入回归模型。参照已有文献并结合数据可获得性等方面的考虑,本文考察了如下控制变量对公共安全感的影响。

首先,城市的犯罪率是影响公共安全感的重要因素,通常来说犯罪率越高的城市往往是居民感到越不安全的城市。样本城市的犯罪率(刑事案件发案率)数据来自《中国城市竞争力年鉴》,它公布了经过标准化处理的犯罪率数据,其值从 0 到 1 取值,取值越大表明犯罪率越高,因此是公共安全的一个逆指标。

其次,经济发展水平是影响社会公众对公共安全的期望和满意度的重要因素,因此需要在模型中予以考察。我们采用样本城市的人均地区生产总值(GDP)作为衡量其经济发展水平的主要指标。

再次,流动人口被认为是诱发犯罪活动的重要因素,也是影响城市居民对公共安全的感知水平的主要变量之一。为此我们需要将样本城市的流动人口规模作为控制变量,但 2010 年的第六次人口普查数据仅公布了部分样本城市的流动人口数据。因此,我们采用样本城市的人口总数作为代理变量,通常来说人口规模越大的城市其流动人口也相对越多,并可能对公共安全产生一定的负面影响。样本城市的人口规模以年平均人口总数作为衡量指标,因为它能更准确地反映所在城市的人口总数。相对来说,年末人口规模由于未能剔除流动人口的影响,可能不是一个准确指标。

最后,我们还考察了样本城市的行政级别和地理位置等变量的作用,它们可能也会对城市居民的公共安全感产生一定的影响。样本城市的行政级别方面,我们以省会城市为参照组,设置副省级城市(15个)和直辖市(4个)两个虚拟变量[①]。地理位置的操作化则是以中部城市为参照组,设置东部和西部城市两个虚拟变量。

(五)分析方法

由于本文的研究是截面数据,且因变量是连续变量,因此我们可以使用基于普通最小二乘法(OLS)估计的回归模型。我们在回归分析时将样本城市的人均GDP和人口规模,公安微博的开通数量,市公安局开通官方微博的早期性、微博数量和粉丝数量等指标进行了取对数处理,以将其转换为相对小的取值,并有利于其回归系数的解释。在回归模型中,我们还设置了稳健的标准误,以纠正非齐次性和异质性等对模型拟合结果的影响[②]。分析显示,所有自变量的平均方差膨胀因子(VIF)值为5.09,小于一般判别多重共线性的标准值10,表明回归模型的多重共线性问题不是特别严重。

四、结果与讨论

(一)中国大城市公安微博的发展情况

表1报告了中国大城市公安微博的开通情况,我们主要关注市公安局官方微博的开通情况。36个样本城市中,32个城市都开通了市公安局的官方微博,比例高达88.89%。

从开通时间来看,开通最早的是济南市公安局的官方微博"济南公安",开通时间为2010年3月2日。目前开通最晚的是天津市公安局的官方微博"平安天津",于2012年12月27日开通。2010年有10个城市公安局开通官方微博,2011年为16个,而2012年为6个。

从发布的微博数量来看,截止2013年5月22日,"济南公安"共发布了21215条微博,排名第一。呼和浩特市公安局官方微博"青城公安"仅发布了37条微博,是样本城市中发布微博最少的公安微博。平均而言,32个市公安局的官方微博平均发布超过5700条微博。显然,开通时间越早的公安微博更有可能发布更多的微博,为此我们统计了每日微博发布数。数据显示,青岛市公安局官方微博"青岛公安"开

[①] 《中国城市竞争力年鉴》公布的政治区位优势指标以城市的行政级别作为依据,将中国城市的政治区位优势分为1(北京)、0.8(直辖市)、0.6(重要省会城市)、0.5(一般省会城市)和0.4(地级市),我们采用该指标的分析结果基本不变。

[②] 需要说明的是,公安微博在代入回归模型时可能存在内生性的问题,因为样本城市公安微博的发展情况可能同样会受到经济发展水平、人口规模、行政级别和地理位置等因素的影响。如何解决内生性的问题超出了本文的范围,我们在本文暂不探讨。

表 1 中国大城市公安微博的开通概况①

城市	微博名称	机构认证名称	微博链接	开通时间	微博（条）	粉丝（个）
北京	平安北京	北京市公安局官方微博	http://e.weibo.com/pinganbeijing	2011/8/9	13453	5053624
天津	平安天津	天津市公安局官方微博	http://e.weibo.com/u/3163782211	2012/12/27	294	668727
上海	警民直通车——上海	上海市公安局官方微博	http://e.weibo.com/shanghaipolice	2011/11/28	10229	2720867
重庆	重庆网警	重庆市公安局网安总队官方微博	http://e.weibo.com/u/1980140617	2011/2/20	919	313827
石家庄	石家庄公安网络发言人	河北石家庄市公安局官方微博	http://e.weibo.com/sjzga	2010/9/6	1901	2112523
太原	平安太原	太原市公安局官方微博	http://e.weibo.com/tyga	2010/8/23	8229	2713961
呼和浩特	青城公安	内蒙古自治区呼和浩特市公安局官方微博	http://e.weibo.com/policehhht	2011/12/7	37	32548
沈阳	沈阳市公安局	辽宁省沈阳市公安局官方微博	http://e.weibo.com/u/1819621657	2011/1/31	6980	1816676
大连	大连公安	大连市公安局官方微博	http://e.weibo.com/dlpolice	2010/6/21	11104	450743
长春	—	—	—	—	—	—
哈尔滨	平安哈尔滨	黑龙江省哈尔滨市公安局官方微博	http://e.weibo.com/harbinpolice	2010/12/9	1628	1981682
南京	平安南京	江苏省南京市公安局官方微博	http://e.weibo.com/njga	2011/2/27	2559	1546794
杭州	平安杭州	杭州市公安局官方微博	http://e.weibo.com/hangzhoupolice	2012/3/13	2419	44755
宁波	宁波公安	宁波市公安局官方微博	http://e.weibo.com/ningbogongan	2011/12/21	1820	45879
合肥	合肥110	安徽省合肥市公安局110报警服务台官方微博	http://e.weibo.com/hf110	2011/1/1	791	2009899

① 资料来源为作者自制。检索平台为新浪微博，检索截止时间为2013年5月22日。合肥市公安局的官方微博是"合肥警方"（http://e.weibo.com/hefeiga），但从新闻媒体的报道来看，"合肥110"是其主要平台，而且从受众面和影响力而言也是如此，因此我们将其作为合肥市公安微博的主要代表。吉林市公安局虽然没有开通官方微博，但2012年7月18日开通的吉林省长春市公安局交通警察支队官方微博"长春市公安局交通警察支队"（http://e.weibo.com/u/1886733973）发挥了重要作用。类似地，海口市公安局也存在类似情况，下属的交警和其他分局开通了多个官方微博。西宁和拉萨没有发现开通公安微博。

福州	福州市公安局	福州市公安局官方微博	http://e.weibo.com/fzga110	2011/2/9	7147	1111502
厦门	厦门警方在线	福建省厦门市公安局官方微博	http://e.weibo.com/xmpolice	2010/10/20	7218	1420442
南昌	南昌公安	江西省南昌市公安局官方微博	http://e.weibo.com/u/2673596511	2012/3/27	3182	47279
济南	济南公安	济南市公安局官方微博	http://e.weibo.com/jinangongan	2010/3/2	21215	1605880
青岛	青岛公安	青岛市公安局官方微博	http://e.weibo.com/qdgafbt	2012/5/2	12098	679702
郑州	平安郑州	郑州市公安局官方微博	http://e.weibo.com/zzgawb	2011/3/30	3872	1734174
武汉	平安武汉	武汉市公安局官方微博	http://e.weibo.com/u/2418542712	2011/9/27	3987	613740
长沙	长沙警事	长沙市公安局官方微博	http://e.weibo.com/cscop	2011/4/8	4242	568187
广州	广州公安	广州市公安局官方微博	http://e.weibo.com/gzjd	2010/4/29	20646	3531460
深圳	深圳公安	深圳市公安局官方微博	http://e.weibo.com/szga	2010/4/29	10812	1997632
南宁	南宁公安在线	南宁市公安局官方微博	http://e.weibo.com/u/1988749421	2011/12/20	903	43384
海口	—	—	—	—	—	—
成都	平安成都	成都市公安局官方微博	http://e.weibo.com/u/2206820037	2011/7/1	3182	318631
贵阳	贵阳市公安局	贵阳市公安局官方微博	http://e.weibo.com/u/2101553952	2011/4/15	2161	103435
昆明	昆明警方	昆明市公安局官方微博	http://e.weibo.com/kunmingpolice	2010/8/24	4989	1002046
西安	西安公安	陕西省西安市公安局官方微博	http://e.weibo.com/xajc	2010/12/26	4343	1336659
兰州	兰州公安	兰州市公安局官方微博	http://e.weibo.com/319178777	2012/3/23	3785	89182
西宁	—	—	—	—	—	—
银川	平安银川	银川市公安局官方微博	http://e.weibo.com/payc	2011/4/4	5507	1570408
乌鲁木齐	乌鲁木齐市公安局	新疆乌鲁木齐市公安局官方微博	http://e.weibo.com/u/2598170481	2012/3/16	775	42518
拉萨	—	—	—	—	—	—

通至今每日平均发布31.42条微博，排名第一。"青城公安"每天发布的微博仅为0.07条，排名末尾。平均来看，样本城市的公安微博每天发布7.55条微博。

从粉丝数量来看，北京市公安局官方微博"平安北京"排名第一，拥有拥趸超过505万人。其次是广州市公安局官方微博"广州公安"的粉丝353万人，以及上海市公安局官方微博"警民直通车—上海"和太原市公安局官方微博"平安太原"的270多万名粉丝。"青城公安"的活跃性不足，其粉丝数量也不足，仅为3万余人，排名末尾。

从综合表现来看，32个样本城市的公安微博中有18个进入了新浪微博2012年12月的"政府影响力榜"公安系统的前100名，表明大城市的公安微博具有较强的影响力和号召力。

我们还统计了每个样本城市下辖的公安局、公安分局、交巡警支队和派出所等开通公安微博的情况。我们在新浪微博"政务厅"的搜索结果显示，公安微博最多的样本城市是福州市，达到了152个；其次是石家庄，137个；再次是南宁和上海，分别为113和101个。公安微博数量最少的样本城市是拉萨（1个）、海口（2个）以及长沙和哈尔滨（均为3个）。平均而言，每个样本城市约开通了45个公安微博。

（二）主要实证结果

表2报告了本文主要变量的描述性统计分析结果。

表2 主要变量的描述性统计分析

变量	观测点	均值	标准差	最小值	最大值
公共安全感	36	55.663	4.019	50.550	66.800
公安微博数量*	36	3.306	1.214	0	5.024
开通天数*	32	6.195	0.973	1.386	6.942
微博发布数量*	32	8.096	1.306	3.611	9.962
粉丝数量*	32	13.265	1.557	10.390	15.436
人均公安微博数量	36	0.065	0.061	0.003	0.276
日均微博发布数量	32	7.554	6.991	0.070	31.423
人均粉丝数量	32	0.163	0.182	0.005	0.788
发案率	36	0.551	0.238	0.138	0.952
人均GDP*	35	10.826	0.382	10.151	11.579
人口总数*	36	6.480	0.759	4.024	7.967
直辖市	36	0.111	0.319	0	1
副省级城市	36	0.417	0.500	0	1
东部城市	36	0.444	0.504	0	1
西部城市	36	0.333	0.478	0	1

注：*表示对该变量取对数处理。

表3报告了主要变量的相关关系矩阵。结果显示，公安微博的开通数量和市公安局官方微博的开通天数同公共安全感负相关但不显著，而公共安全感同市公安局官方微博发布的微博数量和粉丝数量正相关且不显著。对公安微博的人均指标和日均指标的分析也发现了类似的结果。值得注意的是，发案率同公共安全感正相关但不显著，而人均GDP同公共安全感显著正相关。

表3 主要变量的相关分析

变量	1	2	3	4	5	6	7
1 公共安全感	1						
2 公安微博数量	-0.0519	1					
3 开通天数	-0.0988	0.0675	1				
4 微博发布数量	0.2371	0.2117	0.4417*	1			
5 粉丝数量	0.1159	0.0492	0.2833	0.5678*	1		
6 人均公安微博数量	-0.152	0.6062*	0.1499	0.0789	-0.022	1	
7 日均微博发布数量	0.2712	0.0643	0.0869	0.7092*	0.3800*	-0.1341	1
8 人均粉丝数量	-0.0868	0.0564	0.3139	0.3568*	0.6349*	0.4455*	0.1352
9 发案率	0.1726	0.1831	-0.1206	-0.1131	0.1439	0.0698	0.0435
10 人均GDP	0.4425*	0.0484	-0.1097	0.28	0.2942	-0.2497	0.4631*
11 人口总数	0.0179	0.5318*	-0.094	0.2009	0.3545*	-0.1811	0.2507
12 直辖市	0.2468	0.1321	-0.4586*	-0.0835	0.2012	-0.2319	0.1711
13 副省级城市	0.3867*	0.1817	0.2192	0.3709*	0.1436	-0.101	0.2595
14 东部城市	0.4732*	0.2768	-0.1073	0.3992*	0.3177	0.045	0.4993*
15 西部城市	-0.2726	-0.0486	0.0246	-0.3974*	-0.4601*	0.1952	-0.3674*

注：*表示两个变量之间的相关关系在0.05的水平上统计显著。

表3（续）

变量	8	9	10	11	12	13	14
8 人均粉丝数量	1						
9 发案率	0.201	1					
10 人均GDP	0.0801	0.4233*	1				
11 人口总数	-0.3193	0.2234	0.3447*	1			
12 直辖市	-0.1133	0.0944	0.142	0.5360*	1		
13 副省级城市	-0.0618	0.169	0.4562*	0.2888	-0.2988	1	
14 东部城市	0.008	0.4129*	0.5706*	0.3115	0.2174	0.3780*	1
15 西部城市	-0.1571	-0.6154*	-0.6005*	-0.3747*	-0.0625	-0.3586*	-0.6325*

在进行回归分析前，我们对公安微博与公共安全感之间的相关关系进行了初步分析，结果见下图。首先，样本城市开通的公安微博数量虽然与公共安全感存在一定的正相关关系，但二者的曲线斜率较低，因此其相关关系并不明显（如图1所示）。其次，市公安局官方微博开通时间与公共安全感的关系是负向的，但二者的相关关系较弱（如图2所示）。再次，市公安局官方微博发布的微博数量越多，公共安全感越高，且二者的相关关系较高（如图3所示）。最后，市公安局官方微博吸引的粉丝数量同公共安全感的相关关系也不明显，虽然二者的曲线斜率是正向的（如图4所示）。

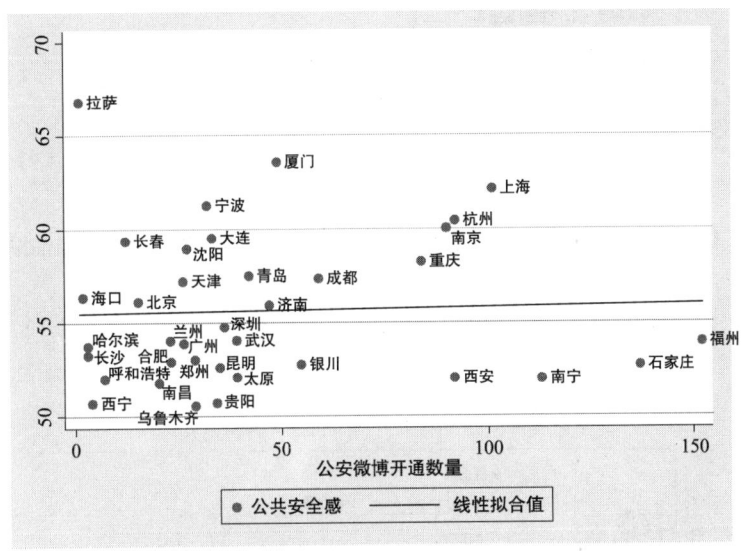

图1　样本城市公安微博开通数量与公共安全感的二维线性拟合图

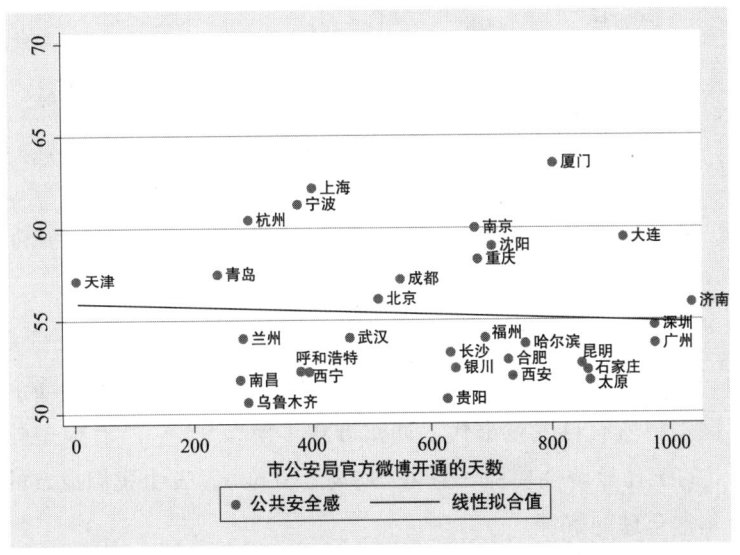

图2　样本城市公安局官方微博开通天数与公共安全感的二维线性拟合图

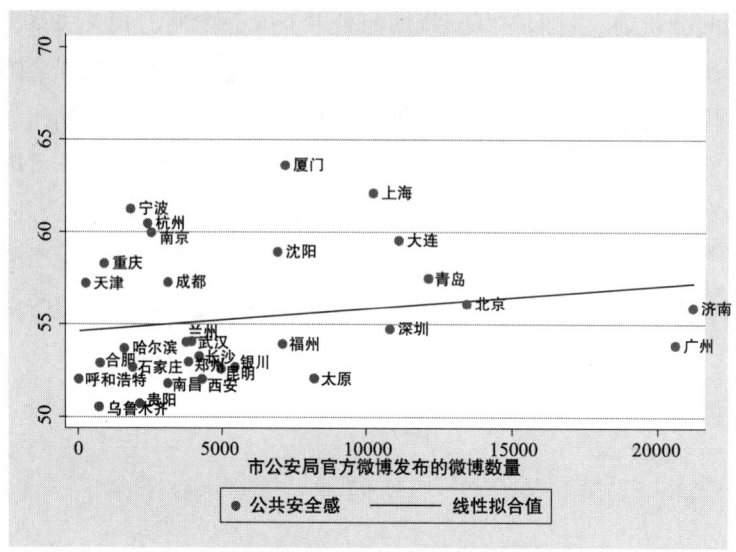

图 3　样本城市公安局官方微博发布的微博数量与公共安全感的二维线性拟合图

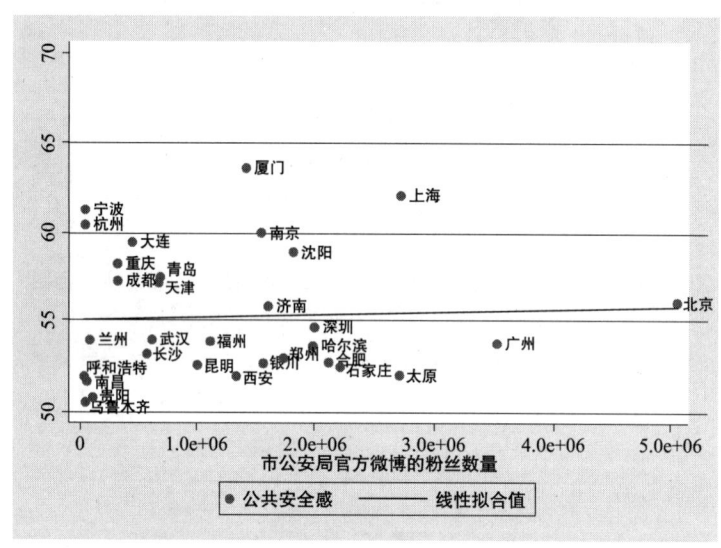

图 4　样本城市公安局官方微博的粉丝数量与公共安全感的二维线性拟合图

表 4 和表 5 报告本文的主要回归分析结果。我们首先将所有控制变量纳入模型 1 进行回归分析，然后在模型 2—8 中将公安微博发展情况的对应指标逐个纳入回归分析，最后在模型中将所有自变量都代入回归方程（模型 9）。所有模型的 F 值均通过了 0.001 水平上的统计显著性检验，且 R^2 均高于 0.600，表明我们设定的回归模型对因变量作出了非常合理的解释。

表4 回归分析结果(1)

变量	模型1	模型2	模型3	模型4	模型5
发案率	2.475 (2.215)	1.949 (2.408)	3.020 (2.851)	3.539 (3.572)	2.509 (2.659)
人均GDP	−1.509 (1.582)	−1.404 (1.536)	−0.966 (1.931)	−0.929 (1.988)	−1.071 (1.866)
人口总数	−1.180 (1.027)	−1.722 (1.339)	−1.213 (1.699)	−0.932 (1.656)	−0.919 (1.689)
直辖市	6.636*** (2.269)	7.344*** (2.550)	6.807** (3.219)	6.100** (2.745)	6.380** (2.830)
副省级城市	4.865*** (1.389)	5.045*** (1.438)	4.483*** (1.588)	4.393** (1.626)	4.466*** (1.562)
东部城市	2.080* (1.049)	1.594 (1.128)	2.374* (1.166)	2.262* (1.215)	2.395** (1.102)
西部城市	−0.584 (1.195)	−1.207 (1.375)	0.306 (1.696)	0.607 (2.073)	−0.344 (1.821)
公安微博数量					
开通天数			0.310 (0.470)		
微博发布数量				0.120 (0.427)	
粉丝数量					−0.367 (0.262)
人均公安微博数量					
日均微博发布数量					
人均粉丝数量					
常数项	74.40*** (18.60)	76.02*** (18.48)	66.18** (27.26)	64.67** (30.38)	72.73** (27.87)
样本量	35	35	32	32	32
R^2	0.668	0.677	0.678	0.674	0.691

注:括号外为标准化回归系数,括号内为经稳健的标准误。***、**和*分别表示回归系数在0.01、0.05和0.1的水平上统计显著。

表5 回归分析结果(2)

变量	模型6	模型7	模型8	模型9
发案率	2.310 (2.350)	2.435 (3.112)	2.956 (2.759)	3.443 (3.973)
人均GDP	−1.436 (1.624)	−0.833 (1.898)	−1.051 (1.917)	0.164 (2.195)
人口总数	−1.198 (1.051)	−1.088 (1.682)	−1.306 (1.779)	−1.683 (2.621)
直辖市	6.816*** (2.428)	6.333** (2.939)	6.431** (2.890)	8.474** (3.962)
副省级城市	4.926*** (1.448)	4.469** (1.604)	4.503*** (1.594)	4.401** (1.715)
东部城市	1.946* (1.104)	2.638** (1.249)	2.320* (1.168)	1.681 (1.909)

西部城市	−0.730 (1.283)	0.149 (1.757)	0.0844 (1.801)	−0.458 (2.619)
公安微博数量				0.661 (0.917)
开通天数				0.545 (0.587)
微博发布数量				0.706 (0.655)
粉丝数量				−0.653 (0.546)
人均公安微博数量	2.143 (5.825)			−4.700 (12.79)
日均微博发布数量		−0.0482 (0.0723)		−0.114 (0.106)
人均粉丝数量			−1.557 (1.933)	−0.127 (5.197)
常数项	73.74*** (18.91)	66.53** (27.07)	70.07** (28.27)	57.53 (34.16)
样本量	35	32	32	32
R^2	0.669	0.678	0.678	0.747

注：括号外为标准化回归系数，括号内为经稳健的标准误。***、**和*分别表示回归系数在 0.01、0.05 和 0.1 的水平上统计显著。

首先，模型 1 的结果显示，两个反映城市行政级别的自变量（直辖市和副省级城市的虚拟变量）都同公共安全感显著正相关，表明行政级别较大的城市的公共安全感相对较高。与此同时，结果还显示东部城市相对中西部城市的公共安全感较高。最后，其他变量（人均 GDP、人口总数等）同公共安全感的回归系数不显著。

在模型 2—8 中，我们分别将本文关注的自变量纳入回归分析。结果表明，我们关注的所有自变量同公共安全感的回归系数都未通过统计显著性检验。公安微博的开通数量、人均公安微博的开通数量、市公安局官方微博的开通天数、微博发布数量等同公共安全感正相关但不显著。此外，粉丝数量、日均微博发布数量和人均粉丝数量等同公共安全感的相关关系为负也不显著。

在模型 9 中，当所有自变量都纳入回归分析后，仅有人均公安微博的开通数量的符号转为负向，其他保持不变且都未通过统计显著性检验。上述结果表明，本文提出的研究假设 1 未获得实证分析结果的证实。

（三）简要讨论

本文采用中国 36 个大城市的数据，实证研究了公安微博发展情况同社会公众的公共安全感之间的相关关系。结果表明，公安微博发展情况同公共安全感之间并不存在显著的正相关关系，公共安全感甚至同公安微博发展情况的某些测量指标负相关，虽然也未通过统计显著性检验。由此可见，本文提出的研究假设并未获得支持。虽然社会各界和学术界都对公安微博等新兴社会媒体在政府部门的广泛使用抱有极大期望，但我们的实证分析却没有为其实际效用提供稳健性的支持。

本文的研究结果并未支持公安微博对公共安全感的正向影响，但这并不意味着公安微博没有对社会治安产生积极作用。我们具体从以下几个方面进行讨论。首先，公安微博是一个新兴事物，其社会影响的实质性产生尚需要进一步的观察。新浪微博是从2009年8月正式推出的，而中国政务微博的发展则是从2010年开始的。国内媒体报道的开通最早的公安微博"平安肇庆"也不过是从2010年2月底开始正式运营的，①因此中国公安微博的发展历史不过短短四年。从短期来看，公安微博的影响可能还无法渗透到社会公众的公共安全感层面。一方面，公共安全感是一个复杂多维的构念，受到许多因素的影响，而公安微博只是其中之一。另一方面，公安微博发挥作用的范围仍然有限，对于许多尚未接触互联网和微博的社会公众来说，公安微博的影响仍然无法触及，一定程度上限制了公安微博的社会作用。

其次，方法论上的不足也限制了本文对公安微博与公共安全感之间关系的实证检验。本文对公安微博和公共安全感的衡量在许多方面都还有待于完善。公安微博的衡量是一个较为复杂的问题，关于微博绩效的衡量问题目前仍然缺乏共识，学者们开发了许多衡量微博绩效的指标，但如何将这些指标整合以反映城市层面的公安微博发展情况，仍然是一个有待研究的问题。我们只能在某个时点对特定样本城市的公安微博发展概况进行扫描，而无法对公安微博的具体运作行为进行监测并汇总形成反映城市公安微博发展水平的指标。另一方面，公共安全感是一个十分复杂的心理构念，限于数据的可获得性，本文将个体层面的感知信息汇总为城市层面的数据，在很大程度上牺牲了个体之间的异质性，并可能影响模型的拟合系数。

尽管存在上述问题与不足，本文的实证结果仍然显示公安微博发展情况的多数指标同社会公众的公共安全感之间的相关系数是正向的，表明公安微博的积极影响是值得关注的，只不过在控制了其他因素以后其效应并没有完全反映出来。更为重要的是，公安微博对公共安全感的短期影响可能是微弱的或受到其他影响因素的干扰，而就长期来看，公安微博或许能够进一步产生更大的影响，并真正对公共安全感产生实质性作用。此外，本文的研究还显示，相对于人均、日均等指标来说，总体性的公安微博发展情况指标更能反映特定城市的具体状况，而这也为未来评估公安微博发展状况提供了启示。

五、结论

作为一项探索性研究，本文实证考察了城市公安微博发展情况与社会公众的公共

---

① 广州日报：《肇庆开通全国首家市"公安微博"》，http://gzdaily.dayoo.com/html/2010-02/27/content_878513.htm（访问时间：2010年2月27日）。

安全感之间的相关关系。目前还未发现实证分析公安微博对公众公共安全感的研究，本文首次对该问题进行实证研究，一定程度上填补了该方向的研究不足。本研究的实证分析发现，公安微博发展情况的多数指标都同社会公众的公共安全感之间存在正相关关系，但是这些相关关系并未通过统计显著性检验。就短期而言，本研究的结果表明公安微博能够对社会公众的公共安全感发挥一定的提升作用，但是公安微博并未对社会公共安全感产生实质性的影响。

显然，本文存在若干不足，有待于未来研究加以完善。例如，公安微博发展情况的衡量需要更多研究，公共安全感作为一个多维构念需要进一步分类考察。未来研究可以在本文的基础上对上述问题进行深入分析，以期揭示公安微博影响公共安全感等因素的作用机理。例如，可以进一步考察公安微博对警民关系、社会公众互动模式等的影响；可以利用分层线性模型（HLM）或跨层模型，研究城市层面的公安微博发展情况对居民个体层面的公共安全感的影响；可以分析互联网渗透率等因素对公安微博发挥作用的调节效应；此外，还可以利用实验研究法对公安微博的影响进行前后比较。

本文的研究具有重要的理论意义和政策启示。首先，公安微博对于创新社会管理、增进警民关系和提升公共安全水平等方面的作用不容抹杀。虽然短期内公安微博对公共安全感的影响可能是微弱的或不显著的，但从长期来看，公安微博的进一步发展和互联网普及率的进一步提升都有可能助推公安微博进一步扩大其对社会公众的影响力，进而产生实质性的社会效应。由此可见，公安部门应进一步推动微博、微信等社交媒体技术在各级各类公安部门的应用，通过这些新兴工具加快公安部门的信息化建设，为更好地应对越来越严峻的公共安全挑战提供支撑。

其次，公安微博只是改善警民关系、搜寻破案线索和打击犯罪活动的手段之一，相对于许多传统公共安全手段（如巡逻等）来说，它的效果仍然是有限的且受到信息技术的普及率等因素的影响。公安微博作为公安部门日常工作的有力补充，其作用有待于有效的公众参与，而这需要长时间的社会环境培育。因此，公安部门不能完全寄希望于躲在计算机前面创新社会管理，更需要将线上与线下、虚拟世界与现实世界有机联系在一起，实现公安微博的真正效应。更为重要的是，公安部门不能对微博"三分热度"，否则其效果尚未凸显就遭否弃，可能不利于其良性发展。

最后，公安微博如何运作及产生的社会影响是一个复杂的问题，目前还少有深入系统的理论和实证分析。本文作为一项探索性研究，对公安微博影响公众社会安全感的问题进行了初步探讨。我们期待更多的研究能够进一步考察公安微博的作用机制，从而为发展公安微博并推动中国公共安全实践提供经验依据。

国外突发事件网络舆情信息流导控模式及其对中国的借鉴*

张玉亮　路　瑶**

摘　要： 国外突发事件网络舆情信息流导控实践起步较早，形成了三种主要模式，即彰显个人自由的北美自律模式、个体自律与国家调控相协调的欧洲均衡导控模式和凸现政府强制介入作用的东亚模式。通过借鉴国外先进经验，我国需要树立正确的突发事件网络舆情信息流导控理念，立足具体实际国情，推进导控法制化，建立健全行业自律和道德引导以辅助的导控机制，进而形成独具中国特色的突发事件网络舆情信息流导控模式。

关键词： 突发事件；网络舆情；信息流；借鉴

科学导控突发事件网络舆情信息流，"加强和改进网络内容建设，唱响网上主旋律"①，是中国共产党第十八次全国代表大会提出的明确要求，也是保障虚拟网络社会健康发展、良性运行的应有之义。在此方面，国外政府进行了不少可贵的探索，形成了特色鲜明、成效明显的运行模式，积累了十分有价值的经验。积极学习、借鉴这些有益经验，对于丰富和完善我国的突发事件网络舆情信息流导控实践，促进社会和谐具有十分重要的理论价值和现实意义。

---

* 基金项目：教育部人文社科基金项目"面向优化管理的突发事件网络舆情信息流导控研究"（编号：12YJCZH292）、河南省教育厅科学技术研究重点项目："突发事件网络舆情信息快速获取与应急决策研究"（编号：12A630018）和河南理工大学青年骨干教师资助计划项目"突发事件网络舆情热度评价与降温机制研究"。

** 张玉亮，河南理工大学应急管理学院副教授，硕士生导师，研究方向：网络舆情与政府应急管理。路瑶，河南理工大学应急管理学院公共管理专业硕士生，研究方向：网络舆情与政府应急管理。

① 胡锦涛：《坚定不移沿着中国特色社会主义道路前进　为全面建成小康社会而奋斗——在中国共产党第十八次全国代表大会上的报告》，人民出版社2012年版。

一、致力于彰显个人自由核心价值的北美自律模式

突发事件网络舆情信息流的自律导控模式注重彰显民众舆情信息表达及传播的自由权利,强调以自律方式为主,约束和避免民众危害国家安全的突发事件网络舆情信息表达和传播行为。这一模式的典型代表国家主要是美国和加拿大。

(一)美国突发事件网络舆情信息流自律导控模式的基本状况

就美国的突发事件网络舆情信息流自律导控模式而言,其主要包括四个方面的内容:一是建立行业协会自律机制。在美国,行业协会是介于政府、企业之间,商品生产业与经营者之间一种中介组织,也是政府与行业之间的沟通桥梁和纽带。行业协会通过制定相关行业规范来约束行业成员突发事件网络舆情表达与传播行为,确保其合乎法律和道德要求。如美国计算机协会曾提出"网络伦理八项要求";美国计算机伦理协会也制定了的"计算机伦理十戒"[①],美国南加利福尼亚大学指明了六种网络不道德行为的具体类型[②];等等。这些行业规范的出台,实际上是对网络礼仪和具体的网络规范形式进行明确表达,也是美国突发事件网络舆情信息流自律导控模式的重要内容。

二是构建个体自律机制。除了通过行业协会来约束行业成员的突发事件网络舆情信息的表达和传播行为,美国也十分注重通过道德和规范引导来建立个人自律机制,如通过学校教育、家庭教育和社区宣传等多种手段,积极引导互联网使用者树立正确的价值观,唤起其追求真理、维护正义,保障国家和社会安全的责任感和使命感,从而科学分析、正确应对互联网世界充斥的各种突发事件网络舆情信息。

三是技术自律机制。即通过开发相关技术软件,设立"电子守门人",主动对突发事件网络舆情信息进行内容分级和过滤,远离负面甚至是错误的突发事件网络舆情信息流的干扰和冲击。如麻省理工学院所属的 W3C(Worldwide web Consortium)推动了 PICS(Platform for Internet Content Selection)技术标准协议,完整定义了网络分级的检索方式。以之为核心研发的分级系统主要根据性(Sex)、暴力(Violence)、不雅言论(Language)或裸体(Nudity)表现程度四个指标对网页内容实施分级。[③] 美

---

① 美国计算机伦理协会制定的"计算机伦理十戒"。[EB/OL]. http://blog.sina.com.cn/s/blog_62f066290100vpht.html,2011-06-14.
② 自律引导——美国互联网管理方法之三。[EB/OL]. http://www.cycs.org/Article.asp?ID=8124,2008-08-09.
③ 李小兵、丁广宇:《美国有关网络规则的最新发展与思考》,载《法律适用》,2009年第5期。

国另一个著名的分级服务商 SafeSurf 也着力于建设让孩童及网络使用者免受成人与色情等网络内容伤害的自我分级（self-rating）系统。[①] 这些系统的设计与建设，对于规范突发事件网络舆情信息流的传导起了很好的作用。

四是法律辅助自律。除了以上手段，美国还建立了突发事件网络舆情信息流导控的法律导控机制，作为自律导控的重要补充。只是美国在法律和言论自由这两者之间无法达到平衡，冲突无法解决，所以美国的法律在此方面的作用往往陷入十分尴尬的两难处境。近些年来，美国出台的突发事件网络舆情信息流导控方面的法律措施主要有《电子通讯法》、《电子信息自由法》、《爱国者法》，等等。

（二）加拿大突发事件网络舆情信息流自律导控模式的实践探索

加拿大是信息化发展最有成效的国家之一，其在突发事件网络舆情信息流导控方面有诸多有效做法。首先，倡导用户和行业自律。其具体做法是：一方面，在民众中进行道德宣传，普及基本网络安全知识，提高民众的自律意识，主动防范和杜绝虚假网络舆情信息的传播；另一方面，建立行业自律组织，壮大行业力量，使之成为互联网信息事务的有效管理者。

其次，完善法律体系。加拿大政府十分注重应用法律手段推进突发事件网络舆情信息流导控。先后出台了《保密法》、《信息安全法》、《隐私权法》等法律规范，通过这些法律规范，对法律中出现的"新势力"此类的新名词给予了明确的界定，对危害国家安全和个人安全的各类犯罪形式进行界定和重新修订。[②] 进而为保护国家以及个人信息，实现民众信息自由，保障民众知情权提供了可贵支持。

再次，加强网络服务和电子政务建设。目前，加拿大已经成为由传统政务向电子政务转型的主要代表国家。其最具特色的"政府在线"项目就是力图将加拿大政府打造成为全球与公众联系最出色的政府。该项目主要分为三块：以用户类为基础的在线服务；对各服务项目进行汇总编排的资源中心；对常用热点服务主题设置的快速进入通道。这一项目的开展和实施，有利于为用户提供方便快捷的网络服务，实现政府与民众的交流和互动，保障政府及时获得用户的意见和反馈，维护社会的安定团结。

最后，技术手段辅助。加拿大国防部下属的通信安全研究院（Communications Security Establishment,CSE）是加拿大的国家密码机构，专门负责 IT 产品和系统的测试、审查和评估，确定其风险、弱点和合适的解决办法。[③]

---

① 网络监管各国自有妙招。http://news.xinhuanet.com/internet/2009-10/23/content_12305588_1.htm, 2009-10-23。
② 孙光明：《加拿大：从保密法到信息安全法》，载《海外资讯》，2005 年第 9 期。
③ 严明、刘琳：《加拿大电子政务中的信息安全管理》，载《电子政务》，2006 年第 9 期。

除此以外，还有公共钥匙基础设施，它是利用公共钥匙理论和技术建立的提供信息安全服务的基础设施，保证了信息的安全性、完整性和机密性。通过这些技术手段，加拿大政府的突发事件网络舆情信息流导控呈现出便捷性、现代性的特点，进而为突发事件网络舆情信息流的科学导控奠定了技术基础。

（三）突发事件网络舆情信息流自律导控模式的简单评价

美国和加拿大之所以采用突发事件网络舆情信息流的自律导控模式，有两个方面的原因：一是文化传统和价值观念的深刻影响。加拿大和美国都是典型的移民国家。以加拿大为例，就其国民构成而言，英裔居民占42%，法裔居民约占26.7%，其他欧洲人后裔占13%，而土著居民（印第安人、米提人和因纽特人）仅占3%，其余为亚洲、拉美、非洲裔等。[①] 各地移民在移居美洲大陆之时，也同样把自身的文化和价值体系带到了这些国家。而多元文化及价值观念的相互碰撞、激荡和融合，又形成了新的独特的国家文化和价值观念，即在社会实践和生活中强调个性价值，追求民主自由，崇尚开拓和竞争，讲求理性和实用。而这一文化传统和价值观念必然显现在人们多样化的生活和行为实践中。突发事件网络舆情信息的表达和传播，作为民众社会生活及其实践的一个重要组成部分，也必然打上了这一文化价值观念的印记。其二，政治设计的目的所在。在政治设计上，无论是美国还是加拿大，实行的都是三权分立的政治制度。之所以这样设计，其目的就是要实现政治权力的相互牵制，避免政治权力越过公域界限，践踏私域个人自由。而民众的突发事件网络舆情信息表达和传播行为，其更多体现的是私域中的个人行为，也自然不能为政治权力横加干涉。追求自律，提倡民众的自律精神，主动约束自我行为，不妨害国家利益也就成为一种合理的导控选择。

突发事件网络舆情信息流的自律导控模式在现实运行中，起到了很好的作用，具有十分积极的意义，一是它切实保障了公民的言论信息自由，延续了以个人主义为主的价值体系和多样性的文化传统。很大程度上解决了个人言论自由和国家信息安全的矛盾和冲突。二是有利于公民的自主管理以及道德原则的自觉践履。避免了不良信息的传播，同时能够帮助政府解决一些突发事件，减少政府负担。三是有助于在整个社会中形成健康、良好的信息传播环境。

不过，突发事件网络舆情信息流的自律导控模式并不是完美无缺的，在实践过程中，也存在诸多难题：一是行业自律的有效性难题。行业规范毕竟不同于法律规制，其规范性、权威性和约束性要远低于法律法规，因此对于互联网使用者来说效力有限；二是个人自律的有效性问题。个体自律实质是将单个个体假设为具有高尚道德情操之

---

① 加拿大简介。http://ca.liuxue360.com/jndjj.htm, 2012-08-22。

人或经过培养引导可达到此情操之人，但是在现实生活中，背离道德，违背道德律令的还大有人在，对于他们的突发事件网络舆情信息表达和传播行为，靠个体自律往往难以约束；三是个体自由和法律规制平衡点难题。即如何实现法律法规对于民众突发事件网络舆情信息表达和传播行为的合理规范，又不越过边界，背离个人自由的理想追求，往往很难两全。

二、力求个体自律与国家调控相协调的欧洲均衡导控模式

与北美国家不同，欧洲部分国家则采用了个体自律与国家调控相协调的突发事件网络舆情信息流导控模式，在注重发挥个体自律作用的同时，这些国家也更加凸显国家的作用，并致力于实现个体自律与国家作用的相互协调、彼此辅助。

（一）欧洲部分国家突发事件网络舆情信息流均衡导控的主要做法

首先，重视法律导控。充分发扬法律规制的基本精神，运用法律、法规引导突发事件网络舆情信息流的合理运行是欧洲部分国家的通行做法。如欧盟委员会与2001年两次颁布《网络刑事公约》草案，对非法进入计算机系统，非法窃取计算机中未公开的数据，利用网络造假，侵害他人财产，传播有害信息等利用计算机网络从事犯罪的活动详细规定了罪名和相应的刑罚[1]；德国于1997年正式实施《信息和通讯服务规范法》，此后，又陆续颁布了《联邦数据保护法》、《统计法》等法令，这些法律规范全面、系统简洁，被誉为"欧洲信息安全的典范"[2]。法国1997年提出《互联网宪章（草案）》，该草案将明显违法的网络内容及行为定义为：明显有悖于公共秩序的内容或行为，如对儿童进行性引诱，煽动种族仇恨，教唆谋杀，招嫖以及贩卖毒品和危害国家安全等；对敏感内容定义为：并不明显违法，但实质上对某些人造成伤害的内容。[3]英国国务院在2012年5月9日的国务院会议上颁布了《关于大力推进信息化发展和切实保障信息安全的若干意见》。[4]

其次，推崇个体自律。随着互联网的快速发展，这种仅仅依靠政府的管理模式不能适应新的形势，由此，欧洲部分国家开始转向网络行业自身的治理，政府与网络技

---

[1] 侯放：《国家信息政策与法规：发达国家的经验及其借鉴》，载《毛泽东邓小平理论研究》，2007年第10期。
[2] 解志勇、崔晓婧：《德国信息安全法概况及研究》，载《海外视点》，2009年第8期。
[3] 薛瑞汉：《国外网络舆情管理和引导的主要经验及对我国的启示》，载《中共福建省委党校学报》，2012年第8期。
[4] 刘权：《信息安全的英国之鉴》，载《中国经济和信息化》，2012年第10期。

术开发商、服务商进行共同的协商和管理，由他们向网络用户宣传和普及网络知识，建立健康、安全的网络环境，即不能单单依靠国家或者行业自身，既要将二者结合，又要动员全国人民参与，才能将网络舆情问题的管理做到科学、有条不紊，才能将突发事件及其带来的灾害降到最低点。如 1996 年，英国政府颁布了第一个互联网监管方面的行业规范《3R 互联网安全规则》，3R 分别代表分级认定、举报和承担责任。[①]所以，因特网若要真正成为一个自由的空间，并充分保护网络用户的权益，需要政府对网络进行规范化管理，网商依法操作和用户网上自律。

最后，推动平台建设。1999 年，德国政府制定了"德国 21 世纪的信息社会"行动计划，以指导性的行政计划力促信息技术应用，之后联邦管理部门通过 18 个"试点项目"来探索富有创新的电子政务解决方案，联邦政府还建立了自己的门户网站，起草了电子政务手册，为电子政务建设提供全面支持。[②]值得一提的是，德国在网络舆情导控方面有一项具有特色的措施，就是建立了危机信息平台，该平台具有两个系统，一个是危机预防信息系统，针对公民提供各种危机的保护措施，人们可以通过链接查询到自己想要了解的灾难背景以及预防措施。另一个是德国的危机预防信息系统，该系统是针对德国政府内部提供危险、灾难以及所带来的损失的信息分析，有利于决策者们科学地制定应对措施和资源管理工作。法国政府非常注重信息公开，早在 1789 年，法国《人权和公民权宣言》第十五条就规定了公民有权对政府公文提出知情请求。法国政府在《行政文书公开法》（1978）的基础上进一步通过并制定《数字签名法》（2000）来保障法国政府信息公共服务网站（Service-Public.fr）向社会公众提供服务。[③]法国政府通过公共服务网站为公民提供信任，公民可以通过政府网站获得政府公开的信息，了解政府动态以及获得政府部门服务。

（二）突发事件网络舆情信息流均衡导控模式的合理性与局限性

与北美国家主要以自律为主的导控手段相比，欧洲国家实行的信息流均衡导控实现了政府调控和行业自律以及技术等各方面的优势合理互补。将法律和自律有效结合，既保证了公民的言论自由，也尽可能地减少了突发事件网络舆情信息流对国家安全的威胁。同时欧洲国家重视电子政府的治理，并认为鼓励人人参与是适应目前网络舆情信息流发展的必要措施，加强了人们的社会责任感。各项措施均衡实施，有针对性地

[①] 薛瑞汉：《国外网络舆情管理和引导的主要经验及对我国的启示》，载《中共福建省委党校学报》，2012 年第 9 期。

[②] 王山琪：《德国电子政务建设及特点》，载《通信管理与技术》，2010 年第 3 期。

[③] 马荔：《突发事件网络舆情政府治理研究》，北京邮电大学 2010 年博士论文。

利用各自的优势进行信息导控，比较适合欧洲国家的国情和目前的发展。然而，这种平衡点很难把握，国家调控和行业自律若要做到有效的相辅相成还需要不断的磨合和实践探索。偏离平衡很可能影响到人们的言论和信息自由，并且导控模式的特点得不到突出，各自的优势反而得不到充分的发挥。

三、凸现政府强制介入作用的东亚模式

由于历史和政治传统不同，在突发事件网络舆情信息流导控模式的构建方面，东亚国家十分重视政府的强制介入作用，形成了独特的突发事件网络舆情信息流的东亚导控模式，代表性国家有新加坡、韩国、日本。

（一）突发事件网络舆情信息流东亚导控模式的实践措施

新加坡的突发事件网络舆情导控主要采取以政府强制介入为主的模式，获得了良好的成效。首先，建立管制与介入机构。早在20世纪90年代初，新加坡就成立了新加坡广播局（SBA），作为保护公共利益、维护公共秩序，提升节目品味，保障节目正派的管理机构。到2003年，新加坡广电局、电影与出版物管理局（the Films and Publications Department）、新加坡电影委员会（Singapore Film Commission）三家机构合并为新加坡传媒发展局（Media Development Authoeity，简称MDA）。由此，MDA成为网络内容的主管机构。[①] 其次，制定管制与介入措施。包括两个方面主要内容：一方面，对网络服务商实行分类管理，规定网络服务商必须进行专门登记，并要求其不得传播禁止内容；另一方面，对互联网信息实行严格的检查制度，保证互联网信息的正确性和合规范性。再次，明确管制与介入对象。新加坡将网络服务提供商和网络内容提供商纳入管制对象，明确其具体的责任和义务关系。最后，规范管制内容。新加坡规定，与公共利益、公共道德、公共秩序、公共安全、国家安定的基础相违背或被新加坡现行法律禁止的资料都列为禁止性资料，不得在网上传播。

韩国是世界上网络普及率较高的国家之一，互联网发展走在世界前列，在突发事件网络舆情信息流导控方面主要采取以下措施。首先，严格法律规制和监督。如政府出台了《电子传播商务法》，用以对网络舆论内容进行审查和规范，规定国家信息部可以根据需要，命令信息提供者删除或限制某些网络舆论内容。随后，韩国又相继颁

[①] 马荔：《突发事件网络舆情政府治理研究》，北京邮电大学2010年博士论文。

布《不健康网站鉴定标准》、《互联网内容过滤法令》以及《电信事业法》等，这些法律规范的颁布，使得韩国的突发事件网络舆情信息流导控的法律框架日渐完善，为其科学实施创造了条件。其次，实行网络实名制。2005年，韩国政府广泛征求社会各界意见之后，开始推行"网络实名制"，要求网民在网站上留言、建立和访问博客时，必须先登记真实姓名和身份证号。其目的是规范网民上网行为和减少网上不良信息。到2006年底，韩国又通过了《促进信息通信网络使用及保护信息法》，正是这部法律的颁布，也宣告了"网络实名制"最终形成。最后，倡导网络自律和监督行动。韩国积极开展民众教育，普及网络知识，确保民众树立正确的网络观，进而在互联网世界自觉规范自己的网络行为。

日本政府在突发事件网络舆情信息流导控方面有自己明确的计划和目标，近几年来取得明显进展。如在2000年，日本开始推行e-Japan战略，目标是到2005年成为世界最先进的IT国家。到2003年5月，日本政府又提出并制定了"日本信息安全综合战略"。[①] 其中，保证网络的安全性和可靠性被视为急需解决的问题之一。为解决好这个问题，日本政府不仅制定相关的政策，还积极鼓励民间组织提出措施，对危害国家及人民信息安全进行全民的界定并提出化解之道。

（二）东亚导控模式形成的历史与现实原因分析

东亚国家网络舆情信息流导控模式的形成有其传统和现实原因，一是从传统的角度来说，东亚国家与欧美国家不同，它更多受到的不是欧美自由主义和科学理性主义的洗礼，而是传统的儒学文化的深刻影响，形成了比较独特的东亚"儒学文化圈"，基于传统儒学的要求，政府被奉为更有权威、更有力量的社会管理主体，忠于国家，忠于政府被当作一种惯常价值观为民众所信仰，进而形成了典型的强国家—弱社会的关系模式，在这种情况之下，建立突发事件网络舆情信息流导控模式，必然也就使得政府占据绝对主导的地位，在其中起着不可替代的作用，建立广泛、严密的社会控制体系[②]，进而实现对突发事件网络舆情信息流进行实时导控。二是从现实的角度看，第二次世界大战以来，东亚经济快速起飞，社会现代化有效推进，民众生活大力改善，这些成绩的取得，都与政府的强势介入密不可分。而这也进一步树立了政府的维权和影响力，赢得了民众的充分相信，如此以来，政府担当突发事件网络舆情信息流的导控者，扮演主导角色，就变得义不容辞。

[①] 孙宁：《日本国家信息安全体制现状》，载《网络技术安全与应用》，2004年第2期。
[②] 谈育明：《战后中亚体制及其转型探析》，载《工会论坛》，2005年第11期。

四、国外突发事件网络舆情信息流导控实践模式对中国的借鉴

目前,随着信息化的发展以及社会中各类突发事件的发生。突发事件网络舆情信息流导控在我国受到了越来越多的重视,然而中国网络舆情管理的发展不够科学和规范,存在着许多急需要解决的问题,当前的管理模式不能够适应网络舆情的发展,必须要找出管理中的弊端,突破现有的管理模式,立足于我国的国情、政治经济特色、以及文化背景,制定出适合我国网络舆情管理发展的健全体系,提升导控能力和管理水平。借鉴国外突发事件网络舆情信息流导控的模式,提高我国突发事件网络舆情信息流的导控效率,可以从以下几方面着手:

(一)树立正确的突发事件网络舆情信息流导控理念

创新观念,树立突发事件网络舆情导控的正确观念是成功实现突发事件网络舆情导控的前提和基础。为此,应当树立如下几个观念:

第一,开放观念。以开放的视野把握突发事件网络舆情信息流导控已经成为社会发展不可逆转的趋势,同时,思想上、信息上的开放也有助于政府树立有效的信用机制。政府应扭转信息封锁、规避大众的传统思想,将政府决议、社会事件处理的过程和结果及时、真实地开放给大众,实现信息的透明化管理,避免由于信息封堵造成的社会不安。同时,还要积极借鉴国外研究的先进经验,坚持"走出去"与"引进来"的策略,取长补短,建立适合我国并具有中国特色的突发事件网络舆情信息流导控体系,提升政府对于网络舆情的管理水平,实现政府对于信息导控机制的科学合理建设,促进社会和谐稳定。

第二,负责观念。基于委托代理理论,政府有责任代表公众行使公共权力,为公众谋取福利。在突发事件发生时,政府应义不容辞的及时、有效地处理突发事件,行使民众给予政府的公共权力。同时在信息公开和传播过程中,政府有责任将突发事件的过程以及真实结果公布于众,保障民众的知情权。只有本着对民众负责的态度,才能获得民众的支持和信任。反之,若政府不基于对民众负责的观念,就会造成政府畏惧于将事件的真实性公布,使得突发事件不能得到妥善处理,引起网络舆情,激起社会不安定因素。坚守负责观念,积极完善政府发言人制度,切实履行政府责任,认真对待民众垂询,是政府科学导控突发事件网络舆情信息流的必要措施。

第三,法治观念。政府应遵循依法治国政策,做到事事有法可依、有法必依、执法必严、违法必究。利用法律效力规范信息领域,响应国家法制建设的口号。根据法律对突发事件网络舆情信息进行导控,合理合法地处理突发事件。不断地充实和完善

突发事件网络舆情的法律体制。

(二) 立足中国具体国情

国情是一切工作的立足点，脱离国情，就不可能建立科学有效的突发事件网络舆情信息流导控模式。国外突发事件网络舆情信息流导控之所以成效显著，也正是因为他们充分考虑了自身的具体实际。立足中国具体国情，需要从如下几个方面着手：

首先，立足中国社会制度。社会制度是社会发展的根本支撑。中国目前的社会制度是经历史和现实考验被证明符合中国现实实际的。构建突发事件网络舆情信息流导控模式，说到底，就是要建立一套有效的监测、预警、导控突发事件网络舆情信息流的制度体系，而这些需要建立的制度必然要与现有的社会制度实现无缝衔接，实现与现有社会制度的相互协调，相互支持。否则，突发事件网络舆情信息流导控模式的构建就成无源之水、无本之木。

其次，立足中国文化传统。文化传统是经由一个民族的文明演化汇聚而成，反映和体现着一个民族的基本性格、观念倾向和思想认同。中华文化历经千年沉淀，形成了中国独有的文化传统。而这一文化传统又左右着中国人的一切行为方式和具体实践行为。因此，立足中国文化传统，构建突发事件网络舆情信息流导控模式，使这一模式体现中国文化传统的特殊要求、文化倾向，才能更好地发挥其网络舆情信息流的现实导控作用。

最后，要立足于民众的现实条件。经由30年改革开放之发展，我国社会经济快速发展，人民生活水平大幅提高，与之相伴随，民众信息需求也开始不断增长，渴望信息和言论的自由，渴望国家信息的公开透明已经成为民众的一种普通期望。在这种情况之下，构建突发事件网络舆情信息流导控模式，就要致力于尊重民众关于突发事件的信息需求，主动提供相关信息，及时防范网络流言，谋求实现突发事件网络舆情信息流导控目的。

(三) 进一步推进突发事件网络舆情信息流导控的法制化进程

法律规范是保障网络安全的硬性手段，不论西方发达国家还是我国所处的东亚地区，都依靠法律法规来对网络舆情信息流进行导控，根据外国的先进经验以及我国的实际情况，我们要做到以下几个方面：

第一，完善基础法律，做到有法可依。突发事件网络舆情信息流导控依法运行、科学运作是国外许多国家的成功做法，也是我国依法治国不断推进的内在要求。为此，必须做好以下几项工作：一是政府立法民主化。国家立法机关，必须以某种形式公开突发事件网络舆情信息流导控方面的立法规划、立法计划以及法律草案，便于人们了解、讨论，并提出立法建议，确保立法工作建立在人民民主的基础之上；二是要规范行政立法程序。主要是明确行政立法权限，改进由主管部门制定相关法律法规的传统做法，代之以专门的立法机构或部门，并积极吸收专家学者参与立法，进而提高立法的科学性；三是对现有的突发事件网络舆情信息流导控方面的法律、法规进行清查和审理。删除过时的或重复的条文，修正矛盾的或不协调的规定，补充必要的规范，并形成体系；四是加快行政程序法的立法步伐。对突发事件网络舆情信息流导控的行为方式、行为步骤、行为顺序以及行为时限等项作出明确规定。

第二，规范导控程序，明确导控步骤。程序不明确，突发事件网络舆情信息流导控就不能科学运行，就难以落到实处。规范突发事件网络舆情信息流导控程序势在必行。但是，就目前我国的现实情况看，对于突发事件网络舆情信息流究竟按照什么样的程序导控，究竟如何保证程序的科学性，并不是十分明确。而这一问题的解决，即有赖于学界加大研究，为政府及相关部门的实际操作提供学术建议，同时也有赖于我们对于国外成功做法的积极吸取和借鉴，并结合我国国情加以改进和创新。

第三，完善导控机构。建立专门导控机构是实现突发事件网络舆情信息流导控科学化、规范化的应有之义。设置导控机构，关键是要明确职责，合理配置人员，做到导控机构内部设置合理，责任明确，观念意识正确，进而保证导控目的的有效实现。

（四）建立健全行业自律和道德引导的辅助导控机制

行业自律和道德引导已经成为突发事件网络舆情导控的新趋势，单凭借政府和法律是行不通的，会在一定程度上触动公民的言论信息自由，引起民众的不满。要采取切实可行的民主措施来辅助政府和法律。

首先，宣传自律的观念和义务。互联网是一个高度自由和自治的领域。让民众进行自我管理，并将安全网络和绿色网络作为自身应该遵循和维护的事项。在社会中宣传健康网络人人有责的重要观念，可以帮助政府大大提高导控效率。

其次，给予行业自律协会更大的自治空间。自2001年5月，全国性互联网行业组织——中国互联网协会成立并颁布了一系列自律规范，得到了良好的反映。在此基础上，政府应该给予行业协会更多的自治空间，在确保遵守国家制定的法律法规基础上，对其违反规定者，行业协会可根据法律进行规范和处理。同时要发挥好服务民众的作用，处理职权范围内的网络突发事件，不断完善行业自身的规章制度，为政府减轻导控负担。

最后，加强道德引导的辅助功能。道德是法律的辅助工具，是维系社会安定的重要因素，在突发事件网络舆情信息流导控方面发挥着举足轻重的作用。应使民众树立正确的价值观和道德观，积极培养民众的责任感和判断力，提高民众的网络安全意识和信息辨识度，形成突发事件网络舆情的自觉维护。通过进行社会宣传，向民众大力宣扬符合道德文明的社会事件，以社区为单位对民众进行网络知识培训和教育，同时，在学校利用网络进行科学的教学活动，加强对青少年的网络教育。通过这些措施，使民众可以从容应对突发事件网络舆情带来的负面影响，帮助社会全体重视和理解道德规范并反思其应尽的社会责任，进而自觉自愿地维护社会安定。

网络舆情危机治理的理念评估与反思

——以湖南为例*

郑志平**

摘　要：随着网络社会的迅速崛起，网络舆情危机治理已成为当前的一个重要而紧迫的课题。技巧和方法失当只是网络舆情危机治理失败的表象，治理过程中的理念缺陷与偏差才是最根本的原因。通过分析湖南省2009—2010年的几个网络舆情危机治理个案，发现地方党委和政府在网络舆情危机治理过程中存在几大理念缺陷：权力维护意识重，权利保障意识轻；管制理念浓重，服务意识淡薄；集权思想主导，分权思想缺失；一元思维难除，多元思维难立；对抗意识依旧存在，协作意识还需加强。唯有先矫正理念，才能有效化解网络舆情危机。

关键词：网络舆情；公共治理；网络社会；理念

一、引言

网络的开放性、隐匿性、互动性、离散性逻辑扩散渗透到整个社会，正在颠覆着传统的金字塔社会，形塑了一种扁平化的社会组织和权力结构。在网络社会这种新的社会形态中，"人类以往的社会结构提供给人们的安全感和生活的延续性不复存在，变化和不确定是这一时代人们生活的主题"①。如果说危机是指常态方式和工具的失效，或者发展的确定性消散无形，那么危机实际上已成为"人类社会的常态"②，危机社

---

* 基金项目：广东省哲学社会科学"十二五"规划2012年度学科共建项目（GD12XZZ05）、深圳大学人文社科基金项目（12QNCG25），项目负责人均为郑志平。

** 郑志平，深圳大学政治学讲师，湘潭大学公共管理学院博士研究生，主要研究领域：虚拟社会管理、公务员制度。

① 陈立辉：《互联网与社会组织模式重塑》，载《社会学研究》，1998年第6期。

② [英] 齐格蒙特·鲍曼：《寻找政治》，洪涛等译，上海世纪出版社2006年版，第75页。

会已然来临。只不过,在当下社会阶层断裂明显、社会利益分化加速、社会矛盾十分突出、社会力量增长迅速、公共领域尚不发达、政治参与机制不完备的中国,网络社会带来了"话语平权",为"边缘话语"的建构提供了一席之地。由于处置不当,许多个体性事件、行业性危机和地区性问题发端于或借助于网络而迅速发展成为群体性事件、公共性危机和全国性问题,从而对社会稳定和公共治理造成极大的压力。网络舆情危机已成为当今中国的主要公共危机之一,社会危机的常态化亦更加凸显。如何有效治理网络舆情危机,是摆在执政党和政府面前的一个重要而紧迫的课题。

乌利希·贝克认为,我们面对的风险和危机是人为的,意即风险和危机的根源不是在"我们之外"的另一种力量,而是在我们的制度结构当中[①]。技术层面的应对或制度层面的建设,对于危机应对和治理无疑是十分重要的;但"观念决定制度,制度决定行为",危机越治越"危"根本上反映了隐含其背后的理念偏差。因此,面对愈演愈烈的网络舆情危机,就需要人们跳出危机本身、危机应对和公共治理中存在的理念缺陷。基于这一逻辑,本文将以湖南省2009—2010年的网络舆情危机治理为例,评估并反思地方党委和政府在危机治理过程中的理念偏差,并提出理念矫正的建议,以化解网络舆情危机,推进网络社会建设。

二、背景:湖南省2009—2011年网络舆情危机扫描

近几年,中国整体的网络舆情压力正呈逐增趋势。根据中国人民大学舆论研究所的研究[②],中国重点网络舆情事件(舆情指数[③]90分以上)数量由2009年的20个增加到2010年的27个、2011年的31个,其中负面重点事件由2010年的16个增至2011年的18个;2009—2011年重点网络舆情事件的高频词主要为死亡、官方(局长、警方、领导)、事故、拆迁、争议等,三分之一以上的事件集中在公检法系统和职能部委,反映出官民矛盾、社会公平、司法公正仍然是公众高度关注的主题和网络舆情危机的根源。

在此大环境下,湖南官方在网络问政、网络官民互动、舆论引导等方面均有不小进步,呈现向好趋势,但是,2009—2011年间湖南的网络舆情危机仍十分突出。2009—2011年间,网络舆情事件(舆情指数60分以上)最多的省域分别为广东、河

---

① [德]乌利希·贝克:《风险社会》,何博闻译,译林出版社2004年版,第18页。
② 喻国民:《中国社会舆情年度报告(2011)》,人民日报出版社2011年版,第11—20页;喻国民:《中国社会舆情年度报告(2012)》,人民日报出版社2012年版,第20—30页。
③ 网络舆情指数由3个一级指标(即舆论稳定性、舆情的分布、舆情的强度)、5个二级指标(时间维度、意见维度、数量维度、显著维度、集中维度)转化为标准分计算而来,每个二级指标的权重相同。网络舆情指数越高,表明事件受关注度越高。

南、浙江、湖南等，此三年分别位列第十位、第四位、第五位；事件量占全国比例由2009年的3.1%增至2010年的6.3%，2011年略有下降（5.3%）[①]。舆情危机指数由2009年的160.2激增至2010年的817.5，增长率为410.3%，增长绝对值为全国省级单位中的第三位，2011年为670；湖南2009—2011年的舆情危机总指数位列全国第四位[②]。就具体网络舆情事件而言，2010年9月湖北少女邱阿红遭凤凰警察猥亵跳楼、10月衡阳公安局内女青年苏莉坠楼事件、11月常德"抢尸案"等3件事件均涉及死亡与警方，在全国引起强烈反响，给湖南警方及政府形象造成了恶劣影响。2011年4月株州强拆事件（1人死亡）、5月邵阳计生官员涉嫌抢婴儿牟利事件、6月新化上访村官游济安浮尸案（1人死亡）、9月邵阳沉船事故（12人死亡），在应对这几大事件过程中，涉事主体应对能力严重不足，突出表现在地方政府公信力差、网络技巧差和信息透明度低，从一个侧面反映出湖南网络舆情危机治理理念有较大缺陷。

三、网络舆情危机治理的理念偏差：以湖南为例

在评估地方政府应对事件的得失时，不少研究机构和学者仅关注信息透明度、应对时机把握、网络新闻发布技巧等危机处理的技术层面，将处理技巧的不当看作网络舆情危机恶化的主要原因。如此解读是有失偏颇的，因为这些技巧和方法是很容易习得的。如果经过多次演练，简单明了的技巧和方法仍然屡次"不当"，那么就需要跳出这些表层问题，探究更深层、最本质的影响因素。

组织行为是为了实现组织目标，而目标体现了某种价值和理念。具体而言，当面对公共危机和网络舆情时，政府采取任何行动（置之不理、静观其变也是一种反应和行动）均是为了达到某一预设的目标，目标则有意或潜意识地受其价值和理念的影响。照此逻辑，我们甚至可以大胆地推测：某些政府部门和官员在应对网络舆情时看似明显失当甚至违背基本常识的行为，要么是一种长期固化的行为习惯（如：漠视民意、轻视民权、封锁消息、打压异见），要么是明知后果的主动选择，不管是前者还是后者，均因受传统落后理念的驱使。由是观之，网络舆情危机治理时技巧和方法的失当只是表象，根本而言还在于理念的缺陷与偏差。

下文将通过两个案例来分析湖南基层党政部门在应对网络舆情危机过程中存在的理念偏差与缺陷。

[①] 喻国民：《中国社会舆情年度报告（2011）》，人民日报出版社2011年版，第23页；喻国民：《中国社会舆情年度报告（2012）》，人民日报出版社2012年版，第34页。

[②] 同上，第243页。

案例一①：

2011年2月28日上午，湖南耒阳市龙塘镇政府办公楼发生了一起导致镇长和犯罪嫌疑人当场死亡的纵火案。当天中午就有网民在网上发帖谈论此事，但版本各异、流言四起，公众和媒体渴求真相。为了平息各界猜疑，耒阳市委、市政府当天及时在其政府网站发布了有关此案的消息。草根网站"耒阳社区"（http://www.lyxxc.cn）也获得授权以政府名义发布了此新闻通稿，随即，新华网、人民网、新浪、网易等各大门户网站纷纷转载了此消息。不过，当晚6时左右，耒阳政府网站删除了此"新闻通稿"。"耒阳社区"负责人"迷侠"也接到了40多个来自政府部门的"删帖"电话，但其拒绝删帖。第二天上午，耒阳市有关政府部门以各种理由对"耒阳社区"进行审查，暗示要强行关闭；"耒阳社区"管理员"狂人"又被耒阳市公安局叫去并进行了严厉的谈话。迫于压力，"耒阳社区"当天删除了耒阳市政府新闻中心提供的"纵火案"新闻通稿。关网风波发生后，许多民间论坛纷纷发帖声援"耒阳社区"，一些媒体记者也赶往耒阳采访此事。耒阳市委宣传部副部长、新闻办主任谭才余表示，"上级有关部门考虑到当时正值耒阳'两会'期间，发布这样的新闻不太合适，所以才要求删除此新闻稿，通稿内容没有问题。"

案例分析：（1）值得肯定的是，案发当天，耒阳市委、市政府就在官网和"耒阳社区"上发布了消息，其迅速反应及与民间网站的合作对于消除坊间流言是十分重要和有效的，这表明耒阳官方对网络舆情的重视和对"耒阳社区"的认可。（2）但是，随后迅速删除官网上的消息，并以"关网"作为威胁粗暴地逼迫"耒阳社区"删除新闻通稿，导致即将消除的猜疑再度纷起，其原因仅仅是正值"两会"期间，对政府形象有负面影响。这一行为逻辑背后反映的理念是：政府的权力维护意识重，权利保障意识轻，政府形象、公权威严有时比案件真相、利益诉求更加重要。（3）"耒阳社区"创立之初得到了政府的大力支持。成立11年，会员数超过20万人，发贴总量超过371万，每天有近5万人同时在线。凭借不轻易删帖、坚持真实报道、引导正确舆论、敢于替老百姓说话、敢于披露当地不正之风，"耒阳社区"已成为当地市民一个重要的舆论阵地和民意平台，在当地极有声望。这个充分发挥了信息传递、舆论监督和公共参与等功能的民间网站，曾因反映官煤勾结、监督城管已两次被强行关闭。此次"关网风波"再次透视出基层党政部门传统落后的管制理念和封闭意识仍在作祟，习惯上更倾向于封锁而非公开信息；一元思维仍占主导地位，对于社会力量参与公共事务还处于默许与限制，甚至敌视之间摇摆，体现出当前基层党政部门多元思维和协

---

① 资料来源：刘希平：《拒删新闻帖　耒阳一民间网站疑遭有关部门问罪》，载《法治周末》，2011年4月13日。

作意识的确立还需一个过程。

案例二[①]：

2010年11月19日晚，湖南常德城区茉莉村玫瑰岗一条巷子里发生警察"抢尸"事件。事发前，在家中自尽的79岁老太太李×枝及家人均遭警方24小时监视，起因是因对其子与桃源县委书记的经济纠纷案判决感到不公与郑家起冲突。湖南省多名人大代表曾就此案对桃源县法院的判决提起质询案。法学专家、省人大代表胡肖华致湖南省高院的《关于桃源县共同创业房地产公司企业破产案调研情况的汇报》中称，"该案是一起典型的由桃源县委县政府精心策划并利用法院公权力作为工具而人为制造出来的案件，该案的处理基本上背离了事实和法律，其违法情形令人触目惊心。""抢尸"事件后，《凤凰周刊》记者邓飞、死者孙女熊惟艺一直进行微博直播；21日国内网站出现多篇图文并茂的网页，还有一段二十秒的短片，指数十名警员和黑帮分子19日晚踢开死者家门，恐吓家属，并强行用床单包尸扔入车厢运走，当天网络媒体转载近60次；常德市与桃园县方面对网络舆情仍未做出任何动作，央视国际、中国新闻社、《北京青年报》、《南方农村报》、《重庆商报》和《华商晨报》等影响力巨大的中央和省级媒体纷纷跃进，网民大都质疑事件别有内情。处于舆论的风口浪尖下，在家人的强烈要求下，11月22日上午，常德市鼎城区民政局将遗体送回，当地政府承诺负担老人的所有丧葬费用。但当天桃园县委书记对"抢尸"表示并不知情，和常德市宣传部"出动警方是为了'维稳'"的粗略回应，引起网友和媒体的如潮批评，不少媒体和评论员关注公权力行使和司法公正等深层问题，网络舆情再度反弹。

案例分析：（1）在"破产第一街"的经济纠纷案开始，桃源县有关部门的行为就存在失当之处，随后则采取越来越强硬的手段掩盖，直至李×枝自杀，居然又采取违背国法、人伦的"抢尸"手段，而不顾当事人背后的权利诉求，其赤裸裸与无顾忌显示出面对权益纠纷时权力蛮横到何等地步！重权力维护、轻权利保障的观念表露无遗。（2）面对微博大肆传播和各方质疑，当地官方一直漠然处之，对于网上的"抢尸"曝光录相根本不予理睬，事发10天仍无详细信息披露；县委书记作为涉事方居然表示对"抢尸"事件毫不知情。对于网络舆情的这些表现，足见当地政府部门与官员对舆论监督权和信息公开诉求的蔑视，损害的是政府公信力和民心。

---

① 资料来源：钱亚平：《湖南常德抢尸事件调查》，载《瞭望东方周刊》，2010年第48期；刘鹏飞：《湖南常德警察抢尸事件舆情研判》，人民网舆情频道 http://yq.people.com.cn/HtmlArt/Event412s1.htm（最后访问时间2013年9月4日）。

小结：

从以上案例分析来看，基层党政部门在治理网络舆情危机时存在的理念缺陷主要有：第一，权力维护意识重，权利保障意识轻。面对网络舆情事件，基层党政部门总是习惯性地将维护自身权威、避免形象受损置于首位，而将公众的知情权、言论权、参与权、监督权、财产权甚至生存权置之一旁，导致网络舆情事件迅速恶化为网络舆情危机。第二，管制理念浓重，服务意识淡薄。一旦发生网络舆情事件，基层党政部门应对时仍习惯于动用行政权力管制言论，封锁消息，而非公开信息、解决诉求，这正是由于传统落后的管制理念、封闭意识在作祟。第三，集权思想主导，分权思想缺失。基层党政部门习惯于自上而下地依赖行政命令推动问题的解决，而非培育社会，引导公民自治自律。第四，一元思维难除，多元思维难立，基层党政部门习惯于"单打独斗"应对网络舆情危机，而非支持、鼓励媒体和公众的参与和协作。第五，对抗意识依旧存在，协作意识还需加强，基层党政部门习惯于将不同于官方的民间声音、公众的正当利益诉求和网络舆情事件看成是民众对抗官方、要挟政府、扰乱秩序、危及稳定的政治事件，而非改革和发展的重要参与者和推动力量。

一旦持有这种管理理念，那么压制舆论、删帖关网、缄默不语、封锁消息、隐藏真相、被动回应、拖延搪塞，甚至侵犯公众正当权益的行为就都不足为怪。因为要避免这些不当行为，"方法"和"技巧"再简单不过，重要性亦不言自明。在分析近几年湖南发生的一些网络舆情危机时，这些行为并不鲜见。

四、理念创新：网络舆情危机治理的关键

党的十八大报告指出，要加强网络社会管理，健全网上舆论引导机制。制度建设，理念先行。创新网络社会管理，更需创新治理理念。针对上文的分析，本文以为，纠正网络舆情危机治理的理念偏差，创新治理理念，需从以下几个方面着手：

1. 树立宗旨意识和服务理念

党的十八大报告指出，"为人民服务是党的根本宗旨，以人为本、执政为民是检验党一切执政活动的最高标准。任何时候都要把人民利益放在第一位，始终与人民心连心、同呼吸、共命运"，"始终把实现好、维护好、发展好最广大人民根本利益作为党和国家一切工作的出发点和落脚点"。"解决好人民最关心最直接最现实的利益问题，维护最广大人民的根本利益"是社会建设和社会管理的出发点。要加强和创新网络社会管理，有效治理网络舆情，建设和谐网络社会，党政部门和领导干部须牢固树立宗旨意识和服务理念，畅通和规范群众诉求表达、利益协调、权益保障渠道，通过网络真诚倾听群众呼声，真实反群众愿望，真情关心群众疾苦，最大程度地满足公众的信息需求，解决公民的参与欲求，迎合人民的监督要求，回应公众的利益诉求。

2. 强化权利导向意识

要化解网络舆情危机，建设和谐、有序、繁荣的网络社会，党政部门和领导干部在治理理念上应实现由权力导向走向权利导向。这一治理理念的转向，既是改变权利在与权力博弈中过于弱小的现实需要，也契合了世界和中国的现代政治价值。一方面，由于中国普通民众几无自身的利益代言组织，现实社会更缺乏权益表达和维护的顺畅渠道和有效平台，网络因其虚拟性与隐蔽性、平等性与离散性、互动性与自主性而迅速成为草根阶层维护权益、声张正义的工具和场域。网络舆情的喧嚣在很大程度上反映了民众权利意识的觉醒和增强，也反映了民众权利维护与实现的艰难，"网民自由隐匿地畅所欲言之时，也许就是公民正当权利失落之时"[①]。另一方面，"一切权力源于人民授予，执政合法性源于人民认可"已成世界现代国家的基本共识，"权为民所用，情为民所系，利为民所谋"是我党向全世界作出的庄严的政治承诺。重视公众权利保障，是普世价值，是民心所愿。强化权利导向意识，就是要切实保障人民应享的知情权、表达权、参与权、监督权，切实解决舆情背后的民众权益诉求，从而确保权力服务权利、权利约束权力。

3. 加强分权意识和社会自治理念

在当今高度集权体制下，自上而下的社会动员效率低，社会管理和维稳成本高，上级力不从心、下级动力不足、社会空间局促的窘局明显；基层政府对分权放权，社会对弱化管制、强化自治的要求十分强烈。党政部门应顺应这一趋势，发挥基层的主动性和创造性，善用人民的智慧和强国富民的意愿，强化分权意识，逐步、逐级下放权力，授权给基层，还权于社会，动员社会各阶层共同参与建设和管理网络社会；强化社会自治理念，允许、鼓励、支持各网站等虚拟社区和广大网民自我教育、自我管理、自我服务、自我约束，引导网民理性表达、有序参与，从而可以增强社会活力，节约公共资源，减少官民矛盾。

4. 确立多元共治理念和协作意识

在市场经济环境下，政府不能，也无法垄断所有资源，无法成为社会管理的唯一主体和单一权威，多元治理才能激发社会活力、凝聚社会力量、达成社会共识。面对严峻的网络舆情危机和活跃的网络社会，党政部门和领导干部须确立多元共治理念，加强党委领导，明确政府责任，更需充分发挥社会协同的作用，吸纳民间力量，引导并鼓励各门户网站尤其是民间网站、个人微博共同分担网络社会管理责任，共建和谐网络社会。网民的言辞或许稍显激烈，行为或许略有冲动，但绝非对抗政府、扰乱秩序、危及稳定的蓄意之举，而是饱含着推进民主、深化改革、强国富民的爱国之情。官方要有"拜人民为师"的谦逊、包容、雅量和智慧，抛弃对抗思维，树立协作意识，

---

① 杨耕身：《从"网络社会"通往"公民社会"》，载《新京报》，2009年3月2日。

相信公众，依靠群众，坦然面对、虚心倾听公众批评，齐心协力，改善公共政策，解决社会问题，化解社会矛盾，共建和谐社会。

五、结束语

随着网络社会的迅速崛起，中国普通民众开始拥有了史无前例的话语权，监督公权、参与政治开始有了切实的渠道，由网络舆情所催生的网络民主亦"重新激活了民主的活力，改变了传统的政治格局和政治运行方式"[①]。网络舆情演变为改善公共政策、促进社会公正的有效工具和有力推手，重视、倾听、回应网络舆情正逐渐成为各级党委和政府的习惯。然而，在改革关键期和社会转型期的当下，各种社会问题、社会矛盾和社会冲突相继凸显，无论是环视中国，还是定焦湖南，网络舆情危机仍很严峻，网络舆情危机治理还存在诸多缺陷和不足，其中理念缺陷与偏差尤为突出，创新治理理念较之应对技巧更为关键。需要强调的是，本文对于湖南省网络舆情危机治理理念的分析并非仅仅指对湖南，对于全国各地同样具有相当的适用性和借鉴意义。

---

① 郭小安：《超越抑或拯救代议民主：网络民主价值辨析与合理定位》，载《公共行政评论》，2010年第4期。

中国公共突发事件网络舆情危机应对：
经验、挑战及建议

唐 玲*

摘 要：处于公共突发事件高发期的中国，在相当长一段时间，都将面临公共突发事件频发所带来的严峻考验。网络时代背景下，网络成为网民意见表达的自由场地，具有突发性、危险性与高关注度等特点的公共突发事件往往成为网络舆情热点，容易引发网络舆情危机，考验政府的应对能力。通过分析中国公共突发事件网络舆情危机的应对经验与面临的挑战，提出提升公共突发事件网络舆情危机应对能力的几点建议。

关键词：公共突发事件；网络舆情危机；经验；挑战；建议

新媒体时代，互联网已成为思想文化信息的集散地和社会舆论的放大器[1]，成为党和政府治国理政的重要新平台之一。然而，网络媒体也成为网络舆情危机的策源地和扩散器。"那些在传统媒体时代可能根本不会引起注意的事件，通过网络传播可能一夜之间酿成重大危机。网络对危机事件具有推波助澜的作用，而有些危机本身就发端于网络。"[2] 对于正处于公共突发事件高发期的中国而言，公共突发事件网络舆情危机爆发的可能性更大，考验着当代政府的网络舆情危机应对能力。

一、中国公共突发事件网络舆情危机应对经验

（一）中国公共突发事件网络舆情危机的内涵

公共突发事件网络舆情危机指因公共突发事件而产生的网络舆情在迅速发展过程

---

* 唐玲，湘潭大学公共管理学院硕士研究生，主要研究方向：行政管理理论与实践。
[1] 胡锦涛：《在人民日报社考察工作时的讲话》，载《人民日报》，2008年6月21日。
[2] 唐钧：《政府形象与民意思维——政府直面群众与群众博弈政府（2008—2009）》，中国传媒大学出版社2009年版，第216页。

中，负面舆情逐渐占主导地位，对党和政府的合法性、公信力和形象以及社会正常秩序带来威胁与挑战的一种网络舆情状态。网络舆情危机属于公共危机范畴，表面上是因公共突发事件而起，实际上是长期以来积压的各种矛盾的激化爆发，公共突发事件只是扮演了"导火线"角色，网络则提供了宣泄的平台，最终指向执政党的政治统治以及政府部门的公共管理，说到底是党和政府的信任缺失。公共突发事件网络舆情危机应对，对党政建设和社会管理而言，既是"威胁"也是"机会"。如果不能很好地化解网民质疑，网络舆情危机会进一步扩散与变异，加剧突发事件给群众带来的恐慌和不安全感，动摇人心，对政府形象和公信力造成更大影响，威胁社会稳定。但另一方面，促使党政部门反思自身行为，以积极行动及时恰当处理突发事件、化解网络舆情危机，不仅能有效修复社会关系，整合团结社会力量，更能表现其高超的危机管理能力，大幅提升政府正面形象。

（二）中国公共突发事件网络舆情危机应对经验

随着互联网的迅速普及，微博、社群、论坛、手机移动网络等新兴即时通信技术的广泛使用，网络舆情危机发生的概率增大，影响扩大而备受关注。近年来，中国在公共突发事件网络舆情危机应对方面进行了积极探索，积累了一定经验。

1. 形成公共突发事件网络舆情危机应对的一般模式

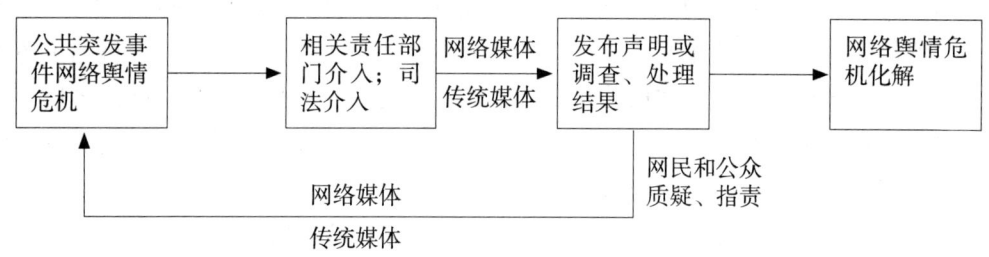

图 1 公共突发事件网络舆情危机应对的一般模式

一般情况下，公共突发事件网络舆情危机出现后，相关责任部门立即展开调查，了解危机的来龙去脉，利用微博等网络媒体和电视、报纸等传统媒体对事件进行说明，公布调查结果，回应网民和公众质疑，网络舆情危机逐渐平息。但当有关部门的解释或调查处理结果不能服众时，往往激起更多网民及公众的围观、指责或更激烈的言行，网络舆情危机加深，以至需要上级部门甚至司法介入，对事件进行再次调查，并以多渠道、大范围的方式将结果公诸于众，严格落实问责制，以化解公共突发事件网络舆情危机。2007年"重庆最牛钉子户"事件由网上一张照片引起网友激烈讨论，随着当地法院作出"强制拆迁"的裁决，户主拒绝服从，事件升级，一时成为全国乃至国际网络关注的焦点,短短一周时间,网民点击超过2000万次,掀起一场"舆论嘉年华"。户主的抗争成为网民抨击社会不公的宣泄口,网上议论铺天盖地。最后,在多方努力下,户主接受法院调解,与开发商达成协议,事情终于得以妥善解决,由此而发的网络舆情危机得以消除。但网上对此事的讨论仍在继续,主要是对事件的反思,网络舆情趋于理性。之后的瓮安事件、躲猫猫事件、上海钓鱼执法事件、山西问题疫苗、抢盐风波、毒胶囊事件、广东乌坎事件等等公共突发事件网络舆情危机应对过程基本遵循一般模式,网络舆情危机应对呈现一定规律。

2. 政务微博应用广泛,注重与网民互动

政府应对公共突发事件网络舆情危机的态度更加积极,应对方法日臻成熟。相对过去简单地删帖、限制网络言论、设立可被屏蔽掉的敏感词汇等封堵网络舆情传播的消极被动应对手法,当前,自主利用政务微博、政府门户网站和主流网站发布事件信息,参与网民讨论,回应网民质疑已成为公共突发事件网络舆情危机应对的第一选择,且更加注重与网民互动,谋求与网民的合作以消除危机。例如,作为中国最主流、最具人气、用户数最多的微博产品——新浪微博,已实现由发布平台到互动平台的转型。据《2013年第一季度新浪政务微博报告》显示,截止2013年第一季度,通过新浪认证的政务微博数共70605个,同比增长121%,政府机构和公职人员微博中的县处级认证用户数达10203个。另外,新浪政务微博发博总数已超4000万条,被网友转评超2.1亿次。再如,在云南"躲猫猫"事件处理中,针对网民的质疑声,云南省委宣传部在互联网上发布公告,邀请网友和社会人士参与"躲猫猫"事件调查,并将调查人员由4人增加到10人,且迅速公布了调查结果。网民参与事件调查,形成"官方+网民联合调查报道"模式成为网络舆情危机应对中具有开创意义的一大举动,体现政府与民意良性互动[①]。随后又出现了"网民+记者联合调查报道"等模式,为公共突发事件网络舆情危机应对提供了参照。

3. 网络舆情危机应对技术与时俱进

运用新兴网络信息技术,以科学手段管理互联网信息。自1998年起,金盾工程即公安信息化工程启动,这套包含数据库与监控网络的网络安全软件,对互联网信息管理有了针对性的功能设计,包括对特定网络信息的封锁,过滤部分IP地址、网页,监控网络活动,收集相关情报等,被西方国家称为"网络防火长城"。中国互联网协会于2004年开通了"违法和不良信息举报中心"网站,接受公民针对网络违法现象和不良信息的举报,依法予以处理。近年来,我国多数地方政府都积极探索开发网络舆情监测方式,利用搜索引擎、网络调查、WEB信息采集技术等方法收集舆情信

---

① 王锡锌:《躲猫猫调查体现政府与民意良性互动》,http://news.ifeng.com/opinion/detail_2009_02/23/1313139_2.shtml(访问时间:2013年4月15日)。

息。一些政府部门引进先进的网络舆情监测系统，如上海市计算机软件评测重点实验室（SSTL）受中共上海市委宣传部办公室的委托，于2006年8月7日至2006年11月28日，对"上海网络舆情预警监测系统"进行了系统测试。但我国大部分地区仍采取比较单一的人工网络舆情监测方式，即相关人员仅通过上网的方式对各类型的网站的信息进行浏览、监控。

4. 网络管理机构日益健全，法制化进程加快

针对网络舆情危机带来的社会管理变化，我国逐步建立健全网络管理的各类机构，承担起网络舆情管理的职责。1997年起，网络新闻宣传归口中央外宣办管理；2002年3月起，根据中央要求，国务院及有关部委均增设了管理互联网的机构，如信息产业部、公安部、文化部分别设立了电信管理局、公共信息网络安全监察局和网络文化处。在中央统一要求下，地方党委和政府相继制定了有关互联网舆情管理的意见，如2005年青海省出台了《关于进一步加强互联网管理工作的意见》，2007年深圳市委出台了《关于建设好利用好管理好互联网的意见》等等，并且成立网络舆情管理的专职机构，明确相关责任。

我国对互联网立法管理滞后于网络发展进程，以2005年为分界点，在此之前，互联网管理存在权限混乱问题，立法效果不佳，2005年之后，互联网管理逐渐成熟，进入依法管网的平稳发展期。截至2008年10月，我国党政14个部门出台互联网相关法律法规60余部。目前，与我国网络安全管理相关的法律法规主要有《计算机信息系统安全保护条例》、《中国公用计算机互联网国际联网管理办法》和《互联网信息服务管理办法》，明确规定在互联网上什么能传播，什么是违法的，在法律上形成制约、规范和引导。中央要求各级政府健全相关制度，针对公众关注的问题，及时予以解答。积极建设网评员制度是我国地方政府引导网络舆情的一种制度落实方式。我国大多数地方政府仅在市一级部门设置网络管理科，基层部门比较缺乏网络舆情观测员。各级政府不断完善新闻发言人制度，通过各类媒体及时发布权威信息，向公众介绍相关政策的执行情况，以及自然灾害、公共卫生和社会突发事件等的处置进展。

二、中国公共突发事件网络舆情危机应对面临的挑战

互联网自20世纪90年代初被引入中国以来，近年来发展迅猛，由互联网带来的网络舆情环境变化与我国处于社会转型期的具体国情，使得我国公共突发事件网络舆情危机应对与社会管理面临严峻挑战。

1. 网民规模壮大，结构多元，网络舆情势力强大

网民是网络信息的发出和传播者，也是网络舆情危机的制造者，作为网络舆情危机的主体因素，其总体规模、内部结构以及网络素养等都会深刻影响网络舆情危机的

发展变化。据CNNIC《第31次中国互联网络发展状况统计报告》显示，截至2012年12月底，我国网民达到5.64亿，手机网民数量达到4.2亿，微博用户达3.09亿，其中手机微博用户2.02亿。我国网络民意表达已经进入移动互联时代。在网民属性方面，网民队伍年轻化，29岁以下网民占总数的55.1%，"90"后青年登上互联网舆情舞台；学历以初高中学历为主，达67.9%，低学历网民增长较快；网民职业呈多元化，学生占比最大，达25.1%，其次为个体户／自由职业者，占18.1%，再次为企业／公司一般职员占10.1%，无业／下岗／失业占9.8%。①网民队伍呈现"草根性"。如今，任何事件都可能在1分钟内传递给几亿用户，形成网络舆情沸点，产生巨大的网络舆情冲击力；由于互联网的匿名环境以及我国网民呈现年轻化、学历较低、处于职业的中下端等特点，受阅历、思想认识水平局限，面对一些热点事件时，很难迅速厘清事件背后复杂的社会和心理动因，容易受环境和他人影响而采取过激言行，使得非理性和过于主观的声音容易占据上风，导致公共突发事件网络舆情危机升级，政府引导网络舆情的难度增大。

2. 新兴网络舆情载体大量出现，增加舆情危机传播的广泛性

现代网络应用技术的发展与新兴传播手段的广泛应用，大大改变了媒介传播的方式和格局，提高了网络舆情危机传播的速度和影响。网络应用技术主要包括即时通讯、网络论坛、网络聊天、博客、微博、电子邮件、社交网站等。近年来，微博大行其道，"一种可观的微博政治在中国业已形成，微博客是突发新闻的出色载体，言论表达的开放平台，参政议政的良好工具，也是政府阳光执政不可缺少的通道。"②越来越多的专家学者、社会名人与普通大众开始使用微博，一些突发事件的当事人也在微博上进行"直播"。"有图有真相"，增强了信息传播的真实性和接受性。而随着手机与网络"联姻"，手机上网普及，手机微博大受欢迎，真正开启了"人人都是报道者的时代"。近年来，"公民记者"大放异彩，许多重大突发事件都最先由他们播发和推动，网络舆情危机爆发和传播的即时性和随地性增大。

3. 公共突发事件网络舆情信息质量参差不齐，非理性化情绪弥漫

公共突发事件发生后，网络信息往往喷涌而出，呈爆炸式增长，但网络空间的虚拟性和开放性、舆情主体的隐蔽性、信源模糊性、传播广泛性，使得网络信息鱼龙混杂，泥沙俱下，真伪难辨，且非理性化的个人情绪常常充斥其中，对公共突发事件的处理及网络舆情危机应对带来难度。对于网络谣言，有网络跟帖指出"只要有一个被

---

① 中国互联网络信息中心：《第31次中国互联网络发展状况统计报告》，http://www.cnnic.net.cn/hlwfzyj/hlwxzbg/hlwtjbg/201301/t20130115_38508.htm（访问时间：2013年4月15日）。
② 人民网舆情监测室：《2010年中国互联网舆情分析报告》，http://www.people.com.cn/GB/209043/210110/13740882.html（访问时间：2013年4月15日）。

证明是正确的,那么民众通常会认为所有的传言都是正确的",大多数网民面对传言,很少质疑其真实性。"当真理还在穿鞋的时候,谣言已经走到千里之外",在信息化社会,"网络谣言"比现实社会中的"谣言"传播速度更快,引起社会恐慌的程度更大,往往造成群体的盲从与冲动,甚至在现实社会中掀起轩然大波。如2008年的"广元柑橘蛆虫事件"、2011年的"抢盐风波"都始于网络谣言,短短几天时间,谣言、恐慌席卷全国大部分地区,一时间人心惶惶。互联网为公众自由表达个人想法、意见提供了平台,但也成为个人情绪发泄的自由场地,而公共突发事件往往成为其情绪宣泄的突破口。目前,很多网站论坛里都充斥着激烈的言辞和偏激的观点,弥漫着非理性化个人情绪。由于对2011年"郭美美"事件的处理结果的质疑与不满,网民对红十字会的态度呈"一边倒",对红十字会在雅安地震后的救灾倡议与行动,部分网友表示"鄙视",要求中国红十字会"滚出雅安",民间罕有地出现了拒绝捐款行为,中国红十字会的信任修复之路任重而道远。

4. 政府公信力遭遇"塔西佗陷阱"挑战

"塔西佗陷阱"指当政府部门失去公信力时,无论说真话还是假话,做好事还是坏事,都会被认为是说假话、做坏事。网络时代,信息传播方式发生巨大变化,政府任何漠视民意、失信于民的言行都可能曝光,导致政府部门陷入"塔西佗陷阱"的威胁。公共突发事件网络舆情危机本质上是,网民与公众对政府部门、组织信任的丧失,把对公权力的质疑以及自身强烈的福利受损感、社会不公平感,借公共突发事件之机在网上宣泄出来。相关部门信息发布滞后、措辞失当更加剧了信任流失,特别是个别部门为了自身利益隐瞒事实真相,发布虚假信息,使政府公信力缺失状况雪上加霜。在"杭州飙车"事件中的"欺实马"、云南监狱的"躲猫猫"事件、高晓松醉驾案的判决、"郭美美"事件等都体现出民众对公权力部门给出的结论的质疑。网民对权威信息不信任,谣言、流言等虚假信息就会来占领。当各种负面信息暴增后,受此误导煽动的网民不满情绪也会急剧增长,加剧"塔西佗陷阱"的影响,对政府政策执行和职能履行带来极大困扰。

5. 公共突发事件网络舆情危机频发与政府应对能力之间存在落差

网络舆情是社会舆情在互联网空间的映射,是对社情民意的直接反映,主要通过现实和网络两个途径而引发。目前我国进入了一个区别于以往社会阶段的"高危社会"时期[①],这一时期,现代化进程中不断涌现的诸多社会问题和社会矛盾错综复杂,公共突发事件处于高发态势,公众情绪处于高涨期,各种现实问题背后往往埋藏着不满情绪的"火药桶",传统政治参与渠道和机制无法满足公众的诉求表达。在此背景下,网络媒体的出现为公众发泄不满提供了绝佳渠道,公共突发事件成为情绪宣泄的"导

---

① 郑明、李琦:《突发公共事件舆论引导方略》,云南大学出版社2009年版,第36页。

火索"，公共突发事件网络舆情危机则成为矛盾聚集激化的体现。然而，我国公共突发事件网络舆情危机现状与政府网络舆情危机应对能力间存在一定落差。由于对危机认识不足、应对体制不健全、应对方法选择不当，我国政府在应对公共突发事件网络舆情危机时常常"缺位、越位、错位"。我国网络群体事件由"网上"走向"网下"的趋势增强，一旦网络群体事件与现实群体事件相接应，无疑会激化矛盾，使网络舆情危机应对变得更加棘手，威胁社会和谐稳定，政府网络舆情危机应对能力提升面临巨大压力。

三、提升公共突发事件网络舆情危机应对能力的建议

2010年6月8日，国务院新闻办公室发表了《中国互联网状况》白皮书，明确提出基本互联网政策"积极利用、科学发展、依法管理、确保安全"。提升政府公共突发事件网络舆情危机应对能力，应以此为指导，从以下方面入手：

1. 加强公共突发事件网络舆情危机应对的法制化与规范化建设

互联网已成为网民发声的自由平台，然而"自由的前提是理性，是法制"[①]，而"制度化是组织与程序获得价值和稳定性的过程"[②]。有效利用网络舆情应对公共突发事件，应加强网络舆情危机应对的法制化、制度化建设。针对公共突发事件网络舆情的特殊性和舆情危机的难控性，从政府层面制定专门的具体的法律法规，将网络舆情危机应对责任主体、处理原则、评价体系及信息公开制度明确下来，使各级政府行动时，有法可依、有章可循，避免因自由处置权过大而出现不作为或乱作为。同时，完善现行法律框架内的具体规定。目前我国网络立法已有原则性或指导性规定，但仍应建立完善具有可操作性的行为规范体系，明确规约网络语言暴力、散布虚假和消极信息等网络不良行为，引导网民文明上网、健康上网。应强化网络运营商的监管责任规定，督促其更好地履行网络监管职责。

2. 完善公共突发事件网络舆情危机应对预警机制

"凡事预则立，不预则废"，公共突发事件网络舆情危机的导控更是如此。首先，完善公共突发事件网络舆情监测机制。有效的网络舆情危机预警机制取决于舆情信息收集的速度和广度、对信息的分析判断能力以及信息公开的效果，因而，应以舆情信息为中心，完善信息的监测、汇集、分析、警报等环节，及早发现危机苗头。在现行条件下，进一步加快舆情监测和民意调查机构建设，充分运用现代网络监测分析技术，加强社会舆情的收集整理和分析研究，科学研判公共突发事件网络舆情走向，形成公

---

① [法] C.L. 孟德斯鸠:《论法的精神》，商务印书馆1963年版，第183页。
② [美] 亨廷顿:《变革社会中的政治秩序》，李盛平、杨玉生译，华夏出版社1988年版，第12页。

共突发事件网络舆情预案。其次，健全信息发布机制，在公共突发事件网络舆情预案形成后，及早通知各有关职能部门共同做好防范和应对危机的准备。正确预测网络舆情的发展趋势后，政府只有快速反应，公布权威信息，对相关责任人实施惩处，追究群体性、突发性事件中处置失当的领导干部责任，才能防止负面舆情蔓延和升级，实现网络舆情的有效引导。

3. 构建公共突发事件网络舆情危机应对部门协作机制

公共突发事件网络舆情危机实质上是多种矛盾长期积累所致，危机的化解同样需要多种力量的共同作用，其中职能部门间的良好协作起着至关重要的作用。第一，成立公共突发事件舆情危机应对常设领导小组。建立部门协作机制，仅靠单个部门或几个部门无法完成，必须整合与公共突发事件网络舆情相关的政府职能部门，由统一领导机构牵头建设，并制定配套的小组运作准则。第二，建立部门资源共享和定期沟通机制。把握电子政务建设契机，建立网络舆情共享体系，同时，部门间以组织召开网络舆情分析例会、领导小组联席会等形式定期沟通、讨论网络舆情动态，防范发生大的舆情危机。第三，建立对外联系协调机制。除与网络舆情处理相关联的职能部门外，通常公共突发事件网络舆情危机也会牵涉到其他部门，因此，在加强与专职网络舆情管理部门间协作的同时，也要建立与其他部门间协调配合机制，把政府部门间的资源优势整合起来，既发挥专职部门的专业优势，也发挥其他部门覆盖面广的聚集优势，形成内外统一的政府部门间的协作机制。

4. 建立健全网上新闻发言人制度，及时、主动发布权威声音

信息欠公开、信息不对称及权威声音缺失是导致网络舆情危机发生的主要原因。因此，对受众进行舆情引导最有效的就是在公共突发事件发生后，迅速发布权威声音，消除公众的恐慌、焦虑和猜疑心理。在新媒体时代，应加强与新媒体形式的应用与融合，通过主流媒体发布权威信息。政府部门要积极在各大网络媒体开通实名微博，加强政府信息的微博发布，网络新闻发言人也要利用微博，尽可能地深入了解以微博为主要传播集散地的网络舆情。对相关问题及时明确地予以答复、澄清和回应。同时，重视舆论领袖的作用和影响力，加强与他们的沟通联系，使网络意见领袖成为舆情引导的积极力量。其次，健全网络新闻发布会和网上新闻发言人制度，规范网络新闻发言程序，提高网络发言人的综合素质。再次，"知屋漏者在宇下，知政失者在草野"，成立专门的网络评论队伍，积极参与网络舆情主题讨论，通过发布准确信息和理性言论，引导公众去了解事件真相，优化评论员队伍结构，从而不断提高政府与网民沟通对话的能力和水平。

5. 健全政府公共突发事件网络舆情危机应对绩效考评机制

构建一套与公共突发事件网络舆情危机应对相适应的绩效考评体系，将政府的危机导控行为置于制度框架内，接受媒体与公众的监督，有助于增强政府部门及公职人

员的危机意识与责任意识，提高工作绩效。首先，将公共突发事件网络舆情危机应对过程及措施细化、分解、提炼，形成绩效考评的指标体系，明确考评标准。其次，执行与结果运用。将网络舆情危机应对情况纳入公职人员政绩考核体系，定期组织考核，考核结果与官员的薪酬、培训、升迁挂钩，让领导干部切实担负起应对危机的职责。第三，严格问责。追究危机处理失当的公职人员责任，加大处罚力度，适时公开处罚信息，给公职人员一定的威慑，督促官员全力以赴化解危机事件。

此外，网络媒体应加强行业自律。在明确自身的社会责任后，需要建立、健全管理制度，规范信息发布制度，强化监管、惩处机制等行业规范与行业约束机制。与政府的直接干预相比较，行业自律为互联网发展制造了较为宽松的环境。政府部门对网络媒体的管理也应该本着"少干预、重自律"思路，只采取最低限度的干预，积极引导网络媒体自我完善行业自律。而网民则应该增强法治观念和责任意识，在正当行使个人权利的同时，应尊重他人的合法权益，应当对个人言论高度负责，提高自我辨别能力，理性地、文明地、客观地发表自己的观点。

突发网络群体性事件中的微博客主动引导对策

李怀强**

摘　要：微博的出现和广泛应用是一场人类信息传播形态的革命，当前我国网络舆论热点持续增加，总体呈上升态势，"百万级点击率"的网络群体事件屡见不鲜。网络群体事件数量猛增，在一定程度上映射出社会紧张度正在上升。微博已成为思想文化信息的集散地和社会舆论的放大器，我们要充分认识以微博为代表的新兴媒体的社会影响力，高度重视微博的建设、运用、管理，努力使微博成为传播社会主义先进文化的前沿阵地、提供公共文化服务的有效平台、促进人们精神生活健康发展的广阔空间。面对复杂的社会舆论环境和网上意识形态斗争现状，必须高度重视网络阵地，加强网络舆情汇集和分析，正确引导网络舆论，既要学会运用微博进行宣传和舆论引导，又要加强对微博信息传播的有效管理，同时积极应对微博上传播的负面热点事件，科学处置、主动引导，化舆论被动为主动，使微博成为密切党和政府与人民群众血肉联系的桥梁和纽带。本文倡导的是政府和社会共同参与的治理，更确切地说，是以政府发挥主导作用，社会力量积极参与，二者合作的网络舆情治理模式，这主要是由网络舆情的特点以及我国社会经济转型期公民社会发展状况决定的。

关键词：突发事件；微博；网络舆情；管理

微博时代是意见领袖的时代，微博在构建一个意见领袖主导的声音世界。清醒认识意见领袖的作用，客观分析其影响，创新机制团结他们和发挥他们在引导微博舆论方面的作用，显得格外重要和有效。我国经济社会发展呈现出一系列新的阶段性特征，社会稳定领域呈现出人民内部矛盾凸显、刑事犯罪高发、对敌斗争复杂的基本态势。

---

* 基金项目：河南省哲学社会科学规划决策咨询项目，项目编号：2012D001。河南省社科联、河南省经团联调研课题，项目编号：SKL-2013-640。

** 李怀强，河南财经政法大学副教授。主要研究领域：网络舆情、电子政务。

英国学者拉尔夫·达尔道夫（Ralf Dahrendorf）的研究表明，"现代的社会冲突是一种应得权利和供给、政治与经济、公民权利和经济增长的对抗。"① 微博已成为反华势力对我进行渗透破坏、放大破坏能量的重要手段，微博等新媒体使社会舆论环境发生了重大而深刻的变化，积极研判、回应微博舆情，提高与社会公众沟通的能力，必须把积极应用微博平台，加强与人民群众的信息沟通，正确引导微博舆情，放在更加突出的位置，努力拓宽信息化条件下加强和改进舆情引导工作的新路子。

作为开放平台，微博功能具有无限延展的可能性。它的基本功能是信息的获取与发布；它的核心功能是社会交往与互动；它的拓展功能是整合各种网络应用。无线微博，已成为IT业界的兵家必争之地，赢得PC用户，是赢得了现在，赢得智能手机用户，则是赢得了未来。手机微博快速发展的原因主要有两方面：一方面，微博应用在2013年的高速发展，提供了庞大的手机微博用户基础；另一方面，微博应用是一种能很好发挥手机上网优势的应用，有助于提升手机微博服务的使用率。让泡沫飘远，让浮云落地，微博无线互联，在建立价值食物链之后，便完成了进化。如果说微博的前一个10年是"平台"的天下，那么下一个10年的决定性因素在于开放，单打独斗的时代已经过去，一个全新的、开放的微博生态圈正如旭日般蓬勃成长。对于微博，开放化是一项重要特征，也是未来的发展趋势之一。微博将与桌面客户端和移动客户端进行更加深度的融合，成为孕育各种Apps的最佳平台之一，并将有更多的微博网站、SNS、新闻网站等实现同步互通。

Facebook平台上运行的各种第三方应用不下2000种之多，而在其开放平台F8上，有多达8000种的第三方应用程序正在被不断地测试和利用。这些应用不但为Facebook带来用户数的几何级增长，同时，也使在F8平台上开发应用程序的网站，依靠Facebook平台海量的用户群一夜成名，用户数暴涨。理论和现实都表明，微博的横空出世和迅猛发展，增强了网上意见领袖的舆论能量。微博迅猛发展，网络技术创新周期越来越短，新业务新形态层出不穷，普及应用速度前所未有，对舆论传播格局产生着深刻影响，给社会建设和舆论传播既带来了新的机遇，也带来了严峻挑战。当前，微博业务迅速发展，用户规模裂变式增长。2013年7月17日上午中国互联网信息中心（CNNIC）发布第32次调查报告，报告显示，截至2013年6月底，我国网民规模达5.91亿，其中手机网民规模达4.64亿，较2012年底增加4379万人，网民中使用手机上网的人群占比提升至78.5%。加上港澳台地区和新加坡，汉语网民超过6亿，超过英语网民，成为网上最大的网民群体。以新浪和腾讯两家网站微博用户为主的我国微博注册账号已达9亿，信息传播和舆论功能不断增强。其中，仅新浪微博注册账号就达3亿，日发布微博数量超过1亿条。微博的深入应用增强了网上意见领

---

① ［英］拉尔夫·达尔道夫：《现代社会冲突》，林荣远译，中国社会科学出版社2000年版。

袖的舆论能量。

在微博舆论引导实践中，一个甚至一群普通的微博用户的言论，很难对舆论产生影响，而一些有较大影响力的微博用户（即所谓意见领袖或微博达人）的言论，有时甚至仅是只言片语，却常常影响着舆论的走向，不同程度地引导着舆论。网络群体事件，是指一定数量的网民由于兴趣、爱好、思想观念相同等原因或为了表达某种共同的要求或是宣泄某种共同的情绪而聚集在一起，并利用微博载体这一平台进行联络和沟通的一种群体组织活动。其产生原因主要有政治因素、经济因素、社会因素等，微博群体一般都是为了某种目的组成的，其目的可能是正面积极的，也可能是负面消极的。在一些重大的突发事件中，网络群体事件往往扮演着极其重要的角色。

互联网与传统媒体有很大的不同，它不仅为公民提供了一种全新的交流和通讯方式，以及一种崭新的参与平台和参与渠道，而且使公民进行自我组织的成本大大降低了。由此，中国公民获得了一种新的结社方式，网络社团随之兴起和发展起来。网络虚拟社团是网络空间中的个体为了分享共同利益而通过一定的信息手段如聊天室、在线论坛和电子邮件，经常进行联系而形成的相对稳定的集合体，与传统的社团相比，网络虚拟社团成员的地域和身份不受限制，交往空间获得了很大的扩展，可以在网络中增强参与的频度和效率。在信息传播高速的微博时代，人人都可以成为微博的记者和评论员，QQ、MSN、BBS、博客、播客、闪客、拼客、哄客等"客文化"如细胞一样占据着微博的每一个角落，这就为网络群体事件的产生提供了可能。微博的影响力取决于粉丝数量的多寡。有一个生动的比喻说的就是这个道理：当你的粉丝超过100，你就好像是一本内刊；超过1000，你就是个布告栏；超过1万，你就像一本杂志；超过10万，你就是一份都市报；超过1000万，你就是一家电视台。而"曝光"则成为网络群体事件的"导火索"，当事人或知情者通过微博对事件进行曝光，或是微博中的某个帖子吸引了浏览者的眼球，从众多的新闻和帖子中挖掘出来被曝光。"意见领袖"一旦产生，迅速在微博上形成群体效应。在微博信息传播中，微博具有交互性，信息的接收者同时又具有传播、发布信息的能力。

微博环境下的集群行为随着参与人数的增加，使得网络群体事件影响以几何级数的速度扩散，从虚拟世界扩展到现实世界，一个事件引起全国范围乃至全球范围的关注也很常见。网络群体事件难以实施及时有效的控制。传统的即时通讯和传统社交网站用户之间相关联采用的是加好友模式，双方同意才能彼此成为"好友"，建立起联系。而微博采用的是关注与被关注模式，一用户关注其他用户无需对方同意，即可建立起关联，一般没有微博用户会拒绝关注自己的其他微博用户（俗称"粉丝"）。被首先关注的一方既可以回关注，也可以不回关注，丝毫不影响自己被关注。如新浪科技2012年7月5日消息：演员姚晨的新浪微博只关注了557个微博用户，但并不影响别人关注她，她的"粉丝"达1821万。由于微博传播容量的无限性、微博载体的无形性、信息传播的自由性等特点，网络群体事件及时有效的控制是比较困难的。首先微博信息传播的即时性和跨地域性，决定了微博舆情在时间和空间难以有效地控制，其次微博信息的内容难以筛选，有许多网站的服务器设在境外，无法对其内容进行有效的控制和管理。各种消息、言论、流言会在微博蔓延传播，而一些网民对微博发布的信息不去思考、质疑其信息的真实性，更有甚者随意改编、传播，又会形成新的流言，给群体性事件的处置带来非常不利的影响。网络群体事件核心人员包括事件当事人和直接利益相关人员，如亲属、朋友、代言人等。他们一般有明确的诉求和目的，且掌握第一信息资料，希望通过在网上发布有利于自己的信息得到网民的同情和支持，吸引更多的网民参与微博舆情，形成网络群体事件，进而引起传统媒体的关注，成为社会关注的焦点，希望通过把事情闹大达到解决问题的目的。

法国学者托克维尔指出："在民主国家里，全体公民都是独立的，但又是软弱无力的。他们几乎不能单凭自己的力量去做一番事业，其中的任何人都不能强迫他人来帮助自己。因此，他们如不学会自动地互助，就将全都陷入无能为力的状态。"① 一般群体的心理特征：第一，盲目从众心理。传播学中"沉默的螺旋理论"在微博社会中依然奏效，一个网民表达出来的意见，可能是已经放弃了自己的立场和观念，跟随了多数网名的意见。第二，渴望得到认同的竞争心理。微博群体成员之间的联系主要通过网民在同一论坛上发帖和回帖的互动来实现，论坛中的信息量更新速度快、数量巨大。第三，渴望成为领袖的心理。第四，法不责众的侥幸心理。在网络群体事件中，个体的参与通常会出现难以控制的局面，其中法不责众的心理起到了很大的作用。第五，同情弱者的支持心理。从某个角度讲，群体性事件的发生，最后往往不仅仅是针对事情本身，而是演化为对社会某种现象不满的一种情绪发泄。网络舆情的政府治理，有多种途径可以选择，每种途径均有各自的特点和优势，其中法律机制是最重要的治理途径。政府与网络使用者之间属于完全信息重复博弈，能够实现最优解，双方在重复博弈的过程中利益均衡点形成利益均衡线。网络使用者与政府只有彼此相互合作，才能达到社会利益最大化，最终形成双赢局面。治理途径可以划分为柔性治理政策和刚性治理政策。其中，完善突发事件网络舆情治理体制与制度建设、法律、信息技术与信息安全、应急机制属于刚性治理政策；倡导自律及行业组织壮大、社会监督、信息公开、加强道德建设，提升治理理念、采用多种途径做好网络把关属于柔性治理政策。

一、完善政府官方网站，公开信息

建立公开透明、及时有效的政府信息发布制度，不断改善和提升各级党和政府的

---

① ［法］托克维尔：《论美国的民主》（下卷），商务印书馆1988年版。

执政能力。微博舆情作用的凸现，很大程度上在于它的公开性。德国社会学家乌尔里希·贝克（Ulrich Beck）认为，当前，"现代性正从古典工业社会的轮廓中脱颖而出，正在形成一种崭新的形式——（工业的）'风险社会'。"[①] 流言止于公开，透明赢得人心。如果政府不及时发布相关信息，各种谣言就会乘虚而入，有时还可能给一些别有用心者以可乘之机，使一些"不明真相"的群众群情激愤，结果导致事态扩大，政府的公信力和执行力都受到影响。只有及时准确、公开透明地提供权威信息，才能真正遏制住谣言的散播，争取工作的主动，掌握舆论的主动权。因此，突发公共事件发生后，地方党政机关要坚持快报事实、慎报原因、依法处置的原则，及时向社会公布真相，审慎、科学地分析原因，对网民反映集中而强烈的问题做出积极的、迅速的回应，以透明和务实的姿态赢得网民的理解和支持。

政府网站建设有利于政府信息资源的优化配置，保障公民的知情权，推进社会民主化进程，以打破时间、空间对政务活动的束缚，推动政务信息公开和社会监督在更大范围、更深层次上展开。通过政府信息资源的公开共享，公民利用政府门户网站了解政务信息、参与政府决策过程，以此增加政府工作的透明度。

二、微博作为开放平台具有无限延展的可能性，为意见领袖发挥更大舆论影响提供了机制支持。建设政府与民众间的常设微博互动开放讨论平台，政务微博要勇于争当意见领袖

微博的基本功能是信息的获取与发布，核心功能是社会交往与互动，拓展功能是整合各种网络应用。这些功能为意见领袖发挥更大舆论影响提供了机制支持，这主要体现在两个方面：

一是意见领袖微博成为发布信息和舆论酝酿的始发地。意见领袖能够在舆论形成中起到源头作用，其原因固然在于微博的"病毒式"传播功能。当意见领袖首先发布某一事件信息或意见之时，其微博往往成为网民关注或竞相转发的对象，在几近疯狂的传播过程中，也就牢牢确立了意见领袖的舆论策源地地位。

二是转发和评论功能让意见领袖的观点更大程度地影响舆论。微博时代，意见领袖发表言论的热情高涨，无论舆情事件是由传统媒体首发的还是由网络媒体爆出，当事件舆论刚一进入酝酿期，一些意见领袖迅即进入舆论主战场，纷纷转发事件的相关信息或发表评论。在微博几何级数传播速度助阵下，事件被迅速推至舆论的风口浪尖。

---

① [德]乌尔里希·贝克：《风险社会》，何博闻译，译林出版社2004年版。

三、建立与网民的有效互动平台应对突发网络群体事件

没有一个顺畅的渠道来沟通政府与网民，一旦突发事件发生，相关舆论会迅速汇集到网上被网友感知和传播，如果网民的观点和意见不能有效地传达到相关管理部门，负面舆论会不断增强，酿成更大的破坏。

现代社会正呈现着"碎片化"，人们的时间与注意力被打散。而微博恰以"轻姿态"、"补丁型"媒体形式出现，将微分的生活间隙填满。而微博、手机联动，打通了微博与移动微博，更增强了微博的"贴身性"，将现代社会的碎片化时间一网打尽。

新浪科技北京时间2011年9月9日消息，Twitter CEO迪克·科斯特洛表示，Twitter月活跃用户量已超1亿，比当年年初增长82%。活跃用户中，有55%是手机用户。中国数据显示手机微博成为2011年上半年增长最快的手机应用。虽然目前手机微博使用率还不是很高，但增长速度惊人，2011年上半年手机微博在手机网民中的使用率达到34.0%，较2010年下半年的15.5%增加18.5个百分点。而新浪微博数据显示42%信息来自于移动用户端，在各大平台如Android、symbian、iphone、ipad等等都有。2013年7月17日中国互联网络信息中心（CNNIC）发布《第32次中国互联网络发展状况统计报告》，报告显示，截至2013年6月底，我国网民规模达5.91亿，较2012年底增加2656万人，互联网普及率44.1%，较2012年底提升2.0个百分点。在2013年上半年的新增网民中70.0%使用手机上网，手机成新增网民第一来源。使用手机上网的网民比例增长到78.5%，手机作为第一上网终端的地位更加稳固。自2013年上半年开始的新一轮的快速增长，是中国手机上网发展过程中的第三波增长周期，此轮增长得益于3G的普及、无线网络发展（包括公用和私有WiFi的发展）和手机应用的创新，移动互联网进入爆发期。

政府上网建立与网民的互动渠道是微博传媒环境下政府掌控舆论的必要措施之一。各级政府部门，尤其是涉及到重大民生问题的部门，应该在微博上开辟适宜网民表达意见的平台，并指定专人及时了解网民的意见动态，做好回复工作。如开通问题反应信箱，使网民可以通过电子邮件的方式把意见传达给管理部门；开辟政务论坛专区，使网民可以在论坛上自由发表观点，指定专人与网民互动，表达政府观点，为网民解疑释惑，有效疏导网民情绪。

政府建立与网民的有效互动平台，一方面可以更加具体深入地了解网民的各种意见诉求和疑问，有针对性地进行新闻发布，传达官方声音，引导舆论。另一方面互动渠道的有效运转满足了网民参政议政的需求。随着经济的发展、观念的更新和教育水平的提高，民众的主人翁意识不断增强，参政议政的需求十分强烈，因此，政府开通网上政务信息互动平台是保证公众行使参政议政权利的重要举措。

政府部门开通网上互动平台，目的是通过与网民互动，了解公众诉求，针对公众诉求传达政府声音，消除公众疑惑，起到引导舆论、稳定网民、稳定社会的效果。目前有些政府部门仅仅把开通意见反映渠道作为一种形式，在倾听民意上做做姿态。网民反映问题，往往石沉大海，没有回应。这种传播是单线传播，不是互动传播。

网民的意见传达给政府管理部门，如果政府部门认真分析了网民意见，及时采取应对措施，这种单线传播还能起到为部门决策收集信息的作用。但单线传播造成网民无法及时获得政府部门的相关权威信息解疑释惑，如果是危机事件这种单线传播使管理部门失去了及时稳定公众情绪的机会，而网民在得不到答复的这段时间里，会进行各种负面猜测，加剧事态恶化。如果政府部门只是把意见信箱作为政务建设的形式，做做样子，那么网民通过这个渠道反映的问题将变得毫无意义。因此，政府部门在开通与网民的互动平台后，还应不断完善使其制度化。这个制度可以包括网民反映、渠道畅通和部门回应三个方面。确保渠道时时畅通，有反馈机制，而不是流于形式。政府部门应设立专门机构，并指派专门人员对网民意见认真分析，及时回复，必要的时候应与网民反复互动。

地方政府可以完善其政府官方网站。政府官方网站不仅仅是政府部门面向公众的"门面"，更是沟通公众与政府部门的桥梁。传播互动的沟通过程是舆论产生和存在的前提，如果在微博论坛上没有政府的参与，那么在微博民意中，政府部门则扮演着"失语"的角色。

地方政府可以学习"人民网地方领导留言板"的模式，在其官方网站上开放与公众讨论的平台，允许网友匿名留言，由地方政府的有关人员进行专门的解答，建立高效畅通的解决机制。在这样的解决机制下，遇到突发危机事件，地方政府的信息发布部门，可以随时对公众的疑问作出回应，同时可以随时掌握微博民意与微博舆情。秉着坦诚开放的态度办好办精地方政府官方网站，开放讨论平台，可以有效地将公众的视线吸引到政府可解决的范围内，建立起高效沟通机制，形成舆论影响，成为意见领袖。

目前我国微博市场的竞争越来越激烈，以新浪为代表的四大门户占据了大部分市场，腾讯、搜狐、网易等门户网站，也在整合自身优势产品资源，发力微博市场。综合微博的市场硝烟尚在四起，专业领域却已现难逢机遇！微博的热门与综合微博的竞争性推广，已经让微博为大多数网民所熟知，拥有庞大的用户基数，具备进入垂直领域的前期条件；由于综合性微博的泛娱乐化特质，针对特定人群的细分需求浮现；微博发展始终呈现由大而全到小而精，由全民聚合到深化分流的特征。在"传媒聚光灯"和"大众麦克风"时代，面对突发危机事件或者敏感问题时，地方政府的缺席和失语是不能缓和事态和化解矛盾的。微博舆情不是"洪水猛兽"，而是微博民意的表达，地方政府应该本着开明、开放、诚恳的态度，建立起一套预警机制，争取舆论的高低，形成意见领袖，在危机面前，发出有理有力的声音，从而化"危机"为"转机"，达到善治的目的。

四、重视突发事件的舆论引导机制建设，着力提高与社会公众沟通的能力

近年来突发事件频发，这类事件在社会上造成了很大的影响。例如：陕西"表哥"事件（2012年）、重庆"不雅视频门"（2012—2013年）、复旦学生投毒事件（2013年）、范悦事件（2013年），以及反复发酵的朱令事件和郭美美事件，网络中那些踊跃发表观点、议论的网民在一定范围内扮演或者事实上成为了"网络意见领袖"，能够影响更大范围的网民，形成二级传播，进而形成网络舆论①。重视突发事件的舆论引导机制建设，可以有效阻止谣言散布，维护社会稳定、凝聚人心，为突发事件的处理赢得时间，制定应对策略，强化舆论引导，主导社会舆论，争夺"话语权"。

突发事件的新闻处置工作，实际上是争夺"话语权"的过程，媒体充当"话筒"成为信息的放大器，党政机关和各利益方在争夺话筒发出自己的声音。成功的新闻处置是要让新闻媒体发出党政部门的声音，主导社会舆论，维护社会稳定。

微博等新媒体的兴起，使社会舆论环境发生了重大而深刻的变化，积极研判、回应微博舆情，提高与社会公众沟通的能力，已经成为加强能力建设的重要任务。必须把积极应用微博平台，加强与人民群众的信息沟通，正确引导微博舆情，放在更加突出的位置，努力拓宽信息化条件下加强和舆情引导工作的新路子。及时发布信息，公开事实真相。要按照信息公开、依法行政的要求，凡是可以向社会公开的信息都要及时公开，满足群众的知情权，自觉接受社会监督。

完善工作机制，正确应对舆情。要建立健全重大舆情快速反应机制和沟通协调机制，一旦发生重大突发事件，迅速启动应急处置机制，相关部门各司其职、各负其责。要建立健全舆情会商研判机制，坚持早发现、早应对、早引导，及时澄清事实，将有可能酿成重大舆情危机的不稳定舆情苗头化解在萌芽状态。流言止于公开，谣言止于智者。能够在第一时间客观公正地发布权威信息、公布真相、引导舆论，把握主动权。

第一，健全完善新闻发言人制度，确保信息及时准确、公开透明。第二，运用新技术、新手段，整合各种传媒手段，形成舆论引导合力。利用多种传播工具如报刊、杂志、电视、微博、手机信息等公布事实真相，事件进展情况，抢占舆论阵地。第三，引导大众科学分析和理性反思，把维护社会稳定作为终极目标。第四，依法加强对散布谣言、虚假信息的监管力度。对谣言散布者要严厉打击，保障社会政治经济秩序平

---

① 熊光清：《中国网络公共领域的兴起、特征与前景》，载《教学与研究》，2011年第1期。

稳运行。

五、增强政府的微博舆情研判和应对能力

我们已进入传媒聚光灯和大众麦克风时代。今天不仅有党报党刊、国营的电台电视台,还有都市报和微博媒体,以及境外媒体。特别是微博已成为"思想文化信息的集散地和社会舆论的放大器"。在微博时代,每个人都可能成为信息渠道,都可能成为意见表达的主体。

有个形象的比喻,就是每个人面前都有一个麦克风。地方政府在突发事件和敏感问题上缺席、失语、妄语、诳语,甚至想要遏制网上的"众声喧哗",则既不能缓和事态、化解矛盾,也不符合党的十七大提出的保障人民知情权、参与权、表达权、监督权的精神。发生新闻是第一位的,发表新闻是第二位的;堵了一个记者的口,堵不了所有记者的口;堵了所有记者的口,堵不了微博上网民的口。

遭遇突发事件,政府要尽量在第一时间发布新闻,赢得话语权,先入为主,掌握主导权。"危机管理"实质上是"危机沟通管理"。例如危机管理专家诺曼·奥古斯丁(Norman R. Augustine,美国普林斯顿大学教授)主张:"说真话,立刻说。"中国一些地方政府总结的经验是"速报事实,慎报原因"。《政府信息公开条例》则要求"公开是原则,不公开是例外"。

政府的微博舆情研判和应对能力,也是执政能力和执政艺术的重要组成部分。民意早期受到冷落,才演变成中期的"民议"、后期的"民怨"。民意在每一道环节上的被冷落与搁置,都会导致舆情能量的聚集。

一方面,要改进政府的立场表达和主流媒体的新闻宣传,增强说服力;另一方面,要把握住社情民意的脉搏,认真倾听网民和公众的利益诉求乃至某些非理性情绪,促进干群沟通,促进社会不同群体利益的均衡表达和平等博弈,化解社会隔阂和对立情绪,打造国民政治共识,打牢全国人民团结奋斗的共同思想基础。

六、利用"切割"手段使社会问题非政治化

近年来很多地方的突发公共事件,包括群体性事件,当事人和围观民众的诉求都是地区性、行业性利益问题。把带有某种政治诉求的问题化解为地区性问题、行业性问题,把社会压力分解到社会治理的各个环节中去逐一处置;而如果反其道而行之,把这些具体的经济、民生方面的问题政治化,只会激化矛盾,让各种社会压力都集中到一个断裂点上。

针对某些对地方政府和地方形象的负面新闻,一旦调查属实,迅速采取必要的"切

割"手段,包括中央和地方切割,地方与基层切割,政府和无良官员切割。

七、在微博社区(BBS、微博客、QQ群等载体)"公民报道者"和"微博意见领袖"中发展"盟友",引导网民自我教育

盟友不是部下,也不是潜在的敌人。要允许和鼓励他们对地方政府的施政阙失提出批评,开展舆论监督,同时通过积极沟通对话,帮助他们理解现代社会公共治理的全部复杂性,引导他们在最根本的问题上帮助地方政府,缓释民间某些不满情绪。发挥微博"意见领袖"作用,引导网民自我教育。"意见领袖"(opinion leader)又称舆论领袖,通常是指在信息传递和人际互动过程中少数具有影响力、活动力,既非选举产生又无名号的人。一些资深网友充当了"意见领袖"的角色,这就使微博的"意见领袖"具有更强的草根性、流动性和号召力。他们关心各类时事,有自己的独立观点,愿意并善于表达自己。

几乎每个微博热点事件背后,都有大量微博"意见领袖"在推动,他们或意见统一,或针锋相对。这些民间身份的观察家可能比传统报纸和电视台对公众的影响更大,他们的观点往往能够左右网民的判断并引导微博舆论的走向。由于这些微博"意见领袖"的身份林林总总,具有很强的流动性和隐蔽性,其发表的言论并不都是客观公正的,这直接导致微博的舆论与现实情况存在一定的偏差。政府需要找到恰当的方式,与微博"意见领袖"进行沟通,引导他们理解党和政府的方针政策,理解政府解决种种复杂问题的基本思路和实际操作,让微博上的"意见领袖"多一些建设性意见,少一些破坏性意见。这样,通过网民引导网民,用网民自己的声音引导、感染网民,实现网民自我教育、自我引导,往往能够达到事半功倍的效果。

研究报告

高速公路突发事件组织间
应急信息沟通障碍实证研究

雷丽萍[*]

摘　要：高速公路突发事件损失程度与交通拥堵时长呈现的正相关，导致了高速公路突发事件应急救援对效率的关注与渴求。然而由于信息沟通不畅导致复杂多样救援组织之间协调与合作受阻经常妨碍高效应救援的达成。本文以一典型高速公路突发事件多组织应急救援案例"12·5京珠高速黑火药爆炸事件"为依托，运用社会网分析方法构建并分析了高速公路突发事件组织间信息沟通网络，研究发现，高速公路经营企业与基层地方政府存在着层级上的沟通障碍；常态下与高速公路具有业务联系的子群与无业务相关性的子群之间在应急状态下存在信息共享困难；与高速公路无常态下业务联系的子群内部信息沟通强度悬殊，中心与边缘分化趋势显著，容易造成核心组织信息沟通压力过大；常态下与高速公路具有业务关联性的子群内部，沟通结构比较顺畅。最后，基于上述研究发现，本文为高效沟通、有效协调的高速公路突发事件应急管理体系建设提出了政策建议。

关键词：高速公路突发事件；应急信息；沟通网络

一、引言

在我国，高速公路作为现代人流、物流、信息流的重要载体已经成为现代经济的大动脉。伴随着其在人们社会经济生活中地位的日渐攀升，到2011年底，我国高速公路总里程数已达8.49万公里[①]，仅次于美国，位列世界第二。然而与此同时，2010年，

---

[*] 雷丽萍，管理学博士，华东政法大学助理研究员。主要研究领域：公共安全预警与应急管理，水安全，应急沟通。

[①] 中华人民共和国交通运输部：《2011年公路水路交通运输行业发展统计公报》，http://www.moc.gov.cn/zhuzhan/tongjigongbao/fenxigongbao/hangyegongbao/201204/t20120425_1231778.html（访问时间：2012年12月6日）。

我国共发生道路交通事故 3906164 起，同比上升 35.9%。其中，涉及人员伤亡的道路交通事故 219521 起，造成 65225 人死亡、254075 人受伤，直接财产损失 9.3 亿元①。各种高速公路事故导致的灾难性后果和损失也与日俱增，并且损失的严重程度随着交通拥堵时间的延长成倍增长。不同于发达国家高速公路的建设与管理所处的稳定和成熟时期，我国高速公路处于高速建设以及事故持续增长的双重背景之下。因此，以高速公路行业领域突发事件为背景，探索如何提高高速公路突发事件应急救援的合作效率，从而缩短救援时间、减少生命和财产损失，对于我国具有重要的理论价值和实践意义。

面对突发事件，没有哪个社会组织有充足的能力，能独立有效地应对灾害，这主要是由于突发事件应急处置的不同任务之间具有高度关联性和依赖性，一项任务的有效完成取决于其他多项任务的协助和完成②，因此在应急处置中不同职能、不同类型的组织间应急合作十分必要③。在我国实际高速公路突发事件应急处置中，涉及应急救援组织类型众多、层级多样，不仅包括不同层级政府的公安、交警、消防、交通、安监、卫生等职能部门及其下属机构，还包括高速公路经营公司内部的众多机构和部门。常态例行工作状态下，上述组织一般都各行其政，很少有交集。没有共同合作经验的多组织面对全新的组织环境、在紧急压力状态下很难达成有效的协调与合作④。因此，我国高速公路高效应急救援的渴求在现实中屡遭效率低下的尴尬。

多组织之间协同合作基础和核心在于组织之间信息与资源的沟通和共享。Kapucu 曾指出多组织之间成功协同合作有赖于各参与组织之间良好沟通与互动⑤。Hage 等人认为组织间合作能否达成取决于组织与组织之间链接的充分程度，即组织与组织之间信息沟通的充分程度⑥。Comfort 更进一步指出协作的达成需要各参与方在共同任务目标的指导下就具体的行动时间、行动成本、行动方案进行广泛的信息交流，经由及时、

---

① 中华人民共和国公安部交通管理运输局：《2010 年全国道路交通事故情况》，http://www.mps.gov.cn/n16/n1282/n3508/n2173912/2473761.html（访问时间：2012 年 12 月 3 日）。

② Malone T.W. and Crowston K., "What is coordination theory and how can it help design cooperative work systems?", Proceedings of the 1990 ACM conference on computer-supported cooperative work, 1990.

③ Drabek T.E. and Mcentire D.A., "Emergent Phenomena and Multi-organizational Coordination in Disasters: Lessons from the Research Literature", *International Journal of Mass Emergencies and Disasters*, Vol.20, No.2, January 2002, pp.197-224.

④ Quarantelli E.L., "Disaster Crisis Management: A Summary Of Research Findings", *Journal of Management Studies*, Vol.25, No.4, May 1988, pp.373-385.

⑤ Kapucu N., "Public-Nonprofit Partnership for Collective Action in Dynamic Contexts of Emergencies", *Public Administration*, Vol.84, No.1, March 2006, pp.205-220.

⑥ Hage, Jerald, Aiken M. et al, "Organizational Structure and Communication", *American Sociological Review*, Vol.36, No.10, October 1971, pp.360-371.

精确的信息交流各组织得以调整各自的行为从而适应变化的环境和不断变更的最优先目标,这是多组织应急协作的必然途径①。因此,多组织间应急沟通障碍必然导致组织间应急协同的失败。

当前学者研究突发事件应急信息沟通障碍的原因主要从三方面来展开。首先是技术设备方面的原因,美国灾害研究中心的著名学者 Quarantelli E.L. 认为信息技术将给应急信息沟通带来新的困难和挑战,例如可能使得应急信息的沟通过分依赖于现代信息技术为基础的通讯设备,一旦通讯系统在灾害中被损坏并在短时间内难以恢复,就会使得应急信息沟通面临全线瘫痪的威胁;与此同时,应急状态下,信息量会在短时间内急剧增长,往往超出通讯设备的负载能力,从而造成应急沟通的技术性中断;另外,信息技术给现代沟通带来快捷和便利的同时,也为应急过程中一些不实信息或者与应急无关的信息快速传播和扩散提供了方便,这将在很大程度上挤占正式、真实应急信息传播和扩散的空间,从而引发应急信息的沟通障碍②。在经历过9·11恐怖袭击以及卡特里娜飓风后,美国应急管理人员在总结应急救援的经验教训中,进一步证实了由于电力设备、电话设备、无线电设备及其他通讯系统基础设施的毁坏使得一线的应急救援人员得不到沟通网络的有效支持③。

应急信息沟通障碍的第二方面原因是社会因素,在此,社会因素主要指是人的认知、动机以及行为方式等方面的因素。有学者指出信息在很多时候被当作了一种资本,这种无形资本的价值性使得人们在一般情形下不愿意无偿与他人进行共享④。这种资本特性也使得很多应急救援人员把"信息共享"理解成了单方面的信息接收者,而没

---

① Comfort L.K., Dunn M., Johnson D. et al, "Coordination in Complex Systems Increasing Efficiency in Disaster Mitigation and Response", *International Journal of Emergency Management*, Vol.2, No.1-2, September 2004, pp.62-80.

② Quarantelli E.L., "Problematical aspects of the information/communication revolution for disaster planning and research: ten non-technical issues and questions", *Disaster Prevention and Management*, Vol.6, No.2, April 1997, pp.94-106.

Quarantelli E.L., "Local mass media operations in disasters in the USA", *Disaster Prevention and Management*, Vol.5, No.5, October 1996, pp.5-10.

③ Dwyer J., "The calls: 911 tapes echo grim struggle in towers", *New York Times*, April 1, 2006.

Thompson C., "Talking in the dark", *New York Times*, September 18, 2005.

Thomas H.kean and Lee H.Hamilton, *The 9/11 Report: The National Commission on Terrorist Attacks Upon the United States*, New York: St. Martin's Press, 2004.

④ Ernst, Young., *Executive perspectives on knowledge in the organization*, Washington D.C.: Special Libraries Association in cooperation with Ernst & Young Center for Business Innovation, 1997.

有意识到在共享上自己理应承担的信息输出职责[①]。另外，突发事件发生后，一般需要将各地、各部门的应急救援人员召集起来联合应对，而这些原来没有合作经验的救援人员突然之间被要求进行协同合作，通常会遭遇工作环境陌生、成员之间信任缺失、沟通语言不一致等诸多问题，这些问题在面对应急处置时间紧张、资源稀缺的情况下易引发应急信息沟通的不畅[②]。

应急信息沟通障碍第三方面的原因来源于组织因素。组织因素主要是指常态组织结构与应急处置中组织结构的差异性导致没有合作经验的多组织之间应急信息沟通障碍。有学者将试图用组织结构的"传统、非传统"和工作任务的"常规、非常规"两个变量来描述说明应急状态和常态下需要的组织沟通结构的不同。其中日常的例行事务处置主要是在传统的组织结构下完成常规的工作任务，适应这种结构的信息沟通结构已然建立；而应急响应则是在非传统的组织结构下完成非常规的工作任务，因此应急信息沟通需要一种新的组织沟通结构[③]。另外，常态下，政府部门组织构成形式是基于"命令与控制"的目的建立的，因此层级制和固定性是这种组织结构的典型特点[④]。然而突发事件及其应急处置具有典型的非常态特性，例如发生具有高度的不确定性、处置面临巨大的时间压力、需要多部门联合处置，这种非常态特性需要以松散和灵活为特征的"协调与合作"结构与其相适应[⑤]。组织上显著结构差异性进一步加剧了缺乏合作经验的多组织应急沟通障碍。

由此可见，为了解决突发事件应急信息沟通障碍的问题，需要分别从技术、社会、组织三方面进行。上述三方面的原因中，组织原因是根本和前提，只有首先理顺了突发事件应急处置中跨部门、多类型组织之间的关系和结构，才能够在此基础上进行合

[①] Bharosa N., Lee J. and Janssen M., "Challenges and obstacles in sharing and coordinating information during multi-agency disaster response: Propositions from field exercises", *Information Systems Frontiers*, Vol. 12, No. 10, October 2010, pp. 49-65.

[②] Manoj B. and Baker A., "Communication challenges in emergency response", *Communications of the ACM*, Vol. 50, No. 3, June 2007, pp. 51-53.

[③] Dynes R.R. and Aguirre B.E., "Organizational adaptation to crises: Mechanisms of coordination and structural change", *Disasters*, Vol. 3, No. 1, January 1979, pp. 71-74.

[④] Mccann C. and Pigeau R., "Clarifying the Concepts of Control and of Command", Proceedings of the 1999 Command and Control Research and Technology Symposium, June 29-July 1, 1999.

[⑤] Ernst, Young., *Executive perspectives on knowledge in the organization*, Washington D.C.: Special Libraries Association in cooperation with Ernst & Young Center for Business Innovation, 1997.

Barnett C.K. and Pratt M.G., "From threat-rigidity to flexibility-Toward a learning model of autogenic crisis in organizations", *Journal of Organizational Change Management*, Vol. 13, No. 1, pp. 74-88.

理的技术架构和建设，开展具有针对性的训练、设置合理的机制扫除各种社会因素的制约。然而，当前从组织的角度来探索应急信息沟通障碍的研究大多数都是规范研究，试图用经典的组织行为理论从经验的逻辑层面分析应急信息沟通的特点并解释由此引发的应急信息沟通障碍。然而，这种观点性梳理式研究缺少以行业和领域为背景的实证研究，更鲜有以高速公路突发事件为背景的实证研究。以行业为背景的实证研究缺乏，一方面使得高速公路领域多层级、多部门应急救援沟通障碍的具体节点和环节难以确认，另一方面导致了沟通受阻的组织在结构上的特点难以被发现。

我国应急管理的研究和体系建设相对于欧美国家来说起步较晚，2001—2006年我国初步完成了以"一案三制"为核心的突发事件应急管理体系建设，当前正处于对不同类型突发事件应急信息沟通组织结构设置的摸索阶段。由于不同类型的突发事件应急处置任务不同，这就导致需要参与的组织类型不同，进而引发了组织之间信息沟通的结构也存在差异性。为了破解突发事件应急信息沟通的障碍，有必要对不同类型的突发事件分别分析其应急信息沟通网络，把握应急信息沟通的结构，探索应急信息沟通的障碍环节和结点，最终为操作性应急预案的编制以及应急沟通组织架构的合理设置提供依据。

因此，为了破解我国高速公路突发事件高发期应急信息沟通的难题，本文尝试以我国高速公路突发事件为行业背景，试图通过构建并分析一典型高速公路突发事件中多组织间信息沟通网络，运用社会网络分析中的整体网分析从宏观沟通网络结构上探寻高速公路突发事件组织间应急信息沟通障碍。

二、信息沟通网络的构建

本文选取的案例是发生在京珠高速公路上著名的12·5黑火药爆炸事故。此案例在造成巨大人员和财产损失的同时，更严重阻滞了京珠高速这条大动脉。另外，该事件灾害性影响链条长、影响的范围广，导致参与应急救援的组织和部门层级众多、性质多样、职能复杂，这对于全面解析高速公路突发事件信息沟通结构具有典型性意义。案例的具体情况如下：

2009年12月5日00:27左右，一辆装载15吨军工硝、3吨三味粉的东风天龙货车（车牌号为赣J17951）从江西萍乡开往河北海兴，行至京珠高速K1125km+200m（孝感市孝南区三汊镇）时发生爆炸。爆炸致使从该路段同时驶过的3车受损，车上人员4死6伤（其中1人重伤）。事故造成京珠高速附近路段严重损坏，双向车辆严重滞留，爆炸冲击波附近16个村，2096户民房和17家企业厂房不同程度受损，直接经济损失近千万元。此次爆炸事件的应急救援动员了省、市、区三级政府应急办、公安、交通、安监、卫生等多个职能部门以及京珠高速公路的经营单位，整合多部门力量、协调多部门的行动从而达成跨部门的协同合作是联动救援的核心。其中部门与部门之间信息和资源的交流与共享是协同合作的基本前提。

本文将所有参与12·5爆炸现场应急救援的单位与部门界定为一个整体网络,不关注善后事宜处理或者负责周边安抚工作而不涉及现场应急救援的单位。该整体网将参与应急救援的各单位视为网络中的结点,而结点间的连线则表示组织之间信息与资源的沟通,箭头指向表明信息与资源的流向。为了刻画整体网中包含的组织以及组织之间信息沟通关系,我们走访了湖北省京珠路政二大队并对其进行了半结构式访谈,收集并分析了湖北省应急办、京珠路政二大队、湖北省京珠管理处、孝感市应急办对于事故处理留存的档案资料,搜索了湖北省政府门户网站、孝感市政府门户网站、武汉道路交通运输网、湖北省京珠高速管理处网站对12·5事件发出的新闻通稿、总结报告以及案例分析材料,整理了新华网、人民网、新浪、搜狐、网易等各大新闻门户网站对该事件的报道。将各种资料记录的38个单位之间的信息沟通与资源共享关系用一个38×38的邻接矩阵M来表示,若部门i向部门j有信息或资源的流动,则矩阵中的元素m_{ij}的值为1,否则为0,可以构建如图1所示的12·5高速公路爆炸事件多组织应急救援沟通网络结构图。

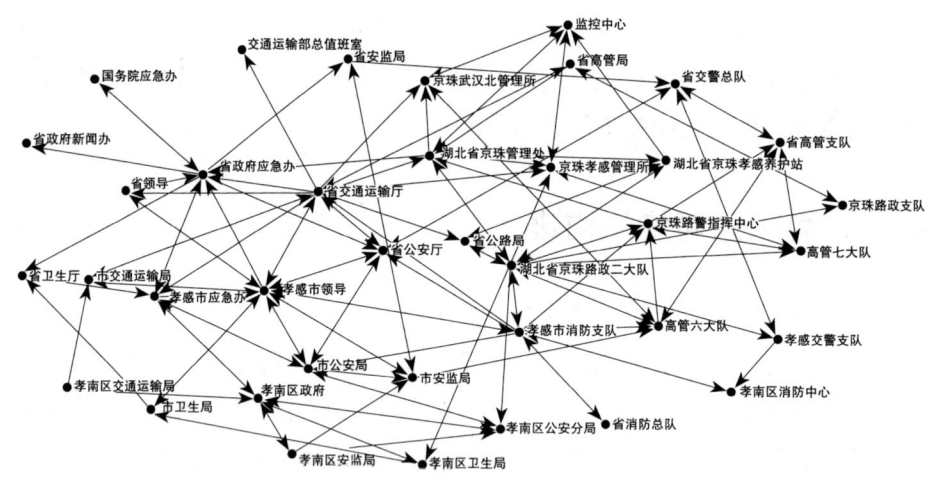

图1　12·5爆炸事件应急救援组织信息与资源沟通网络结构图

三、12·5京珠黑火药爆炸救援中的多组织沟通障碍分析

12·5京珠高速公路黑火药爆炸事件发生后,各参与组织都陷入了异常紧张与忙碌的救援工作中,并在以湖北省交通运输厅为临时指挥协同中心的领导协调下进行了复杂的跨组织信息沟通和资源共享。然而,被多方称赞并誉为"高速公路联合救援典

范"的此次应急救援活动仍是存在诸多的信息沟通障碍与资源共享的困难,这些困难在组织沟通结构维度的映射便是组织层级之间和子群之间的沟通障碍。

1. 组织层级之间的障碍

12·5突发事件发生后,应急救援涉及的政府组织纵贯了孝南区政府、孝感市政府、湖北省政府、国家部委四个层级。与此同时,湖北京珠高速公路的常态经营管理主要由非政府组织——高速公路的经营单位负责,即湖北省京珠管理处及其下属的管理所、监控中心、养护等部门。考察12·5事件中组织层级之间的沟通情况便是明晰四个层级的政府组织之间以及四级政府与经营企业之间的信息沟通情况。在沟通网络结构图中,是否有沟通情况是以结点之间是否有连线来表征的。**因此,层级内部以及层级之间的沟通情况便可以通过计算各层级之间连接数量以及同一层级内部连接的数量来反映。**

如果用行表示组织层级,列表示38个救援组织,参与救援的组织层级隶属关系可以用一个矩阵S来表示,若组织j隶属于i层级,则元素s_{ij}取值为1,否则值为0。用"隶属矩阵S的转置矩阵"乘以"邻接矩阵M与隶属矩阵S之积",即可得层级之间与层级内部的连线数量,表达式如式(1)所示:

$$S^T \cdot (S \cdot M) \quad (1)$$

计算结果如表1所示:

表1 组织层级之间沟通链接数量表

	区级	市级	省级	国家级	企业
区级	10	6	0	0	0
市级	6	26	21	0	5
省级	0	15	23	2	6
国家级	0	0	1	0	0
企业	0	4	3	0	10

表1数值表明的是层级之间在应急救援中沟通链接的数量,例如区级与区级沟通链接数量值为10,即隶属于区级政府这一层级的组织之间在结构图上有10条连线,这意味着区级政府内部存在10条沟通的渠道。链接数大于20的组织层级出现在市级内部沟通、市级与省级沟通、省级内部沟通中。由此可以推知12·5事件应急处置中,市级政府组织内部、省级政府组织内部、市级与省级之间信息沟通相对较为畅通。

与此形成对照的是有些层级之间的沟通空白,即在表1中取值为0。其中,排除"信息不能越级上报"这个限制性条件作用下而得到的0值项,例如区级政府基本不能越省市两级向国家部委直接汇报、市级政府同样不能跨越省级政府向国家部委级直接沟通①，存在于企业与区级政府沟通中的 0 值项无疑只能用沟通障碍来作注解。作为高速公路常态运营主要管理组织的经营企业与属地管理的区级政府本应该在现场的交通疏导、伤员救治、道路修复与信息发布等诸多方面保持沟通与交流，然而在 12·5 爆炸事件中深入一线的两部分主要救援力量之间沟通严重不足。

2. 子群之间的障碍

图 1 所示的网络全面反应了 12·5 事件中所有参与组织之间的信息沟通状态，但是囿于沟通情况比较复杂，很难清楚观察沟通网络的结构特点。为此，可以运用社会网络分析中"块模型"的方法对网络结构进行简化分析。块模型主要由两部分构成：其一，将网络中所有节点按照一定的标准进行分类，分成几个离散的子集，称为"块"、"位置"或"子群"，在同一"块"内的节点具有结构对等性，即具有差不多的关系。在社会网络分析中，通常运用 Ucinet 中的 CONCOR 方法对网络中的节点进行分块处理，这种方法是一种迭代相关收敛法。其二，考察位置之间是否存在关系，如果块之间的影像矩阵取值为 1，则两个子群之间存在联系和沟通，影像矩阵取值为 0，则两个子群之间不存在信息沟通。块分析关注网络的总体结构，而不是个体网络，这种分析在整体上简化网络结构的同时不会丧失很多信息②。

运用快模型分析方法可以将 12·5 事件中应急响应的 38 个组织分为 8 个子群，每个子群包含的组织具体如下：

子群 1：孝南区政府、孝感市公安局、孝南区交通运输局、孝南区安监局

子群 2：湖北省安监局、湖北省政府新闻办、国务院应急办、孝感市应急办、湖北省卫生厅

子群 3：湖北省领导、湖北省高管局、交通运输部总值班室、孝感市交通局、湖北省公安厅、孝感市领导

子群 4：孝感市卫生局、湖北省交通运输厅、孝感市安监局、湖北省政府应急办

子群 5：孝南区消防中队、湖北省消防总队、湖北省交警总队

子群 6：湖北省京珠路政二大队、湖北省高管支队、京珠孝感管理所、京珠武汉北所、京珠高速监控中心

子群 7：孝南区公安分局、孝南区消防支队、孝南区卫生局

子群 8：湖北省公路局、湖北省京珠管理处、京珠路警指挥中心、高管六大队、高管七大队、京珠路政支队、孝感交警支队、湖北省京珠孝感养护站

---

① 在某些特殊情况下，例如应急预案给予了特别授权，信息可以越级上报，但是在本研究中信息基本不存在越级上报的情况。

② 刘军：《法村社会支持网络的整体结构研究块模型及其应用》，载《社会》，2006 年第 3 期。

为了观察不同子群之间的沟通状态，通常采用 α - 密度指标对表 2 所示的"块密度矩阵"进行二值化处理从而确定影像矩阵的取值。其中 α 是临界密度值，一般取整个网络的平均密度值，在本研究中为 0.0889，大于临界密度值取值为 1，小于取值为 0。经过处理后得到如表 3 所示的像矩阵（image matrix）。像矩阵中取值为 1 表示块与块之间存在信息沟通，0 表示不存在。

表 2 12·5 爆炸事件应急救援组织沟通网络块密度矩阵

	1	2	3	4	5	6	7	8
1	0.5	0	0.16	0.067	0	0	0.033	0
2	0.067	0	0	0.056	0	0.083	0	0
3	0.16	0.267	0.4	0.433	0	0	0.067	0.133
4	0	0.056	0.333	0	0	0.083	0	0
5	0.067	0	0	0	0	0.25	0.444	0.111
6	0	0	0	0.083	0.083	0.167	0.083	0.292
7	0.033	0	0.167	0.028	0.444	0.125	0.067	0.056
8	0	0	0.1	0	0.056	0.208	0.056	0.3

表 3 12·5 爆炸事件应急救援组织沟通网络像矩阵

	1	2	3	4	5	6	7	8
1	1	0	1	0	0	0	0	0
2	0	0	0	0	0	0	0	0
3	1	1	1	1	0	0	0	1
4	0	0	1	0	0	0	0	0
5	0	0	0	0	0	1	1	1
6	0	0	0	0	0	1	0	1
7	0	0	1	0	1	1	0	0
8	0	0	1	0	0	1	0	1

观察表 3 中可以发现显著的块取值分化趋势——取值为 1 的块集中出现于矩阵的左上和右下部分，而取值为 0 的块则集中出现于左下和右上部分。为了更细致地探索不同块之间的沟通情况，将表 3 的像矩阵拆分为图 2 所示的四个子像矩阵单独分析。

	1	2	3	4
1	1	0	1	0
2	0	0	0	0
3	1	1	1	1
4	0	0	1	0

（1）

	5	6	7	8
5	0	1	1	1
6	0	1	0	1
7	1	1	0	0
8	0	1	0	1

（2）

	5	6	7	8
1	0	0	0	0
2	0	0	0	0
3	0	0	0	1
4	0	0	0	0

（3）

	1	2	3	4
5	0	0	0	0
6	0	0	0	0
7	0	0	1	0
8	0	0	1	0

（4）

图 2　拆分后的子像矩阵

首先，从整体上来看，上述子群之间的信息沟通显现出了明显的分化趋势。图2-(3)(4) 两个像矩阵绝大部分项取值为0，0值表示两个块之间不存在沟通链条。很显然，子群 1、2、3、4 中与 5、6、7、8 之间双向沟通与交流严重不足。与此形成鲜明对照的是，图 2 中 (1)(2) 两个子像矩阵中集中了整个像矩阵绝大部分的"1"值，这两个子像矩阵基本上积聚了整个网络块结构的沟通链条。这说明，整个网络的信息沟通发生了严重分化，8 个子群在沟通上已然分化为"两个阵营"，阵营内部各自沟通，阵营之间沟通断裂。从子群中组织职能分布的特点可以发现，子群 1、2、3、4 集中了卫生、应急办、安监、公安等职能部门，而子群 5、6、7、8 则主要集中了消防、交警、路政、高速公路经营企业等组织。分属于两个"阵营"的卫生与路政、消防与安监、公安与交警、交通与高速公路经营单位，理应就人员救助、危化品处理、现场秩序维持、道路抢修等需要多部门合作完成的任务展开全方位沟通与协调，却出现了沟通与交流的空白。

其次，进一步分析子群中组织在常态下与高速公路常态业务联系可以发现，1、2、3、4 四个子群聚集的组织大部分在常态下与高速公路不存在直接业务指导关系或者不负直接领导责任，而 5、6、7、8 四个子群中涵盖的组织大部分在常态下会与高速公路经营企业发生业务上的合作关系或者是高速公路一线管理部门和运营组织。由此可以推断高速公路业务指导部门、管理部门、业务协作部门等业务关联部门与无业务往来的部门之间存在显著的沟通障碍。

最后,分化为两个阵营的子群集之间信息沟通的结构和特点也不同。为了更清楚、形象地表达块之间的信息沟通,可以将块之间的沟通情况用图3的简图表示。

图3 子像矩阵简化图

从信息的沟通结构来看,图3-(1)的子群信息沟通结构核心—边缘特征非常显著,是不完全的核心—边缘结构,其中子群3是信息处理的中心,处于沟通的核心地位,子群3接收子群1、2、4传递信息的同时向其他3个子群发送信息,子群1、2、4彼此之间基本没有双向的信息沟通。此种结构最大弊端在于容易造成信息中心(子群3)信息处理压力过大致使其信息处理效率逐渐降低甚至陷入崩溃的境地,进而导致三个相关子群信息沟通全部中断[①]。这可以用社会网络分析中节点中心度(Centrality

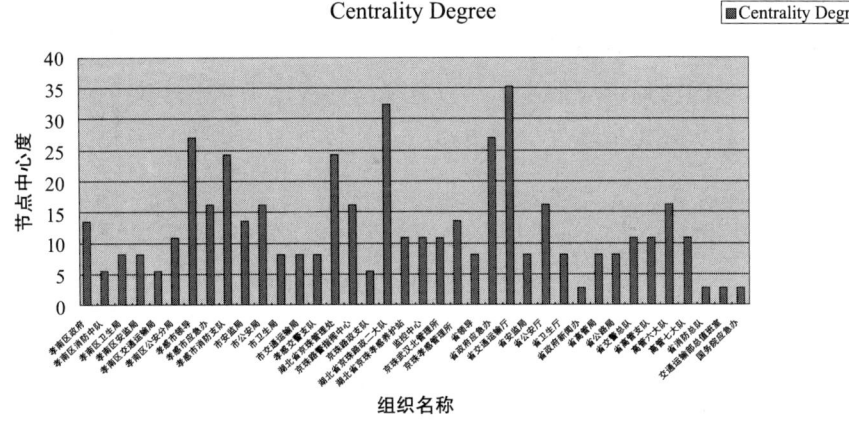

图4 12·5爆炸事件应急救援组织网络节点中心度分布柱状图

---

① Yerkes R.M. and Dodson J.D., "The Relation of Strength of Stimulus to Rapidity of Habit Formation", *Journal of Comparative Neurology and Psychology,* Vol.18, No.5, October 1908, pp.459-482.

Degree）这个指标来刻画，节点中心度即是节点与其他节点"交往"的程度。

图 4 明确展示了不同组织节点中心度差异悬殊，湖北省交通运输厅、湖北省京珠路政二大队、湖北省政府应急办、孝感市委市政府领导、湖北省京珠路政管理处以及孝感市消防支队等 6 个单位节点中心度都在 20 以上，其中前两个单位甚至超过 30；与此形成强烈对比，孝南区安监局、孝南区卫生局、湖北省公路局等十几个单位节点中心程度不足 10。节点中心度的两级分化使很多信息节点得不到足够信息的同时，也给处于信息沟通中心的节点带来了巨大的信息处理压力。

图 3-(2) 中块之间的信息沟通结构具有类似于关系传递性的结构，信息大体上可以在各块之间无障碍流动。对于信息沟通和共享来说，这种结构无疑是合意的，有助于形成高效的信息沟通网络，达成顺利的组织间合作。

另外，将组织是否与高速公路具有直接业务关联性这个特点与子群集沟通结构特点进行叠加分析可以发现：在常态下，很少与高速公路具有业务关联性的子群集（子群 1、2、3、4）内部，在高速公路突发事件应急状态下，沟通主要是依赖综合性办公室以及相关的领导机构（子群 3）进行信息的传递和沟通，基本承袭原有常态下的信息沟通模式。而在常态下，与高速公路管理和相关业务有密切关联性的子群集（子群 5、6、7、8）内部，在高速公路应急状态下，呈现出一种自发式的信息沟通和交流。

四、结论与启示

1. 结论

高速公路突发事件应急救援是一个典型的涉及多部门、需要高度协同合作的救援行动。其存在的多部门沟通困境催生了对应急联动的极度渴求。本文对具有典型意义的京珠高速 12·5 黑火药爆炸事件中多组织应急救援沟通网络进行了实证分析，研究结果发现：

（1）在组织层级上，常态下承担高速公路最主要管理运营职责的高速公路经营企业，在应急状态下与属地管理承担主要应急救援任务的区级地方政府存在应急沟通障碍。

（2）从子群的整体沟通状况来看，高速公路突发事件应急沟通中存在着显著的分化趋势，8 个子群分化了两个子群集，子群集内部的各自互通，子群集之间沟通存在严重障碍。这不利于多项需要协同处置的应急救援任务的高效完成。

（3）是否与高速公路发生常态下的业务往来成为子群分属于哪个阵营的重要指标。

（4）在沟通分化的两个子群集内部，信息沟通结构不尽相同。常态下与高速公路没有业务往来的子群集在内部沟通中呈现的沟通结构具有显著的中心—边缘特点。

常态下与高速公路具有业务往来的子群集内部,沟通结构具有类似于关系传递性结构,有助于良好的信息沟通。

2. 启示

上述分析结论有利于指导完善国家以及各省市高速公路突发事件应急管理体系建设,有利于启发高速公路应急管理信息沟通组织结构和沟通机制科学政策的制定。这些启示包括:

其一,高速公路突发事件应急信息沟通结构设计,需要在政府组织之外将高速公路经营企业等非政府组织纳入考虑的范畴,并为其设置合理参与信息沟通的渠道。从而避免在规范层面阻碍了政府组织与非政府组织沟通的可能性。

其二,科学制定高速公路突发事件应急预案,重点在于根据高速公路突发事件案例库合理设定高速公路突发事件的各种情境,从而根据不同的情景、确定不同的应急救援需求以及不同的参与组织,从而制定不同的应急信息沟通方案。

其三,在应急信息沟通机制的设计上,应以应急情景为出发点,以应急任务为核心,以完成应急任务的各项应急行动为根本,合理规划设定各组织之间信息沟通的渠道、方式、标准,尤其需要合理规范常态下与高速公路没有业务关联性的部门在突发事件发生后如何与有业务关联性的部门进行信息沟通。

其四,在应急准备中,一方面需要将培训训练高速公路各应急救援组织人员与不熟悉的人沟通和合作的技巧与能力纳入应急准备的一部分;另外一方面需要建立能够为当前高速公路应急响应部门提供接入接口的应急信息沟通平台,从技术上助力应急信息传递机制的施行和发挥作用,缓解不同子群之间的沟通障碍。

最后,从体制和机制设计上平衡组织间信息处理压力,让核心救援部门信息处理压力处在一个合理范围;设计强制性的轮休制度,确保关键应急响应部门的持续稳定运行。

本文的局限在于未能在12·5事件发生的第一时间亲临现场采集数据,因此不能保证整体网中全部组织成员之间沟通关系数据的完备性。为了弥补在数据上可能的缺憾,本文采取的补救措施是试图通过半结构式访谈、历史档案资料、文本资料等多种资料来源来消减此种局限对研究结果有效性的影响。

建立中国特色公共安全委员会组织体系初探

曾 春 王宗荣[*]

摘 要: 十八届三中全会决定设立国家安全委员会,完善国家安全体制和国家安全战略,确保国家安全。对于构建和完善中国特色公共安全管理具有里程碑式的重要意义。在这种历史背景下,本文试图探索关于建立中国特色公共安全管理体系下,研究中央到地方各级公共安全委员会的设立、组织体系和运行原理的基础理论,重点就其组织结构进行了详细研究,建构了科学合理的模型,用图表清晰展示出中央和地方各级公共安全委员会组织结构、运行模式和相关原理。通过研究探索,认为委员会制以其综合性、应用性和可操作性上的显著优势,将成为我国最优的公共安全管理组织模式,建立各级公共安全委员会对于我国的公共安全管理具有重要的战略意义和现实意义。

关键词: 公共安全;公共安全管理;公共安全委员会;组织体系

一、引言

当今世界,公共安全问题频发且有恶化趋势,全球每年因公共安全事件造成上百万人的伤亡,几千亿美元的经济损失,带来了严重的灾害和威胁,严重影响着各国的发展和人类的幸福,公共安全管理已成为各国重要的政府职能和责任。在多元化社会和政府各职能部门分工合作的现实前提下,实践证明,主要发达国家在建立公共安全管理体系中大多采用了委员会制组织体系,公共安全委员会已成为最科学合理、精简高效的公共安全管理机构,成为治理公共安全问题最现实、最合理和最科学的选择。

---

[*] 曾春,云南交通技师学院党委秘书,管理学硕士,研究方向:公共安全与危机管理、公共政策。王宗荣,南京邮电大学副校长,硕士生导师,研究方向:高等教育管理、行政管理。

二、公共安全委员会内涵及其论证

1. 公共安全事件的危害性

意外及灾难如影随形般伴随着人类,因自然因素和人为原因导致的公共安全事件,给世界造成的损失和灾难难以计数。如汶川地震,截至 2008 年 9 月 25 日,全国因地震遇难 69227 人,受伤 374643 人,失踪 17923 人,直接经济损失超过 8451 亿元人民币。当前,各国公共安全问题频发并有恶化趋势已是不争的事实。据统计显示,仅我国,每年因自然灾害、事故灾难、公共卫生和社会安全事件等突发事件造成的人员伤亡逾百万,经济损失高达 6500 亿元,占中国 GDP 的 6%。[1]以此类推,全球每年因公共安全问题导致上百万人伤亡、几千亿美元损失。巨大的损失和威胁面前,更加激发了人类应对和治理公共安全问题的斗志。在应对公共安全问题中,不管是理论研究,还是从实践需求考量,全方位治理模式必将是一条最合理的方式,以此理念下建立的管理体系也将成为最优方案。

2. 建立公共安全委员会的必要性

公共安全事件本身的复杂性和广泛影响性,昭示公共安全问题的诱因是多元复杂和宽领域的,要求多元化全方位治理方案。在国家机关以职能分工设置,社会组织和个人力量分散化存在的现状下,面对突发乃至长期必须预防和准备的公共安全问题,单纯依靠国家机关的力量,而不能组织整合社会资源,充分调动各方力量参与,那就实现不了全方位治理的目标,也就不能应对日益突出的公共安全问题。

3. 公共安全委员会的内涵

公共安全委员会,是指制订和遵守相关法律法规,改革和整合管理体制机制,依托各级国家机关和第三方资源,整合所辖范围内相关部门和资源,采用委员会制形式建立区域内各级公共安全管理机构,计划、组织、领导、协调、创新所辖区域内公共安全问题全方位治理活动。

建立中国特色公共安全委员会,就是在我国现有公共行政机构设置的基础上,以委员会制的形式把各相关职能部门、企事业单位、社会力量和人民群众整合起来,使其相关法人代表或者个人以委员的身份加入参与委员会的管理活动,从而建立涵盖各级委员会所辖区域内全面治理公共安全问题的组织体系。就国情而言,各级委员会应有主任、副主任、委员和监督机构组成,并下设办公室。其中,委员会主任应以各级党政负责人担任为宜,委员应尽可能代表辖区最广资源。中国特色公共安全委员会采

---

[1] 丁文喜:《突发事件应对与公共危机管理》,光明日报出版社 2009 年版,第 16 页。

用党委领导下行政负责制，实行首长负责制最为适宜。

以党委书记为领导，行政首长负责的组织领导结构基于三点考虑：一是中国特色的政治行政体制下，"坚持党的领导"是重要的红线，行政服从党委领导，党委具有主导地位。因此，在委员会组织体系设置中，为切实排除障碍，集中统一领导，必须坚持以党委书记为核心，围绕书记，以党群系统带动行政系统全面执行的方针，这样才能保证中央到地方在大局和细节上都能较好地应对复杂事件和局面。二是就中国目前的现状而言，书记在各自的机构部门里享有较高的威信，不管日常准备还是紧急情况，更便于领导决策和指挥协调。三是从领导的培养和晋升机制上看，书记在任前一般都从行政岗转任，即从行政岗转到党委岗为主，这种机制使得书记一般都了解行政分工，有丰富的政策理论和行政实践经验，这种能力与地位有机结合，更加有助于强化领导力、解决实际问题。以上三点考量，是科学与现实的最好结合，如此高配置，才能真正实现委员会的效力。

4. 公共安全委员会的优势

与其他公共安全管理机构设置相比，委员会具有显著的优势和活力。第一，它符合法律法规和领导意图，将得到政治支持和法规保障；第二，它具有其他应急管理机构所不能及的全面性和综合性效力；第三，它能避免单独设立新公共安全管理部门时的阻力和财政的过度负担，最符合机构精简高效设置的原理。因此，建立公共安全委员会的设想具有很强的可操作性和实用性，它将成为我国将来普遍采用的公共安全管理机构设置模式。

三、公共安全委员会的组织结构

根据层级化组织结构在实际管理活动中的成功运用和经验，以及国内外公共组织常用层级结构模式的特点。笔者认为，建立各级公共安全委员会也以层级化、委员制模式架构为宜。常规公共安全委员会主要由主任、副主任、委员和监督机构组成，下设办公室。主任全面负责领导委员会工作，副主任协助主任分管具体工作，委员各负其责履行各自职能，监督机构和上级领导做好指导和监督检查，办公室做好日常办公、信息收集、制订章程、教育培训、会议组织和协调管理等工作。

根据《中华人民共和国突发事件应对法》规定：应对突发公共事件的组织体系是：（1）领导机构：国务院是突发公共事件应急管理工作的最高行政领导机构。在国务院总理领导下，由国务院常务会议和国家相关突发公共事件应急指挥机构负责突发公共事件的应急管理。（2）办事机构：国务院办公厅设国务院应急管理办公室，履行值守应急、信息汇总和综合协调职责，发挥运转枢纽作用。（3）工作机构：国务院有关部门依据有关法律、行政法规和各自的职责，负责相关类别突发公共事件的应急管理工作。（4）地方机构：地方各级人民政府是本行政区域突发公共事件应急管理工作的行政领导机构，负责本行政区域各类突发公共事件的应对工作。（5）专家组：国务院和各应急管理机构建立各类专业人才库。

据相关法规预案和实际情况，笔者认为公共安全委员会常规组织结构如图1。

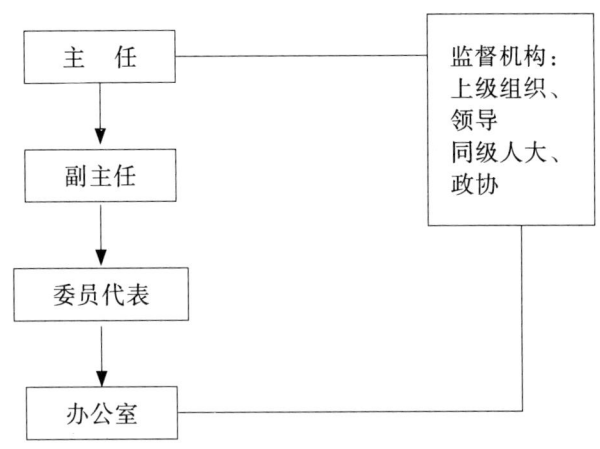

图1　公共安全委员会常规组织结构图

（一）国家安全委员会

研究全国的公共安全委员会，要弄清两个主要问题，即各级委员会之间的关系问题和一级委员会中的关系问题。

2007年11月1日施行的《中华人民共和国突发事件应对法》（以下简称《应对法》）规定：国务院是全国公共安全最高领导机关，国家建立统一领导、综合协调、分类管理、分级负责、属地管理为主的应急管理体制。2013年11月12日，十八届三中全会公报指出，设立国家安全委员会，完善国家安全体制和国家安全战略，确保国家安全。国家安全委员会即将诞生，根据《应对法》和三中全会的决定，当前，笔者认为在领导全国公共安全管理中，全国最高领导机关主要可以采用两种方式：一是采取国家安全委员会与国务院合署办公，以国家安全委员会为主的方式；二是完善法律法规，修改《应对法》，直接明确国家安全委员会为全国公共安全最高领导机关。两者中，笔者认为第二种形式更加合适，因为设立国家安全委员会，它不仅履行中央层面的安全职能，而且将领导管理全国公共安全管理职能。不管采取哪种方式，急需建立最高领导机关，依法、依需整合资源和理顺关系，全面领导和管理全国公共安全管理事务，成为法律和现实意义上的全国公共安全最高领导机关。

全国公共安全委员会关系应该是垂直关系。按照现有的行政分级关系，即：国务院——省（自治区、直辖市）——市（州）——县——镇，共五级。当前，国家安全委员会和国务院是全国公共安全最高领导机关，各省（自治区、直辖市）分别全面负责本省公共安全管理，所辖市、县具体对属地进行管理。此外，委员会中的监督检查职责能否发挥到位将对委员会职能发挥具有重要影响，因此要特别重视。全国各级公共安全委员会关系如图2。

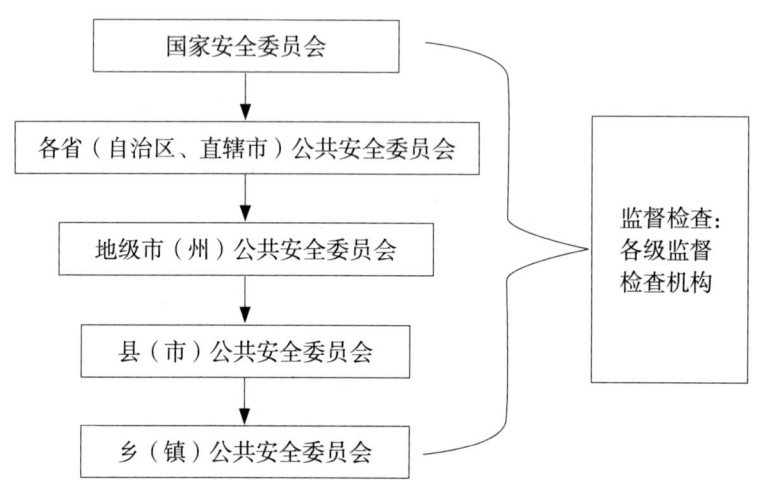

图2 全国公共安全委员会行政关系垂直结构图

全国公共安全最高领导机构作为全国公共安全管理最高领导机构和行政机构，对全国具有最高领导、决策和指挥权，具有不可替代的全局意义和示范效应。因此，国家级公共安全委员会从理论和现实意义出发，应该是全国最高领导机关。根据现行体制机制和法律法规，建立公共安全委员会应该适应现实环境，在我国当前国家机关部门分工布局现状的基础上，把相关单位以委员单位的形式纳入系统，并且整合社会有关资源，建成职责明晰、分工协调、精简高效的公共安全管理机构。

因此，国家级（中央级）公共安全委员会是建立在现有行政关系和机构设置上的委员会，即由中央国家机关（党群口）、国务院直属部门、省（自治区、直辖市）和军委、武警总队为委员单位，各个委员单位部门负责人作为委员参与委员会管理活动，委员会下设办公厅（或者办公室，该办公室级别一定要较高才合适）。委员会定期举行例会，特殊情况紧急召开特别会议，委员单位各司其职，办公厅（室）做好日常工作、组织协调等。

国家安全委员会组织结构分四个层级，如图3；国家公共安全委员会人员配置，如图4。

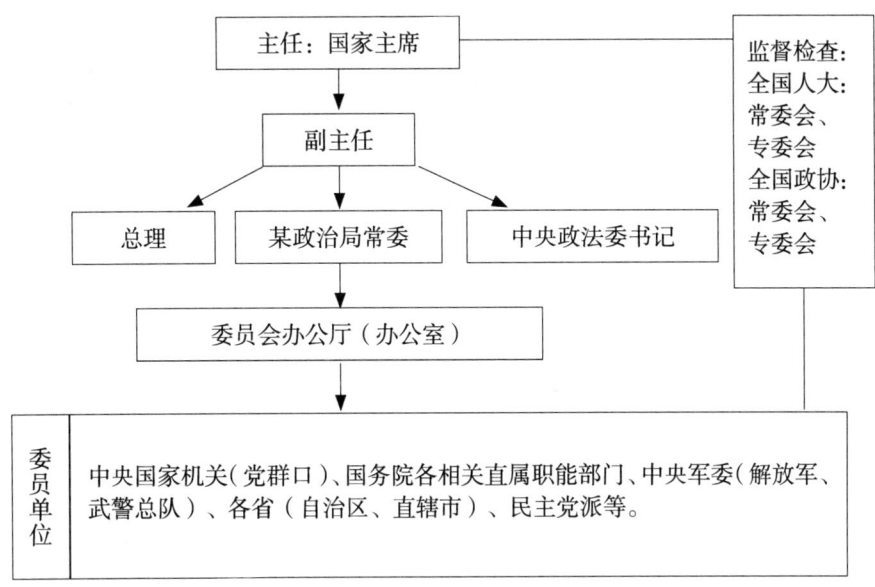

图 3　国家安全委员会组织结构图

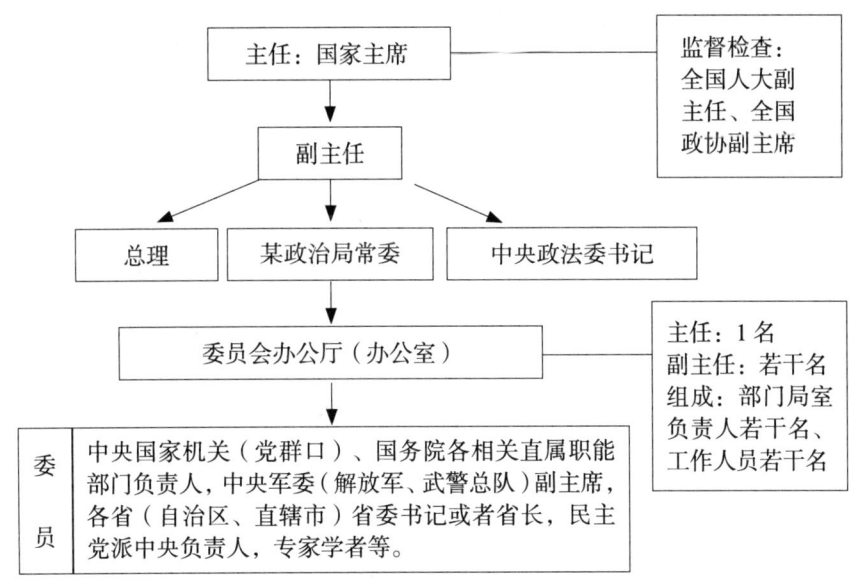

图 4　国家公共安全委员会人员配置图

（二）省（自治区、直辖市）公共安全委员会

省（自治区、直辖市）作为一个国家重要的地域区划和行政单元，起着无比重要

的地位，以国际惯例，其地位高低还是联邦制和单一制国家的划分标准。就我国而言，省级是历朝历代国家区划和行政管理的重要一级。建国后，省级被毛主席认为是其提出的"条块关系"中最为重要的一环。省（自治区、直辖市）除了外交权、军事权等权力外，基本都有与国务院对接的相关职能部门，素有"小国务院"之称。

因此，建立省级公共安全委员会是整个国家公共安全体系中上下衔接最重要的一环，必须要高度重视，要全面完善地建好。一般而言，省公共安全委员会和国家安全委员会结构类似，共分四级，分工负责、垂直管理，主要由省直相关部门，市（州）、县公共安全委员会，驻地军警、省军区，驻地中央企事业单位、协会，同级人大、政协，民主党派等参加。省（自治区、直辖市）公共安全委员会组织结构如图5。

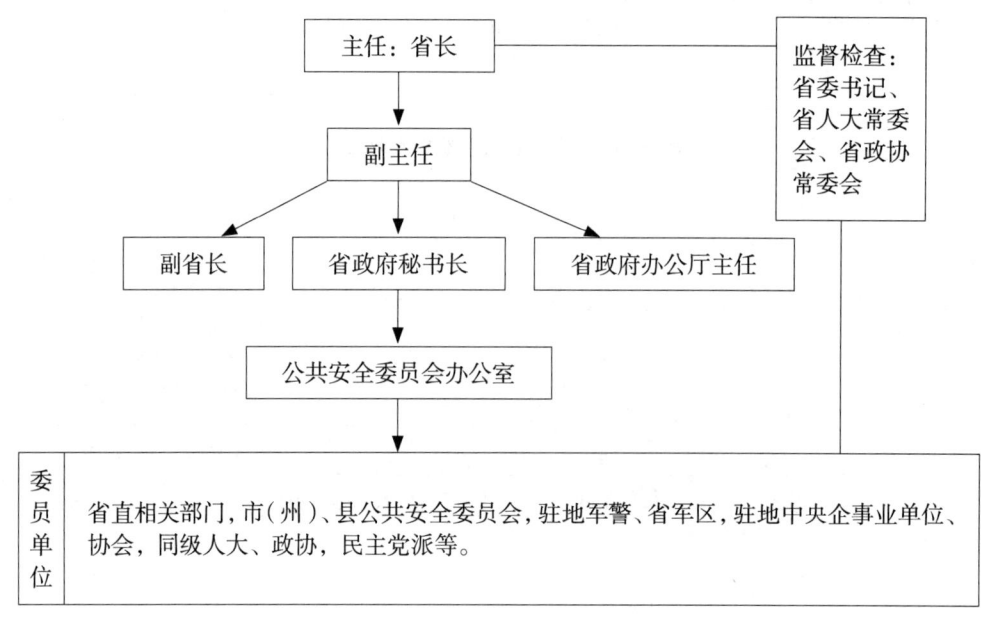

图5　省（自治区、直辖市）公共安全委员会组织结构图

省（自治区、直辖市）公共安全委员会人员配置图，如图6。

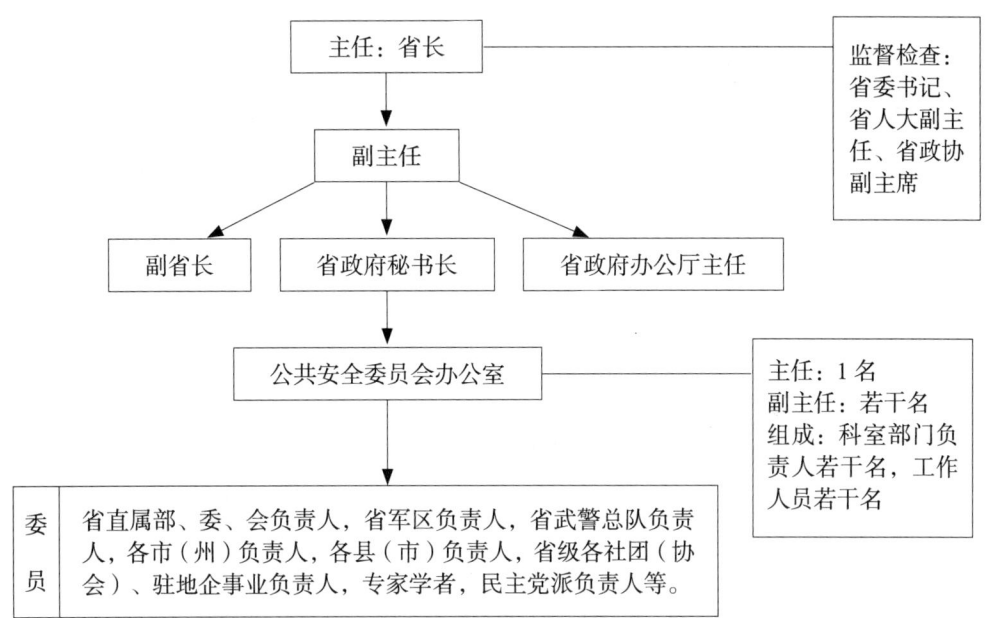

图 6 省（自治区、直辖市）公共安全委员会人员配置图

（三）县公共安全委员会

县级政府是我国最重要的基层行政区划和行政机构，县级公共安全委员会将是我国基层直接面对公共安全问题一线的行政单位和职能部门，毫无疑问，是公共安全管理整个体系中最为具体和重要的一环，起着决定性的作用。一个县域治理好坏直接影响着我国公共安全事业。

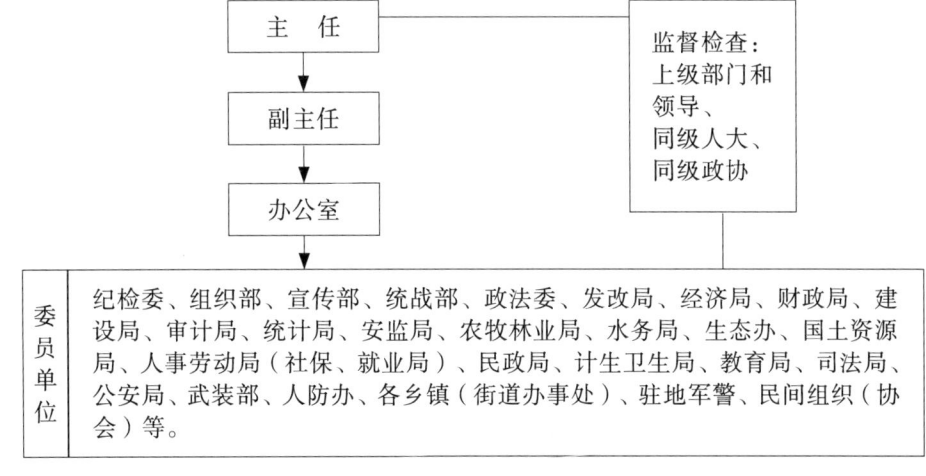

图 7 县公共安全委员会组织结构图

县公共安全委员会设置也和省级公共安全委员会基本相同，共设四级，由主任、副主任、办公室、监督检查机构和委员单位组成。如图7。

县公共安全委员会主任由县委书记担任，县主要领导担任副主任分工负责，委员由相关委员单位负责人担任，检查机构必须配出副处级以上干部担任。如图8。

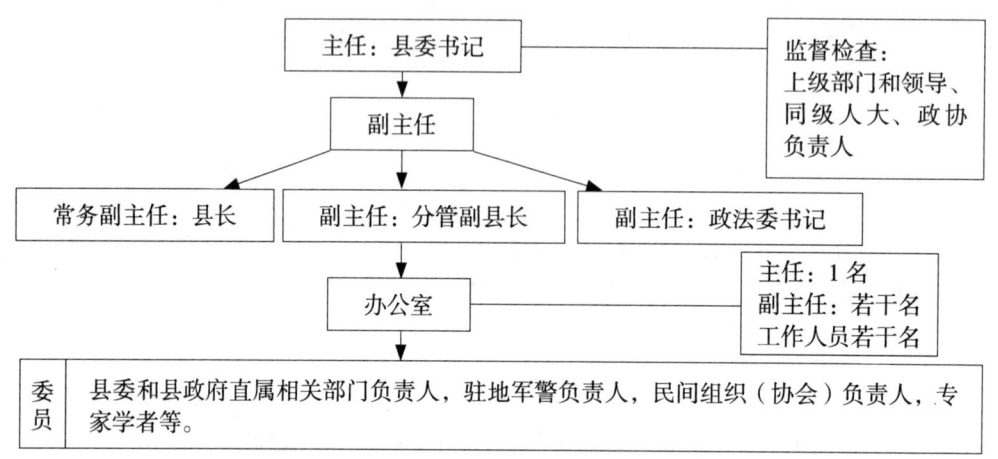

图 8　县公共安全委员会人员配置图

其中，和省级不同的是，笔者认为，根据现实环境，县公共安全委员会主任一职必须由县委书记担任，总揽全局、全面负责县域内的公共安全管理，这样才能保证整个县域公共安全问题的有效治理。

（四）乡（镇）、街道办事处公共安全委员会

此外，根据我国乡镇（街道办事处）直接面对民众的需求和日常往来实际，政治地位和行政需要异常重要。所以，除以上所举各级公共安全委员会外，还要加强乡镇、街道办事处一级的公共安全委员会建设，建立健全乡镇（街道办事处）公共安全委员会，才能更好地在源头上解决公共安全问题。"一村、一户、一人"的公共安全有效保障才能汇聚成千家万户的国泰民安。如图9。

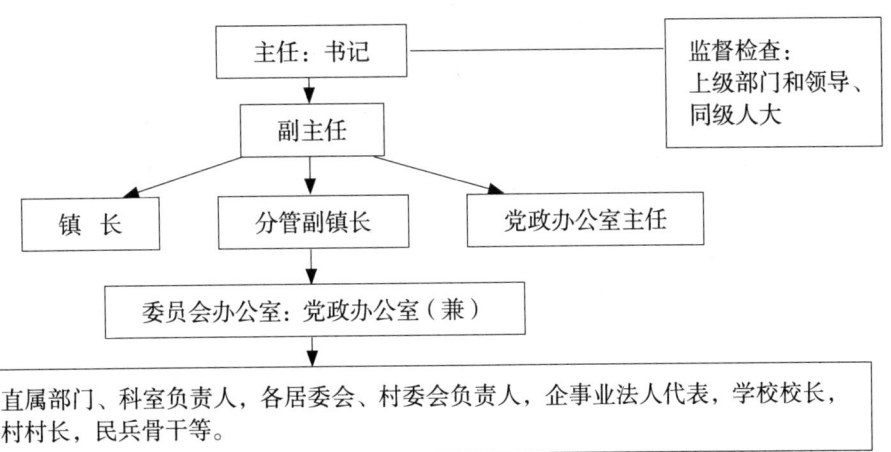

图 9 乡（镇）、街道办事处公共安全委员会图

（五）市（州、盟）公共安全委员会

根据实际，地级市（州、盟）公共安全委员会也必须设立和完善专门治理区域公共安全问题的常设组织，即建立公共安全委员会。由于其建设和县公共安全委员会几乎类似。本文省略，不作单独论述。

四、公共安全委员会的运行原理

（一）公共安全委员会的基本运行机理

1. 公共安全委员会的岗位分析

一般而言，在各级公共安全委员会中，主任全面负责、总揽全局，全面负责管辖区域内的公共安全委员会运作和辖区公共安全管理；副主任协助主任分管相关工作，协调有关部门和委员各尽其职；委员会办公室做好日常办公、值守、信息汇总、制定规章、教育培训、绩效考核等工作；委员根据主任指示、会议决议和部门职责与分工、实际情况积极履行职责、完成使命。监督检查部门和领导独立充分的履行好监督检查、建言献策的职能。如图10。

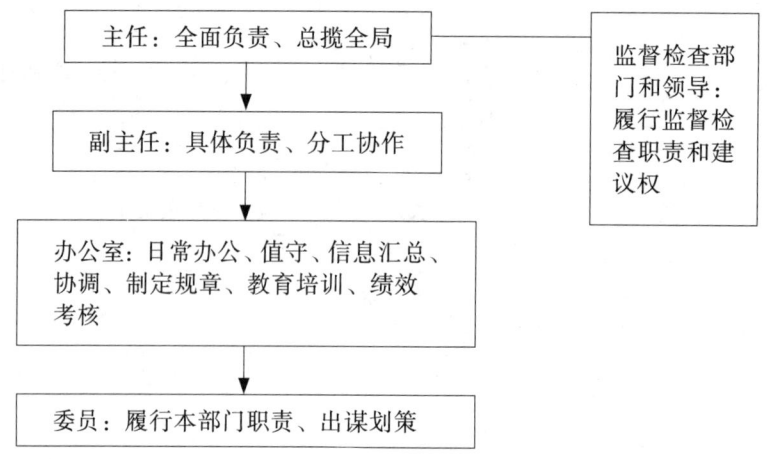

图10　公共安全委员会岗位分析图

2．委员履职

遵纪守法是每一个公民的义务，履行职责是每一个工作人员的义务。公共安全委员会建立后，干部选派和工作人员素质高低是能否全面认真完成委员会各项目标、任务的重要保证。必须要充分认识和重视委员会人才队伍建设，通过配置精简高效、爱岗敬业、互助专能的队伍，加强培训和监督，才能保证各项委员会目标的落实，形成区域内全面公共安全管理的长效机制。

因此，要依法依规加强委员会履职工作的监督检查工作。《中华人民共和国突发事件应对法》第六十三条规定：地方各级人民政府和县级以上各级政府有关部门违反本法规定，不履行法定职责的，由其上级行政机关或者监察机关责令改正；有下列情形之一的，根据情节对直接负责的主管人员和其他直接责任人员依法给予处分。情形（略）。

同时，委员会领导、委员和工作人员自身也要提高认识和实干水平。必须提高认识、高度负责、各司其职、各尽其能，充分发挥聪明才智以贡献公共安全事业。

3．运作

各级公共安全委员会根据实际情况，科学制定相关运作规程，组成人员按照规章和流程履行职责。

在整个委员会运作中，以主任为核心，坚持集中统一的指挥领导，副主任协助和分管相关工作、协调相关人力物力。办公室积极履行办事机构的职能，发挥中枢神经的作用，上下通联，全面参与委员会方方面面的管理活动。委员们各司其职，向主任和委员会负责，做好自己的本职工作。监督检查机构和上级领导做好指导、监督检查和建言献策等工作。委员会定期举行会议，根据需要召开紧急会议，讨论、制定和决策区域内公共安全管理问题。

主任统揽全局，同时也可以根据管辖范围，适度分工和放权，以利委员会的实际管理工作。委员会除按照委员会章程运作外，首先要按照国家相关法律法规和相关应急预案因地制宜的科学有效落实。

委员会委员单位中的各级各部门不仅要设置相应的公共安全管理专门部门，配置相应的工作人员，还应根据实际情况编制部门预案，做好平时准备和训练工作，以实现部门预防、减灾、应急和恢复功能，切实发挥部门公共安全管理职能。

（二）委员会的实际运用

在实际操作中，委员会可以借鉴国内外已有的理论和现实的实践经验，从委员会的规划、设计、组建和实践的过程中全面吸收有利资源和经验教训，是建立健全委员会的基本方法。可以融合各种相关理论，如危机管理、应急管理、风险管理和公共安全管理的有利理论，来指导和运用于实践，也可以借鉴国内外相关部门架构、设置和管理活动的成败案例。加强顶层设计，"站在巨人的肩膀上"快速科学实施，减少"摸着石头过河"模式中的时间、精力、风险和不必要资源的浪费。以早日建成我国特色的完善健全的公共安全管理体系。值得可喜的是，我国各地对于公共安全管理已做了一些有效的探索实践，为建立委员会的设想打下了基础。图11是江苏省应急管理组织结构图。

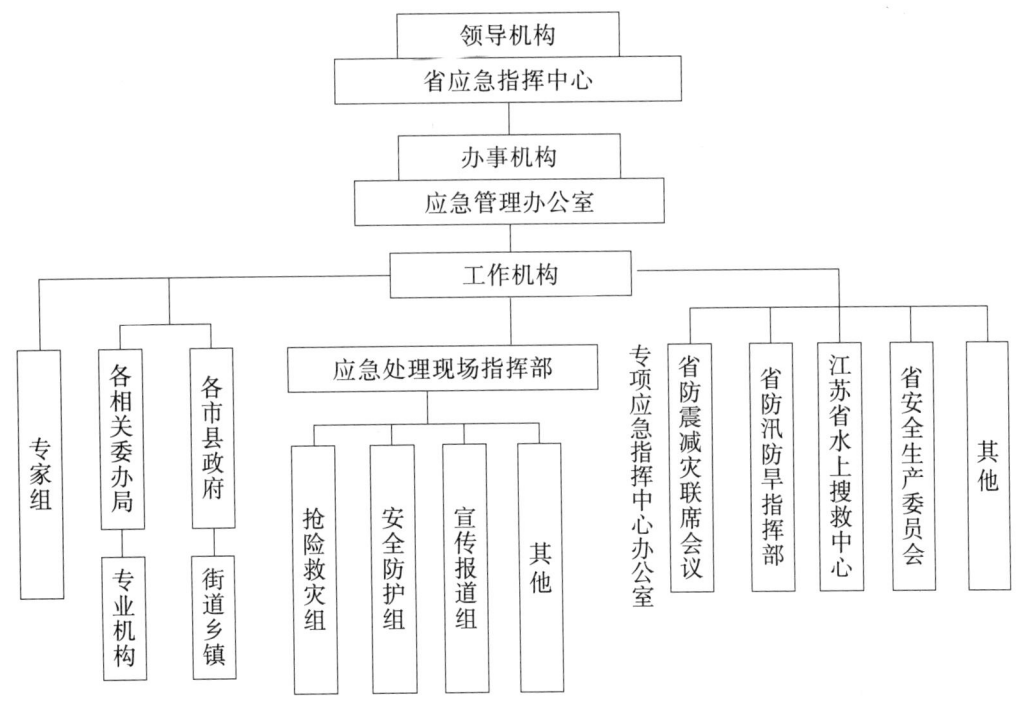

图 11　江苏省应急管理组织结构图

五、结论

"9·11事件"和"非典事件"之后,危机催生生机,危机问题的频发和各国公共安全管理愈加重视的合力下,我国政府和社会日趋关注公共安全问题,理论界进行了大量的相关研究,补充和丰富了公共安全理论,有大量研究成果出现,主要包括风险管理、危机管理、应急管理和公共安全管理。党委和行政部门也站在时代高度,积极组建成立了相关公共安全管理部门。例如各地高校应急学院和研究机构纷纷建立、各级政府应急管理(应急办、综治办)机构也遍地开花。各地相关部门和领导纷纷为公共安全事业出谋划策,作出了积极有实效地探索和实践。

但是,我国公共安全相关理论尚未形成完善体系,学科建设也在探索阶段,政府的公共安全管理也在初级阶段,这是观察和评估后不争的事实。

因此,中国的公共安全管理还要进行大量的理论研究和实践探索工作。以史为鉴、西学中用,要充分借鉴国外先进经验和成败教训为我所用。建立中国特色公共安全委员会就是学习美国公共安全委员会模式,结合我国实际所做出的最为科学、合理、高效的公共安全治理模式。笔者认为,不管是在理论界还是实际运用中,公共安全管理将成为继应急管理之后,公共安全问题管理的基本概念和主流理论,公共安全委员会也将成为我国最终普遍运用的公共安全管理模式。

参考文献:

[1] 夏保成、张平吾:《公共安全管理概论》,当代中国出版社2011年版。
[2] 夏保成编著:《西方公共安全管理》,化学工业出版社2006年版。
[3] 战俊红:《中国公共安全管理概论》,当代中国出版社2007年版。
[4] 夏保成编:《美国公共安全管理导论》,当代中国出版社2006年版。
[5] 丁文喜:《突发事件应对与公共危机管理》,光明日报出版社2009年版。
[6] 高全喜主编:《大国策:全球视野中的公共安全》,人民日报出版社2009年版。
[7] 张成福、唐钧:《政府危机管理能力评估:知识框架与指标体系研究》,中国人民大学出版社2009年版。

公共安全视域下我国省际
人口安全及其影响因素测评实证研究

莫慧玲　崔　嫘*

摘　要：2013年H7N9禽流感的出现，使人口安全再次成为各界关注的焦点。本文对人口安全状况进行定量研究，无疑为人口安全研究提供一个新视角，更客观、更科学地把握一个国家或地区的人口安全状况。本文以公共安全为视角，选取了25个人口安全测评指标，运用因子分析法建立综合评价模型，对我国省际人口安全状况进行定量分析和综合测评，以期对我国省际人口安全问题的解决有所裨益。

关键词：人口安全测评；因子分析；公共安全

一、引言

人口安全与公共安全之间有着极强的内在关联性。一方面，当前中国公共安全事件频发，从根源上看是由于人口、经济、社会、环境、资源等深层次问题造成。如2003年的"非典"、2013年的H7N9禽流感，使人们重新认识人口安全因素对公共安全、经济发展以及社会稳定的巨大威胁，可以说人口因素是公共安全隐患的重大因素之一。对此，学者刘家强等人，通过国家安全要素层次系统论述了人口安全和公共安全的关系以及人口安全的重要性（如图1），可看出人口安全是基础安全，与生存安全、发展安全共同构成人类安全框架；另一方面，人口安全因素如出生率、死亡率、性别比、人口抚养比等对公共安全的影响具有长期性、潜伏性、爆发性、隐蔽性、扩散性等特征，一旦出现人口安全指标偏离正常值，将会造成局部性甚至是全局性的公共危机。人口安全是事关经济安全、政治安全和国家安全的重大问题。本文对人口安全状况进

---

*　莫慧玲，华东政法大学政治学与公共管理学院社会保障专业研究生。主要研究领域：劳动关系。崔嫘，上海龙头（集团）股份有限公司总经理办公室主任。

行定量研究,无疑为人口安全研究提供一个新视角,更客观、更科学地把握一个国家或地区的人口安全状况。面对当前我国人口安全问题,必须树立人口风险意识,尤其是人口安全作为国家公共安全战略的基础,更不容忽视。本文以公共安全为视角,选取了25个人口安全测评指标,运用因子分析法建立综合评价模型,对我国省际人口安全状况进行定量分析和综合测评,深刻认识我国当前严峻的人口形势,树立与科学发展观相适应的新人口发展观,确立科学的人口数量、人口质量、人口结构、人口流动等多元人口理念,对人口发展形成一种多维、立体的认识。

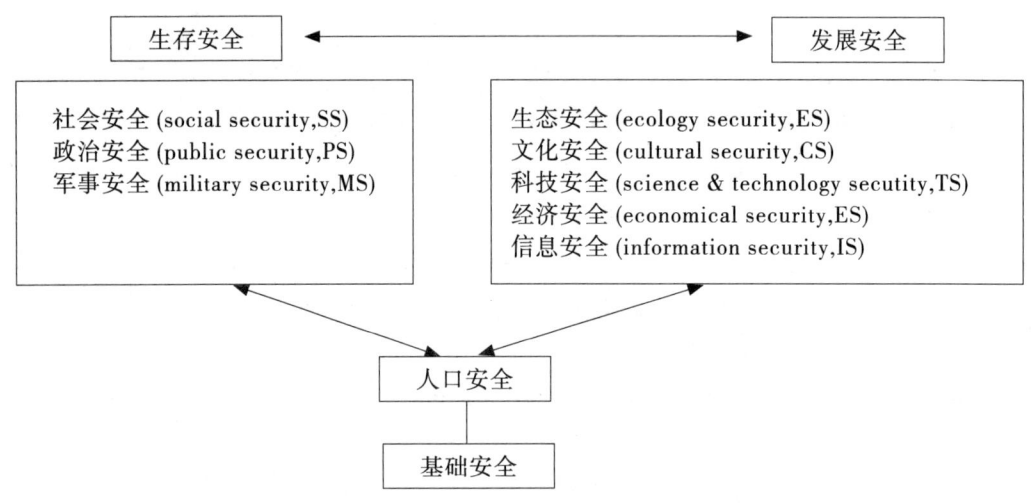

图1　人口安全和公共安全的关系

资料来源:刘家强、唐代盛:《人口安全构建和谐社会》,载《2005年人口研究增刊》。

二、因子分析的基本原理与人口安全测评指标体系的构建

(一)因子分析的基本原理

在构造综合测评指标时涉及的权数都是从数学变换中生成的,具有较高的客观性。它是用较少个数公共因子的线性函数和特定因子之和来表达原来观测的每个变量,从研究相关矩阵内部的依赖关系出发,把一些错综复杂的变量归纳为少数几个综合因子的一种多变量统计分析方法。其基本思路如下:

(1)对原始数据进行同方向性处理;(2)原始数据的标准化处理,即将同一变量减去其均值再除以标准差,以消除不同量纲的影响;(3)运用KMO(Kaiser-meyer-olkin)检验模型与Barlett球度检验(Barlett's Test of Sphericity)对数据进行检验;(4)给出标准化矩阵Y的相关系数矩阵R,求R的特征值,并根据特征值确

定相应的正交化特征向量；（5）计算特征根的累积贡献率，并根据累计贡献率大于85%的原则确定主因子的个数和相应的特征向量矩阵；（6）计算主因子的分值；（7）计算综合测评得分，分值越高，说明省际人口安全状况越好。

（二）测评指标的构建

近年来，随着社会经济的发展，人口安全的内涵和外延被不断地扩大和延伸。是在新的发展条件下，根据时代特征和安全的需要，对人类安全的补充和发展，体现了人类积极主动的掌握社会发展方向，有效预防和化解社会风险，确保自身在安全的环

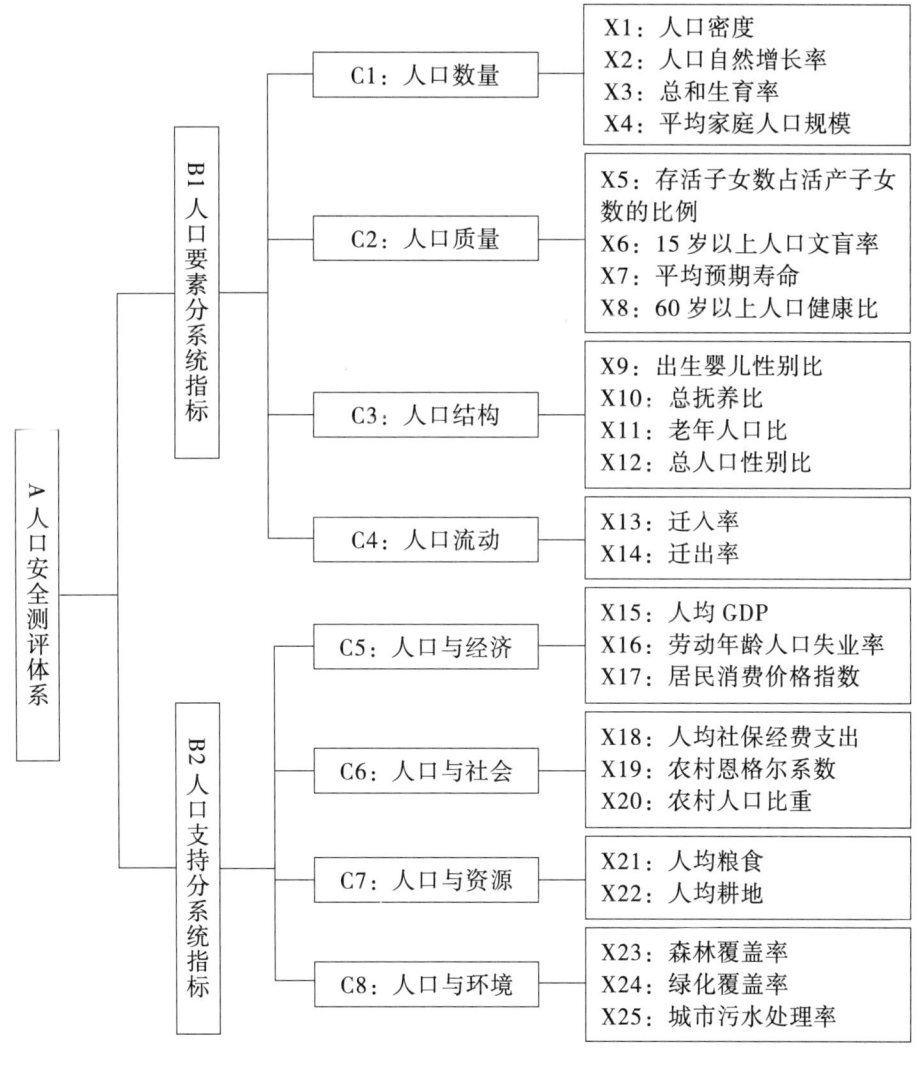

图2　人口安全测评指标体系

境条件下实现可持续发展的愿望。人口安全的研究除了涉及人口学外,还涉及政治学、经济学、社会学、生态学等个门学科的知识,因为人口安全已不单纯是个人口资料的实证和描述的问题,它要有理论分析和价值判断,特别是政治和政策的评价问题。[①]

要客观评价一个国家或地区的人口安全状态,所选取的测评指标必须全面。测评指标越全面,越能够充分反映各地区的人口安全状态。其次要注意选取的测评指标的客观性及可操作性。尽量选取可以通过官方途径查询到的数据,所选择的测评指标尽量是数量指标,通过查阅统计年鉴获得可靠数据,并使用统计软件对数据进行科学处理,由此得出的结论才更客观、更有说服力。按照测评指标的选取原则,以及参考评价人口安全的一般指标,本文选取了比较有代表性的指标构建了人口安全测评体系,见图2。

三、数据分析过程

(一)数据来源及预处理

运用指标测评省际的人口安全状况,由于各指标对各省市的人口安全状况的影响程度不一致,测评指标之间也可能存在相关性,因子分析法通过降维处理,使组内变量有较高相关性,组间变量有较低相关性,用一个基本结构代表每组的变量,并用一个不可观测的综合变量表示每组的基本结构,这是更科学,也更客观的。通过查阅国家统计局网站、《中国统计年鉴》等其他相关文献,归纳整理得到了34个样本的面板数据。在对数据进行同方向化处理和标准化处理后,得到标准化后的数据样本。在标准数据化的基础上,利用SPSS17.0统计软件导入数据,进行统计分析。

(二)统计软件分析

用SPSS17.0统计软件对数据进行处理和运行后,得到以下图表,通过这些图表中的数据,我们可以进一步进行分析。

1. 检验与公因子方差分析

参与分析的34个样本KMO统计量为0.703,Bartlett球度检验P<0.001,可知所选取的样本适合运用因子分析法。比如,表1为公因子方差表。提取公因子之后,各变量为未旋转的公因子方差有差异,其数值越大,对应变量与潜在共性因子的相关

[①] 邬沧萍:《人口安全研究的理论意义和方法论问题——兼论人口科学在人口安全研究中的不可替代性》,载《人口研究》,2005年第3期。

性越强。平均预期寿命、总抚养比、65 岁以上老年人口比、迁入率、迁出率、人均 GDP、农村恩格尔系数、农村人口比重、人均耕地等指标的公因子方差都超过了 0.9，表明它们与隐性公因子的关联性较强，其他因子与隐性因子的关联性也均在 0.6 以上，表明所选指标的关联性平均较强。

表 1 公因子方差

指标	方差	指标	方差
X1 人口密度	0.897	X14 迁出率	0.925
X2 自然增长率	0.857	X15 人均 GDP	0.931
X3 总和生育率	0.885	X16 失业率	0.727
X4 家庭人均人口规模	0.813	X17 居民消费价格指数	0.747
X5 存活子女数占活产子女数的比	0.703	X18 人均社保费支出	0.775
X6 文盲人口占 15 岁及以上人口比	0.746	X19 农村恩格尔系数	0.972
X7 平均预期寿命	0.953	X20 农村人口比重	0.966
X8 60 岁以上亚健康人口比	0.762	X21 人均粮食占有量	0.826
X9 出生人口性别比	0.703	X22 人均耕地	0.972
X10 总抚养比	0.929	X23 森林覆盖率	0.658
X11 65 岁以上老年人口比	0.94	X24 绿化覆盖率	0.706
X12 总人口性别比	0.789	X25 城市污水处理率	0.886
X13 迁入率	0.954		

2. 因子提取成分

因子提取分析由于主成分的特征根都必须大于 1，根据表 2，提取 7 个公因子，7 个主成分的特征根分别为：8.809、2.556、2.456、2.242、1.867、1.827、1.267，其贡献率分别为：35.236%、10.222%、9.824%、8.968%、7.469%、7.310%、5.066%，且累计贡献率达到 84.096%。

表 2 相关系数矩阵的特征值、贡献率及主成分权重

成分	初始因子[a]			旋转前			旋转后			主成分权重 W
	特征值	贡献率 %	累积贡献率 %	特征值	贡献率 %	累积贡献率 %	特征值	贡献率 %	累积贡献率 %	
F1	9.483	37.933	37.933	9.483	37.933	37.933	8.809	35.236	35.236	41.90

F2	3.421	13.685	51.618	3.421	13.685	51.618	2.556	10.222	45.459	12.16
F3	2.428	9.711	61.329	2.428	9.711	61.329	2.456	9.824	55.283	11.68
F4	1.899	7.596	68.925	1.899	7.596	68.925	2.242	8.968	64.251	10.66
F5	1.564	6.256	75.181	1.564	6.256	75.181	1.867	7.469	71.72	8.88
F6	1.201	4.805	79.986	1.201	4.805	79.986	1.827	7.31	79.029	8.69
F7	1.027	4.11	84.096	1.027	4.11	84.096	1.267	5.066	84.096	6.02

通过碎石图（如图3）可以了解，从第8个主成分开始特征值非常低，在图中第8个点作为一个拐点，碎石图从另一个侧面说明了只需要提取7个主成分即可。

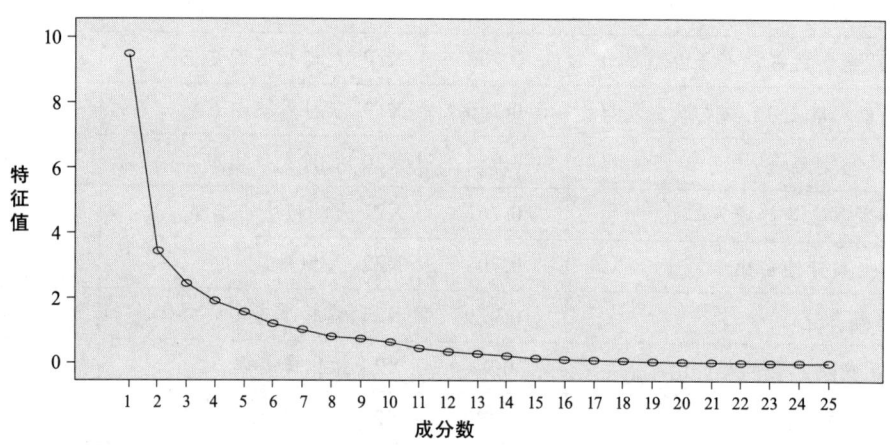

图3 碎石图

3. 旋转结果分析结果

为方便对因子命名，可以将矩阵进行旋转，自动排序，这样更容易看出得分高低，从而方便命名。

表3 旋转后的因子载荷矩阵

	F1	F2	F3	F4	F5	F6	F7
X1 人口密度	0.685	-0.273	0.268	-0.152	0.421	0.2	-0.201
X2 自然增长率	-0.626	0.012	0.34	0.103	0.292	-0.469	0.185
X3 总和生育率	-0.84	0.112	0.235	0.053	0.297	-0.051	0.137
X4 家庭人均人口规模	-0.734	0.136	-0.104	-0.003	0.343	-0.341	0.107
X5 存活子女数占活产子女数的比	0.753	0.245	-0.131	-0.096	0.166	-0.12	0.09

指标							
X6 文盲人口占 15 岁及以上人口比	-0.673	-0.437	0.074	0.15	0.123	0.233	0.072
X7 平均预期寿命	0.897	0.258	0.188	-0.073	0.031	0.201	0.017
X8 60 岁以上亚健康人口比	-0.484	-0.295	-0.473	0.164	0.036	0.229	0.368
X9 出生人口性别比	-0.267	0.591	0.12	-0.145	0.475	0.139	0.039
X10 总抚养比	-0.875	0.231	0.161	0.07	0.225	0.167	0.022
X11 65 岁以上老年人口比	0.19	0.151	0.126	-0.193	-0.103	0.894	-0.129
X12 总人口性别比	-0.169	0.031	-0.047	-0.045	0.853	-0.166	0.02
X13 迁入率	0.02	-0.295	0.186	0.898	-0.009	-0.15	0.057
X14 迁出率	-0.229	-0.035	-0.087	0.918	-0.106	-0.1	0.011
X15 人均 GDP	0.879	-0.152	0.317	0.036	-0.119	0.004	-0.139
X16 失业率	0.685	0.109	0.039	0.233	0.244	0.058	0.356
X17 居民消费价格指数	-0.09	-0.086	-0.038	0.017	0.005	-0.141	0.843
X18 人均社保费支出	0.126	-0.816	0.093	-0.027	-0.096	-0.14	0.234
X19 农村恩格尔系数	0.854	-0.187	-0.004	-0.209	-0.1	0.383	-0.087
X20 农村人口比重	-0.936	0.13	-0.265	-0.005	0.021	0.009	0.051
X21 人均粮食占有量	-0.076	0.124	-0.833	-0.068	-0.323	-0.04	0.027
X22 人均耕地	0.854	-0.187	-0.004	-0.209	-0.1	0.383	-0.087
X23 森林覆盖率	-0.053	0.672	0.126	-0.37	-0.137	-0.041	0.174
X24 绿化覆盖率	0.27	0.493	0.439	-0.375	-0.069	-0.148	-0.172
X25 城市污水处理率	-0.084	0.159	0.857	0.037	-0.312	0.137	0.026

根据各因子相对主成分得分系数的高低，可以对指标进行归类：

第一，主成分 F1 人口增加速度、规模与经济发展水平因子：人均 GDP、平均预期寿命、农村恩格尔系数、存活子女数占活产子女数、失业率、人口密度、总和生育率、自然增长率、家庭人均人口规模、文盲人口占 15 岁以上人口比、总抚养比、农村人口比重等指标上的载荷量较大。其中人均 GDP、平均预期寿命、农村恩格尔系数这三个指标相关系比较高，主要反映经济发展水平。

第二，主成分 F2 资源因子：人均社保费支出、森林覆盖率、绿化覆盖率、人均耕地反映资源的人口承载水平。

第三，主成分 F3 人口身体素质与环境因素因子：60 岁以上亚健康人口、人均粮食占有量、城市污水处理率在其中承担较大的载荷，分别反映一个地区的人口身体素质、人均粮食占有量、城市污水处理情况。

第四，主成分 F4 流动因子：迁出率与迁入率在其中承担较大载荷。

第五，主成分 F5 人口结构因子：总人口性别比、出生人口性别比，承担了较大的载荷。

表 4　因子得分矩阵

	F1	F2	F3	F4	F5	F6	F7
X1 人口密度	0.067	−0.161	0.071	−0.058	0.301	0.07	−0.136
X2 自然增长率	−0.045	−0.043	0.165	−0.04	0.075	−0.217	0.078
X3 总和生育率	−0.096	0.007	0.117	−0.008	0.103	0.062	0.073
X4 家庭人均人口规模	−0.053	0.018	−0.038	−0.049	0.134	−0.138	−0.006
X5 存活子女数占活产子女数的比	0.137	0.131	−0.1	0.028	0.118	−0.098	0.102
X6 文盲人口占 15 岁及以上人口比	−0.112	−0.203	0.076	−0.015	0.066	0.206	0.027
X7 平均预期寿命	0.119	0.144	0.033	0.078	0.055	0.087	0.113
X8 60 岁以上亚健康人口比	−0.047	−0.076	−0.152	0.027	0.033	0.232	0.275
X9 出生人口性别比	−0.007	0.226	0.004	0.041	0.243	0.154	0.049
X10 总抚养比	−0.114	0.076	0.073	0.053	0.084	0.195	−0.003
X11 65 岁以上老年人口比	−0.045	0.07	0.037	0.03	0.004	0.535	0.034
X12 总人口性别比	0.03	−0.033	−0.065	−0.018	0.483	−0.037	−0.069
X13 迁入率	0.048	0.02	0.076	0.435	0.011	−0.006	−0.019
X14 迁出率	0.025	0.156	−0.047	0.495	−0.044	0.043	−0.071
X15 人均 GDP	0.096	−0.049	0.111	0.039	−0.029	−0.076	−0.058
X16 失业率	0.143	0.134	−0.011	0.188	0.162	0.091	0.341
X17 居民消费价格指数	0.038	−0.007	0.052	−0.078	−0.064	0.012	0.734
X18 人均社保费支出	−0.007	−0.385	0.11	−0.202	−0.056	−0.115	0.18
X19 农村恩格尔系数	0.071	−0.077	−0.018	−0.061	0.018	0.153	0.022
X20 农村人口比重	−0.115	0.039	−0.086	−0.027	−0.027	0.073	−0.015
X21 人均粮食占有量	0.008	0.103	−0.344	−0.012	−0.156	−0.041	−0.012
X22 人均耕地	0.071	−0.077	−0.018	−0.061	0.018	0.153	0.022
X23 森林覆盖率	−0.001	0.249	0.049	−0.11	−0.142	−0.027	0.221
X24 绿化覆盖率	0.017	0.135	0.156	−0.126	−0.083	−0.161	−0.079
X25 城市污水处理率	−0.057	0.045	0.386	0.024	−0.238	0.081	0.124

第六，主成分 F6 老龄化程度因子：65 岁以上老年人口比在其中承担了较大的载荷，反映了人口老龄化程度。

第七主成分 F7 其他因子：居民消费价格指数在其中承担较大的载荷。

根据表 4，可以得到旋转后的七个主因子 Y 的主成分线性组合。

$Y_1 = 0.067X_1 - 0.045X_2 + \cdots + 0.017X_{24} - 0.057X_{25}$

……

$Y_7 = -0.136X_1 + 0.078X_2 + \cdots - 0.079X_{24} - 0.124X_{25}$

4. 因子得分和结果排序

按如下公式以各因子的信息贡献率作为加权数计算各地区的综合测评得分：

$Z_i = 0.41899Y_{i1} + 0.12155Y_{i2} + 0.116818Y_{i3} + 0.10664Y_{i4} + 0.08881Y_{i5} + 0.86924Y_{i6} + 0.06024Y_{i7}$

其中，Z_i 为第 i 个地区的人口安全测评综合得分，Y_{ij}（$J = 1,2,3,4,5,6,7$）为 i 个地区在第 j 个因子上的得分，其系数为各因子的方差贡献率与 7 者累计的方差贡献率之比。计算后得到我国省级人口安全的因子综合得分和排序，如表 5 所示。需要说明的是表中的得分情况及其正负仅表示该地区与平均水平的相对位置，而不是该地区的人口安全状况为正或负。

表 5 我国省际人口安全的因子得分和排序

地区	F1	F2	F3	F4	F5	F6	F7	因子综合得分	排序
全国	-0.1194	-0.0023	-0.0321	0.0132	0.0376	0.0031	-0.2311	-0.3309	28
东部	0.3570	0.0225	0.0710	-0.0193	0.0026	-0.0145	-0.0021	0.4173	4
浙江	0.8592	-0.0722	0.1659	-0.0583	-0.0436	-0.0493	0.0585	0.2867	7
上海	0.7976	0.0085	0.1212	0.4013	-0.0293	-0.0258	-0.0172	0.9868	2
辽宁	-0.0911	0.0348	-0.0369	-0.0690	0.0400	-0.0589	-0.0127	0.1855	11
江苏	0.4052	-0.0245	-0.0499	-0.1100	-0.0968	0.0498	0.0118	0.2258	9
河北	1.1354	-0.2852	0.0372	-0.1369	0.2336	0.0512	-0.0486	-0.1937	25
北京	0.4918	0.0181	0.0743	-0.0323	-0.0559	0.0959	-0.0661	0.8602	3
广东	0.2533	0.0557	0.1353	-0.0779	-0.1360	0.0447	0.0117	0.4051	5
福建	0.1196	0.1850	0.1357	0.0443	-0.1133	-0.0812	-0.0184	0.2716	8
海南	-0.0643	0.0377	0.0552	-0.0844	-0.0354	0.0625	-0.0651	0.3997	6
天津	0.3272	0.1410	0.0464	-0.0587	0.1564	-0.1811	-0.0261	1.2563	1
山东	-0.0064	0.1484	0.0970	-0.0300	0.1091	-0.0675	0.1492	-0.0938	20
中部	-0.0508	0.0575	-0.0906	-0.0255	0.0114	0.0068	0.0133	-0.0780	18
安徽	0.1184	0.0065	-0.0647	0.0719	0.0115	-0.0815	0.0058	-0.1527	23

河南	0.3333	0.0409	-0.3035	0.0141	-0.0463	-0.0166	-0.0017	-0.1401	22
山西	0.4153	0.0665	-0.3412	-0.0380	-0.0983	-0.0360	0.0371	0.0678	12
江西	-0.3816	0.0286	0.0267	-0.0333	0.0180	0.1660	0.0230	-0.2214	27
吉林	-0.3164	0.1752	0.0792	-0.0655	0.0496	-0.1083	-0.0353	0.0201	13
湖南	-0.2209	0.0643	-0.0478	-0.0365	0.0886	0.0072	0.0051	-0.1212	21
湖北	-0.0789	0.0058	-0.0766	-0.0455	0.0401	0.0501	0.0236	-0.0815	19
黑龙江	-0.2756	0.0721	0.0034	-0.0711	0.0279	0.0732	0.0488	0.0054	15
西部	-0.3090	-0.0654	-0.0004	0.0373	-0.0143	0.0092	0.0114	-0.3313	29
青海	-0.0996	0.0149	0.0957	0.0749	-0.0816	0.1753	0.0128	-1.0027	33
宁夏	-0.2888	0.0078	0.0001	0.0705	-0.0866	0.1659	-0.0234	0.0175	14
内蒙古	-0.7578	-0.0191	0.0478	0.0742	0.1118	0.1273	-0.0216	-0.3585	30
贵州	-0.6675	-0.0740	-0.0001	-0.1105	-0.0611	-0.0455	-0.0840	-0.4374	31
广西	0.0168	0.0121	-0.0035	-0.0118	-0.0370	-0.0077	0.0358	0.0001	17
甘肃	-0.3200	0.1411	0.0940	-0.0521	0.0643	0.0082	0.0646	-0.2193	26
云南	0.1165	-0.1183	-0.1127	-0.0662	-0.1575	-0.0437	0.0234	-1.0427	34
新疆	-0.2878	-0.1075	-0.2219	0.1253	0.1530	0.0705	0.0492	-0.6435	32
重庆	-0.5999	-0.4452	0.1288	-0.0084	-0.0551	-0.0924	0.0694	0.1924	10
四川	-0.1488	-0.0136	-0.0488	0.2819	0.0512	-0.1085	0.0041	-0.1544	24
陕西	-0.3621	-0.1175	0.0159	0.0322	-0.0585	-0.1485	-0.0050	0.0047	16

四、结果分析及建议措施

（一）结果分析

根据我国省际人口安全的因子综合得分和排序的数据显示：从全国层面看，全国平均人口安全测评综合得分较低，有25个地区的人口安全水平明显高于全国平均水平；从区域视层面看，东部人口安全测评综合得分高于中部、西部，且差距明显；从全国30个（除西藏外）省、市、自治区层面看，天津、上海、北京、广东、海南等省（市）名列前茅，并且这些省份都属于东部地区，得分远高于全国平均人口安全得分；内蒙古、贵州、新疆、云南、青海等省（自治区）排在后5位。并且这些省份都属于西部地区，得分远低于全国平均人口安全得分。

具体分析来看，第一因子F1人口规模与经济发展水平中，排在前三位的是浙江、上海、北京，其后是山西、河南；然后是江苏、天津、广东。浙江以0.8592、上海以

0.7976 和北京 0.4918 高居全国前三，可以看到，一方面，经济发展水平是提高人口安全指数水平的基础。经济发展因子对人口安全水平的影响最大，尤其是经济发展的拉动作用。另一方面，人口总量、增长速度依然是提高人口安全水平的重要障碍之一。就全国来说，人口总量过大依然是我国面临的重大的人口安全隐患，在短时期内，不可能得到彻底消除。全国各地区人口数量这一项的得分普遍都低，大部分经济发展水平高的地区得分稍高一些，和这些地区的人口承载量相对较大、出生率低、人口自然增长率低有关。

第二因子 F2 资源占有量因子评价中，排在最前的是福建、吉林，其次是山东、天津、甘肃，然后是黑龙江、山西、重庆、河北排在最后。在人均社保费支出、森林覆盖率、绿化覆盖率、人均耕地方面，福建、吉林分别以 0.1850、0.1752 高居全国榜首，并且与后面几个地区差距较大，这反映了我国区域发展不平衡，山东、天津、甘肃等紧跟其后。令人意外的是，北京、上海、浙江等经济发展水平较快的地区在该因子中得分较低，这不仅说明了全国区域发展不平衡，作为劳动力主要出入地的北京、上海等城市由于人口激增，人均社会保障支出、森林覆盖率、绿化覆盖率、人均耕地的水平，远远不能满足现有人口的需要，必须增加人均社保费用支出、绿化覆盖率等的建设，尤其是增加流动人口的人均社保费支出。可以看到，资源环境是制约人口安全指数提高的重要因素。东中部地区人口分布相对集中，主要居住在盆地内平原和丘陵地区，除了海南、黑龙江、吉林等省份人口密度比较低之外，其他地区人口密度普遍高于全国水平，是全国人口比较密集的地区，这就加大了人地关系的矛盾，资源的人均水平相当低，明显制约经济社会的发展和人口安全水平的提高。

第三因子 F3 人口素质与环境因素。浙江、福建、广东分别以 0.1659、0.1357、0.1353 的综合得分位居全国前列，其原因一方面，可以看到这些省份有些共性的地方，如人均预期寿命较高、经济发展水平较快、城市环境治理能力较强等因素，在人口身体素质的提高和环境状况的改善方面，影响这些地区的人口安全状况。60 岁以上亚健康人口的指标从另一个侧面反映了这些地区的医疗设施及医疗水平较好。

第四因子 F4 人口流动因素。人口流动因子对上海、四川、新疆人口安全指数提高有较大贡献，分别以 0.4013、0.2819、0.1253 排名全国前列。例如，四川省各市州的人口流动都表现为迁出率大于迁入率，而且每年流出省外人口庞大。据 2006 年的人口变动抽样调查推算，年末常住人口 8169 万人，户籍人口 8722.5 万人，相差 553.5 万人，数量非常庞大。人口流动的结果有利于流动地区的人口总量压力和人口就业压力。按常住人口算，由于严格执行计划生育政策和人口的大量流出省外，这些省人口数量实际上已经在减少。正是由于人口的大量迁移流动，才加速了流动地区的人口老龄化进程。但总的来说，还是有利于这些地区的人口安全整体水平的提高。

第五因子 F5 人口性别结构是影响人口安全指数高低的重要因素。人口性别结构因子对河北、天津人口安全指数提高有很大影响。总体上说，出生性别比分布呈现由沿海城市向内陆城市逐渐减弱的趋势。从人口安全角度来讲，这是及其严峻的安全问题，过高的出生婴儿性别比，会给将来的婚龄人口造成婚姻挤压现象，由此引起一连串的社会问题。

第六因子 F6 人口老龄化开始影响人口安全指数的提高。人口老龄化程度因子对青海、山西、宁夏、内蒙古人口安全指数提高有相当影响。上海、北京、天津等人口老龄化高于全国水平，老龄化速度快，属于"未富先老"的典型省份。老龄人口的增多必然相应地增加社会福利的支出和公共服务设施的投入，增加政府财政的支出负担。老年人的养老，尤其是空巢老人的赡养已成为社会问题。同时老龄人口的增多也影响了人口质量的总体水平。未雨绸缪，加快养老保险制度的实施，引导社会养老方式的发展，加强老年人口的卫生保健工作等等都有利于提高人口的总体安全水平。

第七因子 F7 居民消费价格指数。居民消费价格指数对人口安全指数的高低影响甚微。但是对山东、重庆、浙江等省份人口安全指数有一定的影响。

党的十七大报告对我国人口安全提出了明确的要求：坚持计划生育的基本国策，稳定低生育水平，提高出生人口素质。因此，国家应进一步认识人口安全面临的新情况、新问题，深入研究事关全局的重大理论和实践问题，在控制人口规模、协调人口与资源环境的关系、提高人口素质、加强人口流动工作、解决人口性别比和老龄化等问题上有所突破。为实现上述目标，国家社会应在人口安全方面采取有力措施。

（二）提高人口安全水平的可行性建议

综上，总体上看我国人口安全水平相对良好，适应当前的经济社会发展阶段。必须明确人口安全是一个综合问题，它表现在社会发展的方方面面，与经济、社会、资源、环境等密切相关。由于各地区社会经济发展不平衡，影响其人口安全的具体因素具有不同的显著性，要提高全国人口安全水平，必须因地制宜地综合考虑人口安全的多方面因素。

第一，从人口规模与经济发展关系上看，人口总量、增长速度依然是提高人口安全水平的重要障碍之一。就全国短时期来说，人口基数过大依然是我国面临的关键的人口安全隐患，不可能得到彻底消除。控制人口规模，保证较低的生育水平，需要采取必要的强制性措施：坚持计划生育的基本国策，特别是中西部地区以及农村地区也要实行计划生育政策，可适当宽松，但贯彻实行"两胎化"的政策，要特殊家庭特殊对待；建立合理的人口与计划生育管理体制；加强计划生育工作的法制建设，使人口与计划生育工作全面走上法治的轨道。

第二，提高人口素质，一方面，继续深化公共卫生服务体系改革。公共卫生服务事业是重大的民生问题。因此，要继续深化医药卫生体制改革，完善医药卫生的管理、运行、投入、价格、监管体制机制，加强科技与人才、信息和法制建设，保障医药卫生服务体系的有效规范运转。坚持公共卫生服务投入效益最大化原则，整合各种公共卫生资源，进一步完善疾病防控体系。另一方面，加大人力资本投入，从经济角度来看，投资于人力资本是一种经济赋权；从社会角度来看，投资于人力资本是一种社会赋权。我国目前正处于经济社会发展的重要时期，投资人力资本对社会发展具有特殊意义。同时，促进西部少数民族地区教育的均衡发展，加大对西部少数民族边远地区和农村地区教育资源的投入力度。

第三，进一步完善政府的人口流动管理机制。有序的人口流动和转移同时也应该是有效和稳定的，否则人口流动的逆向转移会抵消人口转移的红利。因此，要进一步完善政府的人口管理机制，尤其要加强对城市流动人口的社区化、服务型管理，将流动人口纳入正常的社会管理体系，保障流动人口的有序流动。具体对策包括：一是全面加快开放户籍制度改革进程，消除"身份认同危机"；二是加快建立城乡统一的社会保障体系；三是充分维护农民工的合法权益；四是政府部门应研究综合解决农民工问题。

第四，保持合理的性别结构。应该采取的措施是：加强理念导向，推动移风易俗，承认两性差别、消除性别歧视；将性别比例问题纳入法制管理轨道，提倡男女平等的出生权和受教育权。综合治理人口性别比，关爱女孩。许多少数民族依然存在较严重的重男轻女思想，因而导致人为的性别选择。所以我们首先要从思想上转变他们的观念。其次，对于独生子女家庭在经济上、生活上，以及政策上给予一定的照顾。对于违法性别鉴定的，要给予严厉查处。少数民族各级党委、政府要高度重视出生人口性别比升高的问题，开展专项治理活动，建立和完善目标考核机制。

最五，积极应对日益严重的老龄化社会。重视老年人的所养、所医和所为等问题，加强老年人社会保障和医疗保障制度建设，构筑多层次、多类型的社会保障网。迎接老龄化社会的到来，首先要抓紧建立和完善养老保障制度，建立社会、家庭、个人相互补充的养老保障体系；其次，必须抓住人口红利的有利时机，大力发展经济，建立养老储备金制度；同时倡导"积极的老龄化社会"，形成全社会关心、支持老年人事业的良好氛围。少数民族地区由于经济发展的落后，国家要加大财政投入，除了直接拨款外，还要引进老年产业，为少数民族地区老年人事业做出预先的设计，也是解决养老难题的有效对策。

总之，人口安全作为国家公共安全的"人"的方面，日益成为国家安全最重要、最基本的构成要素之一。人口安全是一个综合问题，它表现在社会发展的方方面面，与经济、社会、资源、环境等密切相关。如果处理得不好，不只影响地区的发展，更会影响整个国家的发展。维护各地人口安全问题，对于提高地区综合势力，实现区域可持续发展,构建社会主义和谐社会都具有十分重要的现实意义。确保我国人口安全,是当前我国公共安全管理中面临的重要战略任务。

案例分析

富裕社会中的孤岛：郊区危机 30 年

——城市骚乱的概念和理论

雷尚谦[*]著 朱敏玺[**]译

2005 年 10 月，在巴黎的郊区城市克里希苏瓦尔，两个被警察追赶的人躲进了电源电力变压器内，他们触电死去，而追赶他们的警察却并没有试图救他们。这则消息在许多大城市的郊区传播，随之引发了许多骚乱。司法部门对这些警察展开了调查，一开始这些警察以"不予起诉"（non lieu）为名被释放了，但两名受害者的家属继续控告这些警察，质疑他们"对危险中人不施援助"。2012 年 10 月 31 日，在事情发生后的 7 年，一审判决被取消了，这些警察被送上法庭。这个故事远未结束……

一、郊区骚乱的空间分析

关于针对警察的社会运动、社会骚乱及社会暴动的学术争论一般有 3 种主要的观点或方法。

（1）一个边缘化的且不会扩大的地带，是探寻贫困城市或社会文化中文化抗议起源的途径。该途径的历史可追溯到实用主义理论，尤其是默顿的理论。最近则有法国的雨果·拉格朗日（Hugues Lagrange）从事这项理论的研究，并体现在其新书《文化抗拒》（*Le deni des cultures*）中，他的另一本书《文化因素》（*facteurs culturels*）则解释了欠发达地区的变迁问题（la dérive des cités sensibles）。在当前的文化背景下，这种途径是有争议的：它提出的更多是营销和推广的动机，而并没有向科学分析的转型。

（2）皮埃尔·布迪厄学院（Pierre Bourdieu School）给出一个综合理论方法的

---

[*] 雷尚谦（Jean Charles Lagree），社会学家，法国国家科研中心研究员，上海社会科学院客座教授。主要研究领域：人文科学、高等教育、青少年发展。

[**] 朱敏玺，华东政法大学政治学与公共管理学院行政管理专业 2012 级硕士研究生。主要研究领域：基层公共管理、基层政治。

概述来解释郊区中的抗议运动。香宾（Champagne）、迈格（Mauger）、塞德尔（Sedel）等人研究方法的特点之一，是重点研究"社会事实"，即公众骚乱、暴乱或打架斗殴，或仅是越轨行为和违法犯罪等，它们构成了"象征领域"中的权力关系。在这个方面，需优先考虑社会代表性媒体的行为，这与现实有关，会影响当地居民、群众的反应，并最终影响当地权力部门对问题的处理。

（3）在社会视野的前沿，关于底层贫困居民中年轻一代的争论无处不在。一方面，争论的核心介于阿兰·图海纳（Alain Tourraine）和米歇尔·维夫卡（Michel Wievorka）之间。图海纳宣称：现代社会的完全转型，是从以阶级对抗为基础、明确定义敌人的"一个社会"向明晰划分"进"与"出"为特点的社会的转变，主要就体现在针对穷人的"一体化"问题上。这个新观点建立在工业社会的"分解"之上，其核心是：阶级斗争。阶级和剥削被解构——即统治已经不再是后工业社会的关键点，社会上一部分人与"其他人"之间的差距沟壑才是关键；另一方面，则更倾向于"福柯（Foucault）"方法，罗伯特·卡斯特（Robert Castel）是其中无可争议的最突出的象征性人物。卡斯特理论提出了一张社会运动图，该图包含有松散区分出的三个模糊区域的社会主体部分。社会的核心汇集了所有者及知名专业人士，然而卡斯特注意到，随着近40年工资收入的巨大转变，当一部分人受"社会排斥"，与社会的联系越来越少时，这一大部分人变得越来越"灵活"和"脆弱"。卡斯特把这种脱离主流社会的过程叫作"分离"（Disaffiliation）。卡斯特认为这些"分离人口"不是社会之外的，他们在"里面"，是社会的一部分，但却被剥夺了所有经济、文化和社会资本，也没有任何符合主流社会中普遍存在的主导模式，他们被边缘化了。这两个学派的争论以分析各城市贫困地区为基础,图海纳理论的支持者之一弗朗索瓦·杜柏特(Francois Dubet)进行了郊区本土语言的研究，他指出年轻人的生活是"愤怒的"，即指一种暴力愤怒的情绪，在面对剥削、支配和排斥时产生不受控反应。卡尔·马克思（1851）将其解释为虚假意识引起的自然反应或是对历史生活和工作条件的错误理解。在这个意义上，"愤怒"就是断断续续的阶级斗争的表达，甚至没有意识到它的存在。值得我们注意的是，这个观点和布迪厄的支持者杰拉德·姆吉（Gerard Mauger）笔下的"政治化"运动的矛盾有类似之处。但在我们周围，从之前巴黎郊区的经验研究来看，我们认为这种愤怒是直接清晰的"'工人阶级'破碎的绝望呼喊，或是开始认识到环境无法改变自己命运的呼喊"（雷尚谦，1985）。这种"愤怒"就是软弱的呼喊！

《孙子兵法》有云"围师必阙，穷寇勿迫"，处于绝境的士兵不会有恐惧感。这个说法几个世纪前就提出来了，但看起来并没有在后代得到印证，因为郊区年轻人的情况就像被大量敌人围困的军队一样，几乎没有或者根本没有一点希望。从1975年起，"辉煌30年"结束了，充分就业成了过去的梦想，失业率上升，尤其是那些低技能的年轻人都失业了。首先，外国籍父母来法国工作，后定居、获得法国国籍并成为法国人,他们的子女也变成了法国人,但这些外国裔仍受到主流社会的歧视并被边缘化了。[戈夫曼(Goffman),1963] 外国裔们从自己的生活经验里看到环境的退化,他们经历了共和国机构的撤销,这些机构本应形成一张安全网,他们还能受警察的保护。外国裔们目睹自己的社区和领域已经变成了"流放的土地"。(拉佩罗尼、杜柏特,1992)他们经历过社会排斥,这些经历不止是个别的,更是集体的,都已融入他们的血和肉,在这样环境中的家庭,没有家庭成员在工作甚至从没工作过。这种现象广为传播,这些人被贴上了"长者"标签叫作老大哥,他们往往除了些粗活或运毒这样的非法活动就没有工作,因而在法律缺失的灰色地域,警力不足,帮派横行。按日常经验的判断,这种集体耻辱的烙印会直接影响他们找到一份真正的工作,影响他们找到被当下社会所认同的事业机遇。

自由主义和新自由主义的共同特点是都"责备"受害者,毫无疑问,该思想最具代表性的人物就是查尔斯·穆雷(Charles Murray)。在《节节败退》(Losing Ground)一书中,他认为美国底层阶级并不是体制失败的结果,而是个人或家庭不良行为的直接后果。在这里,进行自由主义观点的捍卫者和"社会排斥"理论支持者之间的争论是不适宜的,后者发展了更多结构主义和社会学的方法。具体有三点:(1)在一般水平上,凶杀和暴力致死的情况正在减少。对此,诺贝特·埃利亚斯(Norbert Elias)将其称之为和平/文明的过程。(2)然而在郊区,有关骚乱行为、不文明行为、邻里间甚至家庭内部的各种行为,其调查数据都在不断上升。(3)虽然区域性一直是青年团体活动的主要和重要特征[怀特(Whyte),1943;威尔莫特(Wilmott),1966],但近几十年发生的新变化却是郊区"空间"紧张的加剧,且已到了在学者间引起争论的程度,争论的焦点是芝加哥学派意义上的"贫民区"的存在,即领域排斥的存在。无论如何,新观点认为这种排斥或分化同整体社会无关——因为它不与直接相关者相连,作为一种个人现象,它是个体的责任。该经验就是集体化!这是从原社会中分离出来的整体社区!是以往工人阶级中的一部分,他们以前在冲突模式下都能很好地融入社会,现在却被"分化"了。

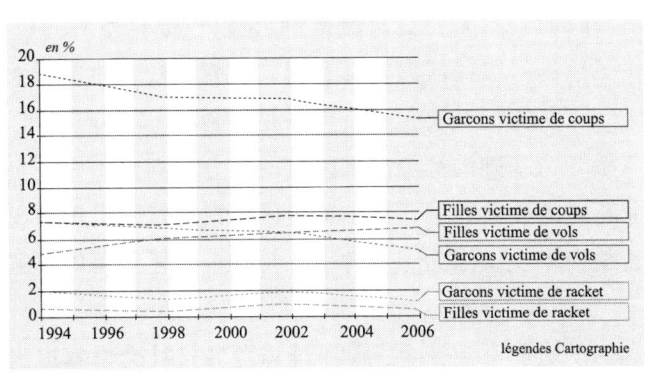

(从上至下依次为:

暴力行为的男性受害者、暴力行为的女性受害者、抢劫行为的男性受害者、抢劫行为的女性受害者、诈骗行为的男性受害者、诈骗行为的女性受害者)

二、贫民区：社会领域排斥

这个标题引出了另一个重要争论，对一些学者而言，这与"贫民区"的形成有关，对于其他学者而言，则与隔离领域的出现有关。

（一）城市空间的融合与分离

值得注意的是早期的芝加哥学派认为贫民区是一个组织良好、规范化的社会空间社区，能与社会良好融合。这正是第一阶段的芝加哥学派（1920—1930）用来探查导致社会控制衰弱并阻碍一体化进程机制的关键对象之一。在这方面，威廉·艾萨克·托马斯（William Isaac Thomas）和弗洛里安·兹纳涅茨基（Florian Znaniecki，1919）创造了非组织化社会（social disorganization）理论，这在其后几年都是芝加哥学派的核心。比如，肖和麦凯（Shaw&McKay，1942）继承并发展了这个理论，强调当一个社会不符合共同价值观，并且无法解决民众问题时，就会产生非组织化社会现象，接着，犯罪行为或公众骚乱就会被视作是该"不正常"集体的"正常"反应。从组织良好的社区到充斥着犯罪、病态的混乱贫民窟，二者之间的界线是明晰的。在第二次世界大战之前，一波又一波的欧洲人到达美国土地，他们来自不同国家和民族，都在试图逃离贫困。

因而，芝加哥学派解决了城市空间从融合到分离的问题，即涂尔干所说的"失范"（Anomia），这个问题不仅看似准确，而且是分析各处贫困地区的理论代表。比如罗伯特·罗伯茨（Robert Roberts）在其著作《典型贫民窟》中，描述了他成长所在的英国曼彻斯特市郊地区。作为一个工人阶级地区，社会劳动分工的位置差异划分出了不同的社会阶层，尽管居民都很贫困，他们的家庭几乎也没有受过教育，可他们也寻求体面和名望，希望自身地位在当地的阶级社会有所提升，并为他们的后代提供向上流动的机会。

类似于我们刚提到的案例一样的研究有很多，但朱利叶斯·威尔逊（Julius Wilson）以令人印象深刻的方式作了总结。贫民区大多具有相同民族和社会地位低下的特点，能与贫困和融合联系起来，"贫穷但诚实"，贫穷只是社会的一部分。这样的融合有两个支撑点：一是以"尊敬"为基础的社会内部阶层的划分原则，要保住自身的地位而不要"丢脸"；二是非正式的社会控制，在这些地区警察和社会工作者没有地位，或者更准确地说，用不着他们干预，因为每一件事、每一个问题都是内部解决的。

然而，这些文化发达、经济衰弱的脆弱微观社会，却不能避免城市社会学家提出的物价稳定问题——居住空间的物价稳定。处于顶层的人们一有机会，就会搬去中产阶级社区，留下的那些人都是机会少、资产少的。这个初始过程的首要结果就是，邻居们失去了自身的身份，同时"形象"也受到损害。社区声誉越下降，前来的没有其他选择的家庭会越多，这会带来"问题家庭"的集中，即指失业家庭、单身妈妈家庭、受福利国家支持的家庭、失业贫民家庭和工人贫民家庭的集中。在这样的环境下，非正式的社会控制是不存在的，居民的首要任务就是生存和自保，所以不管毒品、卖淫，还是敲诈，任何一种交易都找到了适合发展的土壤。朱利叶斯·威尔逊的实证研究在美国进行，但在欧洲的任何地方、法国的任何地方、"工作消失"的任何地方，都可以观察到类似现象的发生。比如，在政府的关怀下，著名建筑师曾在巴黎附近的一座新兴城市中设计出一个街区来确保中产阶级和底层阶级家庭的融合。在这个实验进行了 20 年之后，由于经济危机强烈冲击了其中的脆弱人口，即最新的移民家庭和外国裔的法国家庭，结果中产阶级离开了，这个社区便只剩下了失业人群、穷人和拿国家援助的家庭。

一位研究北美贫困地区的法国学者卢瓦克 (Loic Wacquant) 强烈认为"法国不是美国"。在北美地区，贫民区是由受劳动力市场及强硬的种族歧视政策排斥的同地区民众集聚而成的。在法国，贫民窟或受排斥地区的形成是由传统工人阶级的分化、大量失业、临时工雇佣（简单粗活）和"种族分离后的人口再混合"[卢瓦克（Wacquant），2007]造成的。事实上，贫民区或社会区域，这些不同形式的现代边缘化地区都是由不同的"阶级、种族和地位"造成的，其中工资、劳动力和国家政策发挥了重要作用。

从这个理论看，依据经验证据，边缘化过程中的国家政策以及不断扩大的社会排斥群体的作用值得关注。美国的国家政策导致了种族分离，不仅指"白人"和"其他人"、"非白人"的分离，还指不同族群之间的分离。在法国，以共和原则的名义，民族分化既不被承认也不被允许。因而，在笔者进行实证调研的市郊，3 万个居民中包含了 45 个民族，除非他们的社会地位都很低并且都有被排斥的感觉，否则这样的地区是不可能是由集体身份形成的。在这方面，值得强调的事实还有，自从进入 20 世纪之交后——别忘了来修建铁路的中国移民——美国的种族问题一直是国内政策的重要组成部分，这些政策要确保白人阶级能够事实上主导移民和不同民族背景的劳工。

在法国，社会和融合机制的组成部分，能促使外国人融入并成为法国人，但却并不具有民族化的特征。为了达到公民身份的普适化，强调民族差异的做法是被禁止的（雷尚谦，2004）。仅是从 1981 年开始，随着贫困地区失业和骚乱的增加，法国面临着权力关系的"民族化"问题。在贫民窟数量暴增以后，各种各样的报告和鉴定都出现了，大量的政府决策都自觉不自觉地把社会生活的民族结构部分考虑了进去，并认为它是维护社会凝聚力的主要决定因素。举个例子，一个作者可能写了本关注"法国工人阶级的青年人"的书，但分析时却忘了考虑他所采访的青年人都来自北非的事实！

（二）城市边缘的"里"与"外"

法国和美国的边缘化和"距离"（或空间）的观点是不同的。事实上，两种情况的社会"距离"都是关键：要同带有污名及明显耻辱标签的人——即那些无法达到主导规范和生活标准的人——保持距离。但是距离不仅是社会性的，也是空间性的。在这方面，美国大城市的贫民区经常处于城市中心地带，市中心被中产阶级遗弃，中产阶级愿付出长时间交通的代价来寻求城市外围的安全住所。而在法国，市中心则属于富人！一般人则住在郊区，而穷人或没钱的人就住在"城市"外围的郊区。他们在外围的边缘！他们在边缘的边缘，那他们在"里面"还是"外面"呢？

芝加哥学派的迪迪埃·拉贝侯尼（Didier Lapeyronnie）不断进行"城市贫民区"问题的研究，他发现这些"贫民区"的居民有着不同的轨迹、不同的历史和不同的民族背景，但他们有着同样的负面特征：很少或没有受过教育、无业、没钱。调查数据为这种残酷的贫穷提供了"客观"证据，这些"客观"数据允许社会主体即国家机构及其代表、新闻媒体、专家描述这些地区和居民的负面形像。但从其内部看，从每天生活在其中的居民的观点看，不管他们面临的是怎样的困难和挑战，面对他们日常生活的异常处境，这些社会角色正在形成一种略为奇特的正面积极性。他们有互助网络，他们建设经济，最终一个积极的集体身份正在形成，这能帮助他们直面日常的生活条件和没有前景的未来。无论是从外面还是从里面，这两个过程最后都会建成一个与社会分离的封闭领域，距离社会"无穷"远。但不管距离是多少，我们面对的是排斥或边缘化研究的共同特性，这些研究将该过程置于客观的结构性统治与社会行动者的主观应对之间。另一方面，卡斯特进行了耻辱分析的研究，他宣称"城市不是贫民区"……"主要的问题在于认可"。这些人并不完全在社会之外（城市不是贫民区），但由于他们得不到认可，他们也不在社会'里面'。这使他们生活在一种消极模式之下——因为共和国的承诺并没有使得他们的情况与价值准则相符。他们的处境是矛盾的：他们是公民，处在法国境内，但他们却受到歧视和不公平的特别对待。"总之，他们在"里面"，但他们是外国人，是他者。

总的来说，社会贫困排斥、边缘化已经成为许多研究的对象了，这些研究参照着不同的甚至互相矛盾的方法。但是，其中显著的例外是查尔斯·穆雷的"责备受害者"理论，即把所有责任推给个体自身，这么多广泛的理论在确定某些关键因素上达成了一些共识，比如：劳动力市场的重组，薪酬劳动的日益分散化，工人阶级衰弱的工业社会的最终"分解"和社会阶级关系的重新调整，这些都是最关键的因素。这些结构性因素道出了一个关键的视角，去解释在现代社会、后社会普遍存在的大量的、可持续的社会排斥。"旧世界一去不复返了"，这个口号在发达国家的社会论述中广为流传,但这句话的含义并没有真正进入社会。虽然,许多的研究和调查引用了新成果,但这一新形势最显著的特征则是体力劳动的减少,尤其是中低资质要求的劳动需求减少,高技能劳动的需求不断增加,最终到社会能出口生产的程度。与此相关的是,社会和经济正从物质资料的生产向提供服务和品牌转变。

(三)贫民窟的社会后果

在未来,罗伯特·卡斯特所说的"薪酬劳动的转型"正变得越加细分和碎片化,这种与经济需求相关的劳动正在"过剩"。在现有条件下,近十年没有找到社会位置的或在边缘地带的人数正不断增长。新特点是外围贫民已经失去了希望。因而,希望的缺乏助长了叛乱、对抗,并大范围地传播。

城市郊区的骚乱就是绝望的呼喊!当经济保护成为生存方式时,毒品、犯罪、强奸就是这种绝望的后果。最明显的是,该范式的广大区域正在形成,在那里文化标志、准则、正面身份认定都已经消失了。从这个观点看,朱利叶斯·威尔逊(Julius Wilson)、卢瓦克(Loic Wacquant),甚至罗伯特·卡斯特(Robert Castel)的方法都可以为准。

三、郊区冲突:权力关系的血缘化和融合模式的失败

(一)权力——社会关系的血缘化

在西方世界,社会正变得越来越"后工业化",社会阶级末端发生了两项标志性、支柱性的主要变化:社会系统的组织原则化和权利关系的血缘化。"传统"手工工人阶级衰弱,多样化的中产阶级崛起,尤其是隐蔽的国际资本和金融阶级的强力主导,使社会上的"穷人"反抗"富人"、穷人与影子精英间大量冲突以国际网络的形式得到体现。(卡斯特,2000)但就在同时,这些"穷人"、社会中最易受损的群体、属于血缘群体却被排斥的人产生了,这些血缘群体同他们以前生活的人群是不同的。

二战后欧洲需要重建,经济建设急需劳动力。那时,殖民地和帝国没落的前殖民地被大肆剥削,由于中产阶级的形成,那些没有技能的劳动力便被"投入"老欧洲工作。然而,这些劳动力的融入是一个十分缓慢的过程。在60年代和70年代,这些廉价的、被过度剥削的劳动力就处在社会的边缘。在这个经济繁荣、发展蓬勃、就业充分的时期,尽管这些劳工的生活条件极差并且公认"被边缘化",不同人种的移民工人在法国境内的存在不是真正的问题。差异化的融合过程正在起作用。

社会学家对此很感兴趣并在这方面有所建树,能以合适程度的信心去研究一个给

定活动领域内的民族人口比例。虽然这个现象中最关键的是缓慢的认识过程，需要通过专家、媒体、官员和更广泛的社会。在"社会排斥"问题中，一个最重要的部分是关注对社会凝聚力有直接影响的族群和相关群体，尤其是非凝聚或者极度凝聚的少数民族群体。他们的民族特性反应出他们的社会处境，更有些人活在两种文化之间。然而，发布这样的信息总会引起激烈的讨论和争议，尤其是在结束关于种族主义和仇外行为的控告或怀疑的审判后。然而，当人类学者和文化研究通过创造一种"贫穷文化"来展示穷人或被社会排斥的人如何应对自身生活的时候，文化主义的方法便已将文化视为贫穷、排斥和越轨行为的主要原因之一。[霍加特（Hoggart），1957，2009]。镇压或社会援助的数据中经常会出现新移民家庭中的年轻人或者是移民家庭中的第二代或第三代年轻人。

针对这些文化理论，迪迪埃（Didier）和艾瑞克·费森（Eric Fassin）在一本明智的书中提出了一种代替性的回答。这可用两句短句来总结，不是文化引起贫穷、排斥和越轨行为，是贫穷和排斥引发了一种越轨文化。[费森和费森（Fassin & Fassin），2006]。我们不能低估的事实是，贫穷或者依靠国家援助生活是违法、叛乱或犯罪行为增加的主要原因。不同文化的融合对社会凝聚力来说不算风险，具有风险的是贫困人群的资源缺乏，这使得贫困的人无法达到正常的生活标准并无法参与与社会融合。

另外，在这个案例中，文化和文化差距并不是解释性因素，不是一个独立的变量。恰恰相反的是，它是必须要被解释清楚的东西。争议越来越多，如果对此还未形成共识，我们则应强调其中突出的理论，该理论认为郊区的骚乱、不安全感的上升、毒品运输的发展，以及帮派斗争的猖獗和战争武器的传播，这些都归因于人们负担不起未来时的绝望和被社会抛弃后的感觉。"法国抛弃了我们"，艾瑞克·莫里哀（Eric Marliere）认为，郊区的闹剧和在贫困地区扩散的孤寂感都与一种渐增的不公正感有关。（莫里哀，2008）但是除了不公正感，还存在一种"绝望"的、找不到解决办法的狂躁气氛。"被排斥地区"（杜柏特、拉佩罗尼，1992）也是"孤寂和没有未来的地区"，即失范和叛乱的地区。[默顿（Merton），1938]这里留下了一个应该解决的问题：为什么过去几年社会关系的血缘化不断涌现？为什么原本一直被默默研究的少数族裔突然间成为一个大问题？民族血缘关系又为什么并通过哪些方法去克服阶级斗争的紧张局势？

这个问题可解答如下：正如前文所说，即使"移民"融入社会从不是一个简单的过程，但在70年代末，大多数富裕欧洲社会的移民融入就已经很成功了。但到了80年代的转折期，在标志着"辉煌30年"（Trente Glorieuses）结束的经济危机的压力下，薪酬劳动力重组的速度不断加快。随着社会地位和工资的不断分化，薪酬劳动力也以某种方式整合了。第一层级的在资本所有者和工资收入者之间，第二层级的在中产阶级和体力劳动者之间，但所有人多多少少都能利用"富裕社会"或"消费社会"。而对于生活在社会底层的"移民"来说，他们仅仅只是无技能的工人阶级"穷人"中的一部分。比如，在80年代早期一本描述法国工人阶级中的年轻人的书中，作者却忘了要注意他们所采访的年轻人都住在贫困郊区且条件很差，这些年轻人都来自移民家庭，拥有着穆斯林或非洲名字！但在富裕社会的末端，薪酬劳动力的阻碍已被粉碎了。正如上文所提，社会被划分为"里面"或"外面"，或者与那些作者一样认为划分为主流社会和"分离"社会，"分离"社会包括了过剩人口和弱势群体。这些没有稳定生活的人形成了"自由劳动力"，在劳动力市场上时时刻刻面临着被驱逐的威胁。"应有"的工资收入者待遇的联合体已不再存在，取而代之的是劳动力各部分的各自发展战略，不管是为了改善自身处境、获得利益，还是仅仅只为生存[①]。然而，面临社会排斥，比如"分离"，谁才是其中最危险的呢？"政治上正确"的回答应该是：不合格的年轻人。年轻人遭受失业风险的概率是全部人的两倍多（26%比10%），他们面临着过大的失业风险。辍学且没有文凭的年轻人的失业率是50%，相较而言有大学毕业文凭的年轻人的失业率是10%，其中1/3的前者会在6年后失业，占了整代人的14%。但政治上不正确的回答就会强调，此"弱势"人群、面临巨大"分离"风险的群体是移民中的部分。不巧的是，按年龄分类的数据在这不可用。但是，移民的失业率是非移民的两倍，即16.5%∶8.5%。另外，10个移民中有3个还是非合格就业。

失业率，2011

	移民	非移民
女	17.7%	8.9%
男	15%	8.1%

来源：法国国家统计与经济研究所（INSEE）。

因此，从总体上看，受社会排斥风险最大的是没有文凭或只有低级文凭的年轻人，他们只能找到低级或不需要资质的工作。这些人大都是移民或有其民族背景，他们最突出的特点就是，近40年来，这些处于危险中的人被限制在某些地区，住公共房屋，处于大城市的外围地区。空间隔离的进程和20世纪的工业化的发展一样古老。在60年代末，城市政策旨在通过将棚户区的居民重新安置在廉价的临时屋内来压缩棚户区。然而，这种本是临时性的安置地区变成了"问题人口"的长久集中之地，这些"问题

---

① 然而，在西班牙、意大利和希腊，反对长期限制性政策的罢工是这种分裂理论的反例。这是因为这样的政策不仅极大影响了工资收入者的组成部分，还影响了小型和中型企业。这样的威胁和负担使那些分离的人重新聚合在一起，而那些本最为健康、安全和够格去应对风险的人却免于社会排斥。

人口"的问题包括了教育、失业、贫困、健康等等。这个现象起源于60—70年代，从1981年"郊区爆炸"后变得十分明显，之后的空间隔离变得可见而明显，劳动力的"弱势"群体也成为社会的隔离部分。

边缘化和社会排斥变得清晰可见，就像一座活火山时不时喷出一些热蒸汽表明自己的存在一样，郊区的骚乱也在表明一种长期而持久的排斥的存在，这些以前能融入社会的人群现在却受到社会和地域的排斥。无论政府承担了什么，所谓的城镇政策却一个接一个地成功了。但洛朗·默切利（Laurent Mucchielli）却写道，"城镇政策是一种周期性的失败"。在以前，"贫困"、边缘化和越轨行为被认为是个人案例或家庭案例，必须在个人层面上进行处理。首先是各种品牌的慈善活动，其次是"社会工作"，它们的全部历史都为这个观点的核心提供了证明。然而，珍妮·韦迪·勒鲁（Jeannine Verdes Leroux）、丹·费朗（Dan Ferrand）以及米吉和艾恩（Miege and Ion）都认为，作为社会工作者的"国家工作人员"工作的惊人增长是国家的一种尝试，对控制和约束总被认为危险的工人阶级的过程进行管理。

20世纪80年代起的郊区骚乱是标志着解决"社会苦难"的一个转折点。如今失业率上升，为了进入劳动力市场，越来越多的年轻人面临着更多的困难，政府政策和国家干预的重点已经不再是个人或家庭层面，而是家庭资产甚至是整个城市层面。这个变化与理念及政策规划的戏剧性变化有关，这些政策规划主要应用于对抗贫困和边缘化。基于对个体的关注，政策都以集体、居住地区和民族区域为目标。而现在的政策正从描述性数据转向关注集体性的社会角色，描述性的数据依据年龄、性别、国籍、教育程度、工作地位等进行个体分类，而集体性的社会角色则是"家庭资产"，是具有相似特点的人们生活的区域，他们都面临着被排斥的巨大风险。这些"流亡的住所"和其他的贫民区不仅聚集了孤独空间、贫穷家庭、社会案例、教育程度低甚至文盲群体、正处于或曾经长时间没有工作和收入的人群，也集合了上述所有的少数族群。

强调"社会排斥"尤其是经济社会性排斥是永不为过的，经济社会性排斥是郊区骚乱，更广泛地说是大城市外围社会危机的关键因素。但也不应忽略或低估的是这些被社会排斥群体大都是族群，无论是法国国籍的还是出生在法国的外国人，或是移民。在紧张局势或冲突的条件下，民族血缘维度不应仅仅局限于肤色或异域情调上，民族血缘维度是"法国"公民社会族群间关系的指标。[施纳佩尔（Schnapper），2003]

（二）法国社会融合模式的失败

值得提醒的是，社会融合的概念是基于涂尔干理论的核心之上的，可以说社会融合是维护社会凝聚力和社会秩序的关键过程。通过避免国家失范过程中社会系统的坍塌，社会融合可以确保社会再生产。

涂尔干在"社会劳动分工"一书中基于社会团结基础的不同区划分出两种社会：机械团结社会和有机团结社会。前者是一个生活共同体，代理人和每一个人都不分彼此；而后者由于社会劳动分工的发展，不仅更为复杂也更加多元化。前者更为同质化，而后者的特点则是其组成部分巨大差异。在现代社会，社会底层的融合过程就是达到整体社会的高度复杂化、差异缩小或差异共存。涂尔干认为差异的产生是"社会劳动分工"。作为国际社会劳动分工的副产品，移民就是这个过程的体现，它深刻展现了社会内部的差异。

社会如何并通过哪些方法、途径或机制来减少过大程度的差异呢？每一个社会依据自身的历史、传统、文化来发展自己的方法。比如，多米尼克·施纳佩尔（Dominique Schnapper）展示了法国、英国、北欧的融合模式，为了减少赘述，可将这些观点缩减为两个对立模式，即法国共和模式亦称普遍主义模式和英美模式亦称多元文化主义模式。但是，在进行这些不同"模式"的解释之前，要同样强调的是，在欧洲范围内，欧洲学者间正流传着关于这些"模式"是否存在的争论，因为对于一些作者来说，这些模式不过是社会角色之间关于差异管理的争论、讨论与磋商的结果，与现实并没有真实有效的联系。总之，这里存在着这是什么和关于这说了什么的问题。

在我看来，"融合模式"是存在的。正如马克斯·韦伯（Max Weber）所定义的理想模型一样，它们并不真实存在，因为它们是研究者用来掌握和分析社会现象的方法论工具，所以它们无法在社会现实中找到。更如克里斯托弗·伯都西（Christophe Bertossi）所说，社会角色的相关者，无论是个人、群体、机构，还是社会运动，既然人们和社会在行动和政策中参考它们，那么这些模式在一定程度上是存在的。（伯都西，2010）

然而关系到这一点，很明显在任何社会都不能找到共和主义、多元文化主义或自由模式，因为它们都是一个既定社会主要特点的讽刺性表达，这是一个"方法论乌托邦"。（韦伯，1904，1949）

要记住在现实和用来准确把握现实的模型之间存在差距，我们需提醒自己的是，在某一范围内，学者、专家、政客在不同国家的背景下运用这个模型，而该范围反对"普遍主义"和"差别主义"，或者"公民的政治社会"和"民族国家"。

法国的共和模式很大程度上是跟随了17世纪下半叶在托马斯·霍布斯（Thomas Hobbes）、约翰·洛克（John Locke）和让·雅克·卢梭（Jean Jacques Rousseau）之间的有关"社会契约"的争论。然而，卢梭的思想在法国大革命中已被用于实践，对法国政治文化的构建产生了最深远的影响。国家、民族、主权者是"自由"的产物，是为了"公意志"引导的"公共体"利益而自愿放弃个人固有自然权利的结果。国家是个人与集体间权利和权力交换的产物。

在某种程度上，一个"民族"依靠的是日常支持，可以以投票或公民表决为形式，这是之前所有的政治现实。多米尼克·施奈佩尔创造了一个新词"公民社会"。这个词语暗示了国家需要依靠民族维护其自身的合法性，民族只有通过否认差异性和特殊性并升华个体和实践性群体才存在，这些个体和实践性群体都是从允许他们共同生活的权利和义务角度出发的。然而正如许多作者所争论的那样，在理论原则和事实间仍有一段很长的距离。然而，在这个思想中值得强调的是"Laicite"或世俗化原则（法语单词"Laicite"只能译作近似的世俗化概念，见让·鲍伯洛（Jean Bauberot），米西利·米罗（Micheline Milot），世俗化原则的前沿（Laicites' sans frontieres，2011），这与法兰西共和国所追求的一体化概念的某些方面是同质的。在这个阶段，鲍伯特（Bauberot）作品中的一些话被加以引用。

专家和评论员经常把"世俗化原则"认为是国家与宗教的分离，这个原则是基础性的。但这样的一种分离仅是一样工具，一样可运用于共和国公民的策略，它并不是终极目标，通过这个共有的定义，让·鲍伯洛和米西利·米罗提出将"世俗化原则"作为一种政治管理的模式，来保护道德自由和公民平等。在法国，"世俗化原则"是一种保护自由的"共和唯心论"。（鲍伯洛、米罗，2011）比如，1905年社会主义代表阿里斯蒂德·白里安（Aristide Briand）建立了在共和国和宗教之间明晰划分的法律，该法律的首位便是天主教。但同时，法律也保障了邪教的自由，这种政教分离和邪教自由保障付出了丧失宗教多元化的代价，带来了一个中立的、凸显差别的、特殊但又"普遍"的政治空间。

四、郊区社会融合：法国共和模式的效率

正如前文所说，共和模式有着很长的历史，从霍布斯、洛克和卢梭开始，它首先在法国大革命时期得到运用，随着复兴和第二帝国的路易·拿破仑·波拿巴而消失……接着经过与天主教会漫长而激烈的斗争，它终于成为成功共和国的中心法律。

普世化原则与差别显性化，在私人领域是不被倚重的。这是法国融合模式的理论基础。通过该融合模式，首先法国的省级人民开始融入新的法兰西民族国家，接着来自欧洲国家的移民和非欧洲国家移民也有可能获得法国公民身份。

事实上，著名的学者在不断提醒着媒体和人民注意这个表达的失控和滥用。2002年，在《世界外交报》所刊登的一篇亮眼的文章中，著名的历史学家杰拉德·诺瑞尔（Gerard Noiriel)强调，在法国社会，外国移民以失去代表他们身份和文化的民族符号为代价进行社会融合，这始终都是一个冲突的过程。（诺瑞尔，2002）

共和模式的效率和民族国家的建设和发展紧密相关，依据经济和政治环境，它建立在割离"国民"和"外国人"所带来的权利关系的发展之上。自1980年起，经济增长放缓，以国家非工业化为特点的生产系统发生根本性的转变，低技能工人过剩，

失业率持续上升，对于一些专家来说融合共和模式的效率已经降低了，但仍具有一定程度的效率，而对于其他人来说，它就是失败了。在极端右翼和部分右派中强硬派的压力之下，移民和"所谓的"二代移民仍作为一个问题被"社会化"地建构。

　　法国背景下的过去30年里，有两种现象相互碰撞带来一个危险而不确定的处境。首先，极端右翼势力的上升吸引了越来越多人，这些人以前往往会支持更为温和的政治立场。随着经济放缓和连续危机，据最新的估算，现今这样的人大概占了总人口的15%到20%。也就是说，五个人中就有一个或者支持极端的论调，或者已对"传统"的政党或者更广泛地说是对警察、媒体和所谓的"精英"不再抱有幻想。但五个人中仍有一个认为"移民"或"少数族裔"是"内部敌人"，是对社会凝聚和民族身份的威胁。另一方面，剥夺了"社会全体成员"即"全体公民"的社会认可，这些被社会排斥的人就会寻找替代方法来彰显他们的存在，他们复兴新移民的原始文化，对已被遗忘的二代少数族裔原始文化进行"再创造"。随后，公共场合的宗教体现和宗教信仰标志成为了一个社会性和政治性问题。1989年建立的融合高级委员会持续重申着作为法兰西共和国支点的"世俗化"原则。

　　自从1990年底以来，公共场合的宗教表达问题已成为一个严重的社会问题。许多委员会、报告、书籍尝试提供解答，而这常被媒体和公众舆论所忽略。但是，现在争论又回归了并引起了人们极大的兴趣。在每一个场合"政教分离"都是一项法国人民的基本价值准则，法国人民将其视为社会稳定的准则和惯例。虽然政教分离的哲学解释各不相同，但它仍是法国身份的基础之一。无论是质疑还是蔑视，这都是宣告他或她拒绝"生活在一起"。（HCI，2010）

　　2012年12月12日，HCI又一次发布了新报告，受多样化行为的影响，重新评估了共和国的"政教分离"原则，体现出了公共领域内多样化的存在和对民众的权利认可。

　　据让·鲍伯洛（Jean Bauberot）所说，这个坚定并从未动摇的立场在极端右派中更为坚定了，这些极端右派故意歪曲"政教分离"原则，为"身份回收"和孤立主义进行政治服务。（鲍伯洛，2012）因此，"政教分离"正被作为一种推广"民族主义感情"的工具，巧妙地用来对付外国人和少数族裔。这在年轻人中特别有效——这是值得考虑的——年轻人正是经济衰退和劳动力市场持续重构下的第一批人。

　　融合的共和模式从没有很顺利地起作用过，但经过困难和挫折，这个"融合机器"已经开始工作了。从19世纪、20世纪起，不同背景的人们来到法国，传达不同的文化、价值观念和生活习惯，他们已经融化于法国这个熔炉。基于生活在一起的渴望，这些多样性组成了法国。（诺瑞尔，1992）比如1992年，米歇尔·涂拜拉（Michele

Tribalat）写道：

1996年1月，在法国有外国血统的移民人数不到400万，其中大概80万有法国国籍，他们的子女人数有500万，其中的80万仍是外国人。他们的孙子、孙女人数大概在440万到530万之间，所有人都是法国人。总共有1400万人或是移民，或是移民的子女或孙子、孙女，在他们中间1000多万已经是法国人了。（涂拜拉，1992）

2008年，由同一作者估测出，在法国外国血统人数是1170万，占了总人数的19%。不到十年，外国血统的人口数增加了33%。（涂拜拉，2010）在经济增长的背景下，这样的趋势应该不是大问题。但在经济衰退的时候，当经济持久下滑或至少要持续一段时间时，问题就产生了。除了上文所说的政治局势的紧张外，问题的实质可总结为两点：社会排斥和领域集中。2010年，融合高级委员会强调了以下事实：

虽然就整体看，来自双亲中至少有一个移民的家庭的年轻人比例小于20%，但这一比率在不同地区、城市、城区间有极大差异。2005年，最为集中的是法兰西省的57%，巴黎的41%，马恩省的40%和瓦勒德瓦兹的40%。

在20个市里，这一比例高过60%，大部分都在法兰西省。在塞纳河圣但尼，五个年轻人中有一个有马格里布血统，六个年轻人中有一个有撒哈拉以南非洲血统。在自治市内更为集中，像克利希市、奥贝维利耶或拉古尔纳夫这样的城市，年轻人中的3/4都有外国血统。（HCI,2010）

与社会排斥相关的是，其首要指标是来自劳动力市场的排斥。在法国，2010年30岁以下的失业率几乎是平均失业率的两倍，但30岁以下非欧洲国家的外国人的失业率比法国年轻人高出72%，比全体的失业率高3倍多。

关于有外国血统的年轻人，2010年发布的一项调查这样指出："在研究结束

不同年龄与国籍的失业率

	法国	欧洲外国人	非欧洲外国人	总体
15—29岁	16.8%	15.2%	28.9%	17.2%
30—49岁	6.8%	8.4%	22.4%	7.5%
50岁以上	6.0%	5.6%	19.7%	6.3%
总体	8.9%	8.5%	23.1%	9.4%

数据来源：法国国家统计与经济研究所的调查，2010。

后的三年，平均 77% 的年轻人找到了工作，然而其中那些父母都出生在法国的子女比率上升到了 79%，而父母都出生在外国的子女比率是 66%。（Rapport sur les Inegalites en France）" 我们可以提供详细的数据来证明，社会排斥和特权享有的集中是"融合的共和模式"减缓或停滞的两个主要因素。

然而，对被国家视为"敏感市区"的贫穷邻里的研究很清晰地证明了，这两个因素的相互交错影响使得社会排斥的过程更为恶劣。在这个意义上，正如玛丽·泰里克（Marie Talec）所说：是的，在这里存在邻里效应。（泰里克，2012）下面的数据引用自 2011 年和 2012 年关于"敏感城区"（ZUS）的报告。在 2006 年，在敏感城区生活的有 440 万人，占了总人口的 7%。2000 年，政府创建了 751 个 ZUS。

这些邻居集中在一起，生活在贫困线（每月 964 欧元以下）以下的人口数几乎是附近城区的三倍，贫困率达到 36.1%。这些地区的许多居民生活在贫困中。这些地区不仅贫困集中，也集中了国家援助。在这些地区中，五个受保人中就有一个从免费医疗保险中获益（全民健康保险），人数要比相邻城市多 2.4 倍。下表说明了来自国家的各种财政支持。

家庭补助金（CAF）			
	敏感城区	非敏感城区	差异
积极社会稳定津贴	30%	19%	+11%
住房补助金	74%	60%	+14%
家庭补助金总额	22%	14%	+8%

在这些地区，国家依赖要比他们所在城市的其他方面高得多。另外，年轻人的贫困问题应该被单列出来，这些地区 18 岁以下的年轻人中的 1/3 受免费医疗保险覆盖。

这些地区失业或无业率很高，2011 年 15—64 岁人口中的 61.6% 都在活动，如果按照国际劳动组织的划定，那么其中 47.6% 在就业，14% 在失业。然而如果失业率还包括那些没有工作但在找工作过程中的"活动人口"，那就达到 22.7%，比平均的 9.5% 高出 2.5 倍多。但是失业或者找工作对于 15—24 岁间的年轻人来说影响特别大。在敏感城区，5 个年轻人中只有 1 个有工作，7 个成年人中就有 1 个在失业。

除了这些年轻人，移民和移民的后裔也面临着很大的风险。生活在敏感城区的移民失业率达到 26.1%，而生活在周边的则为 17.6%。

关于这些人口的社会特征的景象并不乐观。在敏感城区，学生推迟上学比非敏感城区和不包含敏感城区的地区更为普遍（其比率分别为敏感城区 37%，非敏感城区 23.2%，不包含敏感城区的地区 20%）。在教育领域这样的"地区效应"也相当明显，比如，不管血统如何，在敏感城区生活的孩子要比其他地区的孩子更为频繁地推迟上学，在敏感城区生活并接受中等教育的学生中的 2/3 多会去特殊教育学校（ZEP）。在健康问题方面，1/4 敏感城区的居民由于经济原因而不得不放弃看医生、吃药。

成年人健康状况与邻区对比，2010（%）

	非常好	好	良好	差	非常差
敏感城区	15.4	40.8	31.2	11.3	1.2
非敏感城区	21.8	46.6	24.0	6.5	0.9

这种"地区效应"也呈现在犯罪领域。让人惊讶的是，敏感城区的犯罪率要比周边低，当这些社区"盛名"在外时，内部社会控制起到了关键作用。

	敏感城区 2011（%）	非敏感城区 2011（%）
破坏物品	38.57	46.51
人身攻击	12.64	12.52
总体	47.67	53.71

但相反的是，2012 年在敏感地区，不安全感占了主导地位。

	敏感城区（%）	非敏感城区（%）
在区域内感觉不安全	26	14
在家中感觉不安全	13	9

住在这些贫困地区的移民或移民后裔占了他们总人数的 1/3，由于民族血统或种族，他们产生被歧视或被不公正对待的感觉，且这种感觉比这个国家的其他地区高得多，这些都不奇怪。在 2008 年，17% 的敏感城区居民宣称他们是歧视的受害者，而在敏感城区之外只有 6%。

	敏感城区（%）	非敏感城区（%）
移民	22.1	22.4
移民后裔	28.4	16.1
人口剩余部分	5.8	2.0
总体	16.9	5.8

五、国家与政府：如何回应郊区骚乱？

以上讨论了不同的"反叛"、"骚乱"和国家失范的传播，这是"社会排斥"及地区、社区、居民区分离的直接结果。生活在这些地区的年轻人首先被卷入这些被遗弃地区中的骚乱、暴力和犯罪，然而这些现象不断发生使我们清晰地认识到，这肯定不能仅靠一项简单的"年轻人政策"来解决，这与体育活动、文化产品以及不同公司的社会工人或青年工人的动员都有关。虽然这些年轻人都在被他们的生存环境和渺远未来所威胁，但这个现象是"社会排斥"、贫穷和失业的问题，必须通过相关国家部门的"协调"和"合作"才能解决。

二战结束之后，青少年问题和青少年犯罪问题是在医生、心理学家和教育工作者层面展开的。社会工作学校中的社会学发展在70年代末才开始，这已经是力度太小、时间太晚了。30年来社会工作以"个人"为中心，"青少年问题"被认为是个体问题，政策设计也着眼于个体发展而不是通过个体处境和行为体现出的社会问题，融合的问题更多地指向个体而不是社会层面。但在80年代，当失业，尤其是年轻人失业激增时，从学校过渡到工作的时间越来越长也越来越难，而直到郊区开始焚毁的时候，个人层面的方法开始无效，也再不能让人接受了。社会理论和社会政策先后发生了根本性的改变，现在的融合问题已更多地指向社会层面而不是个体层面了，即社会开始关联了。

另一个教训是不管是"个人"问题或"文化"问题，都是通过融合来起作用。一个既定社会的融合，都需要政府工作的锻炼。大量政府部门和社会角色进行合作与协调来处理"全球"问题，表明这已是一种官僚作风和政府治理的革命。比如，社会工作者从没接触过企业家、商人或商会！在解决家庭问题方面，由于自己具有特权，司法工作人员从没有和社会工作人员有过任何私人接触！在强调心理途径或文化方法的世界里引入工作问题和工作方法，这无疑是第二次"革命"。

"问题是全球性的，回答是地方性的。"从1975年开始感觉到第一次石油危机的影响时，关于年轻人失业的分析开始增多。各种各样的理论开始出现，比如双重市场理论或分离理论、劳动力市场的重构理论、关注劳动力"灵活性"的方法以及全球化和经济相互依赖理论。所有这些留下的却是应对挑战的无力感，这些挑战包含了失业、贫穷、社会排斥等，都会直接或间接地成为犯罪、不文明行为、骚乱的关键因素，成为影响社会团结和社会稳定的威胁因素。面对这些因素，国家政府以及更多的政治家阶层和精英，看起来似乎都无能为力。然而，当这些明确界定的原因看起来很遥远的时候，它们的影响却已经很接近了。它们近得就在城市里面，那儿的不安全感正在传播 [柏迈松（Bonnemaison），1982]、失业率激增、贩毒蔓延 [柯克瑞夫（Kokoreff），1998]、犯罪行为越来越多 [姆切利（Mucchielli），2007]。

1982年骚乱之后,在两份行政报告发布后,关于青少年问题公共干预的新框架是密封的,可以用三个词来概括:合作、工作和当地政府。不同行政部门、机构、角色之间的合作围绕政治优先性展开:地方集体,尤其是贫困地区的地方集体的重新认可或革新。就业、教育、安全、犯罪斗争、贫困和社会排斥斗争以及"青少年"问题,所有这些领域的干预都应该交互进行,以此来改善郊区状况,更准确地说是贫困地区的状况。

由于自身的社会经济条件,解决青少年问题的政策被认为是危险的,它是一个远远超出青少年问题范围且最终致力于解决骚乱问题的"城市政策",这个政策的首要便是和区域的社会排斥作斗争。考虑到这些三十多年被遗弃的荒凉地区,最为重要的就是把社会排斥问题作为公共政策问题的核心。然而,在这项政策多多少少稳定推行了30年后,它并不成功。

虽然城市政策的首要任务就是与社会排斥、社会分离和贫民区作斗争。但是:"尽管大量行动者付出了很多努力,国家城市改造计划也有了结果,但是这些地区还存在很多不利因素,且没有减少。"这个报告的作者们给出了几点解释。

首先,是政治自觉的缺乏,这会导致部门之间及中央政府与地方政府间运作协调的管理不善。

其次,首要的批评与治理系统的失败有关,这导致了几个使城市政策部分失效的"技术性"问题。因此,报告提到了法律、法令和规定的增加,这使得国家干预变得模糊、不清晰且难以读懂。

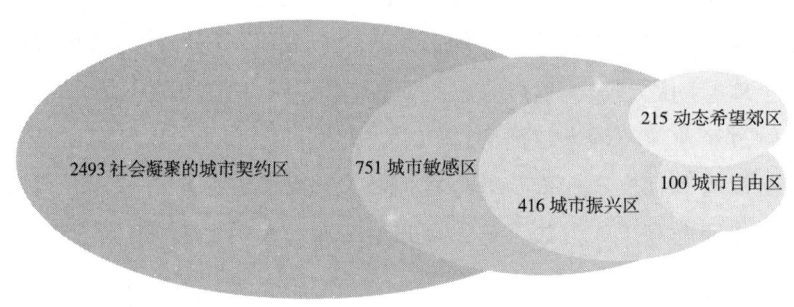

城市政策干预区域的粗略划分

数据来源:审计院报告,城市政策的十年改革(2012)。

在每一干预层面,治理的缺失都是以城市改造部分间的不善连接而结束的,在某种程度上,进行破旧地区建筑的拆除、改造地区或建立新区,相对来说都是简单的操作。国家机构、部门和代理机构在这一领域都具有高度的熟练性,都能很好地完成这项"技术性"任务。然而这个报告提到,由于国家经济的撤出,城市改造的定量目标仍未实现。但在这项复杂的操作中,最棘手的问题是在关系到社会维度的操作上。在这个问题上，审计院（Cour des Comptes）认为是"公民认可的缺乏"，公民们被剥夺了表达的途径。这些地区公共政策的微弱动员使得改造只集中在简单的任务上即城市改造，而人或社会层面的操作却放在一旁。因此，"城市政策产生了全新的贫民区，它们仍是贫民区。"［罗宾（Robine），2012］。在这方面，如果最终目标是结束这些孤独地区的存在，那么城市政策至今为止仍错过了关键。城市改造的实施确保的只是片刻的"社会安宁"，它们仍然是贫民区！

城市政策领域最优秀的专家之一雅克·冬司卢（Jacques Donzelot）也作出了这个方向的回答。根据这位专家所说，导致城市政策失败有两个原因。首先，它低估了贫困地区（街道、家庭、社区）内微弱关系的力量，其次，这些人群接受社会大开放（教育、就业准入、嵌入渠道）的可能性却又被高估了。［冬司卢（Donzelot），2012］总之，这项政策及其实施忽略了这些地区的内部资源。同时，这些风险人群抓住机会的能力也被高估了。另外，有助于解决社会排斥问题的宏观因素也并不存在。就业市场很紧张！工作或更能适合这群人的工作正越来越少，教育系统也不适宜，由于经济放缓，由国家提供的福利国家安全网正变得越来越脆弱。这些结构性因素使得结束外围地区的目标几乎很难实现。生活在这些地区的人们得不到"公民"身份的认可，他们实际上被剥夺了表达自己和采取主动的可能性。［左埃（Zouheir）、费赫内（Perronnet），2012］

这就是城市政策问题的核心所在，它与隔离斗争有一个先决条件，即填补城市与郊区之间差距，也就是说在中心和外围之间重建一种城市连续性。换句话说，就是在郊区重建"城市"，一个具备工作、流通、购物、居住、娱乐、教育等不同功能的城市，一个实现交换的地方。同时，在一定程度上，这个项目的技术层面是最简单的部分，社会层面要难得多，社会层面意味着要给这些贫困地区机会、资源和产品来逃离"社会排斥的陷阱"。地区必须和居民同样对待，这需要在中央和地方层面进行公共政策的强力、有效动员，以及进行这两个动力层面间的执行管理。但在法国过去的10—30年里，这些条件并没有得到重新结合。

六、结论：中国可以得到怎样的教训？

2005年，中国像世界上的其他国家一样，被在法国这个"发达"而富裕的国家的大城市郊区发生的所谓"骚乱"所震惊。为什么郊区会发生骚乱？因为法国像其他欧洲国家一样，经历了"辉煌30年"的经济扩张和社会"蓬勃发展"，社会排斥、贫困、一些"底层阶级"的堕落都在不断传播。"为什么骚乱"的回答就是社会排斥，或者可以说是处于贫困或困境的人们与社会的融合不足。答案的第二部分是希望的丧失，在被社会排斥的人群中，没有未来的意识越来越强。不管生活环境如何，当人们意识到自己的处境时，叛乱便爆发了！答案的第三部分是贫富之间的不公正和不公平，以及"他们富人"和"我们穷人"之间一堵保护墙的存在。这样的认识会立刻引发与任何主流社会代表间的拒绝和冲突，这种拒绝冲突从警察开始，也包括老师、专业的社会工作人员、医生、社会工作者、商店店主等，在那些什么都没有的人眼里这些人不仅富裕，更重要的是他们被视作社会秩序的代表。

无数的研究对"社会排斥"作出了解释，首先提出的便是结构性因素，如失业、低工资、不安全、教育程度低极大减少了就业机会。接着是社会性因素，如社会关系被打破、反社会化、价值观遗失、反主流文化的形成、贫穷文化或变异文化的形成和边缘化。

然而，"贫穷"指的是个人，"社会排斥"则关系到"社区"、众多群体、地区等。社会排斥有一个空间维度，它关系到地区。社会排斥的空间维度不仅只是一个标志，当学者或游客走入郊区寻找穷人和边缘化人群的时候，它不仅只是在经验层面出现的一种方式，空间是社会排斥过程中的一部分。空间隔离是"社会隔离"的主要组成部分之一。不管怎么说，正如过去30年法国"城市政策"的失败所显示的那样，只通过城市改造建设，社会排斥是不能解决的。一个黄金贫民区仍然是一个贫民区！

从"城市政策"的官方报告中，我们得知打击社会分离和空间隔离需要通过一个"地区管理"的综合性项目。这应建立在两项目标之上，第一是在"城市"和"非城市"即郊区之间重建一种城市连续性，第二是提供产品来确保城市地区两个不同区域之间的流动性、流通性和交换性。城市维度只是其中一个组成部分，人类和社会要素仍然是决定性因素，因为人类和社会掌握了与社会排斥斗争的资源。最后重要的是，在这两个维度，国家干预和地方干预在推进社会排斥的全球化途径，并使其有效方面有极大的优势，该途径也是减少这些孤独地区危险程度的唯一方式。

群体性事件的示范效应

——以重庆出租车停运事件为例

潘晨喻 *

摘　要：2008 年 11 月 3 日，重庆市发生大规模出租车停运事件，并在其平息之后在全国范围内出现了一系列相似的出租车停运事件。这其中重庆市出租车停运事件起到了一个示范性的作用。本文通过对重庆市出租车停运事件的示范效应的形成、作用机制进行分析，探讨影响群体性事件发生、发展的一个因素，为政府应对群体性事件提供一种参考样式。

关键词：重庆市出租车停运；出租车停运风波；群体性事件；示范效应

一、引言

在 2008 年 11 月这一个月内，出租车停运事件在全国各地不断发生，如同推倒了多米诺骨牌。虽然这些停运事件的规模不同，但是出租车司机遇到的问题和提出的要求都惊人的一致。这一现象引起了学术界的广泛关注。

2008 年 11 月 3 日 6 时重庆市主城区 8000 辆出租车停运，引起了重庆市政府的极大重视。而在重庆市出租车停运事件妥善解决之后，湖北省荆州市、海南省三亚市、甘肃省兰州市永登县、广东省汕头市、湖南省洪江市、广东省广州市等城市接连发生了出租车罢运事件，给公共交通和当地市民的出行带来了很大的不便，同时出租车司机这一群体也引起了全国人民的关注。

这一系列的出租车罢运事件在时间上具有连续性，在行动模式上具有相似性，从而形成了一个完整的连锁反应。那么为什么会形成连锁反应，这其中又是什么在起着关键的作用呢？这些类似的出租车罢运事件的出现当然不是因为巧合，本文认为是示

---

* 潘晨喻，华东政法大学 2010 级本科生，专业：政治学与行政学。

范效应机制在其中起着关键性的作用。重庆市出租车罢运事件作为第一个大规模的出租车罢运事件，对在其之后爆发的罢运事件起着十分重要的示范作用。这一示范效应的影响范围十分广泛，基本上辐射到了整个中国。对于这类群体性事件的研究，可以为我国群体性事件的发生和解决机制的研究提供新的思路。

二、国内学者关于重庆市出租车停运事件的研究综述

重庆出租车停运事件以及之后发生的一系列停运事件成为了学术界探讨的一个重要问题。国内的学术文献主要从政治学、经济学和法学等学科角度分析出租车停运事件的原因、解决对策。

（一）政治学角度

梁巨龙认为从政治学角度分析出租车罢运事件的原因包括三个方面，"一是利益博弈制度平台的缺失，二是利益群体组织的缺失，三是政府部门的缺位"。[①]

从利益表达机制角度切入，朱玉芹、朱丹凤指出，由于体制内利益表达机制的虚化，以及体制外利益表达机制的弱化，重庆市出租车司机只能以集体停运这种极端行动来表达自己的利益诉求。[②]

从协商民主理论的研究视角出发，杜亚霏认为出租车行业的政策制定应该引入协商对话模式。以出租车行业政策问题为核心，以社会因素、政治因素、文化因素和经济因素为出租车行业政策制定的外界环境，实现政府、出租车运营公司、出租车司机和公民利益相关者通过协商对话方式平等参与公共政策的制定过程，建立起协商对话机制。[③]张紧跟指出从政府成功应对出租车维权事件的案例来看，维权抗争之后的协商对话应该开启当代中国民主建设的新思路。[④]

[①] 梁巨龙：《群体性事件的政治学解读——以重庆市出租车罢运为例》，载《焦作师范高等专科学校学报》，2009年第4期。

[②] 朱玉芹、朱丹凤：《从"意见表达"环节入手化解公共冲突——以重庆"出租车罢运事件"为例》，载《哈尔滨市委党校学报》，2010年11月第6期（总第72期）。

[③] 杜亚霏：《基于民主协商理论视角的政策制定研究——以"重庆出租车事件"为例》，载《云南行政学院学报》，2010年第5期。

[④] 张紧跟：《从维权斗争到协商对话：当代中国民主建设新思路》，载《华中师范大学学报》，2011年3月第50卷第2期。

（二）经济学角度

刘莹指出，由于出租车行业的垄断地位导致了出租车市场的低效率问题、出租车公司攫取高额垄断利润以及其对政府的寻租行为，这些问题导致了出租车罢运事件的频发。① 王健认为出租车司机罢运的根本原因在于利益分配不合理，政府量化管制的存在妨碍了市场机制对于不合理的分配机制的自动调节。②

（三）法学角度

肖金明指出，重大的社会事件引人注意，促使人们对相关制度的不足和缺陷进行反思，从而促进公法制度的完善与健全。出租车罢运事件在这个意义上已经不再是单纯的社会事件，它对于促进公法制度的多向发展具有重要意义。③

雷颂勤指出，罢工已经成为一种客观的社会现象，但是我国的宪法和法律都没有关于罢工权的规定，罢工是否具有合法性是一个很大的问题。而罢工权之所以被我国回避的原因是其政治属性以及其引起后果的影响度。不过，罢工权作为消极劳动权，应该受到宪法的保障，随着经济的发展，罢工事件将会越来越多，罢工权被写入宪法将成为趋势。④

国内关于出租车罢运事件的研究主要集中在对出租车罢运事件的原因和解决机制的探究，而并没有对这一系列类似的群体性事件的内在联系进行深入的研究。而且现有研究视角并没有有效地解释类似群体性事件接连发生的关键机制原因。本文从社会心理学的角度，运用示范效应理论来深入分析和解释重庆市出租车罢运事件以及之后发生的一系列类似事件之间的内在联系。这不仅对于群体性事件的理论研究具有一定的补充意义，而且对维护社会稳定，阻止这种类似事件接连发生有一定的实践意义。

三、出租车停运事件概述

2008年11月3日早晨，早起的市民发现原本满大街川流不息的出租车仿佛一夜

---

① 刘莹：《从经济学视角分析出租车行业的"困境"——以2008年重庆、海南等地出租车"罢运"事件为例》，载《现代商业》，2009年第15期。
② 王健：《经济学视角下的出租车罢运原因探析》，载《商场现代化》，2011年11月（上旬刊）总第664期。
③ 肖金明：《出租车罢运事件与公法的发展方向》，载《法治论丛》，2009年3月第24卷第2期。
④ 雷颂勤：《从"出租车司机停运"事件看罢工权入宪》，载《法制与社会》，2009年第8期。

之间消失了，偶尔有几辆出租车呼啸而过，也拒绝接载乘客。重庆市的8000多辆出租车以这样一种方式宣布罢运。

出租车罢运事件的发生早有端倪。出租车司机多次向主管部门反映问题，但是长期得不到主管部门的重视和解决，导致矛盾不断加深，最终以罢运的形式爆发出来。从10月25日开始，在出租车司机中间就流传着两份简陋的传单，其号召出租车司机要团结起来，向出租车公司和政府施压，要求解决加气难、份儿钱高、黑车多等问题。而出租车司机们更是利用手机、互联网等工具互相传递信息，甚至有一些司机聚集起来开会讨论。出租车司机面临的问题主要有：第一，收入低，起步价10年没有变化，但是出租车公司的挂靠费却在增加；第二，加气难，出租车加气点少，加气至少要等1个小时；第三，黑车多，黑车与出租车抢生意，扰乱了市场秩序；第四，罚款多，出租车停车点少，交警对于随意停车处罚严格；第五，收费高，汽车配件的收费比市场价高，等等。①

而在罢运的过程中，有一些没有参加罢运的出租车被参加罢运的出租车司机拦截，阻止其上路，在这个过程中发生了打砸等暴力事件。这导致了许多出租车司机都不敢上路运营。政府为了维持交通安全和保护正常运营的出租车，派出了大批警力进行全天候巡逻。许多要出行的市民因出租车罢运而上班迟到，错过航班、火车等，重庆市民怨声载道。②到3日下午14时，已有800辆出租车恢复运营，但是不久这些车又停止了运行。11月4日出租车罢运活动仍然在持续，有一些出租车司机聚集在一起阻止未参加罢运的出租车运营。早上9点30分，已有3200辆出租车正常运营。到14时，4000多辆出租车恢复营运。24时，主城区出租车恢复正常运营。至11月5日上午8时，主城区出租车全面恢复正常运营。③

11月3日上午停运事件发生以后，重庆市政府召开紧急会议，启动紧急预案。3日下午4点半重庆市政府召开新闻发布会，向社会公布了停运事件发生的原因，以及政府即将采取的处置措施。④11月5日下午5时，重庆市政府召开新闻发布会，向全社会通报整个事件的相关情况，从五个方面及时有效地对停运事件进行了处置。一是做好停运期间的运输保障；二是降低管理费；三是从11月4日起每天增加10万立方米CNG天然气供应；四是加大打击黑车的力度；五是加强监管，对打砸出租车的不

---

① 李增勇：《重庆8000辆出租车罢工，车主诉求长期得不到解决》，http://news.sina.com.cn/c/2008-11-04/024616580822.shtml（访问时间：2013年9月6日）。
② 王金涛：《重庆出租车司机因运价低等全城罢工》，http://www.sina.com（访问时间：2012年12月2日）。
③ 刘元、王金涛、朱薇：《用"新思维"应对公共事件 重庆出租车停运事件回顾》，http://news.xinhuanet.com/society/2008-11-06/content_10319028_1.htm（访问时间：2012年12月2日）。
④ 同上。

法分子予以打击。①11月6日上午,市委主要领导与重庆出租车司机和市民代表进行了交流、座谈,听取出租车行业的诉求和市民代表的意见。②之后11月18日,重庆市政府对出租车罢运事件启动问责机制,给予重庆市交委主任丁纯,市交委副主任、市运管局局长梁培军行政警告处分。③

继重庆市出租车停运事件之后,全国各地发生了一系列的出租车停运事件,表1仅列出了其中的一小部分。

表1 2008年11月发生的几起出租车停运事件

出租车停运发生的地点	停运的时间	停运的主要原因	停运的解决方针
重庆市	2008年11月3日	加气难、黑车多、罚款多、运价低、份儿钱高等	降低份儿钱,整治黑车,抓紧解决其他问题
湖北荆州市	2008年11月7日	加气难	优先保证公交和出租车加气,加快建设第三座加气站
海南三亚市	2008年11月10日	出租车公司垄断市场、租金过高、黑车太多等	降低份儿钱、依法取缔黑车
甘肃永登县	2008年11月10日	黑车多	加强宣传、加大打击力度,多部门联合执法
广东潮州市	2008年11月17日	出租车数量太多、黑车太多	限制出租车额度申请、打击黑车、成立出租车协会
陕西周至县	2008年11月24日	加气难、黑车太多	打击黑车
湖南洪江市	2008年11月24日	经营期限受损、税费过高、黑车过多	申请延长经营期限、打击黑车

数据来源:姜爱林:《出租车集体罢运的表现、原因与对策》,载《重庆工商大学学报》,第19卷第2期。

---

① "重庆市主城区出租汽车恢复营运及相关情况新闻发布会",http://www.cq.xinhuanet.com/2008/czc/video.htm(访问时间:2012年12月2日)。
② 刘亢、王金涛、朱薇:《用"新思维"应对公共事件 重庆出租车停运事件回顾》,http://news.xinhuanet.com/society/2008-11/06/content_10319028_1.htm(访问时间:2013年9月6日)。
③ 余继军、侯露露:《重庆问责出租车停运事件》,http://society.people.com.cn/GB/41158/8363582.html(访问时间:2013年9月6日)。

这一系列的出租车停运事件的发生在时间上具有连续性，在性质上具有同质性，在地域上具有全国性，这不可能仅仅是一个巧合。这其中必然有深层的原因。重庆市出租车事件的示范效应主要体现在以下几点。第一，各大城市的出租车司机面临的问题十分类似，如黑车多、份儿钱高、加气难等。这就给了他们发起停运的理由。第二，重庆市出租车司机积极维护自己权益的行为给了其他城市出租车司机以启发。重庆市出租车停运事件是一次用温和的方式维权的群体性事件，相对其他维权方式而言，代价较小而收益较大。第三，重庆市出租车停运事件最终得到了比较好的解决，出租车司机的权益得到了保护。这让其他城市的出租车司机看到了政府帮助解决问题的希望。

四、重庆市出租车停运事件示范效应分析

示范效应是人们通过对范例的学习和模仿而掌握某种范式，并将其转化为自身的经验、观念和思维方式，之后在遇到相似的问题时就能够运用到自己的实际行动之中的一个过程。[①]

示范效应在现实生活中普遍存在，就是我们常说的榜样的力量。无论是国家还是社会都经常通过树立一些先进人物和典型事件，号召大家向其学习，从而影响和改变个体、群众和社会的观念和行为。本文中的示范效应已经不再仅仅是传统意义上的榜样，一个优秀的、值得学习的人物或事例。本文中所说的出租车罢运事件在某种意义上并不是一个优秀的、值得倡导的事例，但是不可否认的是，它也具有很大的影响力，具有示范效应。因此本文所说的示范效应是在群体性事件的背景下进行定义的，是指相同或相似的行动主体，后一行动主体受前一行动主体的行动过程的影响，做出与前一行动主体相同或相似的行动，从而实现相同或相似的目的的一种形式。

示范效应也有其独特的特征：第一，示范效应是一种潜移默化的影响，而不是强制性的，是受影响者从示范原型的身上获得启迪，进而开始的一个从形式到本质的逐渐模仿的过程；第二，示范效应并不是一成不变的，人们会在模仿一个示范原型的基础上改进自己的行为，这样就会形成更好更有效的新的示范原型，从而形成一种良性循环。[②]

示范效应起作用也需要达到一定的条件，首先需要有一个典型的、易被他人学习观察到的示范原型；其次，示范原型的的结果要与受影响者有共鸣；最后，示范原型的行动模式要易于模仿和学习。本文就是从这三个方面来分析重庆市出租车罢运事件具有示范效应的原因以及影响。

---

① 马杰、唐守国：《示范效应与地区经济发展研究》，载《技术经济》，2001年第10期。
② 同上。

（一）示范原型

示范原型就是示范现象的来源，其包括先进人物和典型事件。[①]重庆市出租车停运事件就是一个典型事件。

典型性。重庆市出租车停运是一个典型的行业维权行动。其典型性主要表现在一下几点：首先，重庆市出租车司机遇到的困难和面临的问题具有典型性。从本文前面的表格就可以看出，黑车多、加气难、份儿钱高等这些问题在许多城市中都普遍存在。其次，由于缺乏完善的与政府沟通的渠道，所以出租车司机的问题政府没有予以重视并加以解决，最终导致了出租车司机采取停运这一种温和的维权抗议行动。最后，重庆市出租车罢运事件得到了较好的解决，一场危机在政府与出租车司机的互相妥协中得到化解，没有造成更大的损失，这为此类事件的解决提供了一个很好榜样。因此重庆市出租车罢运事件具有很好的典型性。

合法性。罢工权在我国的法律中没有明确的规定。但是重庆市出租车停运事件还是从政府和社会两方面获得了一定的合法性来源。在政府方面，重庆市出租车停运事件发生之后，重庆市政府立即召开了新闻发布会，向社会公布了此次事件发生的原因以及政府将采取的应对措施。重庆市政府最后出台了相关政策以解决出租车司机面临的问题，对出租车司机作出了相应的妥协，并且没有对参加出租车停运活动的司机追究责任。这就是政府默认的一种表现。而在社会方面，重庆市出租车停运事件发生之后，出租车司机这个群体就成为了人们关注的焦点。与政府不同，人们大多从感性的角度对于出租车司机遇到的问题报以同情，并对出租车司机采取的停运行动表示理解。因此重庆市出租车罢运事件具有了一定程度上的合法性。

易于观察性。重庆市出租车停运事件能够对以后的出租车停运事件产生如此巨大的影响与媒体的传播分不开。随着手机和电脑的普及，互联网已经成为了人们发布和获取信息的重要渠道。在重庆市出租车停运事件发生之后，各大互联网新闻门户网站，新华网、人民网、新浪网等对此次事件进行了实时的追踪报道，人们可以很方便及时地了解此次事件的发展进程。而重庆市政府并没有如以前发生出租车罢运事件的地方政府一样试图遮掩，而是选择在第一时间召开新闻发布会，向社会各界公布停运事件的原因和应对措施。在出租车停运的三日内，重庆市政府召开了4场新闻发布会。人们也纷纷通过贴吧、论坛、博客等方式发表自己对于重庆市出租车停运事件的看法和评论。一时间网络上到处都是关于重庆市出租车罢运事件的消息。这些都促使重庆市出租车停运事件成为了一个全国性的热点话题。因此重庆市出租车罢运事件具有易于

[①] 佳一：《示范效应分析》，载《求实》，1991年第7期。

观察的特点。

（二）动力机制

美国心理学家马斯洛提出了人的需要层次理论，包括生理需要、安全需要、归属与爱的需要、尊重的需要和自我实现的需要。这五种需要呈金字塔排列，都是人类的基本需要，也是激励个体行为的动机力量的来源。生理需要是处于金字塔最底层的需要，直接关系到人的生存，而因此产生的动机力量也最强。在罢运事件中的出租车司机所面临的问题对他们的生存造成的威胁越大，他们希望做出改变的行为驱动力也越强。

只有在内在需求的驱动下，人们才会主动地去学习观察示范原型，并对其进行模仿。在重庆市出租车罢运事件中，出租车司机的诉求是希望政府能够解决加气难、份儿钱高、黑车多等问题。从表1中可以看出其他城市的出租车司机也都面临着相同的问题，有着相同的利益诉求。这样其他城市的出租车司机就有着极强的动力去学习模仿重庆市出租车罢运事件的动员机制和行动过程。

而且重庆市出租车罢运事件还得到了比较好的结果，引起了政府的重视，使得政府很快速地解决了困扰出租车司机们多年的问题。这一良好的结果使得其他城市的出租车司机大受鼓舞。扩大了重庆市出租车罢运事件的影响。

（三）可操作性

示范原型的起点与潜在受影响者的起点大致相当，行动的过程易于模仿，使被受影响着感觉到通过学习模仿能够复制示范原型的行动，实现自己的愿望。[1]

重庆市出租车罢运事件的可操作性比较强，易于被模仿复制。首先，其动员机制很简单。两份简陋的传单，用话语来打动出租车司机，号召大家要团结起来。手机以及互联网可以把分散各处的司机们联系起来。信息的流通很快速也很方便。其次，其行动过程也很简单，就是司机们都不开车、不载客，就像集体放假一样。这两个行动过程都很简单，很容易操作。虽然罢运一天或几天会带来一定的经济上的损失，但是相对于威胁到生存的问题能够得到妥善解决来说，还是在出租车司机们的承受范围之内的。而且，罢运这一抗争方式相对来说比较温和，没有触犯法律，也没有和政府发生直接冲突，不用担心会被抓捕。因此重庆市出租车罢运事件的过程会被各大城市的

---

[1] 马杰、唐守国：《示范效应与地区经济发展研究》，载《技术经济》，2001年第10期。

出租车司机所模仿。

（四）示范影响

重庆市出租车停运事件对社会产生的影响具有效应性、广泛性、延续性这三个特点。

效应性主要体现在类似事件的解决上。这些出租车停运事件都得到了较好的解决，产生了较好的社会影响。出租车行业采用一种比较温和的方式表达自己的利益诉求，并且取得了成功，这对于其他行业的维权事件会产生一种良好的示范效应。

广泛性主要体现在地域上。在重庆市发生出租车停运事件之后，全国 20 多个城市相继发生了出租车停运事件。这 20 多个城市遍布我国的大江南北，从沿海经济发达城市到西北经济不发达城市，都有出租车停运事件的发生。其发生的原因及过程都十分相似。

延续性主要体现在时间上。从 2008 年一直到现在，出租停运事件每年都有发生。就 2012 年 5 月的兰州出租车停运事件来看，停运的原因、停运的过程以及政府采取的解决措施都与重庆市出租车停运事件十分相似。这表明重庆市出租车停运事件的示范效应对于出租车行业的维权行动有很长远的影响。

五、结论

从重庆市出租车停运事件可以看出示范效应带给社会的影响是巨大的。现代信息技术越来越发达，信息的传播越来越迅速便捷，群体性事件已经不可能像以前那样被政府强制压下，所以正确处理好群体性事件对于维护社会稳定有着极其重要的作用。处理好了能够给社会带来好的影响，而处理不好则会引起更大范围更加激烈的反抗。

在这一系列的出租车停运事件中，出租车司机采取的是温和的对抗方式来向政府表达自己的利益诉求，并且在一定程度上获得了成功。这一方式在我国这个群体性事件高发时期来说是具有很重大的意义的。如果政府将此类温和利益表达方式纳入体制内的利益表达机制中，用法律规范其行为方式，那么这将有助于维护社会稳定，缓解社会矛盾。

微博对网络舆论危机的影响评估

——以"沈阳商户歇业事件"和"H7N9 防控"为例

杨玉兰[*]

摘　要： 随着互联网的发展，微博等新媒体异军突起，便捷的操作、即时的传播为公民参政、民主表达、舆论监督开辟了新的渠道。然而，由于网络的虚拟和匿名性、网民自律意识的缺乏、监管机制的不到位，网络言论处于一种开放无序的自由状态，致使网络舆论危机频发。本文在分析微博条件下网络舆论传播的新特点基础上，通过案例剖析深入探讨了微博对网络舆论危机产生的正负影响，展望了微博在网络治理方面的发展前景。

关键词： 微博；网络舆论危机；影响评估

微博作为一种通过关注机制分享简短实时信息的社交网络平台，便捷的操作、即时的传播、灵活的互动，使其一面世就迅速发展成新时代的网络主流媒体。根据《2012年中国互联网络发展状况统计报告》，截止 2012 年 12 月底，中国微博用户总数达到3.09 亿，成为世界第一微博大国。微博的迅速发展为公众提供了网络交际的广阔平台，也为公众表达利益诉求、参与政治事务拓展了新的渠道，在民意表达、舆论监督等方面扮演着重要角色。同时，微博的开放性、匿名性对网络舆论危机的产生和发展又起着推波助澜的作用。针对社会突发事件，特别是涉及政府（官员）行为、公民道德的负面事件，公众以论坛发帖、微博评论等形式公开发表自己的观点或意见，这些观点通过网络汇集形成具有倾向性的共同意见，给事件当事人造成强烈的危机感，影响社会和谐，形成网络舆论危机。微博的发展变革了传统交往方式，即时、裂变、互动等传播特征给网络舆情应对带来新的挑战，分析微博给网络舆论危机带来的深刻影响，有利于探寻微博引导舆论发展的正确途径，构建科学的网络危机应急机制，推进政府

---

[*] 杨玉兰，湘潭大学公共管理学院硕士研究生，主要从事政务微博研究。

公共管理方式创新，深化体制改革，促进服务型政府建设。

一、微博条件下网络舆论传播的新特点

相当数量的公民针对某一公共事件公开表达自身的情感、态度、意见和观点，这些观点经网络汇集后形成具有共同倾向性的意见，便形成网络舆论。网络舆论具有形成速度快、传播范围广、参与主体众等特点，微博是一个系信息分享、传播以及获取的平台，在传播方面具有草根性、裂变性、即时性的特点，对网络舆论的形成和传播起着重要作用。

1. 微博舆论传播主体和传播受众的草根性，打破了传统的精英发言模式，拓宽了信息的传播和反馈渠道，迎来了话语民主的"自媒体"时代

在传统的主流媒体时代，话语发言权多掌握在政府、名人和专业新闻人等精英阶层手中，高深的文字功底、精湛的语言技术要求让普通大众望尘莫及。微博却平易近人得多，它为社会大众打造了自由阐述观点、参与社会文化活动的广阔平台，使传媒真正承担起向公众开放的义务和责任，充分满足了公众的表达欲和传播欲。一方面，微博时代，每个人都可扮演编辑和记者的双重身份，既不需要高超的表达技巧，又没有严格的审核控制，普通大众的利益诉求被充分表达，个人存在感得到强化，传播主体具有明显的草根性质。另一方面，微博传播的对象没有阶层限制，所有人都可以第一时间接收到相同讯息。传统的主流媒体，如报纸、杂志和电视节目的受众都会定位于特定的年龄或社会地位阶层，微博的信息传播却是针对所有网络用户的，平等开放的传播方式使信息能快速地被社会各个阶层知晓。同时，微博受众的自主选择性在信息的选择、解读、反馈等方面得到全方位张扬。通过微博的即时搜索功能，传播受众可以选择喜欢的话题和人物加以关注，还可自由地更新信息源，并通过微博的评论功能与传播主体实现即时的双向互动。媒介理论家马歇尔·麦克卢汉（Marshall Mcluhan）认为，媒介即是讯息，新媒介的出现不仅意味着一种新工具或新技术的产生，更意味着人的能力获得一次新的延伸，这种社会"新尺度"的创造，总会带来传播内容的变化。正如麦克卢汉所言，新传播媒介的产生，深刻影响着人们的生活方式和思维方式，是人体的延伸。微博的诞生打破了传统的精英发言模式，革新了传播方式和传播内容，拓宽了信息的传播和反馈渠道，迎来了话语民主的"自媒体"时代。

2. 微博如病毒裂变式的网状传播模式，使信息得以在最短时间内以几何级数扩散，关注、被关注、建立密友圈等设置大大提高了信息传播的效率

在微博平台，用户扮演着信息制造者、传播者和接收者的多重角色，每一个用户都是一个信息源，形成一个个以自我为中心、以关注与被关注的数量决定大小的信息传播圈。一条信息发布后，经由一层一层的信息传播圈迅速传递，几何倍数的信息增

长速度直至覆盖整个微博群体,最终显现强大的影响力。例如,我所关注的微博对象发布了一条信息,我在阅览该信息后进行评论并转发到自己的微博空间,所有关注我的微博用户就都可以看到这条信息并传播给他的微博密友,如此类推,关注和被关注得愈多,信息就扩散得愈广,直至无限扩散。此外,微博的@功能使得用户之间@的信息能被双方阅览,进一步扩大了信息的传播率。微博多对多的广播式信息传播特性,使网络信息的传播速度更快、辐射范围更广、产生的社会影响力更强烈。

3. 微博具有更强的实时性和现场感,开放自由的发声平台打造信息蜂巢,使得人人都是信息源,所有人都能快速便捷地共享信息

传统的媒体都要经过记者的现场采访——文章写作——编辑审查——对外发表几个基本流程,一件新闻被公众广泛知晓往往需要至少一天的时间。微博传播的即时性大大缩短了公众获取信息的时间,用户可以第一时间向社会大众报道目击的生活趣事和突发事件,并进行跟踪直播,信息的传播和反馈一分钟内就能完成。2010年8月7日22点左右甘肃舟曲突发特大山洪泥石流,亲历灾害的舟曲男孩王凯于8日凌晨3点23分用手机发布了第一条灾情微博,成为国内第一个图文"报道"舟曲灾情的人。微博即时传播、即时反馈的特征使得王凯对灾情的跟踪直播成为了网友甚至媒体了解灾情的重要信息源。同样的事件还有2011年7月23日20时38分发生的D301次列车与D3115次列车追尾事故,网络ID为"袁小芫"的D301次列车乘客于事故发生四分钟后发出了第一条微博,比国内媒体在互联网上关于"列车脱轨"的报道早了两个多小时。身在事故现场的微博用户以图片、文字信息等方式对灾难现场进行不间断的更新报导,使得该重大铁路交通事故在短时间内迅速以全透明方式展现在全国民众面前。微博的广泛应用,让普通网民随时扮演着"报道者"和"通讯社"的角色,即时、快速的传播使微博这一交流平台俨然成为国内热门事件特别是突发事件的直播中心和信息集散地。

二、微博在网络舆论危机中的消极作用

作为最大的舆情集散地,微博的快速发展为政府掌握民情、科学决策拓展了新的渠道,但是,自媒体属性下过度自由的微博滥用之势也在日益凸显。即时、核裂变的传播特征、信息发布过程的难以监管以及网民的非理性参与,将微博不自觉地变成了网络舆论危机酝酿产生、发酵传播的源地。公共表达中充斥着谣言和炒作,一些涉及政府行为的不实信息通过微博快速传播,对社会正常秩序和政府形象产生重要影响。2012年发生的"沈阳商户歇业事件"就是一起典型的微博不实信息报道引发社会混乱的网络舆论危机事件。

案情:2012年8月5日,大量沈阳店铺白日关门的照片在微博上疯传,随即众

多网友对店铺关门停业的原因展开讨论，一时间"辽宁沈阳公安借打假之名勒索商家致大量店铺关门停业"的流言迅速弥漫整个网络。受网络舆论的影响许多正常营业的商家纷纷停业"避险"，市民日常生活受到影响，纷纷在微博抱怨商家停业给生活带来的不便、质疑沈阳公安执法行为的公正性和合理性，甚至有网民直接指责政府行为导致沈阳变成"空城"，严重影响百姓生活、破坏社会和谐。在网络舆论高涨的同时，传统媒体介入调查，各种采访报道证实沈阳商户歇业的事实，但未对事件原因进行深入说明，流言从网络蔓延到社会各个角落，舆情迅速升温。8月7日早晨，沈阳市委宣传部通过官方微博@沈阳发布辟谣"高额罚款吓跑商贩"，引起社会高度关注，但由于缺乏具体的解释说明，各种质疑的声音仍占据主流，舆情发展到顶峰（图1、图2）。8月7日下午，@沈阳又相继发布了两条微博进一步阐释政策。为消解社会疑虑，迅速化解舆情危机，沈阳市政府召开专题新闻发布会详细解释店铺歇业事件始末，并设立市政府监督投诉电话，负面舆论逐渐平息，社会秩序恢复正常。

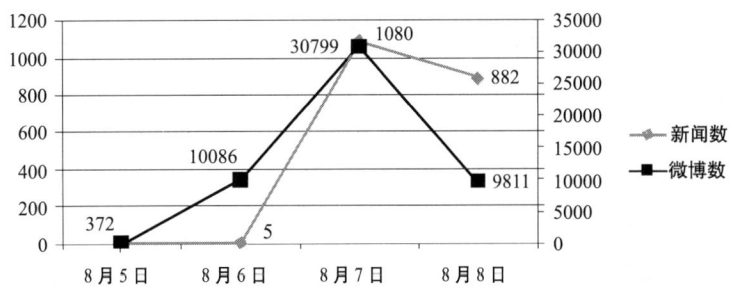

图1 沈阳商户歇业事件舆论关注度走势

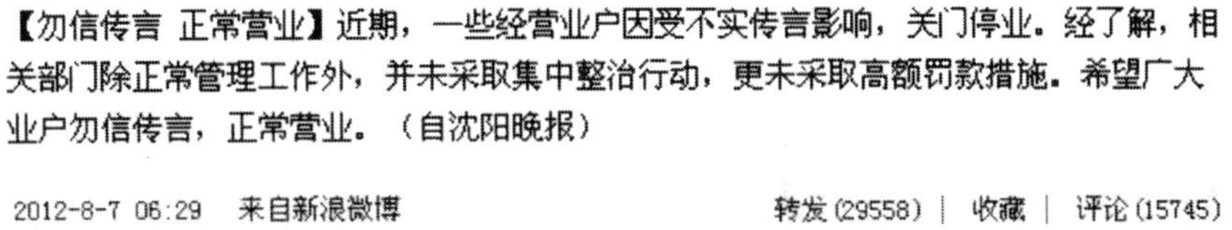

【勿信传言 正常营业】近期，一些经营业户因受不实传言影响，关门停业。经了解，相关部门除正常管理工作外，并未采取集中整治行动，更未采取高额罚款措施。希望广大业户勿信传言，正常营业。（自沈阳晚报）

2012-8-7 06:29 来自新浪微博   转发(29558) | 收藏 | 评论(15745)

图2 沈阳官方发布的第一条辟谣微博

案例分析：纵观此事件的整个发展过程，微博在网络舆论的形成、膨胀和消解过程中都扮演了重要角色。微博的开放为公众自由表达畅通了渠道，公众通过文字、图片和视频与网友分享信息，虚拟的网络特征使网民难以分辨信息的真实性，信息在传递的过程中可能被放大和扭曲，产生谣言。网友发现许多店铺歇业给日常生活带来不便，在微博中述说此事并附上照片，与之有相同经历感受的网友纷纷回应评论，猜测店铺歇业的原因，各种谣言在信息交流过程中产生。谣言起源于微博，在网民的围观

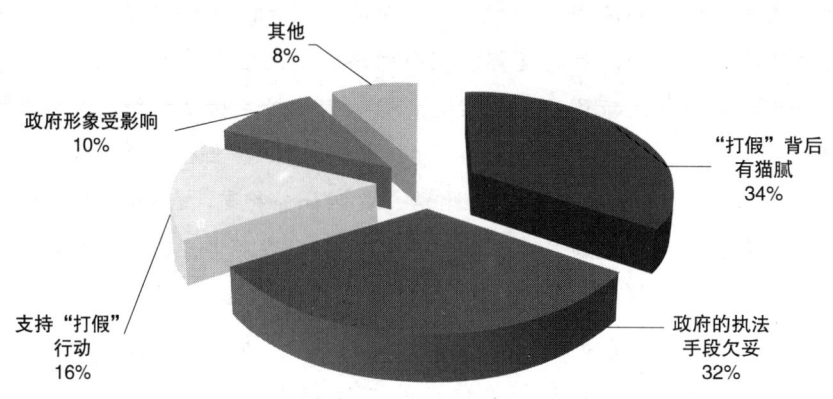

图3 沈阳商户歇业事件网友观点倾向分析

中壮大。面对各种"有图有真相"的内幕揭露,大量围观的网友在吸收和传递信息的过程中主观得出"沈阳政府执法不公正"的判断,将微博作为舆论审判场,各种质疑、批判的暴力性语言被炫耀性地展现出来,"辽宁沈阳公安借打假之名勒索商家致大量店铺关门停业"的传言逐渐占据网络舆论的主导方向。在缺乏权威辟谣声音的情况下,正常营业的商户选择停业"避险",致使市面萧条、商业停滞,引起社会各界关注,成为热点公共事件。在应对网络舆情的过程中,针对微博的传播特征和庞大的用户群体,政府首先通过微博对不实传言进行辟谣,试图疏解网络舆论场,但由于公布的信息有限,各种讨论质疑声音不断,网络舆情反而进一步高涨。34%的网友认为政府"打假"背后有猫腻,可能存在腐败问题;32%的网友认为政府执法手段欠妥当致使市面萧条,给百姓的日常生活带来困扰;10%的网友认为政府的"打假行为"及对网络舆情的处理方式破坏了政府形象,政府公信力遭质疑;只有16%的网友表示支持(图3)。最终,随着辟谣行动的全面展开、信息的立体化畅通,舆论风暴逐渐消解,但其给社会、政府和公民个人造成的影响是深刻的,发人深省。

微博的开放自由使得各种消息可以在未经检测核实的情况下公开发表,微博庞大的用户数量和核裂变的传播模式使消息迅速扩散,诱发网络舆论危机。首先,虚拟的网络环境和微博的匿名特征为网络谣言的产生和发展提供了温床。微博信息主体身份的虚拟性,切割了微博主体表达的权利与责任,在匿名身份、无须负责的心理暗示下,公众的责任意识和法律观念被弱化。同时,由于网络交往对象的虚拟性、间接性和隐蔽性特征,公众分辨事物真伪的难度和代价也更大。在信息提供者精心构建的微观信息环境中,由于信息发布的不全面、信息获取的不对称,信息接收者难以作出客观公正的判断,容易受表面现象迷惑听从舆论的声音,不自觉地加入到谣言的传播队伍中。其次,微博庞大的使用主体及其便捷的操作为虚假信息的传递开辟了广阔空间,网民在微博信息生成、发布、传递过程中的情绪化,容易助长网络空间中非理性情绪的蔓延，诱发"群体极化"，在短时间内形成强大的舆论场域。据 DCCI 互联网数据中心统计，至 2012 年 12 月底，我国共有网民 5.64 亿，其中手机网民 4.20 亿，互联网普及率达到 42.1%；微博用户约为 3.09 亿，其中手机微博用户规模达到 2.02 亿。[①]随着移动互联网的发展，微博用户开始大量向移动端变迁，通过手机、平板等移动终端访问微博平台的网民数迅速增加（图 4）。移动微博的发展使网民摆脱了 PC 联网的限制，真正实现随时随地分享心情、传递消息的全自由化。庞大的微博用户群体、多元化的微博访问方式对网络监管提出了挑战。微博信息采编与管理在缺乏严格的信息审查和监督制度背景下，极易导致舆论信息权威流失和公共话语空间垄断。中国互联网缺少网络"把关人"对微博内容的筛选、过滤和审核，网民的言论随意性大大增加，起初的信口开河或无心之失可能会迅速演变为谣言、炒作，情绪化的言论很容易使舆论发生错位。法国社会心理学家勒庞认为，"群众不善推理却善于行动，人作为行为群体中的一员，其集体心理与他们的个人心理有着本质的差别，成员的判断极易受到感情、名望、权威等左右。"[②]的确，网民往往是在浏览过几条简短的微博信息后，未经深思熟虑便加入到了转发和评论行动中来，简单的个人言论迅速演变为公共舆论，进而对公共事件的发展起到推波助澜作用，形成网络舆论危机。

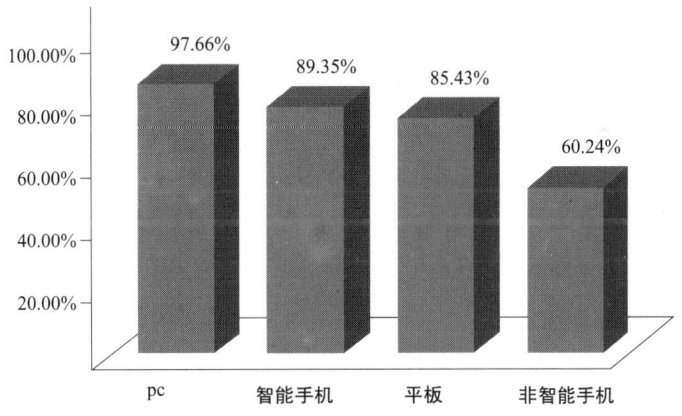

图 4　通过不同终端访问微博的比例

[①] 联网络信息中心：《第 31 次中国互联网络发展状况统计报告》，http://www.cnnic.net.cn/hlwfzyj/hlwxzbg/hlwtjbg/201301/t20130115_38508.htm（访问时间：2013 年 4 月 15 日）。

[②] ［法］古斯塔·勒庞：《乌合之众——大众心理研究》，冯克利译，中央编译出版社 2000 年版第 134—146 页。

三、微博在网络舆论危机中的积极作用

为推进政务公开、深入了解民意、保持良好的政民互动关系,越来越多的党政机构和传统媒体加入微博队伍,逐渐形成一支以"政务信息公开、新闻舆论引导、群众政治参与"为主题的政务微博大军。据《2012年政务微博客评估报告》统计,截至2012年12月20日,在新浪网、腾讯网、人民网、新华网实名认证的政务微博共计176714个,同比增长249.51%。政务微博的迅速发展壮大在有效化解网络舆论危机方面发挥着重要作用,权威信息的发布有利于第一时间占据舆论高峰,化解网民暴力情绪,抑制谣言的散播,正确引导舆论方向。在攻克H7N9禽流感这场战役中,政务微博在信息公开、舆情监测、政民互动、舆论引导等方面就起到了十分积极的作用。

案情:自2013年3月底我国确诊第一例H7N9禽流感,截至2013年4月29日18时,全国已确诊126人,其中24人死亡。感染人数和死亡病例的增加引起公众恐慌,关于预防H7N9的偏方、H7N9的传染源和某地首现H7N9病例等毫无根据的谣言开始在网络迅速蔓延,给社会现实造成影响。例如,H7N9禽流感爆发之初,民间传言板蓝根有预防之效,民众宁可信其有不可信其无地纷纷抢购,致使板蓝根一度脱销。4月6日,方某为提升人气,以"宁德市人民政府宣"的名义在网络恶意散播虚假消息,称"4月5日,宁德市发现首例人感染H7N9禽流感病例"。4月7日9时58分,南某通过腾讯微博散播"陕西发生禽流感事件,十多人死亡"的虚假信息,引发公众恐慌。同样的事件还在新疆、广西、海南等地陆续上演,各种有关确诊H7N9病例的谣言屡禁不止。谣言形成的原因各种各样,或为提升人气引起关注,或道听途说无心所致,或唯恐天下不乱故意为之,总之,各种流言自H7N9出现起就未平息过,给社会造成了恶劣影响。为消除公众疑虑、疏解网络舆情、引导舆论方向,各地政府部门纷纷转战网络,通过官方微博第一时间公布H7N9疫情的进展,与网民保持良好的互动关系,及时解答网民的疑惑、辟谣不实传言,抢占舆论先机、引导舆论正面发展,在化解网络舆论危机方面取得了显著成效。

案例分析:尽管在H7N9舆论危机事件中,微博是主要的谣言传播工具,但微博在政府应对网络舆情工作过程中起到的舆情监测、信息公开、政民互动等积极作用也是有目共睹的。北京市卫生局为方便市民及时了解禽流感疫情的防控动态,启动了人感染H7N9禽流感防控信息每日"零报告"制度,将每天疫情最新进展、禽流感防控信息、救治信息、各医院开展的防控工作等进行汇总,通过"首都健康"政务微博向社会播报,同时密切监测政务微博上的网民信息,将网民的咨询、提问、意见、建议、质疑及时反馈给相关部门。上海市政府新闻办公室除了通过官方微博"上海发布"及时公布疫情发展状况外,还将权威专家关于疫情防治的观点汇集成帖向公众公布(图5)。《新闻晨报》和《羊城地铁报》则别出心裁以漫画的形式制作《禽流感预防手

册》和《如何预防禽流感》，通过官方微博生动形象地向公众宣传预防 H7N9 的相关知识。广州多个政务微博主动发布 H7N9 相关防治知识，播报本地应对疫情的相关工作情况，及时解答网民疑虑和澄清谣言，安抚公众的紧张情绪，引导舆论正面发展。例如，广州市互联网新闻信息中心在新浪网实名认证的官方微博"中国广州发布"拥有超过 106 万的粉丝，"中国广州发布"积极发挥明星效应，每日及时向粉丝发布 H7N9 的疫情发展和防控工作情况，并配以轻松幽默的漫画帖子推广预防 H7N9 的科普知识，第一时间辟谣 "花都现 H7N9 患者"的流言（图 6、图 7）。4 月 8 日 13 点 26 分，贵州微博网民"温暖贵州"在未经核实的情况下发布了"H7N9 病毒在观山湖区活禽市场出现"的信息，一时间贵阳出现 H7N9 病例的消息经网络迅速在当地蔓延开来，引发公众恐慌。4 月 8 日 17 点 18 分，贵州省人民政府就通过官方微博"黔办之声"对该消息进行辟谣，将这场网络舆论危机迅速消解在萌芽初期（图 8）。正是当地政府积极应对的态度，和传统媒体良性互动的策略，巧妙运用微博和网民的力量第一时间释疑辟谣，才使得舆论危机在发展初期迅速得到有效治理，稳定了社会秩序。

【本市目前确诊病例均为4月13日以前发病】#微直播#市卫计委主任徐建光介绍，截至昨晚24时，上海共发现33例人感染H7N9禽流感确诊病例，其中8名患者已康复，死亡11例，14例正在积极治疗。近十天以来本市病例数与前一阶段相比明显下降；目前确诊病例均为4月13日以前发病的。

4月22日14:09　来自专业版微博　　　　　　　　　　　　转发(104)｜收藏｜评论(36)

图 5　上海政府通过官方微博报道 H7N9 疫情进展

#禽流感防控#【东莞禽流感家禽样品来自河源】河源市委市政府昨日通报：东莞市东城三鸟批发市场近日检出一份疑似H7亚型禽流感病毒核酸阳性家禽样品来自河源市区。日前河源活禽市场均已分批次停业消毒，截至目前未接到异常报告。禽流感病毒对高温敏感，禽肉只需彻底煮熟就不怕，各位街坊不用闻鸡色变哦。

5月7日09:29　来自专业版微博　　　　　　　　　　　　转发(39)｜收藏｜评论(15)

图 6　官方微博"中国广州发布"发布的禽流感防控信息

#回复网友#【"花都现H7N9患者"消息不实】昨日,有微博网友称,广州花都已出现一例H7N9禽流感病例且"病人生命垂危"。广州市疾病预防控制中心回应称:截至昨天傍晚,广州地区未发现疑似或确诊的禽流感病例,从目前情况看,市民无需过于担心、恐慌。@广州日报

4月6日09:43 来自新浪微博　　　　　　　　　　　　转发(103) | 收藏 | 评论(15)

图 7　广州政府部门辟谣"花都现 H7N9 患者"的微博

【我省迄今为止未发现H7N9禽流感病毒】近日,有网民称,"金阳活禽市场检查H7N9全部为阳性,请大家暂远离"。有网民将这一消息向"黔办之声"反映后,"黔办之声"与省卫生厅应急办联系,省卫生厅应急办答复:我省已采取措施密切监测,迄今为止全省活禽市场未发现H7N9禽流感病毒。

4月8日17:18 来自专业版微博　　　　　　　　　　　转发(80) | 收藏 | 评论(17)

图 8　贵州政府通过官方微博辟谣 H7N9 不实传言

微博即时、核裂变的传播特征能在最短时间将消息传播给尽可能多的受众,若要及时抑制虚假消息的蔓延,政府部门第一时间针对谣言作出权威具体的解释,利用"微博医治微博"无疑是消解舆论危机最迅速快捷的方法。首先,在网络舆论危机萌芽期,政府相关部门通过舆情监控追踪监测网民的微博动态,及时公开相关信息、消除公众疑虑,能有效消解网络谣言的蔓延。其次,当突发性舆情事件爆发,网络谣言四起、网民消极情绪蔓延时,政府部门通过微博即时答疑释虑,与网民保持良性互动,有利于发挥政府的舆论领袖作用,消除负面舆论,赢得公众的支持和认可。政府部门积极应对的态度、官方微博联手出击的策略,将微博作为突发性事件信息发布和舆论引导的重要渠道,有助于事件在舆论爆发的高涨期迅速解决。此外,微博作为言论的自由市场,在网络舆论危机爆发后同样具有自我修复、自我净化的功能。微博的自由开放为公众拓展了民主表达的空间,同时虚拟的网络特征、庞大的受众主体又加大了监管的难度。特别是在突发公共事件中,造谣者、跟风附和者的非理性言论极有可能传染其他人形成"群体极化",诱发网络舆论危机。这个时候除了政府的积极应对、媒体的密切配合外,对事件进行理性分析的网民起着至关重要的作用。网民的自我约束、自我管理有利于净化网络生态环境,使谣言在一次次的碰撞交锋中显现原形。

四、结论与讨论

Web2.0 时代,微博已成为网络舆论汇集和扩散的中心场域,各种信息通过微博平台向外传递,引起网友关注产生思想的碰撞,观点在交流互动中趋向统一形成强大

的舆论力量，对社会和公众产生影响。微博的蓬勃发展改变着网络舆论的格局，正确理解微博在网络舆论危机中的作用，建立健全微博运行管理机制，挖掘微博在舆论监督和舆论引导方面的潜能，积极构建科学的网络舆论危机应急机制，是网络治理的有效途径，也是微博健康发展的方向。

（一）准确定位微博在网络舆情应对中的功能

虽然政府对微博的认识和利用逐渐增多，但对微博在网络舆情应对中的功能定位还不够明确，存在利用微博赶潮流、晒政绩的现象。一些政府部门将微博当作公文发布、大晒政绩工程的传播工具，或"临危受命"将微博作为处理突发公共事件负面舆论的消声器，在应对网络舆论危机时反应迟钝、信息发布不及时，互动僵硬、消极被动的应对方式致使事件升级恶化。微博由于其参与群体的草根性，开放多元的参与形式，即时、核裂变的传播特征，在网络舆论的形成和传播过程中起着助推器的作用。正确认识微博在网络舆论传播中的作用，准确定位微博功能，有利于发挥微博的舆论引导功能。党政部门和行政人员应正确认识微博的本质，不断提升自身运用微博等新媒体的能力，推动互联网环境下的政府管理创新。利用微博做好网络舆情预警和监测工作，完善微博运用的规章制度和评价机制，将微博打造成信息公开、亲民沟通、舆情疏导的网络危机治理新工具。

（二）完善微博在舆情应对中的运行管理机制

在反思微博参与网络舆论传播过程中的负面作用，探寻治理网络舆论危机的道路上，政府部门（行政人员）和传统媒体纷纷试水微博，以"微博治理微博"的方式积极应对网络舆情。但由于管理机制的不完善，在实际运行中存在着命名混乱、无专业专职人员管理、责任关系不明确、内部监督体系不完善等现象。微博已渐成公共领域，成为易被操纵的舆论传播工具，运行管理机制的不健全使官方微博在舆情应对中渐成行政人员的私人指挥部，构建科学完备的微博舆情应对运行管理机制刻不容缓。首先，应设立政务微博统一管理条例，规范政务微博的命名和用语机制，设立专人专岗负责政务微博的管理和维护，明确本部门政务微博的总负责人以及在舆情应对中的责任关系。其次，大力整合微博资源，构建官方微博联动机制，强化网络媒体沟通，加强与政府网站和主流媒体的有机结合，将政务微博建设成政府信息资源中心。逐步建立健全舆论危机微博回应、处理机制，构建整体统一的运行管理体系，扩大政务微博在网络舆论引导中的影响力。

（三）健全微博的舆情收集、研判和反馈机制

网络舆情是社会舆情的风向标，网络维权和网络反腐的蓬勃发展从侧面反映出现实生活中民意表达渠道的不畅通。政府应高度关注网络舆情，及时了解民情、疏导民意，科学研判舆情趋势，迅速采取积极措施应对网络暴力事件。首先，建立网络舆情信息汇集和分析机制，畅通社情民意反映渠道。传统的舆情信息汇集渠道存在形式单一、信息失真、缺乏时效性等问题，需要不断拓展新的舆情信息表达途径，建立统一协调的网络舆情监测和汇集中心。相关部门应积极利用微博平台收集网民对社会热点问题的看法，特别是不利于社会安定和经济发展的消极思想、反动言论，对信息进行分析处理后，提供给相关决策者，帮助决策者及时掌握公众思想动态，迅速行动化解社会矛盾，抑制舆论暴力的产生和蔓延。其次，推进政务信息公开，加强网络舆情的引导和处理。政府应牢牢掌握舆论的主导权，在第一时间通过微博公开相关政务信息，主动回应公众最关切的问题，发布通报对虚假消息进行辟谣，对公众过激的舆情进行引导。最后，建立经常性的网络舆情反馈机制，全面掌握舆情动态，提高科学和民主的执政能力。政府应该及时掌握网络舆论动向，加强网络舆情信息的过滤和分类处理，主动担当起网络信息传播"把关人"的职责，将开放自由的微博平台纳入有序管理的渠道。

参考文献：

[1] 盛明科、杨玉兰：《微博时代公共舆论暴力的产生及其治理机制研究》，载《吉首大学学报》，2013年第3期。

[2] [法]古斯塔·勒庞：《乌合之众——大众心理研究》，冯克利译，中央编译出版社2000年版。

[3] [美]休·休伊特：《博客信息革命最前沿的定位》，杨竹山、潘浩译，中国铁道出版社2006年版。

[4] 国家行政学院电子政务研究中心：《2012年政务微博客评估报告》，国家行政学院出版社2013年版。

[5] 李秋萌：《本市启动禽流感"零报告"制度，北京疫情信息每日下午微博发布》，载《京华时报》，2013年4月15日。

[6] 联网络信息中心：《第31次中国互联网络发展状况统计报告》，http://www.cnnic.net.cn/hlwfzyj/hlwxzbg/hlwtjbg/201301/t20130115_38508.htm（访问时间：2013年4月15日）。

学术动态

公共突发事件联动应急中的部门利益梗阻及治理研究

——基于整体性治理理论的视角*

盛明科 郭群英**

摘 要：在以分工、专业、效率等传统价值诉求的政府部门治理模式下，部门利益本位主义以及政府部门之间的权力分割、信息阻塞、管理上的"碎片化"等，降低了公共突发事件应急效果的规模收益和集成效应，导致了公共突发事件"应急失灵"。顺应后新公共管理时代政府治理模式整体性变革趋势，在中国推进公共突发事件联动应急，必须重塑应急理念，以整体性为取向创新治理机制，以综合组织为载体修正过度分权的弊端，以信息共享促进政府的整体性运作。

关键词：应急管理；部门联动；整体治理；部门利益

公共突发事件联动应急，就是在公共突发事件应急过程中将公安、交通、通讯、急救、电力、水利、地震等政府部门纳入统一指挥调度系统，处理社会突发紧急事件和向公众提供社会紧急救助服务的应急管理模式。公共突发事件联动应急的特点在于应急幅度的跨区域、跨部门、跨警种，应急过程的快速指挥、统一应急、联合行动，应急效果的规模收益和集成效应。然而这种应急联动机制必须建立在各联动部门之间摒弃部门狭隘利益窠臼的基础上，从服务公共利益和服从总体应急命令出发，而这又受到官僚制部门分立、利益分割，官员"经济人"取向，以及信息封闭的影响，使得这种联动应急模式可能出现"应急失灵"。整体性治理（Holistic Governance）理论

---

* 基金项目：国家社科基金项目"公共服务均等化视角下省级政府教育统筹效果评价与推进研究"（编号：CFA110126）；国家社科基金重点项目"地方政府应对重大自然灾害对策研究"（编号：08ASH004）。

** 盛明科，湘潭大学公共管理学院副教授、博士，武汉大学信息管理学院在站博士后，湖南省政府绩效评估研究中心副主任，主要从事政府绩效管理、公共组织理论研究。郭群英，湘潭大学公共管理学院研究生，主要研究方向：公共管理理论与实践。

作为对新公共管理的反思和批判基础上提出来的后公共治理理论，强调预防导向、公民需求导向、整体性整合，倡导整合部门信息、简化网络、提供一站式服务，注重信约、责任感和制度化，有望成为治理当前官僚制体系内部部门利益梗阻，支撑重建公共突发事件联动模式的根基。

一、公共突发事件联动应急中部门利益梗阻的表现

部门利益是指掌握公共权力、承担公共管理职责的政府部门，利用自身行政权力和资源控制优势，通过或者合法和合政策的，或者钻法律和政策空子的，或者非法和非政策的手段，为本部门及其组成人员谋取的、非公共利益的小团体和个人的私利[①]。部门利益梗阻则是由于部门利益的客观存在或对其过度追捧，阻碍了政府部门内部机构和部门间的协调、合作和整合，导致公共突发事件情形下政府的整体性治理无法实现。公共突发事件联动应急中部门利益梗阻主要表现在以下几个方面：

（一）偏离公共利益和服务

公共突发事件是一种强干扰，在政府和社会公众都毫无防备的情况下突然发生，对整个社会造成或者可能造成严重的危害。一旦爆发，相关政府部门很难服务公共利益和服从总体应急命令，而是趋利避害，将集中精力在对有利可图事务争先恐后和对经济利益的博弈上。一方面，注重本部门利益损失的最小化，在本应付诸努力的职责领域内，隐瞒重要信息，隐藏重大资源、力量等，失信于其他部门及公众，彼此之间推诿义务和责任以维持自身的利益和实力。另一方面，力求自身利益的最大化，借着复杂的公共突发事件所带来的巨大恐慌和混乱情势，公共危机应急联动部门包括公安、交通、通讯、急救、电力、水力等部门，有可能趁机浑水摸鱼，中饱私囊。总之，这种狭隘的部门利益视角直接切断了公安、交通、通讯、急救等相关部门在危机情况下联合救助的路径，有可能将公众的需求弃之不顾，争权夺利，极大地偏离了公共服务宗旨与公共利益方向。

（二）封锁和控制信息

信息虽然客观存在，但却经常分布于不同主体。公共突发事件及其应对情况的信

---

① 石亚军、施正文：《我国行政管理体制改革中的"部门利益"问题》，载《中国行政管理》，2011年第5期，第7页。

息也同样无法逃脱这条规律,即可能掌握在不同层级的政府、不同功能的政府部门,甚至不同的公私部门中。不同的主体所拥有的也都是不完全、不断变化甚至相互矛盾的信息片段[①]。公共危机信息分布及其传播,则直接制约着政府部门联动应急的及时性与有效性,影响到应急效果的规模收益和集成效应。然而,在实际的公共突发事件联动应急管理中,出于自身利益的考虑,政府少数部门往往通过各种手段对其所获得的信息进行封锁和控制,限制了各部门间的交流和沟通,降低了相互之间的理解、依赖和信任。一方面,某些部门故意隐瞒特定信息,甚至还对其进行人为的封闭与分割,无法形成公共危机治理中统一的政策体系和政策过程[②];另一方面,各部门较少开放与合作的观念,仅局限于部门或者机构内部的资源和权力运用,阻碍了政府部门内部机构和部门间的整体性合作。

(三)无视信任和责任

信任是合作的前提,责任是压力也是动力。无视信任和责任,可能导致政府部门之间的应急整合根本无从谈起,部门利益梗阻更加肆无忌惮。一是部门间的不信任,即某些政府部门对其他本应与其合作的部门心存芥蒂,出于部门自身利益的考虑,因而不敢或者不愿意与其联动。二是政府对公众的不信任。官本位思想意识下,政府部门总是轻易置部门利益于公共利益之上,甚至将二者严格对立,这不仅引起公众对政府的不信任,削弱了政府公信力,也更加强化了部门本位主义。三是政府部门推脱和逃避责任。受传统的官僚制体系影响,政府部门机构膨胀、内部分工过细导致政府职能交叉、权限不清、责任不明,多龙治水的局面使得政府各部门缺位、越位和错位现象严重,在追究责任时相关部门相互推诿、相互扯皮,玩起了"踢皮球"的游戏。

(四)阻碍部门联动整合

部门利益这种狭隘的利益视角呈现,在公共突发事件的联动应急管理中,无疑将阻碍政府各部门、各专业、各层级以及各个机构之间的整合运作。首先,利益的大小和有无使政府横向功能之间的联动受阻。不同专业和功能的政府部门为了自身利益筑建部门壁垒,拒绝沟通和协调,切断了整合路径。其次,部门利益至上也必将引起政

---

① Moynihan D.P., "Learning under Uncertainty: Networks in Crises Management", *Public Administration Review*, Vol.68, No.2, pp.350-365.

② 刘超:《地方公共危机治理碎片化的整理——"整体性治理"的视角》,载《吉首大学学报》,2008年第2期,第79页。

府纵向层级之间的整合不畅。部门私利指使下，政府各部不作为或者走样作为破坏了应急管理政策贯彻的连续性和真实性，加剧了部门联动中政策制定与执行的碎片化，导致不同层级政府之间的严重脱节。最后，整体性治理的整合还包括公私组织之间的协作，可部门利益的立场和出发点明显与第三部门公益性的特点背道而驰。总之，政府各部门之间的整合障碍是政府部门利益梗阻的最重要表现之一，要想最大限度地消除公共突发事件联动应急管理中的部门利益梗阻，就必须实现部门利益梗阻的整体性治理。

二、公共突发事件联动应急中部门利益梗阻形成的原因

部门利益逆行强化了部门本位主义，滋生腐败。部门利益梗阻不仅增加了政府应急管理成本，驱动政府部门消耗大量政治、经济资源，而且还阻碍了政府部门之间的协调和整合，降低了联动应急的能力和效率，导致政府无法根据公众的需要提供相应的救助和服务。公共突发事件联动应急中部门利益梗阻的形成原因主要表现在以下几个方面：

（一）应急理念上的本位主义

传统的官僚制组织是以权威结构理论为基础的，官僚制的权威基础是组织内部的各种规则，人们对权威的服从是依法建立的等级体系。在韦伯看来，只有合理合法的权威才能作为行政组织的基础，因此，他认为也只有与之相适应的合理——合法化组织形式才是"理想的官僚制"，然而这一组织形式过度强调专业分工和职能权限划分的意义。在公共突发事件的联动应急中这就直接忽视了公安、交通、通讯、急救、电力、水利、地震等政府部门相互之间的宏观协调，导致部门本位主义的问题；过于强调人员和组织的稳定则易于导致组织惰性，从而形成稳定的利益团体和固定的利益途径；同时还过分强调组织的效率，忽视了人员的心理需求和人性发展，组织本身的这种理性主义和人本主义冲突在公共危机情况下极易将人们"逼上"唯部门本位主义的不归路。

同时，作为新公共管理改革理论基础之一，公共选择理论假定：政治行动者个人（不管是决策者还是投票者）都被自利的动机所引导而选择一项对其最有利的行动方案[①]。在他们看来，政治领域的人同其他领域尤其是经济领域的人并无二致，这种

[①] 陈振明：《公共管理学》，中国人民大学出版社 2003 年版，第 25 页。

经济人或者理性人的本性使得追求个人利益最大化成为人们一切活动的最原始的驱动力。那么，在爆发公共突发事件的情形下，公安、交通、通讯等政府部门作为组织形态的存在也不过是个体"经济人"放大化，个人理性赋予了部门理性的现实生活中的政府部门，很容易在政策的制定和执行上，因为部门私利而放弃公共利益。在具体的联动应急过程中缺乏全局意识，仅从自身的小团体利益出发，不为整体的公共利益打算，利用手中的公共权力谋取部门利益的最大化。这有悖于"全心全意为人民服务"的理念，是政府部门公权私用的心理基础，成为政府部门扩权逐利欲望的源泉和部门利益梗阻的原动力。

（二）组织结构上的权力分割

传统的官僚制组织是典型的功能性组织模型，是围绕特定的功能，即特殊的目的与活动（如监狱管理、警察服务、实施防御、医疗管理、基础设施建设等）进行组织设计的。长期如此，官僚制组织体系就越来越庞大，再加上它又特别强调管辖权、职位和任务的专业化，以及层级节制的权力体系，组织机构臃肿、部门林立和资源浪费的现象也越发严重。20世纪七八十年代新公共管理改革运动，虽然利用企业家精神对政府的"DNA"进行了全面再造，在形式上改变了官僚制基于制度、规则及等级权威等组织设计原则，实现了组织结构基本特征上的转变，即从大型化、合理化、垂直整合的官僚制转变成小型化、多样化、分散化的独立性扁平结构，但其"本质上并没有改变功能性组织的本质，组织结构设计的核心原则仍然是围绕功能而建立……在某种程度上还强化了功能性组织模式的内涵"[①]。最终形成了分权化的新公共管理组织结构，打破了大政府和大部门。

但当这种部门林立和分权化明显的组织结构，碰上我国严重的权力配置部门化倾向时，权力分割将在所难免，部门利益的剧本不断上演。首先，在政府职能的划分上，实际中还存在技术上的缺陷，公安、交通、通讯等政府部门不能有效把握公共管理对象属性及相互间的关联。其次，"职能自定"的职责确定方式会使部门经常性地对自身进行扩权减责的处理，实现本部门的争权逐利。最后，部门立法体制凭借几乎不受控制的立法权，导致大多部门从部门本位出发，为自己争得特定的行政权，将相当的职权都划归自身，决策和执行集于一体。久而久之，政府部门权力和职责的分割就这样越来越严重。也正因为如此，即使在公共突发事件发生的情形下，公安、交通、通讯等部门运用各种手段利用行政公权力，来谋取部门私利似乎也变得没那么难理解了。

[①] 曾维和：《新公共管理的局限性及改进路径》，载《东北大学学报（社会科学版）》，2009年第3期，第248页。

（三）管理体制上的"碎片化"

官僚制极力通过体制结构而实现系统的合理协调，却往往使内部交流、沟通受到压制、阻隔，创新思想被埋没甚至无法有效地解决上下级、部门之间的矛盾[①]。以"政府再造"为内容的新公共管理运动，在传统政府组织"引入竞争机制的同时，却忽视了部门之间的合作与协调，造成碎片化的制度结构"[②]，这些问题将加剧政府部门的自我中心主义和本位主义，在面对公共危机时显得无能为力或者严重失效，危机整合性战略难以建立。

机构裂化。实践证明，无论是像英国和新西兰这种走在新公共管理改革前列的发达国家，还是其他的发展中国家都存在管理分权、"机构化"和"公司化"的问题[③]。马丁·米诺格等学者指出，英国与新西兰的政府改革导致了政府机构的增加和机构的裂化。如英国的《改变政府管理：下一步行动方案》中产生的执行机构就承担了大量的政府部门内分离出去的行政职能。新西兰国有企业（SOEs）不再被认为是政府部门的一部分。除了创立国有企业单位之外，新西兰还将它剩余的政府部门分割为更小的、更专业化的机构。恰如工业化国家一样，公共部门的组织（机构）裂化可能导致战略一致性（采取协调性综合性行动处理复杂问题的能力）的丧失[④]。另外，在公共突发事件的情况下，机构裂化还附带着协调和争夺权力的问题，公共部门之间为了一些有利的、模棱两可地带的权力展开竞争，其后果是公共部门一个机构权力的膨胀或者多个机构之间的权力交叉和重叠。特别是随着公权力与经济利益的挂钩，这将加剧部门利益的白热化，使机构整合问题更加凸显，削弱了政府联动应急的能力。

权力碎片化。它是与组织化相对的概念，是机构裂化发展到一定程度的产物，也叫"巴尔干化"。具体内容是指"地方政府不仅在数量特征上变现为大量的碎片，而且这些政府在地域和功能上彼此交叉重叠"[⑤]，即政府机构管辖权限与边界不断增值，政府机构不断增加与趋向分散化的一种复杂状况。它实质上是一个国家权力逐步分解的过程，权力逐步分解就形成了"政府空心化"或"职能悬浮"。地方政府的大量碎

[①] 张康之：《论官僚制的实践困境》，载《云南行政学院学报》，2001年第6期，第7页。
[②] Sylvia Horton, David Farnham, *Public Administration*, Britain: Macmillan Press LTD, 1999, p.251.
[③] 马丁·米诺格、闻道：《超越新公共管理》（上），载《北京行政学院学报》，2002年第5期，第95页。
[④] 马丁·米诺格、查里斯·波里达诺、大卫·休莫、闻道、吕恒立：《超越新公共管理》（下），载《北京行政学院学报》，2002年第6期，第91页。
[⑤] Harrigan, J.J., Vogel, R.K., *Political Change in the Metropolis*, New York: LONGMAN, 2000.

片化势必会削减私有化和公共介入的形式与范围，这就破坏了政府协同治理的内在机制。同时，鉴于政府组织结构上权力分割和管理体制上条块分割的现实，依据垂直管理和属地管理原则，在危机治理的网络构成中，既包含以中央政府为核心的垂直管理网络（例如铁路、民航、电力系统等），又有以地方政府为核心的属地管理网络（例如市政等部门）①，在涉及危机治理问题时，公安、交通、通讯、急救、电力、水利、地震等政府部门通常各自为政，局限在本地区、本部门管辖范围内行动，不能生成应对危机的整体合力，产生协调的行动计划。彼此之间管理权限、职能和责任划分不清，导致的交叉管理和多头领导则会引发有利互争，无利互推，不利互阻，面对问责则竞相"踢皮球"的现象。

　　碎片化治理。这是在机构裂化和权力碎片化的基础之上进一步发展的产物。主要有以下几个方面的内容②：①转嫁问题，让其他机构来承担代价。比如安监部门的疏忽导致了重大的安全生产事故，而医院及司法部门等不得不出面解决这一问题。②相互冲突的项目。一些机构的政策目标互有冲突，或者尽管一些机构从事同一政策目标，但他们的运作却相互拆台。如安监部门与相关规划部门目的都是为公众提供更为便捷的服务，但在一些具体领域两者常常发生冲突。③重复，权力碎片化引起的交叉和重叠导致浪费并使服务使用者感到沮丧。④相互冲突的目标。一些不同的服务目标会导致严重的冲突，如警察收集可能导致惩罚的证据会与安监部门的工作人员存在冲突。⑤由于缺乏沟通，不同机构和专业缺乏恰当的干预或者干预结果不理想。⑥在对需要做出反应时各自为政。一些机构认为可以在不与其他机构通气的情况下凭自己的力量解决问题，但最后并没有满足真正的需要。⑦公众无法得到服务，或对得到的服务感到困惑，他们常常不知道去哪里获得恰当的服务。⑧由于没有考虑问题的原因，而是强调可得的或固有的一套专业干预，从而导致服务提供或干预的遗漏或差距。所有这些问题将导致政府处理公共突发事件这类综合性、交叉性、复杂性问题的能力逐步下降，这也正是治理中的一些协调、合作、整合等方式或整体性运作想要解决的。

（四）运行机制上的信息封闭

　　从纯技术的观点看，官僚制是最高效率的组织结构形式，可是实践效果证明它的刻板僵化和墨守成规导致其所谓的效率只对例行性事务；"训练无能"，即一旦特殊

---

① 郭雪松、朱正威：《跨域危机整体性治理中的组织协调问题研究》，载《公共管理学报》，2011年第4期，第56页。

② Perri 6, Diana Leat, Kinbery Selter, Gerry Stoker, *Towards Holistic Governance: The New Reform Agenda*, New York: Palgrave Macmillan, 2002.

事件发生，就反应迟钝和行动缓慢。这种情况下，危机信息能否共享、信息技术是否成熟都将在很大程度上影响着整个政府组织的正常运转及联合、协作的程度，直接决定着政府到底能不能根据公众的需求提供及时、恰当的服务。然而，实际上的信息封闭和分割不仅为政府的部门利益梗阻创造了条件，也给这狭隘的私利丑态找来一块遮羞布。在公共突发事件的联动应急管理中，一些政府部门和领导者个人总是想方设法地通过各种方式控制信息，以此加强自身在权力金字塔中的地位和权威，甚至从自身利益出发，对信息进行修改和编辑，造成了信息的不对称及其传递过程中的"吸收不确定性"现象。各种形式下的信息资源孤岛化，打破了资源利用的时效性，而且严重制约了政府部门的交流和沟通，切断了相互之间协调和直接联动的路径，扭曲了公共行政，使各部门之间、公众与政府之间产生了信任危机，加剧了公共突发事件联动应急中的部门利益梗阻。此外，政府部门在权力和信息进行转换的瞬间也可能引起部门利益梗阻的畸形诞生，转换的时滞还往往会导致政府错失公共危机治理的最佳处理时机。

三、公共突发事件联动应急中部门利益梗阻的治理对策

整体性治理是西方国家继新公共管理之后政府改革的新理论，是在信息时代大背景下对传统官僚制的继承、批判，以及对新公共管理服务裂解性和功能碎片化的反思和修正。它强调预防导向、公民需求导向、整体性整合，倡导整合部门信息、简化网络、提供一站式服务，注重信约、责任感和制度化，其核心是着眼于政府内部机构和部门间的整体性运作，这与它的产生国英国在改革过程中的机构化措施所导致的碎片化是密切相关的。而且，它与当前我国公共突发事件联动应急中部门利益梗阻的治理存在很大的契合性，它所倡导的一些重要理念对于政府应急管理中部门利益梗阻的研究和治理具有一定的指导意义。

（一）以公众需要为基础，重塑应急理念

在公共突发事件联动应急中，首先要明确的就是公众需求，要超越的就是部门利益。政府部门必须以"全心全意为人民服务"为宗旨，强调以公众的需求为基础。只有这样，政府处理突发公共事件时才能剔除本位主义倾向，切实为公民提供无缝隙的服务。

首先，要加强公务人员队伍建设。第一，在选拔政府工作人员时，要注重他们的政治素质、政策水平、知识结构、思想觉悟、组织能力和工作态度等综合素质，以保证政府部门危机治理过程中集体主义的价值观取向，改善公共政策认同度不高或者不认同的困境。第二，力求通过科学的绩效考核制度，促进政府机构工作人员树立公共

服务的大局观和整体观。从而杜绝政府官员只追求部门集体财富的"政治企业家"角色，在公共突发事件的联动应急管理中能够真正处理公民最为关心的问题。第三，加强对政府部门人员的教育和培训，强化"公共利益的坚实捍卫者，国家法律的忠实执行者和无私忘我的公仆"的角色定位。提高政府部门工作人员的思想觉悟和服务意识，使他们能真正地根据广大公众的需求进行危机管理。

其次，在具体的公共突发事件应急管理活动中，要树立起"以人为本"、"效率优先"和"协调一致"的应急理念。2000年7月，台湾嘉义县巴掌溪下游4名突遇山洪的工人在急流中挣扎时，前往救援的空军海鸥部队说低空非自己的责任区，空中警察说气候不佳，无法起飞，因而延误了救援时间，眼睁睁酿成了4人被洪水吞噬的惨剧。"以人为本"一方面强调要做好危机事件的预控、防控工作，防止公民的人身、财产安全受到侵害；另一方面是在公共突发事件发生之后政府组织要实现跨区域、跨部门、跨警种的协同应急，不惜巨大代价挽救民众的生命。"效率优先"理念则要求类似空军海鸥和空中警察的救援机构在危机情况下要利用其精锐力量，集中优势兵力，迅速救助急流中的4名工人。另外，参与公共突发事件救助应急的人员和力量来自多个方面，包括公安、交通、通讯、消防等政府部门，以及私人部门和志愿者组织等，这就必然要求危机治理过程中各个部门之间彼此合作，协调一致，消除公共突发事件联动应急中的部门利益梗阻。

（二）以整体性为取向，克服"碎片化"管理困境

以分权为典型特征的新公共管理组织结构虽然有效克服了集权等级制组织在运作上的低效率，但它又陷入了新的组织结构悖论，即它所产生的机构裂化、权力碎片化和碎片化治理等问题导致它在公共突发事件爆发的情况下提供交叉性公共服务时部门利益从中作梗，出现了严重的协调和整合问题，最终走向低效和失效。整体政府理论指导下的整体性治理以整体性为取向，能够有效地克服"碎片化"困境中部门利益的梗阻。

首先，注重重新整合。这里并不否认严格的部门或地区分割有利于组织的各司其职和组织行政效率的提高，但我们也必须清醒地认识到条块分割过于严重也必将导致部门利益的泛滥，制约政府各部门之间的整合与联动。"21世纪的政府不应该再放任政府各不同功能与专业部门间的单打独斗，而应推动整体性治理，通过制度化以落实政府各机关间的沟通协调"[①]。要消除部门利益梗阻，就必须加大重新整合的力度。

---

① Perri 6, Diana Leat, Kimberly Seltzer and Gerry Stoker, *Towards Holistic Governance: The New Reform Agenda*, New York: Palgrave, 2002, p.32.

一是逆部门化和逆碎片化。即通过合并的方式将政府应急管理过程中一些功能相近的机构、部门重新整合为一个大部门，减少部门林立现象，将它们纳入统一管理部门，建立大通讯、大交通、大救援等部门体制，实现公共突发事件应急管理中公安、交通、通讯等部门的"无缝隙协调"。防止九龙治水和多头领导下政府各部门之间"1+1<2"的畸形问题，杜绝危机情形下彼此间的利益争夺、责任推诿和"扯皮"。二是加强中央对于应急的集权或整体治理。按照上下对口的"垂直"模式组织应急系统会造成公安、交通、通讯等部门的应急环节彼此独立、分散、无合力。因此，很有必要利用新的合理的中央集权因地制宜，实现联动指挥，建立和控制跨部门组织的能力，采取更多的合作措施，并实行有效的监督，减少条条管理的弊端。在中央政府统一领导下，建立健全分类管理、分级负责，条块结合、属地管理为主的应急管理体制，同时注重"属地"部门之间的积极配合；在各级党委领导下，实行行政领导责任制，加大条块结合，改变现存的条块分割弊端，使公安、交通、通讯等部门能主动承担责任，避免相互推诿；充分发挥专业应急机构的作用，做到联动应急时的快速反应，协同应对。最终实现条块分割管理向系统协调管理的转化，全面提高政府处理公共突发事件的联动应急能力。

其次，实现从功能性导向转向问题性导向的"整体政府"改革，即不再围绕特定功能建立组织结构，而是把解决危机情况下与人民的生活问题及其他相关需要作为核心关怀来进行组织设计与创新[1]。这就形成了一种不同于官僚制和新公共管理组织结构的政府组织形式，即跨越组织功能与边界设计的"联合岬"（Jioned-up-ness）。联合（Jioned-up）是它的一个基本特征[2]。其一是基于政治和行政领导同质性的等级式组织结构形式，在公共突发事件爆发后，它注重公安、交通、通讯等政府部门的权力集中和组织各要素的统筹协调与有机配合。一旦有某个大的综合协调机构取得了这个强势地位，就可以统一应急管理，加强政府治理、责任机制和相关的财政管理。这将在很大程度上避免碎片化治理的转嫁和重复问题，需求反应中的各自为政也被扼杀，还缝合了服务供给或干预的裂口，民众也不再对服务内容及其获取感到困惑。其二是基于政治和行政领导异质性的协商式组织结构，它注重组织各要素通过协商与合作实现功能整合。这种整体政府的理念有效地防止了公安、交通、通讯等部门在联动应急时刻的冲突性项目和冲突性目标，从而团结协作实施应急和救援，促进了不同机构和专业之间的沟通，以及合理、恰当的干预，推动了政府部门的联动应急。不仅如此，基于前面所提到的功能性组织模型特征，机构间的功能则仍然保持着高度的分离，以

---

[1] Perri 6, *Holistic Government*, London: Demos, 9 Bridewell Place, 1997.
[2] 曾维和：《价值重构、制度安排与功能整合——超越新公共管理的三种理论视角》，载《国家行政学院学报》，2009年第1期，第106页。

及与之相联系的权力分割,由此导致部门主义的牢笼总是左右着机关工作人员的工作行为和思考方式。因此,为了更有效地解除部门利益梗阻,一定要规范政府组织的权力运作。第一,弱化上下对口和层级节制,优化权力运行机制。按照决策权、执行权、监督权既相互制约又相互协调的要求,对权力结构进行重组和再造,以确保应急管理过程中决策科学、执行顺畅、监督有力[①]。同时,基于治理公共突发事件的现实状况和社会需求,基于制度和法律,对政府(部门)权力的分配以及责任与利益的分割作出明确的界定,构建起平战结合、统分结合的权力配置体制,形成常态管理平时分权、专业职能部门分工协调和应急管理战时集中决策、统一指挥并存的权力分配格局。第二,完善公共财政体制,遏制部门权力利益化。要对政府的部门经费、预算外资金和工资福利等作科学合理的制度安排,既不允许政府部门"小金库"的私自存在,也要杜绝危机处理过程中的部门自主"创收"行为。第三,完善监督体系,加强对政府部门权力运行的监督。即借助司法途径来正式监督联动应急中各部门的权力运作,预防和惩处权力和利益的挡道,进而消除部门利益梗阻。

再次,要根据整体政府理论,实施整体性治理。简单地说,整体政府是指一种通过横向和纵向协调的思想与行动以实现预期利益的政府治理模式,实施整体性治理,主要是实现三个面向的治理整合[②]。一是治理层级的整合,即对不同治理层级和同一层级的治理进行整合。如"7·21"北京暴雨灾害事件,房山区政府和北京市政府之间的沟通与协调就排除了应急救助过程中政策情境相互破坏与腐蚀的困境。这个层面的整合属于政府组织间关系的整合。二是治理功能的整合,是对功能内部进行协调与整合,如使海陆空三军合作,促使国防部各部门协同工作;也包括少数或许多功能之间的协调,如防汛部门、消防部门或灾害救援所涉及的诸多部门之间。这样可以更好地联合使用危机情形下的稀缺资源。这一层次的整合属于部门间合作。三是公私部门之间的整合,即公共部门内部或者政府部门与非营利组织、私人组织之间形成良好的伙伴关系。北京市消防部门和北京市交管部门协作应急,一方面努力维持各交通要道的畅通无阻,同时也要倾全力实施救援。另外,政府部门与志愿者组织之间的接轨与整合将促使某一关键时刻某一领域不同利益主体的团结协作,从而为公民提供无缝隙而非相分离的服务。这里属于新生伙伴关系的整合。部门之间的沟通是相互理解和信任的基础,是共同合作的前提,以上三方面的整合给政府的整体性治理奠定了基础,但要真正克服"碎片化"困境,消除部门利益梗阻,实现整体政府组织结构协同运作

---

① 石亚军、施正文:《我国行政管理体制改革中的"部门利益"问题》,载《中国行政管理》,2011年第5期,第10页。

② 曾维和:《后新公共管理时代的跨部门协同》,载《社会科学》,2012年第5期,第42页。

的顺利运行,至少还需要以下几个基本条件[①]:一是目标,公共突发事件的混乱情形下,设定一个界定清晰、交互价值和共享的目标有利于形成救援合力,实施全力抢救。二是进程测量,即围绕救援目标进行持续的进程评估和监督,并在需要的时候采取必要的补救措施。三是资源,只有充足的资源供给和适当的技能操作才能维持长期的协同运作。四是领导,以此来激发各部门的积极性和主动性,在复杂和危急时刻需要一个好的领导把实施协同救援和运作的创新与目标胶合在一起。五是共同的责任,各救援部门只有在相互支持、信任和认同彼此差异及信息共享的基础上才能建立良好的工作关系,最终实现整体政府的协同运作。

(三)以法律法规为引导,规范政府部门的联动应急

法制建设是应急体系的基础和保障,建立健全公共突发事件紧急状态的法律法规,既能引导政府部门应急管理过程中的有效联动,也强化了政府责任和信约意识,增强部门联动的灵活性,消除部门利益梗阻。首先,以《突发事件应对法》为龙头,以其他部门法和专门条例、规章等为补充,建立起一套完整的紧急状态法律体系,将部门利益诉诸法律法规,从宏观到微观,从防范到处置,全方位、多角度地对公安、交通、通讯等政府部门的联动应急作出规范和引导。同时,注重用法律的方式来引导、规范、统一和监督政府行政管理中权力的运作,明确各部门本身的权力和职责,使政府组织能够集中相应的权力,统一决策、统一指挥、统一领导,发挥战时的集权效用,实现统一指挥和属地管理相结合,依法赋予部门和地方深层次自主权,真正把公共危机治理纳入法制化的轨道。其次,完善危机相关法律法规的立法体制,防止部门立法。第一,健全政府组织应急的法律法规。要提升现行"三定"方案的法律层次,明确公共突发事件应急管理中公安、交通、通讯等部门的职责和权限。第二,完善立法体制。按照科学立法、民主立法的要求,明确立法权限,完善立法程序,强化立法监督,杜绝和抵制"部门立法",防止法律成为公安、通讯、交通等实现其部门利益的手段和工具。总之,从法律上增强部门之间的联动,增强了政府部门之间、部门与公众之间的信任感,使部门无法包庇和回避责任,增强了公共突发事件联动应急中各方之间的信服和被信服,进而规范了政府部门之间的联动应急,有利于消除部门利益的梗阻,实现多元化的应急管理,克服应急失灵。

---

① 曾维和:《后新公共管理时代的跨部门协同》,载《社会科学》,2012年第5期,第40页。

（四）以综合组织为载体，修正过度分权的弊端

公共突发事件本身是一个综合的、立体的多面体，从其发生阶段来看，有前兆阶段、爆发阶段、持续阶段，一项事件还常常会引发另一甚至更多项危机。正是因为突发事件的综合性、复杂性特点，决定了公共危机治理不可能由某个政府部门来处理，而是必须有综合协调性的机构与组织，来修正政府组织结构中过度分权的弊端，提供预防、应急救助及事后处理的一条龙管理和服务。

首先，健全突发事件监测预警联动机制。监测和预警是应对突发事件的第一道防线，要促进应急管理中政府部门从被动应付型向主导防范型转变，从侧重事后应急救援向事前监测预警管理转变，从减轻灾害损失向减轻灾害风险转变。其次，建立公共突发事件应急联动体系。统一公众报警求助号码，将公安、消防、交警、急救、防洪、防震、公共事业、民防等不同政府职能部门的运作纳入到一个统一的城市应急指挥调度系统当中，以供公众报告紧急事件以及政府和有关方面紧急救助，形成集公安、消防、交通、医疗卫生、公共事业等多部门为一体的社会紧急救助保障体系。整合各种应急救援力量和市政服务资源，将 110 报警服务台、119 火警台、120 急救中心和 122 交通事故报警台"多台合一"，健全所有突发事件"统一接警，统一处警"的应急联动机制。第三，成立公共突发事件应急联动指挥中心，加强应急处置协调联动机制建设，统筹规划并组织制定城市应急联动与社会综合服务发展规划、政策措施。要建设应急指挥平台，利用先进的科学和技术手段，力求实现"测、报、防、抗、救、援"六位一体的功能要求。第四，以各种综合组织为载体，提供应急管理的一站式服务，即把提供多种行政服务的政府网站联合起来，一次性解决公民各种问题的公共服务。一站式服务的模式既保证了公众得到救援的及时和高效，也避免了政府的重复解决，其理念是公共利益至上。

（五）以信息共享为依托，促进部门联动的整体性运作

透明的信息公开和充分的信息共享，有利于提高信息资源利用的时效性，加强政府部门的信约和责任感，促成部门之间的联动与整合。实现信息的共享，具体可以有三种思路：一是实现组织结构的扁平化，尽量压缩中间层级，实现危机情况下组织高层与基层直接的信息沟通、保证政府部门信息的完备与透明。部门之间信息的自由传递和迅速共享能促进政府部门的科学决策、严格执行和有力监督，加强政府部门对突发事件的预测预警、联动应急和善后恢复等工作，缩短权力和信息的转换时滞，抓住突发事件联动治理的重要时机。二是借助现代通信、电视广播和互联网络等媒体加强

政府—媒体—民众之间的互动与沟通，实现信息公开的便捷和多元化。政府及时发布和报告突发事件的信息保障了公民的知情权，有利于公众了解事实真相，消除各种猜测、传言和谣言，稳定人心，在公众和政府之间建立起了认同机制，相互信任、相互合作和相互监督。三是依托信息技术，整合信息服务系统。如果说希克斯等人提出的整体性治理更多针对的是新公共管理理论的弊端的话，那么登力维提出的整体性治理理论则更多是基于数字时代的到来对政府治理模式的新要求。他强调将信息技术和网络技术作为治理手段，将不同的信息技术进行整合，不断加强互动信息的搜索和提供，实现政府网络化治理。整合服务信息系统，就是把电子政务中的一站式服务更推进一步，使它在公共突发事件情形下围绕与民众对公共服务需求密切相关的生活事件组织起来，使政府部门成为一站式商店的后方办公室和内容提供者，从而使政府联动应急、整合服务的功能得到最大程度的发挥。此外，利用信息技术打造"电子政府"，建立新型的应急管理体系可以极大地提高公共突发事件相关信息的传播速度，减少传播过程中的变形和失真。实现信息共享、整合信息技术，依靠网络平台促进了政府部门从分散走向集中，从部分走向整体，从破碎走向整合，有利于实现对于公共突发事件联动应急中部门利益梗阻的整体性治理。

权力结构变迁中的政党与
社会抗争治理研究*

孙培军**

摘　要：政党必须和能够治理社会抗争，这是由国家、政党和社会构成的权力结构决定的。随着权力结构变迁，政党不断"走出"国家，"嵌入"社会，进行结构性自我调适从而使结构更加优化。这种动态结构变迁保证了政党能够治理社会抗争，可以通过政党和国家关系不太和谐以及和政党"嵌入"社会这两个方面，考察政党治理社会抗争的效果。

关键词：权力结构变迁；政党；社会抗争治理

目前关于中国社会抗争治理的研究，主要是强调在政府治理的基础上，发挥民间组织、非政府组织、公民等社会力量的治理潜力和能力，形成政府主导、社会参与的治理格局。但是在国家和社会治理之外，必须加入一个关键的主体，即政党，将政党纳入到社会抗争治理中。这是因为中国的权力结构是三维的，即国家、政党和社会，一方面政党领导国家，另一方面政党联系着社会，考察社会抗争治理必须放到国家、政党和社会的权力结构中，关注政党与国家之间、政党与社会之间的关系，这直接影响着社会抗争治理的效果。①

---

　*　本文系作者主持2012年中央党校青年项目的阶段性研究成果(项目由中国马克思主义研究基金会资助)。
　**　孙培军，政治学博士，中共中央党校政法教研部讲师，研究方向为政治学理论、中国政治、比较政治。
　①　本文中的政党特指中国共产党，对政党、国家和社会，党、国家和社会，党、政府和社会不作统一表述。

一、社会抗争治理：政党行为

从实际来看，社会抗争很多时候是因为国家与社会之间的关系、社会和社会之间的关系出现了偏差、矛盾或冲突。在社会抗争治理过程中，上述两个层面的关系调节除了靠两类关系中的主体自我调整之外，另外一个重要思路是：需要协调国家与社会、社会与社会之间关系的中介或载体，而现代政治生活的重要支配力量是政党，政党是介于国家与社会之间的力量，既是整合与协调社会的力量，同时也是运行国家权力、引导社会发展的力量，因而对平衡国家与社会关系，整合国家与社会的意志有直接的作用。在现代政治的一般逻辑和中国的特殊逻辑下，必须将中国共产党放到权力结构及其变迁中研究政党治理社会抗争。

（一）现代政治逻辑下政党与社会抗争治理

社会抗争作为一种非制度化参与，在很大程度上，其发生、发展受整个社会现代化的影响，是现代化进程中出现的国家和社会、社会和社会内部之间的关系断裂或失衡而引发的博弈。这种状况在发展中国家尤为明显，社会抗争从根本上讲是关系"变化社会中的政治秩序"的。发展中国家在经济全球化、信息化、市场化与民主化这当代四大国际性潮流交互作用的大变革时代，想要在日益加快的全球化进程中趋利避害就必须具备必要条件：一个是强大的政党，一个是有效的政府。没有强大的政党，政府就失去了发展战略的权威指导，政府的合法性受到质疑，没有有效的政府，社会经济效率和社会资源调配无法进行，无法在现代化过程中赢得主动。两者必须兼得，不可偏颇其一。[1]发展中国家在现代化进程中不仅面临着经济发展的任务，也要谨慎处理异常复杂的社会矛盾和政治问题。如何防止政治危机，正确处理改革、稳定、发展的辩证关系是各国政治发展理论的首要研究课题，发展中国家的政治稳定的关键在于巩固政党权威和强化政府能力以适应后工业社会的发展。[2]从以上可以看出，政党权威及其能力与影响社会发展和秩序的社会抗争治理存在强相关性。

此外，从发展中国家发展的两种典型发展模式——东亚模式和拉美模式来看，两种模式在二战后50年的时间取得迥然不同的结果。东亚模式要好于拉美模式，它能

---

[1] 姜淑芝、王辉：《政党权威与政府能力：发展中国家政治稳定问题的两个视角》，载《社会科学战线》，2005年第2期。

[2] 陈英：《研究发展中国家政治稳定问题的两个视角》，载《当代世界与社会主义》，2005年第1期。

比较好地处理发展中国家在一个相当长的历史时期内渐次遇到的各种各样的问题,使经济高速增长,综合国力迅速提高,这是因为在东亚模式中,强大的政党和有效的政府的天然的有机结合以及致力于经济增长的终极理念、灵活的制度创新是造就东亚奇迹的根本原因。反观拉美模式,政党与政府的关系相互脱离,一个日益脱离多数选民广泛支持和认同的政党,一个在政策上连续失误导致经济停滞不前的政府,这样的国家发展是不可能成功的,制定的战略也不会符合国情的,经济必然是动荡的。[①] 同时,社会的和谐需要协商的主体,但西方协商民主理论中公共协商的主体是公民及其社团,这种理论倾向导致了政党因素在协商民主论争中的缺席。然而,公共协商与政治决策之间的非连续性和断裂性,要求公共协商在政治决策领域寻找合适且有力的政治代议者,这就在客观上为政党因素在协商民主理论中的重新出场创造了机会。[②] 凡此种种,美国政治学者亨廷顿在研究了发展中国家现代化发展的经验后总结道:"一个现代化中政治体系的安定,取决于其政党的力量。一个强大的政党能够使群众的支持制度化。政党的力量反映了大众支持的范围和制度化的水平。凡达到目前和预料的高水平政治安定的发展中国家,莫不至少拥有一个强有力的政党。"[③] 政党成为改革、发展和稳定所需要的结构性整合或协商力量,正如帕森斯所说,在现代社会,政党已成为社会整合结构的重要部分。[④]

从以上发展中国家现代化和政治稳定的一般政治逻辑来看,政党和政府的关联,政党和社会的关联,决定了政党能够满足社会抗争治理对协调国家和社会之间、社会和社会之间的需要。这种一般政治逻辑同样适用于中国,中国作为发展中国家,面临着与其他发展中国家相同或相似的改革、发展和稳定问题,同时,中国的政党同样是作为一种社会组织,具有与一般政党的这种在现代化中保持社会稳定的功效,这本身就是对社会抗争的治理。

(二)中国政治逻辑下政党和社会抗争治理

从中国社会抗争的性质和动因来看,社会抗争是由于国家和社会之间、社会和社会之间的冲突而引发的,目前的社会抗争治理是国家—社会视角,形成对社会抗争治理的法治化和制度化治理。但在中国的政治逻辑下,将国家—社会视角扩展为国家—

[①] 邹庆治:《西方政党体制理论》,载《山东大学学报》,2001年第5期。
[②] 高奇琦:《西方协商民主理论中政党因素的缺位及其修正》,载《华东政法大学学报》,2010年第2期。
[③] [美]塞缪尔·亨廷顿:《变革社会中的政治秩序》,王冠华等译,华夏出版社1988年版,第396页。
[④] [美]帕森斯:《现代社会的结构与过程》,梁向阳译,光明日报出版社1988年版,第38页。

政党—社会这三维视角能够更准确、更有效地治理社会抗争。根据《布莱克维尔政治学百科全书》的定义，政党"不过是平衡国家与市民社会张力的、运行于政治体制的正式部分(立宪的)和非正式部分(社会的)交界上的一个制度要件"。① 政党在国家、政党和社会权力结构中的地位和作用，满足了社会抗争治理的条件，能够充当社会抗争治理的主体，构成社会抗争治理结构中的一个要素，而且，可以说是关键的一个要素。因为，社会抗争作为一种底层社会的利益博弈，从根本上讲，其发生的频度、强度受中国现代化的速度和质量的影响。而中国现代化的逻辑是由以政党为中心的国家、政党和社会的权力结构决定的。这体现为："中国这种形态的现代化内涵的发展机理是：以国家为主导，集社会资源，基稳定秩序，借后发优势、借持续发展，行跨越战略。这种机理决定了中国的现代化发展，不仅需要强大的国家主导作用，而且需要强有力的领导核心。只有形成了强有力的领导核心，强大的国家主导作用才能得以具体实现。坚持和发展党的领导核心作用，不仅是中国发展社会主义的内在要求，也是中国现代化发展的内在要求。政党是现代政治生活的核心力量。对于以国家为主导的现代化发展来说，形成强大的政党领导，是现代化取得最终成功的关键，因为强大的政党能够创造和保证现代化发展所需要的安定的政治局面。"② 可以说，中国社会抗争治理所需要的低频度、弱强度和正效度恰恰需要政党在现代化中的这种领导核心作用，相反，如果"一个没有强大政党的国家也就没有产生持久变革和化解变革所带来的冲击的制度化手段，其在推行政治、经济、社会现代化方面的能力也受到极大的限制"。③ 这种整个社会稳定的宏观条件和政党领导核心的中观条件是减少中国社会抗争、控制社会抗争强度以及开发社会抗争正面功能所必须的客观条件。

因此，中国政党的这种结构性规定，使得政党实际上成为了连接国家与社会的桥梁，英国政治学家巴特对政党与国家、社会的关系有一种很形象的表述："政党具有双重性格和特点，是把一端架在社会，另一端架在国家上的桥梁……如果换一种表述方式的话，那么政党就是把社会中思考和讨论的水倒入政治机构的水车并使之转动的导管和水闸。"④ 在中国的权力结构和政治逻辑下，政党能够"全力保证政治稳定和社会和谐团结。党和政府应在积极推进经济和社会发展的同时，积极而稳妥地推进政治民主化和国家法治化建设，合理地调节好党、国家和社会的三者关系，及时有效地化解各种人民内部矛盾，建设和谐社会。政治稳定和社会和谐团结有赖于党、政府、

---

① [英]戴维·米勒、韦农·波格丹诺编：《布莱克维尔政治学百科全书》，邓正来译，中国政法大学出版社1992年版，第521页。
② 林尚立：《中国共产党与国家建设》，天津人民出版社2009年版，第34页。
③ [美]塞缪尔·亨廷顿：《变化社会中的政治秩序》，王冠华等译，生活·读书·新知三联书店1989年版，第372页。
④ Emest Barker, *Reflections on Government*, Oxford University Press, 1942, p.39.

市场和社会在治理社会、推进发展上的协调与合作，作为领导核心的政党，必须具有从社会发展大趋势发展出发，整合各种社会治理资源，创造合理的治理结构的能力与水平。"①这就是亨廷顿所言的"对一个政治参与水平低的国家来说，未来的稳定在很大的程度上取决于该国用以面对现代化和政治参与扩大的政治制度具有什么样的性质"②。因此，中国的权力结构设计和性质是以政党为中心的国家、政党和社会关系，而这种权力结构能够应对现代化以及由此带来的政治参与扩大和政治稳定等问题，在社会抗争治理这一特殊问题上，权力结构中的政党同样可以发挥对社会抗争的结构性治理，即政党调节国家与社会、社会与社会之间的抗争。

二、政党调适："走出"国家和"嵌入"社会

在权力结构向权力主体相对自主变迁的格局下，不论是党与国家关系的协调，还是党与社会关系的协调，都同时关系两个方面的问题：一个方面就是关系到党的领导如何立于不败之地问题；另一个方面就是关系到中国现代化如何实现健康发展的问题。③政党与现代政治和现代民主之间的关系，决定了任何执政的政党，要实现合法和有效的执政，关键不在自身的意志与决心，而在对政党、国家和社会三者关系的驾驭和把握，这是执政的逻辑。④因此，面对这种执政的逻辑，政党必须进行结构性调适，即政党"走出"国家并"嵌入"社会，避免"政党卡特尔化"。⑤

---

① [英]戴维·米勒、韦农·波格丹诺编：《布莱克维尔政治学百科全书》，邓正来译，中国政法大学出版社 1992 版，第 521 页。
② [美]塞缪尔·亨廷顿：《变化社会中的政治秩序》，王冠华等译，生活·读书·新知三联书店 1989 年版，第 367 页。
③ 林尚立：《政党与现代化：中国共产党的历史实践与现实发展》，载《政治学研究》，2001 年第 3 期；另参见赵宬斐：《政党政治与政治现代性》，中央编译出版社 2010 年版。
④ 刘建军主编：《执政的逻辑：政党、国家与社会（复旦政治学评论第 3 辑）》，上海辞书出版社 2005 年版，第 12 页。
⑤ "政党卡特尔化"是由卡茨和梅尔提出的，指政党和国家相互渗透（interpenetrate）和合谋（collude），政党生存越来越依赖国家，从政党与国家和社会的关系看，这种政党与国家合谋，与社会疏离。转引自周建勇：《当代西方政党转型理论探析》，见陈明明主编：《共和国制度成长的政治基础（复旦政治评论第 7 辑）》，上海人民出版社 2009 年版，第 179—180 页。关于卡茨和梅尔构建的"干部型政党—大众型政党—全民型政党—卡特尔型政党"的政党模式嬗变理论，见 Richard S. Katz and Peter Mair, "Changing Models of Party Organization and Party Democracy: the Emergence of the Cartel Party", *Party Politics*, January 1995, pp. 5-28.

（一）政党"走出"国家

历史地看，在中国共产党取得革命胜利、建立中华人民共和国之后，党的一元化领导不断强化，党政不分仍属于一种外生型政党—国家关系模式；……在改革开放之后，中国共产党反思过去的经验教训，开始推进社会主义民主与法制建设，强调党在宪法和法律的范围内活动，开始逐步向内生型政党—国家关系模式转变。[①] 因此，从这种逻辑出发，中国的政党和国家关系从序列先后上也被概括为，先有政党，后国家（现代国家），换言之，是政党主导了国家和国家建设，成为"党建国家"。[②] 从词源学看，学界对中国的政党和国家关系研究形成了一些具有代表性的概念和表述，如"政党国家"(party state)、"政党政府"（party government）、"党国体制"（party-state system）等，陈明明将其统摄为"党治国家"的概念范畴，并探讨了在中国"党治国家"的概念和历史。[③] 尽管概念不同，但其实质内涵是相通的，特别是对建国后的中国共产党与国家之间关系的一种界定。[④]

1."党治国家"的合理性

在西方政治学中，"党治国家"的讨论一般和两个领域有关：一个是关于政党与政党体制的研究，法国政治学者迪维尔热和意大利政治学者萨托利关于政党体制的分类有特殊重要的意义；一个是关于政党与政治发展的研究，这涉及"党治国家"是如何发生的。[⑤] 可以说，中国政党与国家的关系在这两个层面都有所体现。这种界定是有其历史渊源的，因为20世纪中国首先面临的问题恰恰是"统治阶级的解体和整个政治制度的崩溃"。[⑥] 这也是通过革命实现现代化的逻辑使然，"在革命与现代化之间，

[①] 郭定平从比较的视野和历史的维度分析中国政党与国家关系及其转换。参见郭定平：《当代中国政党与国家关系模式的重构：比较的视野》，载《社会科学研究》，2009年第1期。

[②] 学理上来讲，国家肯定先于政党，此处"党建国家"是特指在中国特殊的历史—社会—文化情境下，政党作为国家和国家建设的主体力量，在现代国家建设过程中发挥的独一无二的作用，这也是"国家政党化"和"政党国家化"的双向极致过程。就一般意义上的政党国家化和国家政党化，雷斌从西方政党和政党体制的角度，梳理了近现代欧美政党政治发展的历史，分析了政党国家化与国家政党化两种趋向的客观存在、原因及其表现形式。参见雷斌、雷鸿：《政党国家化与国家政党化——以近现代欧美政党政治为中心》，载《北京工业大学（社会科学版）》，2005年第3期。

[③] 陈明明主编：《共和国制度成长的政治基础（复旦政治评论第7辑）》，上海人民出版社2009年版，第192—198页。

[④] 本文关于政党与国家关系包含政党与国家权力机关（如中国的党与人大），政党与国家行政机关（如中国的党和政府）等不同层次和内容，对此暂不作详细区分。

[⑤] 关于西方"党治国家"的体制、缘起和发展，参见陈明明主编：《共和国制度成长的政治基础（复旦政治评论第7辑）》，上海人民出版社2009年版，第199—212页。

[⑥] 邹谠：《二十世纪中国政治》，香港牛津大学出版社1994年版，第54页。

二者的区别消隐了,革命与现代化合为一体。由于存在革命的路径依赖,党在革命年代早期时刻成功运作政权获得优势的'偶发和瞬时'的经验一经积累和总结,就会形成一种正反馈机制,即形成一种不可逆转的自我强化的趋势,从而'锁定'了后来的现代化之路——我把它称之为革命式现代化。"①

因此,邹谠认为,中国的政党国家是中国对整个20世纪面临的危机作出反应的最终产物。②他将这种政党国家(政党与国家的关系)界定为实行"全能主义政治"(totalistic politics 或 totalism)的国家。全能主义是"关于政治机构的权力可以随时地、无限制地侵入和控制社会每一个阶层和每一个领域"的"一种指导思想",而"全能主义政治则是以这个指导思想为基础的政治社会,但仅限于表达政治与社会关系的某一种特定形式,并不涉及该社会中的政治制度和组织形式。"③"当一个社会普遍政治化之后,使社会融入国家(反之亦然)的沟通规则就通过政党体系结构化的方式建立起来。此时,政党成为沟通的机构,而政党体系则成为该社会的政治沟通体系。"④这样,"中国的政权与苏联的一样,所有的政府组织都在党的控制之中,都要为实现党的高层领导所设定的全国性目标而协调一致。"而且,因为"公民被政治上相互协调的类似'传送带'的各种组织机构整合起来,党的路线、方针和政策得以贯彻执行。"⑤

2. "党治国家"的限度

在一般意义的"政党政府"形式之外存在的"党治国家":政府控制国家的程度、政党控制社会的程度和国家控制社会的程度都达到了极致——政党、社会、国家和政府完全融为一体。⑥"党国体制"带来的社会高度政治化与国家化的党国—社会结构带来一系列严重的问题,如经济增长的不可持续与普遍困顿,社会自主性和创造力的持续萎缩,极度失衡的国家与社会关系在成就国家高度扩张的同时,又反过来不是强

---

① 陈明明:《在革命和现代化之间》,见陈明明主编:《革命后社会的政治与现代化》,上海辞书出版社2002年版; See Joseph W. Esherick, "Ten Theses on the Chinese Revolution", *Modern China*, Vol.21, No.1, Symposium: Rethinking the Chinese Revolution, Paradigmatic Issues in Chinese Studies, IV, January, 1995, pp.45-76; Andrew G. Walder, "Social Change in Post-Revolution China", *Annual Review of Sociology,* Vol.15, 1989, pp.405-424.

② 邹谠:《中国革命再阐释》,香港牛津大学出版社2002年版,第124—137页; See Tang Tsou, "Interpreting the Revolution in China: Macrohistory and Micromechanisms", *Modern China*, Vol.26, No.2, April 2000, pp.205-238.

③ 邹谠:《中国革命再阐释》,第69—70页; See Weizhi Xie, "The Semihierarchical Totalitarian Nature of Chinese Politics", *Comparative Politics*, Vol.25, No.3, April 1993, pp.313-330.

④ [美]G. 萨托利:《政党与政党体制》,王明进译,商务印书馆2006年版,第65页。

⑤ [美]西达·斯考切波:《国家与社会革命》,何俊志、王学东译,上海人民出版社2007年版,第316页。

⑥ [法]让·布隆代尔、毛里奇奥·科塔:《政党政府的性质》,曾淼、林德山译,北京大学出版社2006年版,第42页。

化而是抑制国家的能力,从而使国家陷入深刻的矛盾和危机之中。①"党治国家"的内在逻辑是要把政党变成国家,把国家变成无所不包的"党国体制",既消弭了政党的原始机制——政党的功能高度行政化、政党偏离了政党的角色,又消弭了国家与社会的界限——国家全面扩张最终吞噬了社会,反过来抽掉了国家建设的物质和政治基础,导致国家政权建设的全面困局。②这种负面效应是促使现代政党和国家关系必须调适的必然原因。

3. "党治国家"的转型:党的领导体制和领导方式改革

"党治国家"必须转型③。对此,任剑涛审视政党—国家向民族—国家转型问题,从原苏联东欧国家和台湾地区经验的视角和从理论的视角分析了为什么政党—国家需要转型,和政党—国家如何可能转型。他指出政党—国家转型关乎社会发展的政治要求如何,权力体系重建的可能性,政党竞争制度是避免政党—国家的重要政治制度安排,并指出转型的核心问题是占有一切社会政治经济资源的执政党如何可以有一个准确的政党定位,为此要实现从革命党转变为执政党政治改革工程和政党竞争的制度承诺。④政党与国家的关系在本质上是党政关系,这种党政关系在现实政治运行中体现为党的领导体制和领导方式问题,因此,政党"走出"国家可以从政党的领导体制和领导方式来考察。

"在中国,党与国家、党与社会、国家与社会的关系都是在这个权力组织网络的基础上形成的。也就是说,这个权力组织网络对党与国家、社会以及国家与社会具有重要的影响,甚至是决定性的影响。中国共产党在中国社会主义事业中的领导核心地位,决定了这个权力组织网络具有深厚的社会基础和政治基础,并使其在几十年的发展中,渗透到政治生活、经济生活和社会生活的深处。权力组织网络所具有的影响,主要取决于党领导国家和社会的实现方式。所以在中国,要研究党与国家、社会以及国家与社会的关系,就必须从研究党的领导实现方式入手,只有这样,才能比较准确地揭示党、国家与社会的权力关系及其变化。"⑤从中国共产党对国家,具体来说对政府的领导来看,党主要采用两种具体形式:一是体制内的领导,这主要通过其党员直

---

① 参见陈明明:《党治国家的理由、形态与限度》,见陈明明主编:《共和国制度成长的政治基础(复旦政治评论第7辑)》,上海人民出版社2009年版,第248—254页。

② 同上,第255页。

③ 凌伯涛通过比较分析中国与匈牙利两个典型政党国家体制转型的历史经验,认为这一体制转型过程包括组织形态变迁、发展战略重塑和制度变迁选择三个层面。参见凌伯涛:《政党国家体制的变迁与演进——基于中国与匈牙利国家转型的比较研究》,复旦大学2010年硕士论文。

④ 参见任剑涛:《政党、民族与国家:中国现代政党—国家形态的历史—理论分析》,载《学海》,2010年第4期。

⑤ 林尚立:《中国共产党与国家建设》,天津人民出版社2009年版,第160页。

接掌握国家权力并在政府机构内建立党的组织来实现；二是体制外的领导，这主要通过党对政府主要干部所具有的组织人事权，以及以民主集中制为基础的集体决策制来实现。在上述两种领导方式下，党和政府的关系具有很强的内在统一性，党是决策核心，政府是政策执行主体。党对国家领导所形成的党和国家的这种关系，决定了国家全面主导社会是在党对国家全面领导的基础上实现的。国家全面主导社会的背后，存在的是党对国家的全面领导。就国家主导社会而言，党对国家的全面领导为国家主导社会提供了丰富的组织资源和体制资源。①

在中国，政党的传统领导体制和领导方式其特点包括以党的组织网络整合社会；以党的领导代行国家功能……而且，传统的领导体制和领导方式在与国家制度和社会生活的长期互动中，相互之间形成了极为密切和复杂的习惯性关系。这种习惯性关系一方面在客观上维系和保持了党的领导，而另一方面则在一定程度上限制了党的领导方式的改进。②新中国建立以来，党对国家和社会的领导总体上是有效的，但是在很长时间内，党并没有因此形成完善的领导体制和健全的领导方式，具有比较大的历史的和体制的局限性。然而，党执政后的中心任务是经济建设，经济建设不像战争一样急风暴雨，是一个渐进而非突进的过程，这就决定了执政党的建设只能是采取长期的、稳定的、渐进的方式。

简要地说，中国共产党的执政党地位，决定了党的领导体制研究必须抓住两条主线：一是体现党组织自身内部领导关系的体制建设，二是体现党与国家、社会之间领导关系的体制建设。③从党的领导方式角度讲，这个权力组织网络应该有新的发展。中国共产党领导国家与社会的方式，主要包括两个方面：一是党领导的行为方式，具体体现为领导方式和执政方式；二是党领导的组织方式，具体体现为党实现其领导的组织基础的结构与方式。④现实的情况是党在第一个方面有所改变，而第二个方面的改变尚需要加强和深化。改革开放以来，以国家与社会关系变化为特征的社会转型，客观上要求政党国家转型。面对新的执政环境，中国共产党通过从阶级斗争到阶层合作、从全能到法治、从革命党到执政党、从内定任命到党内民主等方面进行着自身的适应性调整，从而开启了政党国家的内部转型。⑤不过，"从党的领导角度讲，这个权力组织网络是不能消解的，因为中国共产党作为社会主义建设的领导核心，其领导地位是不可动摇的；从现代化发展的内在规律来看，中国的现代化发展也需要有强大

---

① 林尚立：《中国共产党与国家建设》，天津人民出版社2009年版，第163页。
② 同上，第34—36页。
③ 陈丽凤：《中国共产党领导体制的历史考察（1921—2006）》，上海人民出版社2007年版，"序"，第2页。
④ 林尚立：《中国共产党与国家建设》，天津人民出版社2009年版，第183页。
⑤ 叶麒麟：《政党国家转型的内在逻辑》，载《中共天津市委党校学报》，2010年第3期。

领导能力的中国共产党的领导。可以说，不论现在还是未来，中国社会发展都必须坚持党的领导，而党的领导从根本意义上讲离不开这个权力组织网络。"①

建国后，中国的单一制的国家体制使得上下级各级政府组织之间的关系非常明确，严格按照民主集中制的组织和活动原则，上传下达，政通令行，动员起来快捷、有效。尤为显著的是，中国共产党自身组织内部高度集中统一的领导和组织体制，以及党的组织对社会生活各个领域的广泛而深入的渗透，党的组织传统和组织优势都有益于运动的动员和开展。②此外，以社会组织国家化、社会资源公有化为基础建立的计划经济体制和中央集权政治体制为社会运行的运动化提供了充分的体制条件。这一体制模式，通过社会组织化，组织国家化过程使所有社会成员均被纳入到一定组织（公社或单位）之中，通过资源的国家计划配置使社会成员形成对国家的高度依附性，国家获得了对社会成员及各种社会组织的高度支配和动员能力（"一切听从党安排"、"服从组织分配"既是对社会成员的行为规范要求，也是国家动员和支配能力极大化的标志）。③这使得执政党在发起和组织运动上具有了前所未有的力量，运动由此呈现出鲜明的组织动员、政党动员特点。

从领导和执政方式的"应然"政治逻辑来看，政党是连接国家与社会关系的桥梁，政党通过国家政权的执掌来实现对社会的管理。而政党执掌国家政权的合法性来自于人民的同意。这就必须使执政党代表民意执掌政权，扩大公民对政治生活的有序参与，以党内民主带动社会主义民主政治建设。与之相适应的执政方式必然是民主执政；同时，国家、政党、社会三者之间所构成的有机系统虽然存在"重合"的区域，但她们相互之间都存在一个"边界问题"，要使这个系统保持良序运行，使其政治功能得以有效发挥，必须保持三者关系的合理限度。这必然诉诸于法律的规范，这就要求政党不能逾越相互的"边界"直接任意干预国家、社会事务，甚或取而代之。与之相适应

---

① 林尚立：《中国共产党与国家建设》，天津人民出版社2009年版，第183页。

② 乔纳蒂指出，"政党国家体制首先是一种具有科层要素的结构"，参见玛利亚·乔纳蒂：《自我耗竭式演进：政党—国家体制的模型与验证》，李陈华、许敏兰译，中央编译出版社2008年版，第24—35页。乔纳蒂关于互动式党国模型（IPS模型，Interactive Party-State）对中国的这种政党国家体制来说，有许多相似之处。同上书，第51页。另参见玛利亚·乔纳蒂：《转型：透视匈牙利政党——国家体制》，赖海榕译，吉林人民出版社2002年版。

③ 关于单位和单位体制在多大程度上满足了中国现代化的需要，又是在何种条件下蜕变为现代化的阻滞力量，参见刘建军：《单位中国：社会调控体系重构中的个人、组织与国家》，天津人民出版社2000版; Lowell Dittmer and Lu Xiaobo, "Personal Politics in the Chinese Danwei under Reform", *Asian Survey*, Vol.36, No.3, Informal Politics in East Asia, March 1996, pp.246-267; Dorothy J. Solinger, "The Chinese Work Unit and Transient Labor in the Transition from Socialism", *Modern China*, Vol.21, No.2, April 1995, pp.155-183; Lucian W. Pye, "The State and the Individual: An Overview Interpretation", *The China Quarterly*, No.127, Special Issue: The Individual and State in China, September 1991, pp.443-466.

的政党的执政方式则必须是依法执政;再有,在政治生活中,国家、政党、社会三者之间必然构成一个相互联系的系统网络,它们之间以及它们与外界环境之间都会发生各种各样的关系,而这种关系及其相互连接方式必然要遵循一定的社会规律,执政党的执政行为必然处于三者及其与外部环境之间的相互关系中。这就在政党的执政方式上必然要求执政党按规律办事,即科学执政。①

政党"走出"国家,从根本上讲就是党要在宪法和法律规定的范围内活动,即法治。法治对执政党的建设与发展具有重要意义,法治的逐步完善为执政党的建设和发展提供了良好的机遇,主要在于完善的法治为政治的健康发展提供了稳定的框架。这有两层含义:一是党、党的各级组织,以及党员干部在行使权力时,不仅有过去熟悉的政治手段可以使用,还增加了法律手段,而法律手段具有持续、稳定的特点,可以缓解政治手段的易变性和激烈程度;二是社会对党、党的各级组织、党员干部的权力行使也有了更多的选择,过去只有政治的回应手段,而政治性的回应通常是迅猛而激烈的,很不稳定,如今社会有了法律的回应手段,在司法的多重救济机制的作用下,社会与党、党的各级组织、党员干部的互动就有补偿与缓和的机会,使得这种互动能够相对稳定。②全球化使中国的经济治理体制实现了根本性转型,那么是否会由此产生以"法治"为基础的政治治理结构,这取决于党自身的转型,即中国共产党的行宪能力。③

总之,政党"走出"国家,从政党的角度来看,其最终的路径是要"建设国家性与政党性有机统一的执政体系。中国共产党是中国社会的领导核心,在现代国家框架下,执政将成为中国共产党实现领导的根本方式。在中国,执政是党运行国家机器的过程,党必须在国家制度框架内运作,体现了执政的国家性;而党又是国家的领导力量,党必须具有驾驭整个国家机器的领导力,体现了执政的政党性。显然,从执政的角度看,这两者不能分开。实现两者有机结合的关键是,如何适应现代国家运行的制度、程序和机制安排,调整自身的制度、程序和机制,将其与国家运行的整个体系相衔接。"④通过建构这种执政体系,或许可以实现:"全能政治",在一定条件下能够随着宏观历史与行为主体的交互作用而"最后演变成社会主义高度民主政治。"⑤

---

① 陆海发、宋燕金:《国家、政党、社会三者关系视域中的中国共产党执政方式探究》,载《中共桂林市委党校学报》,2010年第2期。

② 赖海榕:《我国执政党建设面临的挑战与机遇:柏林"政党转型的机遇与挑战"国际会议综述》,载《经济社会体制比较》,2007年第4期。

③ 郑永年:《全球化与中国国家转型》,郁建兴、何子英译,浙江人民出版社2009年版。

④ 林尚立:《中国共产党与国家建设》,天津人民出版社2009年版,第28页。另参见高新民:《中国共产党活动方式研究》,浙江人民出版社2006版,她对中国共产党活动方式的历史合理性和改革之路进行了细致、深刻的分析,认为党在国家政权中的活动方式是要建立良性统合的党政运行机制。

⑤ 邹谠:《二十世纪中国政治》,香港牛津大学出版社1994年版,第70页。

（二）政党"嵌入"社会

在政党执政的条件下，政党与社会之间的关系对政党的领导和执政、对社会秩序和发展都具有根本性的意义。在中国，党对社会的领导，主要是通过其广大党员以及所建立的庞大而系统的组织网络来实现的，包括党员网络、党员干部网络、基层党组织网络和地方网络等。然而，正如前文所分析的，党的这些组织网络在很长一段时间内都是嵌入到国家当中的，而不是嵌入到社会当中，没有发挥政党作为社会组织的原有角色和功能。在国家、政党和社会权力结构变迁过程中，随着政党从国家中走出来，政党必须"嵌入"到社会中去，这是政党与社会之间（即党权和民权之间）和谐共赢的需要。

从政治生态学的观点看，政党本身也是社会中的组织，政党是社会中的政党。从历时性来看，中国共产党与社会的关系经历了三个阶段：建国后，政党涵盖社会，政党与社会不相分离；改革开放后，政党与社会已产生分离，但政党明显处于强势地位，社会处于弱势状态；当下，政党与社会之关系逐渐趋向均衡的态势。从共时性关系来看，一般而言，政党与社会的关系呈现授权与监督、冲突与合作、支持与索取等三种形态，必须探寻社会环境与政党体系之间生态化关系建构的契合点，以期实现中国共产党与社会系统的良性互动。[①] 高奇琦认为，新中国建立至今的历史中，政党与公民社会的关系变迁主要经历了1949年到1966年法团主义时期、1966年到1976年双重破坏时期、1976年到2000年渐进开放时期和2000年至今秩序合作时期等四个时期。[②] 他强调，20世纪90年代以来，执政党逐渐吸纳全方位政党的一些特征，虽然政党介于国家与公民社会之间的基本格局并未发生变迁，执政党介入公民社会的幅度和深度却出现明显变化。执政党介入公民社会的幅度显著扩大，这主要体现在执政党在新经济组织和新社会组织中建立支部和发展党员上。与此同时，执政党深入公民社会的程度却在下降，这主要体现在执政党给予公民社会组织更多的自治空间上。执政党主导公民社会幅度的扩大与执政党自身的扁平化趋势相一致。党内民主的发展使得执政党逐渐从自上而下的金字塔结构向上下互动的扁平结构转型。[③] 师晓霞认为，在改革开放前，中国共产党是以"政党主宰型"的政党与社会关系模式为主，改革开放后，我国开始了

[①] 唐棣宣：《政党与社会之关系：一种政治生态学的分析视角》，载《理论与改革》，2006年第1期。
[②] 高奇琦：《新中国政党与公民社会关系变迁研究——政党类型学和功能主义路径的分析》，见上海市社会科学界联合会编：《社会主义与中国现代化 政治、法律与社会：上海市社会科学界第七届学术年会文集（2009年度）政治·法律·社会科学卷》，上海人民出版社2009年版，第51—52页。
[③] 同上，第55页。

以经济建设为中心的基本政策，政党与社会关系的模式开始向"政党领导型"转变，形成我国特色社会主义时期的执政党与社会关系模式。① 因此，调适后的政党与社会的关系可以被界定为政党"嵌入"社会中，表现在：

1. 增强政党的社会属性

增强政党的社会属性是突出社会作为政党权力来源和执政基础的地位。对此，刘京希认为，政党社会属性变移的一个典型表现是政党由阶级性政治组织向阶级性与社会性相统一的社会政治组织的转变，以及由此所决定的政党组织和政党观念的日益开放。在此背景下，党社关系已经或即将出现如下重要转变：政党由以阶级为基础向以社会为基础转变；政党由强调阶级利益向注重社会整体利益转变；政党由社会控制向社会协调转变。当前中国的社会结构正在发生深刻变化，以和谐社会建设和社会民主为主轴的社会主义公民社会呼之欲出。面对这样的社会新局面，中国共产党应在社会性向度上积极探索，适时进行执政方式的变革，形成以交互性为互信原点的新型党社关系。这对于执政党拓展执政合法性，提升自身权威，无疑具有重要意义。②

2. 实现政党表达、政党控制和社会成长的统一

政党表达、政党控制和社会成长的统一是要实现政党和社会的和谐互动。政党来源于社会，社会的结构与功能影响着政党的结构与功能。社会在生长的过程中逐渐形成共同利益，而社会多元化又造成了利益的分离，从而造成不同的利益表达，政党就是这一表达的制度化安排。因此，社会转型过程中的结构性断裂、社会自主性与发展性决定了政党的适应性变迁过程。但是社会的政党表达管道并非没有限制，政治国家决定了政党表达的整体性，从而限定了政治表达的边界。③ 当代中国的社会结构正处于变迁之中，在基层社会与基层政府的控制与反控制的过程中，必须看到国家传统控制手段的不足，为避免社会转型过程中国家与社会无谓的对抗，政党作为民主的核心和国家与社会之间的桥梁便可以有所作为。具体而言，政党必须完成国家性向社会性的回归，政党引导着社会的利益表达，在整合社会的过程中也顺应社会的生长。④ 因此，地方党组织承担着整合社会和引导社会的功能，营造和谐社会的过程就是党的基层组织与社会之间关系的协调能力、引导能力结构性增长的过程，也是党的执政与社会生长的互动过程。对于长期执政的中国共产党来说，要建立国家与社会之间的和谐互动关系，必须根据中国经济社会的发展和社会阶级关系的变动，从民主训练和政治合作

---

① 师晓霞：《中国共产党执政期间执政党与社会关系研究》，人民日报出版社 2010 版。
② 刘京希：《社会建设中的现代政党——政党社会属性演化的新动向及由此所决定的党社关系》，载《学习与探索》，2008 年第 6 期。
③ 姚尚建：《整体国家中的社会本位与政党表达》，载《当代世界与社会主义》，2008 年第 6 期。
④ 姚尚建：《政党控制与社会成长》，载《甘肃社会科学》，2009 年第 2 期。

两个方面提高党的基层组织的执政能力,使党能够充分代表和协调社会各阶层利益。①

3. 投资和培育社会资本

政党在社会建设中投资和培育社会资本,这是政党领导的主客观需要。祝灵君以社会资本理论为视角,着力研究了中国共产党从革命党走向执政党的种种问题,以及如何构建新型的党群关系,引领和谐社会的不断发展,构建了一个从领导革命的党向执政党转变的新的分析框架。作为执政党,不仅要领导国家权力机构,同时也要领导社会力量,可以这样说,执政党的一切努力都是为了建设一个更加和谐、稳定的社会。因而,使用社会资本的分析框架来研究党的社会建设便具有更重大的理论和现实意义,他指出社会建设的社会资本含义:使用社会资本理论可以解释社会核心价值、现代公民文化对于社会建设的积极意义,可以解释党的基层组织在社会底层活跃的重要性,可以分析党领导民间组织的政治涵义,有助于解释中国基层民主实践的重大意义,可以用来解释执政党党风与社会风气的关系。②他进一步强调,"政党对社会资本的利用包括两个方面的含义:一是政党与民众之间的关系,这种联系往往是通过政党与民众组织以及民众个体的关系来实现的;另一个则是鼓励民众之间的交流,形成庞大的横向网络联系,提升社会自我治理的能力。社会自我治理的能力越强,政党尤其是执政党的执政成本越低。因此,一个成熟的执政党就要善于引导社会横向联系的建立,通过公民之间的信任与合作实现社会自主治理。所以,政党如果能有效影响社会,促进社会公正、和谐、繁荣,那么即是投资社会资本的过程;相反,政党的无效治理可能使社会风气恶化、公正丧失、公德沦丧,那其实是在侵蚀社会资本,破坏有效治理(或善治)的社会基础,潜伏着失去执政权的可能性。"③

总之,政党投资社会资本,建设社会主义和谐社会,建立社会主义核心价值体系,积极引导民间组织发展,以扩大群众自治组织为载体投资乡村社会资本,积极推进社会协商,遏止社会"断裂",改善党风以带动民风。④所以说,当前确实需要从社会问题入手来研究党建问题,在社会转型的大背景下,许多社会问题由于我们不够重视或处理不及时、处理方法失当,最后却演变为政治问题或党的建设问题。因此,党建研究应该由关注党与国家、党与市场的关系进一步扩展到关注党与社会的关系,建构

---

① 姚尚建:《从政治社会学视角看党的基层组织的功能与执政能力提高》,载《岭南学刊》,2009年第2期。
② 祝灵君:《社会资本与政党领导:一个政党社会学分析框架的尝试》,中央编译出版社2010年版,第30—33页。
③ 同上,第16页。
④ 同上,第231—287页。

政党社会学。①

4. 关怀参与社会

关怀社会就是党要始终坚持人民的利益高于一切，忠实地代表人民利益，关心人民疾苦，全心全意为人民服务，以最广大人民的根本利益为最高标准，这是党的基本宗旨。在新的历史条件下，党要关怀社会，一个重要的前提条件是党必须参与社会。所谓参与社会就是党在执政的同时，必须全面回到社会，积极与社会形成最为密切的联系。这是现代政治条件下，任何一个执政党保持执政地位，实现有效执政的重要基础。中国共产党与社会有十分密切的内在联系，但是，这种联系是基于单位制度的社会结构而形成的，往往体现为党在各类社会组织中的存在。随着改革和市场经济的展开，传统的政、经、社一体的社会组织解体，人们的社会生活和政治生活就逐渐地从单位组织中脱离出来，回到社会本身。在这样的条件下，党与社会的关系就开始逐渐产生距离。因此，在当今中国，必须重新考虑党与社会的关系问题，重新建立党与社会的关系。在新的社会结构下这种关系的重建对党实现有效执政具有长远的战略意义。因为，社会的相对自主性的增强使得社会对国家具有越来越强的决定作用，党只有牢固地拥有了社会，才能牢固地拥有国家政权。"② 从根本上讲，政党关怀参与社会也是社会主义和谐社会和社会建设的题中之意。

三、调适后的政党与社会抗争治理

改革开放后，党、国家、社会三位一体的政治格局逐步让位于党、国家、社会三足鼎立的政治格局，社会变得自主而且多元，国家依法独立运转。在这种新的政治格局中，党对国家和社会的领导方式必须进行自觉地调整，以便更好地发挥领导作用。党、国家、社会形成一种立体三角形关系，党位于三角形的顶点。党既要进入社会和国家内部进行领导，又要超然于社会之上对社会进行整合，更要代表民众从外部对进入政权内部的执政党党员进行监督。同时，党对社会的领导不能损害社会的自治自主自律机制，不能代替政府对社会的依法监管。执政党党员需要受到监督以防止在执掌公共权力过程中被公共权力所腐蚀而严重脱离民众，政权外党组织对执政党党员的监督，又不能损害执政党党员依法独立行使职权和改变政权内部各机构之间的法理关系。③

---

① 关于中国政党社会学关注的问题，参见祝灵君：《社会资本与政党领导：一个政党社会学研究框架的尝试》，中央编译出版社 2010 年版，自序，第 5—9 页。
② 林尚立：《领导与执政：党、国家与社会关系转型的政治学分析》，载《毛泽东邓小平理论研究》，2001 年第 6 期。
③ "党的执政方式研究"课题组：《关于推进党的执政方式改革的若干思考》，见《当代中国政治研究报告 IV》，社会科学文献出版社 2005 年版，第 67—68 页。

经过这种适应性变革和结构性调适的政党，其作为社会抗争治理结构的中心更加具有结构上的优势，这可以从两个层次来研究：其一，从反面来，即政党和国家之间的结构异化（如党政不分、党政职能不统一等）来考察政党和社会抗争治理；其二，从正面，即政党和社会，特别是基层中的政党和社会之间的结构优化（即政党"嵌入"到社会中）研究政党和社会抗争治理。

（一）政党和国家的结构异化与政党治理社会抗争

从政党和国家（即中国语境中广义的党政关系）的结构异化反观，可以发现政党与国家关系对治理社会抗争的影响。党政之间没有科学明确的权力边界和职能划分，必然造成两个极为危险的主要后果：第一是对政府没有有效真实的监督存在，政党组织管控和监督政府的职能在执政党直接与政府合二为一的情况根本无法发挥出功能来，政府与政党之间没有缓冲带，政府所作所为无论好还是不好都会被直接视为正当的作为，原本政府执政所出现的问题可以通过政党的调整而减小社会对政党本身的不信任，但现在的情况是，执政党却失去了这种优势，执政党的回旋余地被自身最大化地抽空了；第二是政党过于依赖政府的权力和社会资源，自身的功能和素质在无形中丧失，一旦社会出现群情变动，特别是面临社会抗争时，执政党就可能失去对群众的组织动员能力，执政地位必将削弱。

所以，赖海榕在分析社会冲突事件对执政党建设与发展的影响时指出，目前中国党政结构中有一个相当大的问题，是党政之间和上下级之间没有适当的区隔，使得党要负无限责任，人们对一个基层行政部门的过错的不满往往不断往上追溯原因，最后滚动成为对整个党的领导的质疑，这就存在着巨大的风险。实际上，随着上世纪90年代初决定建立社会主义市场经济体制以来，中国各方面的决策权力已经相当分散，但是人们合法、正当地质疑和纠正地方政府部门和党组织的决策和行为的渠道还很不够，也就是说政治责任还完全集中在中央，而没有分散出去，这是很大的一个问题。[①] 这不仅直接影响着社会抗争治理的效果，从一定程度上而言，也影响到执政党的权威和执政能力。

（二）"嵌入"社会的政党与社会抗争常态化治理

更为重要的是，在政党和社会之间关系协调之后，特别是基于当前社会抗争多发

---

① 赖海榕：《我国执政党建设面临的挑战与机遇：柏林"政党转型的机遇与挑战"国际会议综述》，载《经济社会体制比较》，2007年第4期。

生于基层之中，基层中的政党对社会的治理状况，无论是对社会常态治理，还是对社会抗争治理（社会抗争治理一定意义上讲是非常态治理）具有举足轻重的作用。这是治理和化解社会抗争治理的治本之路，将对社会抗争的非常态治理转化为社会常态治理，从源头上减少社会抗争的发生。可以说，这是政党对社会抗争的常态化治理。

城乡社区中党的基层组织实际上是一头联系着国家，一头联系着社会，充分体现出现代执政党所具有的一项基本特征，即处在国家与社会之间，承担着整合社会、支撑国家、协调国家与社会关系的使命。社会建设要求执政党具有很强的社会整合能力，以满足社会分化对政党整合的内在需求以及社会变迁对政党主导的内在需求。[1] 从城市社区治理和乡村治理中的政党行为来看，政党在社会常态治理中能够与国家、社会组织和公民形成和谐关系与良性互动，并发挥其作为领导核心作用，通过政党主导社会的路径，以党整合各种治理资源，实现了国家、政党和社会之间治理结构的优化。这可以说是从源头上防止社会抗争的发生，即通过治理好社会本身，来减少社会抗争发生和发展的动因。这正是政党治理社会抗争的本质要求，在社会常态治理中治理非常态的社会抗争。

1. 政党与城市社区治理

中国城市社区治理结构逐渐走向多元化和复杂化，各种类型的组织纷纷进入城市社区，其中社区居民委员会、社区党组织和业主委员会构成了社区治理的主体。随着城市社区职能的变化和治理结构的多元化，转型时期中国的政府、政党和社会的关系影响着政党治理社区。以社区党建为例，有学者认为，随着社区建设从社会权力衔接阶段向社会生活共同体建设阶段转变，党对社会领导所具有的政治功能和社会功能，决定了政党在社区建设中必须扮演着领导核心的角色。但是，传统政党组织习惯的影响，导致政党不能很好地发挥推动社区共同体建设的职责。[2] 因此，从结构调适的角度来看，政党必须积极创新党建举措，如社区党建联席会、社区党建议事会、扩大社区党建组织覆盖面等。

又比如，在社区治理中可以管窥国家、政党和社会的微观关系，包括社区形态转型与政党角色，国家与社会博弈中的政党，自治与党建共生的制度安排等，这些都是政党面临的问题，对保障社区长治久安起到关键作用，所以有学者高度概括出政党在社区治理中要做到："一是党的领导必须充分尊重和保证社会的发展及其对国家的作用和影响。二是党的领导和执政必须给国家与社会充分的发展空间，努力通过与国家、

---

[1] 林尚立：《以功能开发带动体制创新：以党的基层组织建设为视角》，载《上海市经济管理干部学院学报》，2009年第1期。

[2] 郑长忠：《社区共同体建设的政党逻辑：理论、问题与对策》，载《上海行政学院学报》，2009年第5期。

社会建立制度化和法律化的联系与合作来主导国家与社会的发展。三是党应该全面建设国家制度，并在通过全面掌握和运作国家制度来组织和领导社会的过程中，开发党执政和领导的制度资源。四是党应该保持与国家和社会的相对独立性，从而能够作为相对独立的力量运作国家制度，代表民众利益，参与社会生活。"① 政党的这些举措符合前文所述"嵌入社会"的需要，能够有效预防、适当减少社会抗争的发生和发展。

2. 政党与乡村治理

良好的政治沟通是防止社会抗争发生、控制社会抗争扩大的有效举措，这对社会抗争多发于基层乡村来说意义重大。基层民主强调执政党与村民在民主选举、民主决策、民主监督和民主管理方面的积极沟通，这种沟通使一些农村的党群关系正在改善，村民自治取得良好成效，预防和控制在土地拆迁、招商引资、环境污染、计划生育等乡村事务上引发社会抗争。

过去党组织居高临下发布指令，群众只能被动地接受党组织的指示与要求，按照党组织和领导干部的意图行动。而现在党组织和党员干部由发布指示者变成了倾听者，群众由原来的客体下位上升为提出要求、进行选择的主体上位。一些党员干部原来的高人一等姿态现在被积极回应群众要求、努力争取群众支持的强烈意愿所取代；领导干部由过去关注上级满意不满意变成很在乎群众满意不满意。一些党组织由原来指挥群众的习惯，现在变成努力去理解群众、再争取群众理解的思维。这表明民主政治中的沟通实际上是政党与民众的双向互动，在这种互动中"党的领导"模式开始由过去的依靠权力控制社会变成以自身的政治感召力去影响引导群众。② 实践表明，通过村民自治调整基层执政党与社会的关系，不仅能够保障政党有效地治理社会抗争，而且从整体上能推动基层党组织实现职能转变的成功调适。

四、结语

从中国权力结构的动态分析来看，国家、政党和社会构成的权力结构一直处于变迁和转型的过程中，政党随之进行了适应性变革和结构性调适，逐渐形成"走出"国家、"嵌入"社会的结构调适过程：在权力组织网络中，政党领导和执政的方式和内容更加科学、民主和法治，政党逐渐从国家中走出来，建构起国家性与政党性有机统一的执政体系；同时，政党通过增强自身的社会属性，投资和培育社会资本，参与关怀社会更加有效地嵌入到社会中去。这种结构调适更加有利于政党治理社会抗争，这一方

---

① 林尚立：《中国共产党与国家建设》，天津人民出版社2009年版，第235页。
② 蔡霞：《正确认识和把握执政党与社会的关系——以农村基层民主建设为例》，载《学习时报》，2009年8月3日。

面体现在党政不和谐时,政党对社会抗争治理效果不好,如社会抗争的强度难以调控;另一方面体现在政党嵌入基层社会时,政党能够在城乡基层常态治理中实现民主和善治,从而从源头上预防了社会抗争的发生,较好地调控了社会抗争发生的频繁度。

城市第二代移民的社会融入与社会稳定
——以上海为例*

熊易寒**

摘　要：农民工随迁子女实际上是城市第二代移民，他们能否融入城市社会是一个事关全局的政治问题。本文系统地分析了农民工子女融入城市社会的主要障碍，并提出具有可操作性的政策建议：首先，要大力办好职业技术教育，逐步开放高中教育，使农民工子女克服升学和就业瓶颈；其次，要积极鼓励社会组织为农民工子女提供教育和社会服务；再次，少先队、共青团组织应当加强对农民工子女的关怀和吸纳；最后，以社区和学校为主要平台促进农民工子女社会融合。要促进第二代移民真正融入城市社会，必须要改变"经济吸纳，社会排斥"的半城市化道路。

关键词：第二代移民；农民工子女；社会融入；社会稳定；半城市化

一、导言

2011年8月，英国伦敦、伯明翰、利物浦、利兹、布里斯托等大城市爆发大规模骚乱。骚乱的导火索是2011年8月4日在伦敦北部的托特纳姆（Tottenham），一名29岁的黑人男性平民马克·达根（Mark Duggan）被伦敦警察厅的警务人员枪杀。在托特纳姆，聚集了大量的非洲—加勒比、西非、库尔德、土耳其裔塞浦路斯、土耳其、爱尔兰和葡萄牙后裔的移民，绝大多数居民是低收入家庭，一半的儿童几乎都生活于贫穷线之下，是伦敦失业率和犯罪率最高的地区之一，居民平均寿命比伦敦平均值约低5年。众所周知，伦敦的西区是富人区，南、北伦敦是少数民族和移民聚居区，

---

* 本文系国家社科基金青年项目"大中城市新移民的社会融合与政治心理抽样调查研究"（批准号10CZZ005）的阶段性研究成果。

** 熊易寒，政治学博士，复旦大学国际关系与公共事务学院讲师。主要研究领域：移民政治、地方治理、族群冲突。

东伦敦是工人根据地。自称为无政府主义者的28岁青年菲利浦在混乱的伦敦街头曾向媒体宣布："这是劳工阶级的起义,我们要重新分配财富。"近三十年来,区内各族关系紧张,而非洲—加勒比裔同当地警察之间更是长期处于紧张状态。从表面上看,29岁青年马克·达根的死只是重演了历史。30年前,1981年4月10日这天,伦敦南部布利克斯顿区黑人青年迈克尔·贝利在警方的打击犯罪行动中受伤身亡。怒火还点燃了伦敦、伯明翰、诺丁汉、利物浦和曼彻斯特等其他大城市。就像今天的卡梅伦,当时,保守党领袖撒切尔夫人正在经济衰退、高失业率的压力下,努力推行着她的"财政紧缩政策",大幅削减公共开支。[①]

无独有偶,2005年法国巴黎郊区骚乱的情节与之如出一辙。2005年10月27日,在距离巴黎市区9英里的克利希苏尔瓦地区,为躲避警察的追捕,两名北非裔少年躲进变电所不幸触电身亡。这一意外事故引发了法国自1968年"五月风暴"以来的最大骚乱。北至里尔,南至马赛,东至第戎,法国各大城市的移民青年走上街头,焚烧汽车,砸抢店铺,袭击警察和居民。此次骚乱延续时间超过半个月,规模波及整个法国,近万辆车被焚毁。

不难发现,上述骚乱事件的直接诱因是偶发性的警民冲突,深层原因则是第二代移民无法融入主流社会。在当今世界,第二代移民的社会融入是一个普遍性的问题。在城市化、现代化和工业化的过程中,大量农村人口(对于发达国家则是外国移民)涌入城市,他们往往成为城市经济发展中的廉价劳动力。研究者发现,尽管这些(第一代)移民的收入水平、生活质量、经济社会地位与原城市居民有一定差距,但他们通常不会做社会的横向利益比较,而是做自身的纵向利益比较,因此他们通常有比较积极的社会态度。[②]第一代移民由于有迁出地境况的比较,对于迁入地的社会不公平和歧视往往比较容易接受,一般并不预期与迁入地的居民有完全相同的权利地位。第二代移民则不然,他们缺乏农村生活的体验,他们对于生活满意程度的参照主要是城市居民的生活,一方面具有更强剥夺感,另一方面强烈地要求自身权利地位的垂直上升。他们当中的大多数人都希望从事轻松、体面的白领工作或自己当老板,而不愿意像父母那样打工。[③]在这种心理预期下,第二代移民对于不平等缺乏忍耐,在成长过程中往往采取一些比较激烈的对抗性行为,来直接或间接地表达他们的不满或平等诉求。所以,第二代移民的失范行为较多,在更严重的情况下,犯罪率较高。[④]

---

① 徐菁菁:《裂痕:英国人为何愤怒》,载《三联生活周刊》,2011年8年18日。
② 李培林、李炜:《农民工在中国转型中的经济地位和社会态度》,载《社会学研究》,2007年第3期。
③ 史柏年等:《城市边缘人——进城农民工家庭及其子女问题研究》,社会科学文献出版社2005年版。
④ Huntington, Samuel P., *Who are we? the challenges to America's national identity*, New York: Simon & Schuster, 2004. 于建嵘:《法国骚乱提示中国未雨绸缪》,载《南方周末》,2007年4月24日。

在当前我国，同样存在一个庞大的第二代移民群体。据统计，2010年全国有超过2000万农民工随迁子女，其中有1167万学龄子女在城市接受义务教育。农民工子女和新生代农民工已经是"回不去的一代"，他们大多是"城市化的孩子"，生于城市，长于城市，没有务农经历，与乡土社会缺乏文化纽带和情感联系[①]，他们不可能像父辈那样往返于城乡之间，而倾向于定居城市。中国青少年研究中心一项研究显示，50岁以上的农民工只有15%的人想在城市定居，40—50岁的数据为21%，30—40岁的为37%，20—30岁的为45%，20岁以下的高达61%。[②]我们在访谈中也发现，45—60岁的农民工大多在家乡农村建造住房，30—45岁的农民工大多在家乡的县城或小城镇购买住房，而新生代农民工则表示宁可住在城中村或城郊结合部的简易住房，也不会回到家乡。目前我国的城市化率为47%左右，每年递增一个百分点，以此推算，未来较长一段时间，农村人口还将源源不断地涌入城市，其中相当一部分人是举家迁徙，第二代移民的规模还将进一步扩大。如果数以千万计的农民工子女无法融入城市社会，那么必然会成为影响到国家长治久安的全局性政治问题。

二、农民工子女融入城市社会的现状与障碍

1. 农民工子女难以通过教育途径提升自身的社会经济地位，融入城市主流社会

长期以来，农民工子女教育问题受到社会各界的广泛关注，他们大多只能就读于设施简陋、师资薄弱的农民工子弟学校，这些学校不仅无法提供优质的教育，而且时刻面临教育行政部门的取缔。上海作为全国性经济中心和移民城市，是我国流动人口的重要流入地之一。第六次全国人口普查数据显示，2010年上海市全市常住人口为2301.91万人，与第五次人口普查相比，共增加628.14万人，增长37.53%。全市常住人口增量中，有87.75%是外省市来沪人员，其中大部分为农民工及其子女。外来务工人员的进入延缓了上海的老龄化进程，为上海的经济发展作出了巨大贡献。

为了更好地保障农民工子女的受教育权利，上海市公办学校逐步向农民工子女开放，义务教育阶段农民工子女就读于公办学校的比例逐年递增。截止到2009年底，在上海接受义务教育的外来流动人口的子女总数达42万人，其中有66.5%的孩子就读于全日制公办中小学和民办学校，比2008年提高了9.3%。[③]不过，对农民工子女受教育权利的保障仍存在不少盲点：首先，开放公办学校仅限于九年义务教育阶段，

[①] 熊易寒：《城市化的孩子：农民工子女的城乡认知与身份意识》，载《中国农村观察》，2009年第2期。

[②] 叶榆：《新生代农民工，"无根的一代"？》，载《南方周末》，2011年6月2日。

[③] 熊易寒：《开放"初中后"教育，助农民工子女融入城市》，载《中国社会科学报》，2010年9月2日。

学前儿童的入托难、入园难（私立幼儿园的收费过于高昂，公办幼儿园的学位紧张、门槛过高、要求高额寄读费），初中毕业生的升学难等问题日益突出，却没有引起教育部门的足够重视[①]；其次，公办学校对农民工子女的吸纳以"数字"为中心，即片面重视就读比例和人数的增长，忽视农民工子女进入公办学校后的社会融合与学业成就。[②]

  笔者的调查发现：农民工子女害怕重复父辈的人生轨迹，希望可以向上流动，他们也知道读书几乎是自己"出人头地"的唯一机会，但是，他们所处的社会环境，他们所面临的机会结构，注定了他们即便付出更多的努力也未必能够取得与城市同龄人同等的成就。这让很多学生对未来产生了低预期，并自动放弃了对学业的追求。这种天花板效应在公办学校的农民工子女身上体现得尤为明显，他们比农民工子弟学校的学生更多地受到主流价值观的熏陶，同时却对前途表现出更多的悲观。相比之下，农民工子弟学校的孩子更加具有叛逆性，形成了与学校当局对着干的"反学校文化"。与公办学校的农民工子女不同，他们并不以成绩差和低收入职业为耻，而且为自己的反叛行为感到自豪（公办学校的农民工子女则认为这种"混混行为"是一种堕落）。[③]

  笔者认为，对于上海而言，农民工子女义务教育的公平问题已经破题并有望在近年得到妥善解决，破解入托难、入园难也只是一个时间问题，当前最大的问题在于初中毕业后的出路问题。

  笔者的调查发现，初中三年级是农民工子女的重要分水岭。当前的城市公办学校仅在义务教育阶段向农民工子女开放，而现行的教育制度、高考制度以户籍制度为基础，导致农民工子女在初中毕业时进退失据，处于就学就业的两难境地：如果选择在上海升学，目前只能进入中专、技校或职高。2008年上海的中职、中专向农民工子女开放，免学杂费、补助生活费，但农民工家庭反应较为冷淡，近3年的招生指标均有剩余，其症结在于当前职业教育、技术教育的社会评价较低，不能为农民工子女提供向上流动的就业机会。如果回到家乡念高中，一方面，农民工子女将不得不与父母分离，寄居于亲戚朋友家，不仅需要付出极大的经济成本，而且需要承受因分离而带来情感代价；另一方面，上海的教材和教学方式与家乡的学校存在较大差异，这些学生回去之后也存在学业不适应的问题。由于升学困难，大部分农民工子女在初中毕业之后选择直接打工，一部分人甚至成为街头混混。当前农民工子女问题的关键已经不是义务教育阶段的受教育权利问题，而是"初中后"何去何从的问题。有关政府部门必须认识到，如果他们的出路问题得不到妥善解决，那么必然会成为整个"城市"的

---

  ① 孙晓菲：《关注入园难：上海"小囡"挤破头，农民工子女难进门》，东方网，http://sh.eastday.com/qtmt/20110221/u1a858116.html。
  ② 熊易寒：《底层、学校与阶级再生产》，载《开放时代》，2010年第1期。
  ③ 熊易寒：《城市化的孩子：农民工子女的身份生产与政治社会化》，上海人民出版社2010年版。

社会问题，而不仅仅是他们个人或家庭的问题。

另一个突出问题是，农民工子女放学之后往往缺乏公共活动场所。与城市青少年不同，农民工子女放学回家，家里的住房条件很差，空间狭窄，往往摆不下一张书桌，父母也没有时间和能力对他们进行课外辅导。农民工子女在做完作业之后，就只能看电视、上网吧，有的甚至混迹街头。

地方政府对农民工子女教育问题的认知必须突破九年制义务教育的框架，向学前教育和"初中后"教育延伸。解决农民工子女的学前教育问题相对简单，因为不存在制度性障碍，加大幼教资源投入、优化教育资源配置即可解决这一问题；而"初中后"教育则更为敏感、棘手，因为涉及高考制度和户籍制度的改革，二者都是全国性的制度安排，牵一发而动全身。

2. 农民工子女在居住、教育、就业等领域均面临社会排斥，与城市居民特别是同龄人缺乏社会交往

在调研过程中，笔者走访了多个农民工聚居区，他们或位于城中村、棚户区，或位于城乡结合部，环境恶劣、卫生条件差，往往还存在火灾隐患。住房面积大多在5—10余平方米之间，没有卫浴设施，月租200—400元不等。由于空间狭窄，吃饭、睡觉、学习、娱乐（看电视）都在一起，孩子们普遍缺乏一个独立、安静的学习环境。

此外，2011年上海市常住人口达到2347.46万人，其中外来常住人口达到935.36万人，已占常住人口总量四成，主要集聚在城郊结合地区，平均年龄仅31.6岁。浦东新区、闵行、松江、嘉定和宝山等郊区是外来常住人口居住最为集中的地区，5个区共容纳外来常住人口575.97万人，占上海外来常住人口的64.2%。就业机会相对较多、居住成本相对较低和交通相对便利等是吸引外来人口居住的主要因素。虽然外来人口已经占城乡结合部地区的多数，但地方政府对于该地区公共物品的提供，却是以户籍人口为依据的，譬如，警力的配备、公务员的数量、学校、医院等公共设施、公共财政的投入，都是与户籍人口挂钩的。大量人口的涌入导致了教育资源的短缺。譬如C镇有2万多学龄前儿童，而正规的公办、民办幼儿园只能容纳6000人左右；S镇有学龄前儿童8900人，而10所正规幼儿园只能容纳3900人，无证的学前幼儿教育点多达36所，接纳了4090名儿童。面对无证幼儿教学点，教育行政部门陷入两难处境，若贸然取缔，会导致大量儿童无法入园，若听之任之，又存在火灾、食物中毒等安全隐患。[①]笔者在调查中发现，无论是在学校还是社区，农民工子女都很少有机会与城市同龄人交往。其原因在于，虽然农民工子女就读于公办学校的比例

---

① 熊易寒：《人口导入地区公共服务体系亟待强化》，载《中国社会科学报》，2012年8月17日；熊易寒：《从业主福利到公民权利：一个中产阶层移民社区的政治参与》，载《社会学研究》，2012年第6期。

越来越高，但是大部分学校对农民工子女单独编班，甚至作息时间也与本地学生的班级彼此错开，以至于农民工子女与城市同龄人甚少接触；在社区层面，农民工聚居区与城市社区更是相互隔离，农民工家庭大多集中在城中村或城郊结合部，他们与一部分城市居民是租客与房东的关系，而不是邻里关系，因为房东通常已经搬离社区，农民工聚居区的人口结构高度同质化。就业之后，农民工子女从事的工作也集中在次级劳动力市场，即难(difficult)、脏(dirty)、险(dangerous)的工作，与本地居民缺少职业上的交集。农民工的这种居住与交往模式，导致了"反移民化"的趋势，具体表现在：

首先，新移民变得越来越不像当地人。由于农民工与城市市民的收入差距不断扩大，生活方式很难向城市靠拢；而与高收入群体的近距离接触对观念的影响，产生的可能不是认同，而是仇视；其次，新移民的行为方式日益非正式化，即不像早期移民那样求助于当地的公共机构或者政府部门，而是采取制度外的行为或诉诸非正式渠道；最后，新移民的社会支持网络日益封闭。对于早期的移民来讲，他们为了在城市中立稳脚跟，不得不与当地人打交道，并在与当地人的交往当中建立起自己的支持网络。但是随着移民群体的不断壮大，移民之间的社会支持体系变得越来越庞大，新移民的社会支持网络往往呈现出一个日益封闭的倾向。①

与父辈相似，农民工子女与上海本地小孩的交往也不多，从我们调查的数据来看，只有一成左右的孩子自称有很多上海朋友，有将近一半(44.6%)的孩子没有上海朋友；尽管这些孩子客观上与上海本地社会存在一定程度的隔绝，但他们主观上却有比较强烈的同本地人交往的意向，有61.3%的孩子表示"非常希望"或"希望"与上海的同龄人交朋友；有将近两成的孩子表示经常感觉到上海人的歧视，有45.5%的孩子表示有时感觉到上海人的歧视，两者合计约65%，而他们之所以这么认为的主要原因是"他们态度很高傲，不愿意跟我们交往"(占41.4%)、"他们喜欢称我们为'乡下人'、'民工'，说我们坏话"(占21.4%)，还有22.8%的受访者表示"说不清楚什么原因，反正就是这么觉得"。

由此我们可以发现，大多数农民工子女对社会歧视的认知源于社会孤立——一方面，他们确实很少与城市同龄人交朋友；另一方面，他们从主观上认定城里人不愿与他们交往；而有限的社会接触又进一步强化了他们对于本地人歧视外地人的固有观念（有一成左右的孩子表示自己曾经目睹本地人欺负外地人）。

今年的英国移民大骚乱和2005年法国巴黎骚乱启示我们：移民群体与主流社会

---

① 刘玉照：《"移民化"及其反动——在上海的农民工与台商"反移民化"倾向的比较分析》，载《探索与争鸣》，2005年第7期。

相隔离可能会产生极其严重的政治社会后果。①

表1 你现在的朋友当中有上海人吗？(N=222)

选项	频数	百分比
有很多	23	10.4
有少数几个	86	38.7
有一个	14	6.3
没有	99	44.6

表2 你希望和城市的同龄人交朋友吗？(N=222)

选项	频数	百分比
非常希望	38	17.1
希望	98	44.1
无所谓	74	33.3
不希望	8	3.6
非常不乐意	4	1.8

表3 你是否觉得自己被上海人看不起 (N=224)

选项	频数	百分比
经常有这种感觉	43	19.2
有时候有这种感觉	102	45.5
从来没有	47	21.0
说不清楚	32	14.3

---

① 罗卡：《融合模式的失败？》，载《读书》，2006年第5期。

表 4　感觉被看不起的理由是 (N=145)

选项	频数	百分比
他们喜欢称我们为"乡下人"、"民工"，说我们坏话	31	21.4
他们态度很高傲，不愿意跟我们交往	60	41.4
我身边的人都这么说	4	2.8
我看见过他们欺负外地人	17	11.7
说不清楚什么原因，反正就是这么觉得	33	22.8

3. 农民工子女的价值观与主流价值观存在一定的偏离，这也在一定程度上妨碍了他们与主流社会的融合

2008 年 4—5 月，笔者通过问卷调查考察了农民工子女的价值观，内容主要涉及金钱观（命题 1）、平等观（命题 2—4）、公平观（命题 5—6）、集体观（命题 7—10）、知识观（命题 11）、政治观（命题 12—14）。我们有针对性地设计了 14 个命题，让受访者对这些观点进行判断，通过他们在一些具体问题上的立场来测量其价值观。问卷要求受访者对这些观点进行判断，选项 1—5 分别代表"完全赞同"、"赞同"、"部分赞同"、"不赞同"、"完全不赞同"。我们将这 5 个选项依次赋值为 1、2、3、4、5，用平均值来代表受访者对观点的"赞成度"，数值越小表示赞成度越高，数值越大表示赞成度越低。同时，我们还设定了一个参考值，其代表的是主流价值观，也就是我们的主流社会就这些观点所公开表达的立场①，"赞成度"越接近参考值，就表示同主流价值观越一致，反之则越偏离。我们用"近"、"中"、"远"来表示 3 个群体的立场与主流价值观的关系。调查结果如下：

---

① 本文所谓的主流价值观既不是指社会上大多数人所持有的价值观，也不是指上层精英所持有的价值观，而是指主流社会尤其是官方所公开倡导的价值观。

表5　3个群体对于14个命题的赞同度，及其与主流价值观的距离[①]

观点	农民工子弟学校学生 (N=155)	公办学校的农民工子女 (N=69)	城市儿童 (N=27)	参考值（主流价值观）
1. 金钱是万能的，有钱能使鬼推磨	3.67	3.50	3.74	5（坚决反对）
	中	远	近	
2. 所有的人生来都是平等的，没有高低贵贱之分	1.64	1.46	1.15	1（坚决赞同）
	远	中	近	
3. 吃得苦中苦，方为人上人，我们要努力成为上等人	2.05	2.09	1.67	3（态度暧昧）
	中	近	远	
4. 从事体力劳动低人一等	3.98	4.08	4.07	5（坚决反对）
	远	近	中	
5. 人人平均是最公平的，要穷大家一起穷，要富大家一起富	2.67	3.33	2.93	5（坚决反对）
	远	近	中	
6. 贫穷是因为懒惰或无能，与社会无关	3.43	3.34	3.52	5（坚决反对）
	中	远	近	
7. 各家自扫门前雪，哪管他人瓦上霜	3.89	4.03	4.22	5（坚决反对）
	远	中	近	
8. 这个世界上除了父母，没有人靠得住	3.52	3.74	4.48	5（坚决反对）
	远	中	近	
9. 一个人最大的价值就在于为国家和社会作贡献，为此可以牺牲自己的利益	2.44	2.94	1.93	1（坚决赞同）
	中	远	近	
10. 只要是自己认为正确的事情，就可以去做，别人的看法不重要	2.72	2.93	3.15	5（坚决反对）
	远	中	近	
11. 知识可以改变命运	2.31	2.21	2.19	1（坚决赞同）
	远	中	近	
12. 政府想干什么就可以干什么，没人管得着	4.34	4.21	4.78	5（坚决反对）
	中	远	近	
13. 政府是为有钱有势的人服务的	4.05	4.13	4.67	5（坚决反对）
	远	中	近	
14. 无论在什么情况下，我们都必须服从政府	3.09	3.28	3.33	4（反对）
	远	中	近	

---

① 熊易寒:《城市化的孩子：农民工子女的身份生产与政治社会化》，上海人民出版社2010年版。

问卷统计结果显示，公办学校中的农民工子女比农民工子弟学校的学生更认同主流价值观。总体上来看，不论是公办学校的农民工子女，还是农民工子弟学校的学生，他们与城市儿童的分歧不大，并没有站在主流价值观的对立面。但与城市儿童相比，农民工子女与主流价值观还是表现出一定的疏离。在14个命题中，城市儿童有11项同主流价值观最为接近，仅有一项与主流价值观相距最远。公办学校的农民工子女有3项同主流价值观最为接近，而农民工子弟学校的学生则与主流价值观存在更多的疏离，非但没有一个观点与主流价值观相近，而且有多达9项与主流价值观差距最远。值得注意的是，农民工子弟学校的学生对外部世界的信任程度较低，不少人认同"这个世界上除了父母，没有人靠得住"。

最后，城市农民工子女普遍存在身份认同困境，对城市与乡村都缺乏归属感。

无论是在农民工子女的文本当中，还是日常交谈中，"本地人"、"外地人"出现的频率都要远远高于"城里人"和"农村人/乡下人"。他们更习惯于把自己看作一个异乡人，而不是外界通常所称呼的"农民工子女"或"民工子弟"。由表6便不难看出这种倾向性。

表6 农民工子女作文中出现下列词汇的次数统计

词汇	外地人/外乡人	本地人	城里人	乡下人/农村人	农民工/农民工子女/民工子弟
次数	37	21	9	2	0

笔者发现，农民工/农民工子女/民工子弟的字眼从来没有出现过；乡下人/农村人仅出现过两次，而且均出自与作者吵架的城里人之口；外地人/本地人倒是频频出现，并且往往以"我们外地人"、"他们本地人"的形式出现。综合对作文的关键词分析和深度访谈，不难发现：孩子们所认同的身份是"外地人"而非"农民工子女"或"农村人"。在他们的思维框架中，本地人和外地人是最为重要的对立，自己之所以受不到公正待遇，就是因为"我们"是外地人。一个可能的解释就是，迁徙并没有带来身份的变迁（身份仍然是农民，农民工只是一种职业变迁），农民工子女更多地感受到地域之间的流动；而地域认同基础上的同乡网络是农民工求职、流动所依赖的重要社会资源[1]，农民工以地域为基础的"抱团"行为，以及政府对流动人口的管理政策，都可能强化农民工子女的"外地人"意识。

但是，如果进一步思考，我们会发现："我是外地人"表面上是一个肯定式命题，似乎是在回答"我是谁"的问题，而实际上却是一个否定式命题，即"我不是本地人"。

---

[1] 李培林：《流动民工的社会网络和社会地位》，载《社会学研究》，1996年第4期。

与"桐乡人"、"浙江人"不同,"外地人"不是一个整合的概念,只是作为"本地人"的他者而被冠以统一的标签,那些来自全国各地的外来打工者并不构成一个社会实在意义上的整体,就好比肤色、国籍、文化各异的西方旅行者只有到了中国,才会被统称为"外国人"。因此,从本质上讲,孩子们所认同的"外地人"身份只是一种虚拟身份,这是由认同的语法结构——"我是谁"——所决定的,而"我是外地人"不过是一个伪装为肯定陈述的否定句。

中央电视台的记者问上海的一位农民工子女,"你觉得你是个城里人还是个农村人?"

这个从小就来到上海的小男孩答道:"是现在还是原来?我觉得现在是城市人,不算上海人,因为我不喜欢农村,所以我觉得,我不是农村人。……虽然我们经济地位跟他们上海人有很多差别,但是,怎么说呢,想一下,我也不知道。我觉得我是城里人,我只是……哎呀,不知道怎么说了(一拍脑袋)。"

这段话可以简述为:"我不是农村的孩子,我是城里的孩子,但我不是上海的孩子。"这句话经典地表达了农民工子女的身份认同,"在农村孩子面前,他们不认为自己是农村的孩子,而是城里的孩子。"这句话的确道出了一个重要的真相:这些生于上海、长于上海的孩子,已经是一班"城市化"了的孩子。

这些孩子与同龄的城里孩子相比,主要的差别在于生活细节的差异,譬如打电话不会轻声轻气,不会自报家门;日常生活中礼貌用语很少;随地乱扔东西;有的人还没有坐过地铁,虽然生活在上海,但局限在自己的社区里;再就是穿着打扮土一点。除此之外,并没有大的不同。①一些孩子在上海呆的时间很长,甚至能用上海话进行简单的交流。孩子们对上海人的模仿,正好表明了他们对上海的认同,以及融入上海社会的愿望。这可能是城市第二代移民的共同点。然而,由于户籍制度的制约和主流社会的排斥,他们无法真正融入城市,但他们显然也不属于户口本上的那个"故乡",这就造成了他们的进退失据,缺乏社会归属感和认同感。

三、政策建议

1. 大力办好职业教育,逐步开放高中教育,解决农民工子女的"初中后"教育和就业问题,为他们提供多元化的上升通道

对农民工子女的教育吸纳不能仅限于义务教育阶段,除了进一步提高农民工子女就读公办学校的比例之外,更为关键的问题是,有步骤、有计划向农民工子女开放更"高端"的教育资源。否则,不仅不符合公平、正义的原则,而且不利于中国经济的

---

① 2007年10月3日,对张轶超的访谈记录。

持续发展、中国社会的长治久安。

只有办好职业、技术教育，农民工子女才会乐于接受中职教育。当前我国的职业教育仍然沿袭了计划经济时代的办学模式，师资、技术和专业设置难以适应市场需求，导致职业教育对企业和学生都缺乏吸引力。技工教育的发展则受到体制和观念的双重束缚，一方面，由于不属于学历教育，缺乏社会认可度，各级政府也不甚重视；另一方面，技工教育归人力资源和社会保障部门管理，无法进入教育部的招生平台。在这种形势下，鼓励行业龙头企业进军职业教育和技工教育市场，坚持以市场为导向办学的同时，加大公共财政对职业技术教育的扶持，这样既可以盘活现有的教育资源，又可以提升农民工子女的人力资本存量，增强他们在就业市场的竞争力。

当前农民工子女无法就地升入高中，一个最主要的障碍就是高考制度，这是一个全国性的制度安排，分省考试、按计划名额录取，这使得异地高考不仅难以操作，而且可能诱发高考移民，来自本地居民的阻力也非常大。在不触及高考制度的前提下，上海是否可以向教育部争取若干机动录取名额，即根据上海中学阶段农民工子女的人数，编制单列招生计划；为了限制高考移民，可以设立一定的准入资格，譬如出生地为上海或在上海接受中小学教育，父母在上海定居时间达到一定年限，等等。这样一来，至少可以保障农民工子女的机会平等，帮助他们突破升学瓶颈和就业难题，提升他们对于上海的认同感与归属感。

从长远来看，农民工随迁子女就地参加中考、高考是大势所趋。目前农民工子女已经可以进入"三校"（职校、技校和中专），但进一步的上升渠道是淤塞的，应该让"三校生"通过高考进入高职院校或普通高校的高职专业。

此外，农民工子女的上升通道不应该仅限于教育，还应当包括职业晋升通道。在当前我国，一方面是技工人才短缺，另一方面技术工人的社会地位偏低。可以考虑恢复"八级技术等级制"，让包括农民工在内的工人有向上流动的可能性。这样不仅有助于激发工人的工作积极性，提高职业技术教育的社会吸引力，而且有助于我国的产业升级和经济发展。

2. 以实有人口而非户籍人口作为教育资源配置的依据

考虑到郊区特别是城乡结合部是外来人口及流动儿童的主要输入地，必须根据城市化的实际水平，加大对城乡结合部地区教育资源的财政投入，同时积极引进民营资本，新建中小学和幼儿园，使之达到或接近中心城区的水平。必须破除将外来人口作为财政负担和管理客体的旧观念，相当一部分外来人口已经不是流动人口，而是具有定居倾向的新移民，他们是社会财富的创造者、公共财政的支付者和拉动增长的消费者。如果给予农民工子女同城待遇，对他们进行人力资本投资，他们将会成为上海未来发展的一笔财富；反之，如果将他们拒之门外，则可能带来类似于"伦敦骚乱"的潜在社会风险。

3. 要积极鼓励本土社会组织为农民工子女提供教育和社会服务

社会组织是政府和市场之外的第三部门，可以弥补政府和市场的不足，为社会提供公共服务。目前，在上海从事农民工子女教育的社会组织主要有以下四个类型：

一是社工机构，譬如浦东的乐群社工服务社，一般与地方政府有紧密的合作，采取驻校社工等形式为农民工子女提供专业的心理辅导和情感支持。

二是"民办非企业单位"或"社团"，譬如久牵志愿者服务社、热爱家园青年志愿者协会，这一类组织大多由草根组织发展而来，独立性较强，有一套相对完整的组织理念，为农民工子女提供公民教育、艺术教育、课外辅导等服务，与农民工子女及其家庭均有紧密的联系，资金来源主要包括政府购买服务、公益基金会和企业资助。今年4月，一位农民工子女在久牵志愿者服务社的帮助下，获得了加拿大某高校的全额奖学金。

三是私募公益基金会，譬如南都公益基金会，除了出资创办招收农民工子女的"新公民学校"，该组织也为各类NGO和公益项目提供资金支持，在一定程度上，具有社会组织"孵化器"的性质。

四是各种具有境外背景的NGO，如"牵手上海"、打工子弟爱心会，这类组织由外籍人士发起或创办，主要在企业白领和大学生群体中招募志愿者，与本土NGO相比，它们的组织化、制度化程度更高，专业性更强，组织规模更大，活动经费更多，资金来源以外资企业和海外基金会为主。

笔者认为，社会组织应当得到政府的大力扶持。民政部最近已放宽社会组织的注册门槛。公益慈善类、社会福利类、社会服务类社会组织不再需要挂靠单位，但这只是第一步，接下来还要为社会组织提供资金支持。今后可以加大对服务于农民工子女的社会组织的支持力度，尤其是第一类和第二类的社会组织，它们与农民工子女的联系最为紧密，能够深刻地影响农民工子女的价值观、政治态度和行为模式。第三类社会组织即私募公益基金会，大多由财力雄厚的民营企业发起，政府只需给予政策优惠即可促进其发展。简言之，政府部门通过政策扶持、经济资助等方式，鼓励社会组织为农民工子女提供各项社会服务，既可以提升城市公共服务的质量和覆盖面，又可以促进社会组织的发展。

4. 少先队、共青团组织应当加强对农民工子女的关怀和吸纳

笔者在对上海市多所农民工子弟学校的调查中发现，这些学校的少先队、共青团组织名存实亡，也没有公办学校常见的各类学生社团；相反，这些学校存在不少学生帮派，逃学、早恋司空见惯，打架斗殴时有发生。少先队、共青团组织应当更多地关注农民工子女，加强农民工子弟学校的组织建设和社团文化建设，从情感上关心农民工子女、在思想上引导农民工子女，以组织化的方式弘扬社会主义核心价值观。此外，在价值观的引导方面，要避免过多的价值灌输和道德说教，运用电影、游戏、音乐、

故事、阅读、志愿者活动等间接手段进行价值熏陶。我们的调查发现：采用启示性的道德教育和具体的道德实践对农民工子女进行教育，其效果要比抽象的道德教育更为明显。

5. 以社区和学校为主要平台促进农民工子女社会融合

上海的街道、乡镇都建有社区活动中心（包括社区图书馆、社区学校等活动场所），但不少活动中心利用率并不是很高，存在资源闲置的现象。可否考虑向农民工子女开放社区图书馆、社区学校，使他们有一个固定的、良好的环境开展课外活动？考虑到这样一来会增加学校、社区的人力成本和管理责任，不妨鼓励社会组织与社区、学校进行合作，在政府的资助下建立"晚托班"。这样可以一举多得：其一，学校和社区的公共资源得到了充分利用，降低了闲置率；其二，不同于久牵志愿者服务社、热爱家园等社会组织，仅仅面向农民工子女，学校和社区是向所有社会成员开放的，有利于农民工子女与城市居民和同龄人进行接触、交往，从而促进社会融合；其三，农民工子女的课外活动有了正规场所，减少对网吧、青少年"帮派"等不良环境的依赖，使他们健康快乐地成长；其四，社会组织也有了更为开放的平台，可以更为有效地开展工作。

四、结论和讨论

作为第二代移民的农民工子女能否融入城市社会，关系到中国社会的长治久安与中国经济的持续发展。相比于父辈，他们的文化观念更接近于城市社会，他们的权利意识也更为明确，并以城市同龄人作为自己的主要参照群体。我国现有的外来人口管理模式已经不能适应这种新形势和新环境了。

公办学校向农民工子女开放，无疑是一项以人为本、意义深远的举措；但是，这项政策能否达到促进社会融合与社会公平的预期目标，还取决于其他的配套制度和政策，尤其是要解决"初中后"教育的瓶颈问题：如果农民工子女在城市完成九年义务教育后，无法就地升学，那么，这一举措对于促进社会融合与社会公平的作用将十分有限。

简言之，仅仅在义务教育阶段开放公立学校还远远不够，单纯的教育吸纳对于促进农民工子女融入城市社会的作用甚微，现行的教育体制无法为农民工子女提供足够的生活机遇和上升空间。由于城市社会对于农民工子女及其家庭的排斥是系统的、制度化的，如果就业、社会保障、高等教育等领域的歧视仍然存在，那么义务教育阶段的吸纳将难以产生正面效果。

任何一个政府部门，任何单一的政策，都无法从根本上解决农民工子女问题。要真正解决这一问题，必须有一个立体式的解决方案。在制度层面，需要教育、民政、社保、住房、公安、团委等部门通力合作，尽可能消除对农民工子女的制度性歧视，实现公共服务的均等化；在社会层面，要促进社会融合和社会平等，促进城市居民与外来人口的和谐共处；在经济层面，要致力于打破二元劳动力市场的分割，消除就业壁垒，实现同工同酬。①

最为根本的措施，是以城市移民政策逐步取代流动人口管理政策，实现基本公共服务的均等化。流动人口的治理逻辑必须让位于城市移民的权利逻辑。也就是，必须放弃那种将流动人口排除在"我们的"城市之外的治理逻辑，代之以更为积极的权利的逻辑②，即把农民工及其子女视为城市的新成员，承认其享有与城市居民同等的公民权利。

近年来，外来人口开始主动地提出权利诉求，上访、罢工、群体性事件层出不穷，刑事案件也居高不下，这种自下而上的压力，加上中央政府越来越重视和谐社会与民生，地方政府对外来人口的态度趋于温和。以上海的郊区松江为例，截止2009年底，松江本区户籍人口55.89万人，来沪人员78.15万人，外来人口已经远远多于本地人口。松江区委书记在会议上指出："他们（外来人口）为松江当地的经济社会发展作出了重要的贡献。他们干着我们松江地区最艰苦、最脏、最累的活，拿的是最低的报酬。他们在参与松江地区建设发展的过程中也产生了许多民生问题，如居住问题、同住子女就学问题、就业介绍问题、就医问题、维权问题等等"。这些问题逐渐引起了地方政府的关注，并开始着手解决。

一是深入实施农民工同住子女义务教育三年行动计划（2008—2010）。2007年底，全区共36327名义务教育阶段的农民工同住子女中，有43%的学生就读于公办中小学校。三年来，松江区通过公办学校吸纳、建立公办学校教学点，国有资产公司举办民办农民工子女小学，以及简易农民工子女学校转民办等4种形式，为全部符合条件的41065名义务教育阶段的农民工同住子女（占100%）提供了免费义务教育。

二是积极推进外来务工人员居住中心建设，为外来务工人员提供足够的租赁房供应量。这些公共租赁房，不仅房租要比外面便宜，而且餐厅、浴室、超市、药房等公共设施较为齐全。截止2010年底，松江区共有12个街镇、产业园区及企业利用自用土地共建成78个公共租赁房（单位租赁房）项目，住房总建筑面积131万平方米。成套住房1.3796万套，不成套住房1.0167万间，可居住人口约10.0561万人。③在建

---

① 陈钊、陆铭、许政：《中国城市化和区域发展的未来之路——城乡融合、空间集聚与区域协调》，载《江海学刊》，2009年第2期。
② [澳]杰华：《都市里的农家女：性别、流动与社会变迁》，吴小英译，江苏人民出版社2006年版。
③ 李挽霞：《地方政府职能变迁：权力、利益与注意力的再分配——以上海市S区为例》，复旦大学政治学系博士论文，2011年3月。

成外来人员公共租赁社区的同时，地方政府还对外来人员管理模式进行了尝试——组建外来人员管理委员会。管委会相当于"居委会"，对外来人员实行小区化管理，加强管理和服务，获得小区居住人员的基本信息，了解他们在想什么、需要什么，有什么日常困难。管委会还选出一批居住时间长、思想品德好的居民代表当楼组长，制订居民代表会议制度，定期召开代表座谈会，听取代表们的意见和建议，让他们参与小区建设和管理。

在不改变户籍制度的前提下，松江区对外来人口的管理模式进行了渐进性的调整，使外来劳动者获得了部分的公民权。不过，到目前为止，松江对于外来人口的赋权以社会权利为主（譬如社会保险、外来工公寓、劳动就业培训、子女就学），而社会权利是一种消极权利，只能享用，不能用于争取新的权益；而外来人口已经不满足于获取消极权利，我们的研究发现，他们已经逐渐形成了对于积极权利的诉求（譬如政治参与、结社权、集体谈判权）。而且，目前的管理模式仍然是以户籍制度为基础，将本地人口与外来人口分离开来治理，本地村民通过村民委员会来进行政治参与，外来人口通过"外来人员管理委员会"进行参与，这个委员会仍然是地方政府对外来人口进行管理和控制的机构，而不是像村委会那样的自治机构。

在笔者看来，松江的这些改革举措都只是治标之策，而不是治本之策。要真正解决农民工及其子女的问题，促进第二代移民真正融入城市社会，必须改变"经济吸纳，社会排斥"的半城市化道路[①]，要让农民工及其子女获得包括与城市居民同等的自由、权利和福利，这样才能实现中国社会的长治久安，才能走上一条更加健康、更加和谐的城市化道路。

---

① 城市把乡城迁移者（rural-to-urban migrants）当作劳动力、消费者或者一个生产要素，而不是一个移民或公民，在经济上加以吸纳、在政治上加以排斥。笔者将这样一种城市化模式称为"半城市化"（semi-urbanization）。

热点热议

当前中国安全监管工作的社会学反思*

颜 烨**

摘　要：中国安全生产监督管理机构独立设置十年以来，工作上取得很大成绩，但与经济社会发展相比，仍然存在很大差距，反映了目前中国安全监管工作尚处于初级阶段。从社会学的社会结构看，安全生产监管领域存在一些需要反思的问题：事故死亡人数指标设计及考核、政府监管的价值取向、事故信息发布、安全民主参与、安全应急救援、条块分割和冲突、行业内干部任免等问题。

关键词：安全生产；监督管理；社会结构；反思

准确地说，到 2011 年 2 月，中国独立挂牌设立安全生产监督管理局足足有了 10 年。究竟如何评价 10 年来的安监工作，各方说法不一。国家安监总局的评价是：全国安全生产状况总体稳定，……重特大事故起数明显减少，规范完善的安全生产法治秩序初步建立，……安全生产状况明显好转；但是，我国仍处于工业化、城镇化快速发展进程中生产安全事故易发多发的特殊时期，全国安全生产形势依然严峻，事故总量仍然很大，重特大事故时有发生，……安全生产基础依然薄弱，职业危害严重。[①]

我们也可以看到，2008 年以来，官方公布的安全生产死亡人数每年下降很快，单就煤矿看，下降不少，全国安监工作实实在在有了一定成绩，不应唱衰安监。有领导强调，看待中国安监工作需要"两点论"，既要看到存在的问题，更要看到取得的

---

　　* 教育部新世纪优秀人才支持计划项目，编号 NCET-12-0663；中央高校基本科研业务费资助项目，编号 3142013104。
　　** 颜烨，湖南衡南人，社会学博士，华北科技学院安全与社会发展所教授，主要从事安全社会学、社会结构与社会建设研究。
　　① 中华人民共和国国务院办公厅：《关于印发安全生产"十二五"规划的通知》[国办发（2011）47 号]，2011 年 10 月 1 日。

成绩。事实的确如此,安监工作成绩很大,但当前的安监工作与经济社会发展相比,仍然有着很大差距。经济社会越是加速发展,安监工作显得越加重要,当中存在的一些问题不能不引起重视和思考。

从社会学角度反思十年安监工作,主要是从社会要素构成、占有不同资源机会的社会成员的组成方式及其关系格局即社会结构去看待问题,从政府、市场、社会以及社会阶层间的关系看待问题。

一、从"计划生育"到"计划死亡":死亡指标设计带有目的论和极端安全主义色彩

众所周知,中国自20世纪50年代起,有了人口"计划生育"的提法,70年代中后期作为国策开始大力推行。30多年来全国人口(比不搞计划生育)少增长3—4亿人口,成就巨大。改革开放以来,尤其进入新世纪,随着安监部门的独立设立,"监管死亡"成为全社会关注的焦点问题之一。监管安全生产的死亡事故有很多工作要做,而其中一项也算是"顶层设计",即死亡指标的设计、控制与考核,等同于"计划死亡",即严格控制事故及其死亡人数。全国安全生产"十二五"规划里也明确了死亡的"相对指标"和"绝对指标"。

关于事故死亡指标规划的问题,原来社会各界就有争论,甚至于有人觉得荒谬。按照安全科学的研究,生产事故是可以避免的,避免死亡当然不等于死亡指标可以计划,但是又不能没有这样的一项指标。问题是,即便有死亡指标,也只能作为管理系统中事后评价的"监测指标",绝不可以作为地方政绩或企业生产的"考核指标"。因为,一旦死亡指标成为考核指标,地方政府或企业的"瞒报"现象就会铺天盖地而来,毕竟死亡指标的考核直接关涉地方领导的升迁沉浮、企业的盈亏赔偿,因而他们的手法就是事故瞒报、对记者封口、草菅人命、一切"私了"等问题层出不穷,所以全国或一次生产事故中究竟死亡多少人,没人清楚。这就不能准确研究解决存在的安全生产问题,相反还会更深地诱发政府不信任,其经济、社会乃至政治后果不堪设想。

这里转述一个故事。2011年5月的一次小型研讨会上,学界一位老先生谈起一件非常尴尬的事情:一次,交通部门一位领导人在会上作报告说,2002—2009年,全国交通安全事故死亡人数从10.9万人下降到了6.8万人,事故起数从77.3万起下降到了23.8万起,分别下降约40%和70%。① 对此,这位老先生很是不解。会后午宴上,这位老学者问刚好在座的某部委一处长:现在全国登记在册的机动车2亿多辆,还有那么多农用车没有登记,近几年全国每年车辆增加不下1000万辆,交通行为规

---

① 此数据亦可根据相关年度的《中国统计年鉴》进行计算。

范也未见得提高很多,可交通事故下降这么多,这有可能吗?对此,该处长也悄悄地对这位老先生说:现在交通事故统计方面有变化,县以上的事故交警部门有统计,而县以下的事故基本上就没有统计了。也就是说,县以下的事故死亡人数不计入官方统计范畴。笔者曾经下基层调研时,一位基层煤监局长说:煤矿究竟死亡多少人数?你要在现有数据的基础上乘以3—8倍就是对的。

这就反映死亡指标计划带有很强的功利主义目的论色彩,而且强调到极端安全主义高度,即只要符合政绩指标要求的行动就是"好的"、"对的",而不管是否与人之安全第一的社会价值相符合,只是践行韦伯意义的"信念伦理"而非"责任伦理"。①其实,我们认为,更应该强调的是各级政府及其官员对安全监管工作的一份"社会责任",一种至高无上的生命安全道义担当,即对人民的生命安全负责,才是"好的"、"对的"。

二、安全监管局何以成为安全技术局:政府安全监管的社会责任伦理被技术伦理遮盖

市场化条件下的政府职能大体是宏观调控、市场监管、公共安全、社会服务四大方面。中国国家"十一五"规划实施之前,国家安监系统提出安全生产"五要素"、"六支撑"、"六体系";国家安全生产"十二五"规划也着重强调要完善。②总体上看,上述政策规划体现了市场化条件下政府关于安全生产监督管理的职能职责,比较全面;但在实践工作中,未必如此,却更多地沿袭原有思维,过多强调安全科技、工程建设及其投入,认为这才是真正的"硬"安全,甚至于有人说,这是着重于生产力发展的角度来看待安全发展,因而政府部门从上到下,尤其高层的安监部门实际成为安全工程技术部门,而相对忽略了监督管理职能,反而有人认为监管是一种"软"安全,人为性因素多,只是生产关系范畴的事情。

可以说,目前这种安全监管思维,与当前中国安全生产处于初级阶段是相吻合的。它表达了中国处于工业化中期,工业风险主要源于科技理性、经济理性不足的旧有思维,科技理性遮盖和替代了安全监管的社会责任伦理,反映了当前安监工作系统哲学

---

① [德]马克斯·韦伯:《学术与政治》,冯克利译,生活·读书·新知三联书店1998年版,代译序,第107—108页。"信念伦理"在韦伯那里,意味着坚持某种信念("盯住信念之火"),以至于行动"只能如此","让上帝去负责结果"。

② "五要素"即安全文化、安全法治、安全责任、安全科技、安全投入;"六支撑"即建立和完善安全生产的行政执法监督体系、责任保障体系、宣传教育工作体系、评估评价工作体系、信息网络反馈体系、应急救援工作体系;"六体系"即企业安全保障体系、政府监管和社会监督体系、安全科技支撑体系、法律法规和政策标准体系、应急救援体系、宣传教育培训体系。

思维和宏观战略的缺失，其结果是"东一榔头西一棒槌"，也就不能从根本上抓住安全生产事故高发频仍的症结，也就难以"对症下药"解决问题，有时还会诱发新的风险。

平心而论，安全工程技术建设及其投入的确很重要，是第一生产力，但作为政府，安监部门的主要职能在于"监管"二字，即政府行政监察、民主监督、加强立法、公正执法，以及以政府管理推进企业管理，也就是着重于安全法治、安全民主、安全组织（安全维权）、安全公正等。这些正是政府安全监管的责任所在。至于安全工程技术建设及其投入，其实多数可以由生产企业或行业部门通过市场化途径，同科研院校或高校或科技公司合作去解决，而政府只是监督检查安全科技、工程及其标准的执行和落实情况，不必越俎代庖、去主抓主管。也就是说，政府作为上层建筑，大可不必喧宾夺主，而应该主要通过调整生产关系乃至当中重要的阶层关系、利益结构去影响和推进生产力的发展。

当然，对于涉及的诸如城乡二元结构、收入分配结构等对安全生产的影响，不是安监部门一家所能为的，需举国之力加以调整解决。如近年连续报道的农村校车安全事故来说，不仅仅是安全校车、安全技术、安全管理等问题，而主要是农村人口结构发生了变化：随着新生人口减少和剩余劳动力举家迁徙进城，农村中小学生大量减少，地方政府为了"整合资源，经济办学"，纷纷撤点并校，导致孩童远涉上学，要么寄宿学校，要么每天乘坐农用车上学，加上农村路况和司机驾驶技术低劣，难免事故发生。

三、民众生命与官员面子利益：事故信息公布问题拷问政府安全诚信和官员安全责任

人命关天。政府部门对于事故的相关信息及时、准确、真实向社会发布，也是政府以人为本的重要职责，有利于屏蔽诸多谣言和猜测，有利于迅速应急救援和处置事故，同时更有助于树立政府诚信的权威、良好的形象。但是，现在面对媒体的质询，一些政府部门却在事件经过、原因、数据等方面吞吞吐吐、畏首畏尾，甚至对媒体的自行调查报道严加封锁，认为由安监部门发布的消息才是准确的，由此导致政府安全公信力大受质疑。

当然，谣言止于真相，政府在事件尚未彻底调查清楚之前，谨慎公布真相，也是必要的。但是，这里总让人觉得信息发布方面存在一些不解的纠结，其关键因由在于政府官员、企业负责人过于看重自我利益和面子，官员的自利伦理已经超越了服务伦理和对民众生命安全负责的道德责任伦理。常言道"无欲则刚"，即指人少有或没有自己的私心、私欲，大公无私，因而充满正义感。从一定程度上讲，正义感强烈的行动者尤其领导者，在行使公事时往往比私欲强烈的人更有魄力、更讲公平，否则就会淹没于利欲熏心，甚至不择手段，导致社会公平丧失，进而引发社会不满和冲突。从

心理学上看,即是正义感产生公平意志力。林则徐所谓"苟利国家生死以,岂因福祸避趋之?"这种大义凛然的精神和气魄就是一种正义感。

随着2003年"非典"发生期间官员"问责制"的兴起,官员对于突发性安全事故(事件)更不敢掉以轻心。"问责制"本身是一把"双刃剑",一方面强化了官员的责任,另一方面也容易诱致瞒报现象。比如,2007年出台的《生产安全事故报告和调查处理条例》明文规定,一次性死亡3人以下为一般事故;死亡3人(含)—9人为较大事故,这里曾经的不成文规定则是要追究县处级领导的责任;死亡10人(含)—29人的为重大事故,这里曾经的不成文规定则是要追究地市级领导的责任;死亡30人(含)以上为特别重大事故,这里曾经的不成文规定则是要追究省部级领导的责任。正是因为事故死亡数据与官员利益相挂钩,因而一些地方官员或企业在事故处置中能瞒就瞒,能拖就拖。

相对于"大政治"而言的是"小政治"。"小政治"绝非因为民众之小事而"小",所谓"群众利益无小事"即是"大政治"。"小政治"的确切含义是指部分人尤其是既得利益者圈子内部的私谋或密谋政治。这种政治的目的就是为瓜分公共资源和机会而争权夺利,结果是危及社会公共利益和公众安全。没有正义感,就无所谓公平,也就无所谓民众的幸福和安全,以至于"保障安全"、"维护稳定"反而被小政治当作唯利是图的工具而利用。对于事故(事件)的经过、原因、后果等真相的公布,我们以为,还得学习西方发达国家的政府及其官员,开诚布公,对人民负责,自觉接受人民群众的监督。民众利益才是根本。

四、民众安全仅被执政者和企业主决定:安全民主缺失诱发安全公正显失

安全,根本上是人的安全。在生产中,从业者是最基本的安全主体,应该对安全决策、安全管理、安全投入、安全维权等有知情权、参与权、表达权、监督权。安全民主,从宏观层面看,就是政府、市场、社会三者之间的博弈合作;从企业层面看,就是政府、企业、工会(工人)三者之间的博弈合作。

但是,目前中国社会仍是一个"强政府—强市场—弱社会"的关系格局。在社会上,安全的社会组织非常少;现有的这类社会组织主要是半官方性质的安全生产协会或安全科学学会、安全工程技术中介服务和一些媒体网站,在安全民主、安全维权方面也很难发挥作用,尤其是媒体有时处于被关闭的状态(当然不可否认某些媒体的趋利性炒作安全事故新闻),有的记者还惨遭企业主的打压和控制。在生产单位里,工会组织除了发放劳保用品、搞些文艺活动等以外,对底层工人的安全诉求、安全维权基本处于无语和被动状态,甚至于成为既得利益集团的"代言工具",群众处于"被

安全"状态。在重大项目乃至城市规划设计和施工过程中，虽然一再强调安全管理"三同时"（经济发展和技术实施要与安全生产同步规划、同步发展、同步实施）、企业生产工作与安全工作"五同时"（必须同时计划、布置、检查、总结、评比），但是这都在官员、商人（企业主）和专家三者利益合谋过程中进行，基本没有群众的参与和话语表达，很多涉及公共设施和公共安全的规划，没有行使公众听证会等形式，"风险不在规划之列"、"公众缺席"、"事故灾难由群众买单"等现象大量存在，以至于出现企业生产事故多发，城市规划失败导致交通拥堵、暴雨来袭淹死人等现象。

在一些事故处置中，除了仅有的几家主流媒体能够允许进入外，其他媒体或组织几乎一律阻拦在事故处置的"警戒线"之外，不得参与了解内情，处置情况完全由官方作出和发布。就2011年"7·23"甬温动车事故调查报告而言，分析了技术设计和产品设计不合格问题、安全管理问题等，但避重就轻，缺乏群众参与互动，对背后的利益关系没有过深挖掘，回避利益矛盾。

目前中国很多城市规划、交通规划乃至安全基础设施规划本身，基本上是社会上层官商决策、中层专家设计、底层民工施工，层层考虑自身利益，存在"四马分肥"现象，上层盘剥下层，最后是偷工减料，导致"豆腐渣"工程、设计规划和施工建设的非人性化和非安全性。上层集体决策很容易产生"安全盲思"（社会心理学认为，"决策盲思"是领导者和管理者的单方面非科学论证筛选、非民主听证质询的"拍脑袋"决策）。这同时反映了利益关系"官强民弱"、"资强劳弱"、"上强下弱"的格局下，[①]安全公共性和安全民主明显不足，安全公正伦理无从体现。

五、地方安全生产综合监管与专项监察重复扯皮：利益之争淹没了安全责任

现行的安全生产监管机构体制方面，中央层面设置"国家安全生产监督管理总局"（正部级），下设副部级的"国家煤矿安全监察局"作为专项的煤矿安全监察机构，是两个机构、一套人马。但具体安全生产监管和煤矿安全监察是在地方。在地方，煤矿安全监察机构是垂直机构（条），而安全生产监管机构是地方政府的部门（块），这两个部门在绝大多数地方是单独分设的，条块分割，甚至于发改、公安、税务等多个部门，都可以随时向煤矿企业伸手，以至于在面向煤矿生产企业的检查、监察、评比、事故核查和调查过程中，出现职权冲突、遇事相互推诿（不作为）、有利抢着管（乱作为），煤矿企业疲于应付，一年到头在接受重复监察、重复监管、多头罚款、

[①] 赵慧珠：《协调阶层关系：构建和谐社会的重中之重——访著名社会学家、中国社会科学院荣誉学部委员陆学艺研究员》，载《中国党政干部论坛》，2007年第10期。

六、安全应急救援的专业演练和群众自训：民众的生命安全高于一切

所谓"应急"，即"为急而应"（为应对紧急情况而响应性地做好一切准备）。这里有一则故事：2008年"5·12"汶川大地震的时候，一位县委领导还急于跑回办公室去查看"应急预案"。这显然是来不及了。"应急预案"不是写在纸上、挂在墙上的，关键是平时要把预案中的条款落到具体行动中，内化为安全主体——应急救援专业人员队伍和广大干部群众——的"应急律令"。对于专业应急救援人员，平时要加强演练预习，在演练中发现问题，及时改进方式方法，及时改善装备设施；对于普通群众和生产单位的工人，平时政府或单位要带领群众做好应对灾难或灾害来袭的自我救助训练，让群众记住逃生路线，习得救生方法，懂得紧急情况下的互帮互助等。这实际也是安全行动的社会化、安全化的过程。

早期的群众自救训练是较为有效的。著名的是1975年辽宁海城大地震，震前被准确预测，中央和省里及时预报、疏散群众，致使大震中仅伤亡1000多人。而现在除了高危行业有一些专业应急救援演练（煤矿有矿工应急救助自训）外，很多地方政府和单位基本上淹没在GDP政绩和自我利益的追逐中，底层群众为了养家糊口也难以自行组织起来进行自救训练，因此灾难来袭，难以应对。而且，一些地方政府还有意向群众屏蔽灾害信息即所谓"辟谣"，担心灾害预报信息不准确，或者发布后引发社会骚乱。

此外，目前应急救援主要依靠政府组织的专业应急救援，设备设施和安全投入比以往都提升了很多，但缺乏群众自身的参与、社会组织的参与，这样的应急很难凑效，而且耗费政府公共成本。

总之，执政党的安全与群众生命安全息息相关，执政党只有将群众的生命安全和生存发展放在第一位，才有其执政的合法性基础和伦理基础。

多头接待等任务之中，企业生产主体地位受到严重冲击，对此企业干群多有抱怨。问题最严重的是，地方煤矿安全监察机构与安全生产监管机构之间，长期存在"中央军"（垂直的"国家监察"）干不过"地方军"（横向的"地方监管"）的现象。有关人士认为，煤矿安全监察部门既然单独设立，地方政府的安全监管部门就不应过多干预、参与煤矿安全监管，而且，煤矿安全监察机构历史较长，有一定的经验积累和成熟的工作套路，而安全监管部门是新设立的，其中人员芜杂，因此应该放手让煤矿安全监察部门独立行使职权；但由于地方政府及其官员有着自身利益诉求，因而地方安全监管部门难免要强力参与利益分享，因而有时要挑战煤矿安全监察部门的职权。

部门利益的条块分割、条块冲突问题由来已久，有的行业已经得以厘清。市场化条件下的政府主要行使四大职能，因此近年又流行按照"大部制"设想，要求单独设立"市场监管部门"，将现有的安全生产监管、煤矿安全监察、食品药品安全监管、消防安全管理等合并设立一个大部委。如果要这样的话，作为监管机构，就应该像工商、税务、银行、海关等那样，从上到下垂直设置，主要监管地方政府的行为和职权行使；而宏观调控、社会管理、公共服务大多数职权可以交由地方政府行使（其中社会管理部分职权，也可以垂直设置）。

大体而言，目前中国这种安全监管体制是利益之争淹没安全的社会责任，缺乏公共性、协调性、系统性。

结合中国高层政府目前推行"大部制"，这里，笔者就诸类安全机构设置有一些看法。建议在现有的"安全生产委员会"、"应急救援中心"基础上改建为中央和地方各级"公共安全委员会"（协议机构），或者设为人民代表大会常务委员会下的一个"公共安全委员会"，下设专业安全委员会，注意吸纳各方人才和代表参与，明确职责，强化其指挥调度和纵横协调的作用。如果按照自然灾害、事故灾难、社会安全、公共卫生安全（流行病、食品药品安全）、国家安全这五大块划分的话，可以采用世界通行的做法，中央级应该新设立公共安全总局、人民警察总署，地方垂直设立，力图规避部门职能及其利益间的扯皮问题（目前，中国的公安部门仍沿袭新中国成立之初的设置，实际相当于国外的警察部门，主要承担违法犯罪监控如社会治安、刑事犯罪等任务，同时兼管交通安全、消防安全等公共安全；目前现行的国家安全部门实际相当于国际警察部门，主要承担打击跨国或国内间谍及其活动的职能）。因为社会安全有其特殊性，属于社会管理范畴，其职能可以交由新设的警察部门，主管社会治安、刑事犯罪、公民身份及户籍登记核查、间谍和犯罪（可下设副部级）等；将涉及自然灾害预防和处置的现行防灾减灾委员会（含地震局）、涉及事故灾难监管和处置（如生产安全、交通安全、消防安全、建筑安全、职业安全等）的现行安全生产监督管理部门等，以及环境安全治理、食品药品安全监管等归并到新的公共安全部门（必要时设立副部级机构）；国家安全职能主要仍由国防、军事、外交等机构承担。

新形势下无法回避的"必答题"

——关于网络事件的调查与思考

魏四海　张立恒　苏树增[*]

摘　要： 当前，网络事件对社会发展的影响越来越突出，正确处理网络热点、妥善处置网络事件越来越重要。近年来，网络事件呈现出六个突出特点：一是由小见大，由小及大；二是由此及彼，非此即彼；三是由看到议，由议到愤；四是由私到公，由民及官；五是由虚到实，由言及行；六是由实到虚，由少及众。当前处置网络事件主要存在着六个方面的问题：一是"程序化"与"无序化"形成鲜明对比；二是"模式化"与"情绪化"形成鲜明对比；三是"难公开"与"乱公开"形成鲜明对比；四是"自上而下"与"自下而上"形成鲜明对比；五是"后知后觉"与"先知先觉"形成鲜明对比；六是"心里没底"与"刨根问底"形成鲜明对比。处置网络事件应把握好六个基本原则：一是防控结合，以防促控；二是虚实并重，虚功实做；三是小中见大，"小题"大做；四是疏堵相济，疏情堵弊；五是软硬兼施，软硬有度；六是互动联动，以动制动。

关键词： 社会管理；网络事件；网络舆论；社会热点；对策建议

网络既是新一代媒体，也是一个虚拟的社会。很多网络热点与社会热点相互交织，很多网络事件与群体事件相伴而生，网络对经济、社会、文化乃至政治的影响越来越明显，给社会管理带来的问题越来越突出。不少网络事件受到境内外媒体和网民的高度关注，产生了严重的社会影响。正确处理网络热点、妥善处置网络事件，既是加强和创新社会管理的重大战略课题，也是夯实党的执政基础的重要政治任务。

---

[*] **魏四海**，新加坡南洋理工大学管理经济学硕士，河北省委副秘书长。主要研究领域：公共管理、政府创新、社会治理、公共安全。**张立恒**，经济管理学研究生，河北省委机关干部。主要研究领域：政府管理、社会治理、文化传播。**苏树增**，燕山大学公共管理硕士，河北省委机关干部。主要研究领域：公共管理、社会治理、公共安全。

一、近年来网络事件的突出特点

网络事件,也称之为"网络群体性事件",大多由热点问题引发,与现实中的群体性事件比,既有相似之处,也有个性特点。

1. 由小见大,由小及大

在网上,"鸡毛蒜皮"可成"星火燎原","小问题"可能引发"大热点",个人问题可能形成公共事件,个别问题可能变成群体事件。从网络事件的现状看,既有敏感话题,也有生活小节;既有共性问题,也有个性问题;既有当前新事,也有沉年旧案;既有偶发事件,也有蓄意而为;既有主观猜测,也有现实激发;既有个人反映,也有群体热议。在网上,发言者可以自己做主,每个人都可能是舆论制造者,每个人都可以是信息评论者,每个人都可以是事件参与者,一些言论短时间即可形成声势、造成影响。参与者即散即聚、即聚即散,不确定性、不可预见性极强。网上问题具有触点多、燃点低的特点,网民往往把"小事情"定性为"大问题",贴上标签,冠之以"最",无所不用其极。对涉及公权力、公益性、公众关注的"三公"问题,更是将骇人听闻、惊心动魄的话用在题目和关键词上,"语不惊人死不休",极具震撼效应。一个帖子、一条消息引爆一个事件的现象并不稀罕。

2. 由此及彼,非此即彼

在网上,有闻即传、不负责任的特点极其明显。网上发言东鳞西爪、断章取义、易走极端,同时又角度不一、良莠不齐、重点不同,具有多变性、多元性。即使"一边倒",也可能引发联想、形成误导。"质疑"成"现实"、"谣言"成"真相"、"无稽之谈"成"有理有据"的现象时有发生。一些网民自愿做监督者、分析师、取证员,让涉事者无处藏身。对涉腐、涉富、涉权的话题,更是持"怀疑一切"的思维定势,不遗余力地查破绽、找漏洞,甚至掘地三尺,数出祖宗八代,找出所有能够找到的关联。有的还可能将话锋一转,从另一角度提出看似无关却极其致命的疑点,"无心插柳"之言很可能从另一个角度成为引发另一问题爆发的导火索。"拔出萝卜带出泥"的现象,在网络事件中已成常态。

3. 由看到议,由议到愤

网络事件源于现实,可能迅速在网上"窜红",也可能迅速"回归"现实,一些网络热点由此很快成为"社会热点",网上议论很快成为社会舆论。一个热点问题可以在一个小时之内被几十万微博用户转发,一个微博可能同时成为上千万"粉丝"的视点,一个网络事件可以在一夜之间甚至几个小时之内爆发。由于微博、贴吧、QQ群等交互式虚拟社区及各种即时通讯方式的兴起,谁都可以成为信息发布者,谁都可以成为议题组织者,谁都可能成为"意见领袖","旁观者"有时比"发起者"言辞更激烈、情绪更激动。对同一问题，表达观点的热议、释放情绪的发泄、追求利益的维权、哗众取宠的炫耀、人云亦云的起哄、恣意攻击的谩骂、虚拟冲突的暴力等，各种情况都可能参杂其中，形成一种情绪渲泻。从"围观"到"围攻"，从"对话"到"对抗"，从"攻讦"到"攻击"，从"曝光"到"爆炸"，网民情绪相互影响、相互刺激，很快就能引发群情激愤，引起社会关注。传统媒体与网络互动的加强，使之很容易走下网络，成为一种社会情绪。

4. 由私到公，由民及官

仇官、仇富、仇警，是现实中一些无直接利益群体性事件发生的重要原因，也是很多网络事件的直接诱因。网络事件中的个别人，往往被以共性的、一般性的身份出现，被认为代表某一群体。对于为官不正、为富不仁、为警不端的问题，网民会迅速形成"利益共同体"，毫不理会积极的、阳光的一面，而把丑陋的、阴暗的一面极力放大，不吝惜任何过激语言。即使纯属私人的、民间的、个性的问题，也会很快转到"公"上、"官"上，质疑焦点也会很快从某一个人、某一件事转移到某一类人、某个部门上。为官不正、为富不仁，甚至成为一些网民讨论问题、发表意见的前置依据，"发球者"多，"二传手"多，掌控难度大。此类问题往往具有很强的冲击力，对党和政府形象造成极大的负面影响。这其中不乏利益集团、敌对势力的介入甚至操纵，企图借助网上炒作实现其经济甚至政治目的。

5. 由虚到实，由言及行

网络是虚拟的，作用是实在的，网络与现实往往同频共振。许多有影响的群体性事件，从酝酿到发生，从发生到高潮，从高潮到平息，网络的影响不可忽视。网络事件，其集中表现就是网络语言过激、网上行为过激以及网络暴力倾向，是"虚拟的街头表达"。网上语言与网上行为具有明显的共同特点，网上行为比网上语言更易引发情绪叠加、激化。这种情绪是虚拟的，也是现实的，可能自生自灭，也可能随时爆发。处理不好，就会走下网络、走向现实，引发现实版的群体性事件，或与现实中的群体性事件相互影响、不断升温。考察现实中的群体性事件，很多都有一个网上议论、网上交流、网上激化、网上爆发的过程，有时甚至是"网上直播"。网民中年轻群体较多，易于冲动，对网上言论"宁信其有"，很少进行必要的论证和甄别，有时一些不着边际的言论甚至荒诞不经的谣言，也可能在网上引发大的影响，在现实中引发大的事件。

6. 由实到虚，由少及众

"上诉不如上访，上访不如上网"，已成为许多利益诉求者的共识。现实中，很多人没有话语权，难以有效表达自己的想法、诉求。在网上，可以超越现实规则反映问题、发表见解、表达诉求，省时省力省钱，容易引起关注。现实中的很多问题，如农村土地征用、城镇房屋拆迁、环境保护、水库移民、企业改制、教师待遇等，网上都可以见到反映，有的形成网络群体，有的形成虚拟社区，活动比现实更频繁，联系比现实更紧密，聚集比现实更容易。现实中的不少问题，会因为出现在网上而形成热点、产生影响。只要有共同的感受、共同的观点、共同的兴趣、共同的诉求，就可以形成跨区域、跨行业、跨群体的"圈子"。这些"圈子"既可以职业、身份、年龄、爱好等为内容，也可能打破这些局限，从另一角度、另一层面形成。只要能够找到共同之处、有共同话题，参与者就有可能迅速增加，话题就有可能迅速深化，影响也会迅速扩大。一些时候，"网络水军"、"网络推手"以及网络攻关公司因利益问题参与其中，极大地加剧了这一裂变效应。"一呼百万应"是一些网络事件的真实写照。

二、当前处置网络事件存在的主要问题

随着网络的普及与发展，其影响无处不在，其作用越来越大，同时网络问政滞后、网络信息管理滞后的问题也日益突出。"老办法不好用、新办法不会用、硬办法不敢用、软办法不管用"的现象不同程度地存在，处置网络事件过程中存在的问题不容忽视。

1. "程序化"与"无序化"形成鲜明对比

网络既是畅开议论的公共场所，也是经济便捷的联络方式，具有很强的社会动员功能。群众反映的一些问题，特别是公众关注的共性问题，敏感度高、政策性强、解决难度大，一些部门注重程序、讲究方式，本无可厚非，但有的形式主义、官僚主义严重，反应时间太长，处理过程太长，群众意见很大，社会反响很差。现实中，老百姓忍气吞声、无可奈何，至多是发发牢骚、泄泄怨气。在网上，身份无高低、监督无边界、质疑无止境、声讨无极限，想法可以充分议论，活动可以充分酝酿，联系可以畅行无阻，行动可以肆无忌惮。从某种意义上讲，正是一些部门的按部就班、动作迟缓，激发了网民的过度敏感、快速行动；正是一些部门的顾虑重重、程序繁琐，激发了网民的毫无顾忌、恣意而为。不少网络事件的发生，都经历着这样一个从不屑、怠慢、延误到震惊，再到被动处置的过程。

2. "模式化"与"情绪化"形成鲜明对比

对网上言论，一些部门重视程度不够，或无人应答、不予理会，或应对呆板、极具模式化，缺乏吸引力、说服力、感染力。不少答复有着相似的套路、相近的语言、相同的表达，被网民视作"外交辞令"，有的甚至被讽为"讲官话不讲人话"。有时事前网民的模拟文字，与事后相关部门的官方发言惊人相似，成为网民搞笑的题材，其严肃性、权威性不言而喻。网络是原生态的舆论场，人们可以随便参与、随时发言，尽管言论缺乏推敲、缺乏严谨、缺乏依据，有的甚至是捕风捉影、以讹传讹，但形象生动、感染力强，往往能够博得网民认可甚至追捧，在网上掀起"旋风"，在现实中造成影响。

3. "难公开"与"乱公开"形成鲜明对比

网络事件的形成，很多源于某个群体的个性需求或共同感受，带有浓郁的"符号"色彩。网民要求一个问题公开，往往是一个群体共同的声音，其关联性有利益上的、经历上的、心理上的，也有区域的、行业的，等等。一些部门面对群众期待、面对社会质疑，并没有认真对待、积极回应，或者自说自话、糊弄了事，或者干脆置若罔闻、不理不睬。一些部门的缄口不言、缺席失语，尤其是个别"此地无银三百两"式的应答，往往导致捕风捉影、众说纷纭，有时甚至谣言四起、造成混乱。网民要说法、讨公道、不依不饶，甚至进行"人肉搜索"，将多种"真相"、"片断"、猜测、推断拼到一起，全盘托出。其中虽不乏事实，但鱼龙混杂、真伪难辨、虚实难分，容易混淆视听、激发情绪、激化矛盾，有时甚至引发社会问题，影响社会稳定。很多群体性事件都源于对真相的存疑。

4. "自上而下"与"自下而上"形成鲜明对比

对网上反映的问题，对一些部门而言，有的只是"战时重视、平时忽视"，缺乏对网民的应有关注和起码尊重，认为无关紧要、无碍大局，主要精力放在消除影响上。突出表现是千方百计找网站、托关系，删帖子、关评论、沉新闻，而不是了解真相、解决问题。此举无异于斩箭疗伤、养痈遗患。一些问题捂不住、删不及，反映到领导那里，引起关注、作出批示，才开始调查处理、着手解决。对网民而言，所反映的问题多是从最源头开始，然后蔓延、扩大，随之形成相对稳定但并不固定的群体。从个别人、少数人到"打抱不平者"群体、"抗议者"群体，从普通网站到主流媒体网站，随着涉及面的不断扩大，反映层次越来越高，受重视程度越来越高。这是网络事件的发展过程，也是网民反映问题、解决问题的"基本路线"。从网民的情况看，有的是出于无奈、争得同情，有的是营造声势、扩大影响，有的是借题发挥、制造事端，最终目的大多是谋求重视、解决问题。这种方式虽然可以使网民的问题得到解决，但党和政府形象却受损严重，由此引发的负面效应很难在短期消弭。

5. "后知后觉"与"先知先觉"形成鲜明对比

对一些网络问题，一些地方和部门似乎总是跟不上、"慢半拍"。深入分析可以看出，与其说是他们"后知后觉"，不如说是对群众现实问题反应不够、处理不妥，对网上反映麻木不仁、熟视无睹，并非真的不知、真的不觉，而是懒得回应、不愿回应，片面地认为是网民的情绪渲泄。另一方面，与其说是网民"先知先觉"，不如说是他们对现实问题多次反映的网上再现。因为问题在现实中得不到有效回应，一旦出现相似问题，有着相似经历的人就会极其敏感，自觉参与其中，迅速在网上聚集，积极发表个人言论。与一些地方和部门反应迟钝、推推拖拖相反，网民可以随时在网上召开"研讨会"、"声讨会"、"辩论会"，甚至"公审会"，交流心得体会，沟通"办事"经验，谋求解决之道，办事效率极高。从网络事件的发生发展看，网上问题的"大"与"小"、"冷"与"热",往往与反应的"快"与"慢"、"紧"与"松"形成反比。

6."心里没底"与"刨根问底"形成鲜明对比

对一些热点难点问题,网民往往从各个角度提出,讲得彻底、说得透彻、写得全面,同时希望得到一个彻头彻尾的答复、一个令人满意的结果。很多网民坚持打破砂锅问到底,不给答复不罢休,不达目的不罢休。有的部门则因为事前对问题深入了解不够,缺乏应有的认识,缺乏应有的调查,缺乏应有的答复,缺乏应对的办法。越是这样,越易引发网民的穷追猛打,越易产生过激情绪和过激行为。一些处置不力、造成影响的网络事件,大多经历此类过程:漠然视之、置之不理——浮皮潦草、敷衍了事——进退失据、手足无措——高度重视、重新处理,前期蒙、哄、骗,后期事态扩大、被动出手,事态得到平息。这一点,与现实中一些群体性事件由小到大的发生过程颇多相似之处,其显性后果虽不如群体性事件严重,但其隐性后果和潜在影响不可低估。

三、处置网络事件应把握的基本原则

网络是一把"双刃剑"。网络的迅速发展使加强网络管理、处置网络事件成为各级党政干部的"必修课"、"必答题"。面对多发频发的网络事件,必须坚持不回避、不糊弄、不掩饰,积极稳妥地处理和应对。

1. 防控结合,以防促控

网上问题拖大拖炸,比现实问题时间更短、"杀伤力"更强。对于网络问题,必须坚持"先"字当头、以防为主。对热点问题,网友在关注,媒体在关注,专家在关注,网站在关注,地方和部门也应给予更多关注。一旦出现类似问题,必须保持冷静头脑、坚持动态跟踪,绝不能消极对待、作壁上观。重点是及时掌握苗头、还原真相,或者以官方发布形式及时回应、道出原委,或者组织了解情况、表达能力强的人以网民身份参与其中,引导舆论。从一定意义上讲,群众诉求反应的现实延迟,可以通过网上的快速高效处理来弥补。过程中,应努力让网民融入其中,积极有效地应对。对刨根问底、不依不饶的,及时反应、稳妥回应;对好事而为、寻求猎奇的,有理有据、讲清事实;对情绪过激、言语偏激的,耐心解释、解惑释疑;对煽风点火、用心不良的,抓住症结、一针见血;对蓄意恣事、情节恶劣的,及时警示、果断处理;对有不良政治倾向的,尤其要多方甄别、依法妥处。

2. 虚实并重,虚功实做

网上反映的问题,大多源于现实,必须坚持从网上分析、从现实入手。"网上来网上去"是应对网络民意的一大弊端。对网民反映的问题,必须及时辨明真伪、厘清利弊,及时清理"垃圾"、"栽花种草",以"两手"对"两手",切实做到"网上听民声、网下办实事"，"网上有态度、网下有行动"。要立足正视问题、化解情绪、消除矛盾，利用多种方式解决问题。对于纯粹的情绪问题、舆论问题，注重了解社情民意，积极有效地进行引导，使网民消除过激情绪，以平和心态、全面客观地分析问题。对于源于现实的实际问题，注重了解症结所在，主动采取有效措施，把网民引导到解决问题的正确轨道上来。单纯地把网络热点看成网上问题，简单地摆平网站、抹黑帖子、删除信息，有时不仅于事无补，还有可能刺激网民、激化矛盾，结果适得其反。

3. 小中见大，"小题"大做

网络是现实的一面镜子。网上言论虽然会有非理性成分，但也是一种现实反映、一种民意表达，其中不乏原生态的鲜活民意。在网上，"群众无小事"在某种程度上就是"网民无小事"，小问题不可小觑，简单问题不能简单处理。网民反映的问题不少带有倾向性，需要引起关注，需要认真解决。及时跟进，就可以抓住时机、春风化雨，把矛盾和问题化解在萌芽状态、化解在初始阶段；反之，就可能错失良机、造成被动，甚至酿成大错。党政机关应加强网络问政，领导干部应加强网上微服私访，及时妥善处理网上信息，善待网络民声。对网民反映的情况，尤其是苗头性、倾向性问题，决不能简单地视为炒作、当成儿戏，而要认真对待、全面分析，善于从中发现苗头、发现问题，积极稳妥应对。对发现的问题，坚持小中见大、抓早抓小，而不能抓大放小、因小失大，更不能等"闹大"再"抓大"。否则，一些涉及群体利益的问题，很容易从平和走向极端，从网络走向现实，由网上行为变成现实行动，由单纯的网络事件引发现实的群体事件。

4. 疏堵相济，疏情堵弊

网络信息管理与宣传舆论工作一样，既要听取民声、顺应民意，也要把握主流、加强引导。网络言论参差不齐、层次不一，即使有过激成分，也应保持冷静、积极回应，防止发酵放大。一方面充分发挥政府网站、主流媒体网站以及官方微博的主渠道作用，一方面注重培养民间"意见领袖"，发挥社会力量的独特作用。对于网上热点问题，务必注重效率、掌握节奏、及时回应，坚持有理有利有节，不说无根据的话，不说不合法的话，不说不理智的话，不说不友好的话。对于败坏风气、造谣生事、政治反动、影响恶劣的，该堵则堵、该删则删，决不能听之任之，但要同时跟上工作、消除隐患，而不能简单操作、封堵了事。对涉及突发事件的问题，尤其要做到早说话、说实话、会说话、说管用的话，让网民能够辨明真伪、分清利弊。不管哪一类问题，越是及时介入、公开透明，越利于疏导情绪、维护秩序；越是反应迟钝、紧捂盖子，越易于激化矛盾、引起混乱。

5. 软硬兼施，软硬有度

网络有网络的自身特点，虚拟社会与现实社会有着很多不同之处。处理网上问题，必须充分考虑网上群体和网上行为的特点，善于运用网络办法、网络思维、网络语言，增强针对性、时效性。对网上言行，坚持区分性质、区别对待、把握尺度，多管齐下、多措并举，既要坚持网上处理、网上解决，又要适时出手、落地查人，切不可整齐划一、一概而论，更不能简单地"一刀切"、"一勺烩"。涉及面小、影响不大的，重点是加强规范，加强教育，加强引导；涉及面宽、影响恶劣的，尤其是有政治背景、企图制造政治影响的，重点是依法治理、严肃查处、严惩不贷，抓住致命问题予以致命打击，正本清源、消除隐患。当前重点是着力提高运用网络、管理网络水平，加强机构建设和教育培训，改变网络信息管理人员能力滞后的状况；强化网络信息软件开发应用，通过提升软件水平提高防护能力，改变网络信息管理工作滞后的状况；健全网络管理法规制度，强化顶层设计和制度安排，改变网络信息管理规范滞后的状况；完善网络信息应急处置工作体系，加强协调配合和实战演练，改变网络事件应急处置滞后的状况。

6. 互动联动，以动制动

网络是一个纷繁复杂的多元社会，网络管理特别是网络事件处理需要多方联动、综合治理。处置网络事件，既要注重行业、系统上下的纵向结合、职能部门间的横向联合，也要注重专群结合、社会各方互动、动态跟踪、积极主动、有所作为。对一些重要问题，党委、政府要加强领导，有关部门要加强引导，宣传、公安、工信及通讯管理等职能部门要加强信息网络监管及有害信息监控，同时还要动员社会各方力量积极参与，真正把网络建成正面信息的"传播源"，而不是惑众谣言的"避风港"；建成理性的"辩论场"，而不是激情的"集聚地"；建成科学理论、健康思想的"根据地"，而不是错误理论、反动思潮的"策源地"。加强资源整合、工作融合，切实把社会力量有效动员起来、积极性激发出来，尤其防止"现实中理性阐释、网络上过激煽情"。建立健全由有关部门参加的信息网络舆情通报、定期会商协调以及重要舆情共享、研判工作机制，及时研究制定对策措施，加强工作指导，及时有效处理，牢牢把握网络信息管理主动权。

官民冲突视角下的群体性事件：
表现、成因与应对

方小刚　王金叶 *

摘　要：在经济体制转轨和社会结构转型相互交织的时代背景下，我国现阶段官民关系冲突明显，官民矛盾加深，最为突出的表现就是群体性事件频发。官民冲突成为群体性事件频发的症结，通过对官民冲突的特征分析以及群体性事件的发生规律探讨，寻求消解群体性事件和缓和官民冲突的路径。

关键词：官民冲突；群体性事件；发生规律；机制

随着市场经济的发展和现代化的推进，人们要求平等和独立的意识日趋成熟，我国现阶段社会各个群体在维护合法权益以及政府服务等方面形成了广泛的利益诉求；而且在社会转型的历史背景下，经济体制转轨和社会结构转型相互交织，社会分化趋势加剧，利益多元化格局鲜明地呈现在人们面前，社会各个方面的矛盾问题不断累积加重。在诸多社会矛盾问题当中，作为协调和整合的中心角色，政府官员的公共管理职责与其追求自身利益的冲突和融合也经历着一个不断改变和调整的过程。美国政治学家塞缪尔·R.亨廷顿研究指出，"一个高度传统化的社会和一个已经实现了现代化的社会，其社会运行是稳定有序的。而一个处在社会急剧变动、社会体制转轨的现代化之中的社会，往往充满着各种社会冲突和动荡。"[①]在这种时代背景下，我国现阶段官民关系异常冲突，官民矛盾加剧，近年来不少地方出现了"涉官"而引发的群体性事件呈现激增态势。[②]在社会矛盾多发期的当代条件下，官民冲突型群体性事件

---

* 方小刚，华东政法大学博士，主要研究方向为行政法。王金叶，华东政法大学行政管理专业硕士研究生，主要研究方向为政府管理。

① [美]塞缪尔·R.亨廷顿：《变化社会中的政治秩序》，李盛平等译，华夏出版社1988年版，第40—41页。

② 张明军、陈朋：《2011年中国社会典型群体性事件分析报告》，载《中国社会公共安全研究报告》，2012年第1期。

层出不穷的关键,是我们有没有足够的化解矛盾、解决冲突的正常机制。以下试从发生学的角度探讨官民冲突型群体性事件的解决之道。

一、官民冲突型群体性事件的双重诱因

20世纪90年代以来我国社会结构进入急剧变革的转型期,大量社会经济矛盾交织在一起,群体性事件呈迅速上升趋势,已经成为影响当前我国社会稳定和实现现代化平稳过渡的重要因素。当前,官民冲突型群体性事件的高发态势说明我国进入了一个社会矛盾的转型时期。事实上,官民矛盾问题影响之大,涉及面之广,使得其在各种社会矛盾问题中居于首要位置。[1]客观地分析,官民冲突型群体性事件的发生具有双重诱因。

首先,政府的公共服务职能不到位是导致官民矛盾问题发生的重要原因。提供基本的公共服务产品是政府的基本职能之一,用以保障和改善民生,确保民众基本生活的安全底线。但是在社会发展转型期,我国官员的职业理念和职业行为也处在转型和发展时期,其公共服务的职业意识和行为还没有完全形成,没有以公众需求为导向来提供公共服务,甚至有时会出现一些违背民众利益的行为。由于部分政府官员过于追求部门绩效和自身利益,还由于政府对自身职能定位和目标导向存在偏差,由于重大公共政策的决策过程缺乏科学化、民主化和透明化,缺乏民众的监督和参与渠道,由于官员考核指标不够科学全面等原因,一些政府官员没有以民众需求为导向,公共服务职能不到位,忽视和损害民众利益,很少顾及民生方面的考虑,甚至出现"与民争利"的现象。因此,民生状况得不到发展和改善,社会各个群体应对社会风险的能力就会降低。公共服务尤其是基础性公共服务发展的落后,必然会直接影响到民众的基本生活保障问题,影响到民众对政府的认同感问题,进而会影响到官民之间的关系,加重官民矛盾问题。

其次,政府与民众之间产生的悖论性社会张力导致官民冲突加剧。蔡斯敏指出,在法律意识淡薄、社会支持力量缺失的历史条件下,政府与民众之间产生了悖论性的社会效应:一方面,社会大众形成在面对各种矛盾与危机时主要还是依靠政府力量的单一解决模式,民众让政府承担了大量的责任;另一方面,面对多元化的社会现实,政府在满足供需矛盾的能力上力不从心。[2]政府在职责范围内难以有效、务实地解决民众的各方面需求,而且政府不合理的干预也会直接损害民众的合法利益。政府与民众之间形成的张力,使得社会空间成长受到抑制,社会力量支持受到限制,由此导致官民关系紧张,官民矛盾加剧,群体性事件频发。所以群体性事件反映了我国社会利

---

[1] 吴忠民:《当代中国社会"官民矛盾"问题特征分析》,载《教学与研究》,2012年第3期。
[2] 蔡斯敏:《公共领域下中国公民与政府的互动逻辑》,载《信阳师范学院学报》,2012年第1期。

益的多元化及其冲突的激烈性,体现了基层民众的权利意识和平等意识的增强。

二、官民冲突型群体性事件的后果

在传统社会体制下,政府部门垄断着几乎全部社会资源,并将垄断的触角延伸到社会权力之中,民众缺乏必要的独立表达的空间与机制。在利益格局多元化的现实背景下,社会成员分化趋势加剧,社会各个群体的公共利益无法得到有效表达,这将会影响国家权威的合法性根基。在现代中国,由于对传统体制的路径依赖,政府与民众间仍然缺乏有效互动的平台,主体间权利的不对等现象明显。[1] 民众作为社会的主要群体,他们的基本生存问题和切身利益问题,是现阶段官民冲突的主要问题所在。特别是随着市场经济的发展,民众对自身的基本生活和经济利益问题越来越重视。在这些背景下,官民冲突在社会各种矛盾问题中处于主要地位,稍有差池,便可能诱发群体性事件,带来不可预计的后果:

1. 政府权威的合法性受到质疑

对于合法性危机的表现,哈贝马斯认为,社会文化系统不能为社会整合提供足够合法性以确保社会成员对社会的信任是合法性的主要表现。在哈贝马斯看来,合法性危机之所以会产生主要由于系统整合的持续失调。[2] 在我国当前的历史时期,各种矛盾错综复杂,社会利益关系复杂多样,政府权威也面临合法性危机。在我国社会整合系统功能的失调,重要原因就是不同主体行为的过度干预与渗透,在现阶段集中表现为市场经济中行政行为越权导致原来政治系统与文化系统的界限模糊,导致的后果就是保护公民个人性质的公共领域遭到破坏,影响了社会自主调节性的发挥。由于受到路径依赖的影响,现阶段政府与公民互动过程中政府权力的作用不可忽视,特别是在市场转型的过程中,政府作为理性"经济人"考虑到自身利益的最大化,更易与市场领域发生关系,导致政府权力的异化,政府权威的合法性受到挑战。权力与市场的相互结合对社会力量构成压制和侵蚀,在这样的社会结构中,底层民众不仅缺乏有效表达自主利益的渠道,而且其生存空间与正当利益也无法得到有效保证。[3]

2. 民众对官员的信任度由上到下逐层递减

《小康》杂志的一项调查显示,民众对中央政府的信任度很高,对基层政府的信任度较低。[4] 朱光磊也认为,公众对政府的信任程度随着政府层级的降低依次

---

[1] 蔡斯敏:《公共领域下中国公民与政府的互动逻辑》,载《信阳师范学院学报》,2012年第1期。
[2] [德]哈贝马斯:《合法性危机》,上海世纪出版集团2009年版,第75页。
[3] 蔡斯敏:《公共领域下中国公民与政府的互动逻辑》,载《信阳师范学院学报》,2012年第1期。
[4] 《小康》研究中心:《信用敲响政务信用警钟》,载《小康》,2007年第8期。

递减。[①]一些地方政府在行政管理活动中，不能很好地坚持诚实守信的原则，未能科学地、负责任地行使行政权力，严格地履行自己应当承担的义务，从而导致政府信用的不断丧失、降低，逐渐失去公众的信任，如政府行为不规范，有些地方政府及部门往往自行设置行政许可，或违反法律规定越权审批，或设置各种障碍等，导致政府信誉严重下降。造成民众对官员的信任度由上到下逐层递减的主要原因是：第一，不同层级官员的职业观念和职业意识有差别。处于较高层级的官员，其职业观念较为现代，职业意识相对较强，法治理念和文化程度也相对较高。[②]对于官员与民众之间的利益互动，不同层级政府官员的回应和互动会有很大差别。其二，不同层级官员的工作职责也不同。对于较高层级的官员，其工作职责主要是负责制定政策和监督实施，很少与民众直接互动，所以同民众直接产生矛盾的几率较小。而基层官员的职责就是要直接面对民众，具体落实各种政策。如果政策不利于民众，或者政策实施不到位侵害民众利益，民众将不可避免地对基层官员产生不满甚至是怨恨，导致官民关系紧张，官民冲突加剧。

3. 官民冲突极可能诱发更大规模的群体性事件

我国现阶段官民冲突的显著特征是，部分官民之间的纠纷和冲突并不是由具体事件的官民双方的矛盾问题直接引起，而是由其他领域、其他方面的多种矛盾问题间接转换而来，这类社会矛盾问题对于官民冲突有放大作用，学术界将其称之为"晕轮"效应。[③]在这一类的社会矛盾问题当中，民众之间怨恨情绪的相互感染，从众心理的相互支持，宣泄不满产生的强烈快感，使人们参与的勇气增加，畏缩和害怕的心理减弱，大量的非切身利益相关者为宣泄情绪，主动参与到与己无关的行动中，由事件的间接"相关者"变成了事件的直接"参与者"。有学者将这些社会矛盾问题称为"社会泄愤事件"，认为当这类事件发生时，当事人是"直接利益关系"，但发展到后来，越来越多的非直接利益相关者参与进来，并对事件的升级起到决定性作用，原来的直接利益相关者的作用却变得无足轻重。[④]例如"池州群体性事件"、"瓮安群体性事件"、"万州群体性事件"等都属于此类社会矛盾的激发。因为民众缺乏必要的表意和宣泄渠道，而政府部门公共形象不佳等等原因，促使民众借机释放对社会不公现象的积怨。

4. 进一步固化权力结构，抑制民主的成长

公权力的构建和运行必须符合民主与法制理念，受到制度和法律的约束。而当前

---

① 朱光磊、周望：《在转变政府职能的过程中提高政府公信力》，载《中国人民大学学报》，2011年第3期。
② 吴忠民：《当代中国社会"官民矛盾"问题特征分析》，载《教学与研究》，2012年第3期。
③ 同上。
④ 于建嵘：《抗争性政治：中国政治社会学基本问题》，人民出版社2010年版，第160页。

我国公共权力异化，腐败现象出现一些新的特征，包括群体化、高官化、巨额化、期权化、潜规则化、国际化和新型化。[①] 形形色色的官僚主义、执法不公、行政不当、为政不廉、假公济私、欺负百姓、奢侈浪费等不良作风和腐败行为，践踏民众的利益，激起民众的愤怒，加重了官民矛盾。究其原因，结构的缺陷是根本的缺陷，政府部门的权力运行还存在很多问题，政府的权威性和公正性难以得到民众的认可，民众对官员的不信任感和抵触情绪不断增长。如果权力结构的配置不合理、不科学，仅在权力行使过程中依靠道德的力量加以规范，是很困难的。我们现有的监督制约机制还无法有效控制权力的扩张和不当行使，民众自发的监督已发展成一种强大力量，却只能在体制外发生作用，无法完全转化为体制内一个制度性安排。

三、官民冲突型群体性事件的发生规律

从现实来看，"涉官"型群体性事件多发生于下述领域，即土地征用、房屋拆迁、农民工讨薪、移民安置补偿、国企转制、环境污染事件、乡镇改革分流、复转军人安置、劳资关系、违法集资、矿难事故、宗教信仰、校园突发事件和警察及城管部门执法失当或者违法乱纪等方面。[②] 群体性事件的参与者并不以政治对抗为目的，多半是在合理利益诉求未获满足的情形下才诉诸集体行动的。特别是地方政府部门滥用公权力，在征地、拆迁、移民安置补偿等事务中，往往以牺牲被拆迁民众合法权益为代价，诉诸制度性暴力执法，结果民众权利受损在体制内难以得到有效救济，受伤害的感情不断积累，遇到偶发事件就会成为民众长期被压抑的情绪宣泄导索，酿成群体性事件。所以近年来频发的群体性事件呈现出以下规律：

1. 诱因激化机制

格拉德威尔（2009）认为，表面看起来很稳定的社会结构，其实存在很多不稳定因素，只要能找到一个潜在的"引爆点"，轻轻的触动，就可以使这种表面坚固的结构产生倾斜，甚至快速倒塌。通过对各种不同群体现象的观察，格拉德威尔认为群体性事件产生与发展的主要特征是：传染性、微小的变化可能产生巨大的效应，变化是突发的而不是渐进的。其中"传染性"是引起群体性事件的重要因素，强调引发群体性事件的信息，或者影响其他人员的行为，其本身具有一种在人群中产生共鸣，引发周围人同情，以及激发人们参与的情绪上冲动的特点。但是并不是所有人都会被传染，

[①] 辛向阳：《当前我国腐败现象的新特点与反腐败的对策》，载《当代世界与社会主义》，2010 第 5 期。

[②] 张明军、陈朋：《2011 年中国社会典型群体性事件分析报告》，载《中国社会公共安全研究报告》，2012 年第 1 期。

只是对于一些有"相似体质"的群体,更容易"被传染",并且在这种群体中存在传染的途径和参与的渠道。如果能在关键的时间采取有效的措施,就可以拦阻不满行为与情绪等信息的传递,也就能及时有效的阻断群体性事件的蔓延和扩大。

2. 信息变异机制

在群体性事件中,信息变异主要表现为各种谣言、流言的传播导致信息失真。这种信息变异可以在社会中形成一个对当前冲突事件的普遍性解释框架,这种解释促使人们将冲突起因归结为信息传递中某方的过错,并在民众中形成广泛而强烈的"弱势群体"认同,蕴含着对冲突归因判断的信息往往使民众夹杂着各种情感参加到冲突中来。同时,迅速普及的科技为信息的传播提供了前所未有的便利工具,尤其是互联网、手机的快速发展,民众可以通过各种平台,如微博、微信和博客等,快速地发布相关信息,表达自己对某些事件的看法和意见。广泛流传的信息往往是一种社会心理的映射,排除个别人出于不良目的编造谣言外,其他人之所以会接受、相信、传播某些信息,在某种程度上说明他们对于这些传播的信息具有认同感。

3. 群体认同机制

参与群体性事件的个体,如何被认同为一个群体主要有以下几种原因:他们自身主动参与和认可某一个群体;他们被外界主观地认为是一个群体,从而迫使他们被动地参与到群体中;他们的"特殊体质"使群体之间的认同感增强,更多的共同品质,或者与外界其他人员的较大差异,使得他们认同自己是一个群体。在上述因素影响下形成的群体,他们有情感认同或情感上依靠的需求,或者认为这种方式能更好地帮助人们实现自己的目标。群体性事件参与者的感情需求会受到群体的影响而变化,如果说在加入群体之前的态度,更多体现为个体对自身所认知的价值的决策,但是进入群体之后就会受到群体的价值取向的影响,而对于满足群体的利益诉求反而变得更广泛和强烈。

4. 冲突升级机制

由于利益表达渠道不畅通,弱势群体在利益博弈中常常处于明显的劣势,从而成为某些政策或利益博弈的牺牲品。民众,特别是弱势群体的权利大量被强势群体侵犯,形成了大量的民怨。而官员却任由民怨不断积累、发酵,形成积怨,使得民众与官员的成见越来越深,并形成对立的思维定势,一旦遇到能够激起大家愤怒的"导火线事件",就会突然爆发巨大能量的恶性群体性事件。面对群体性事件,地方政府往往会致力于平息民愤,采取"头疼医疼,脚疼医脚"的短视行为。这种危险的行为日积月累就会在民众心里形成冲突升级机制:问题是否能解决,不再取决于决策,也不取决于法律,而是取决于冲突的大小,只有把事情闹大,引起官方和社会的关注,民众的诉求才有可能得到解决。

海外的华人学者对中国的群体性事件也进行了研究:其中美国劳工问题专家李静

君（Ching Kwan Lee）教授认为，中国的社会改革一方面增加了工人对政府、经理阶层和资本家的敌意；另一方面也给工人阶级的利益表达和怨恨释放提供了新的政治和制度空间。①崔大伟（David Zweig）教授则认为当代中国群体性事件频发的原因是中国法治基础的薄弱，其表现是"法治仅在市场经济领域而非政治领域"。②中国问题专家裴敏欣（Minxin Pei）认为，目前中国的政治制度无法回应和消化经济社会发展的外部性所造成的社会抗议，造成了所谓的"政治外部性"。③总而言之，我国的社会转型背景是群体性事件频发的根本原因，而社会转型也为群体性事件的发起者提供了空间与资源。

四、缓和官民矛盾：群体性事件的消解路径

1. 构建防止利益冲突的制度体系

制度的因素是指政府体系中的法律、制度、运作规则或组织设计是否能为民主治理提供参与的便利与保障，从制度层面建立利益协调机制，通过公正、科学、有效的制度保护民众的合法权益，进而有效缓和和解决官民矛盾。防止利益冲突实际上就是防止公权私用，而建立健全制度是防止利益冲突最有力的武器，同时完善公共资源配置、公共资产交易、公共产品生产领域市场运行机制以及健全权力运行制约和监督机制。在管理国家和社会事务的公权必须存在的条件下，防止利益冲突的途径主要有：一是科学规范权力及行使权力的行为；二是提高用权者的素质；三是严肃惩处利用公权牟取私利、私利侵害公利的行为。群体性事件是社会体制性利益表达机制不完善的一种反应，是一种在体制外自发产生的利益表达机制。我们应当通过建立利益协调机制，确保在体制内通过合理合法的渠道化解纠纷，使整个社会在相对平衡的状态下构建新的秩序。

2. 建立良好的社会沟通与表达机制

群体性事件往往以暴力行为展现出来，但是不论暴力行为是出于任何正当的理由，都会因对法治的漠视、对公共秩序的破坏而让人排斥和诟病。如何消除社会秩序危机，一般的途径主要是：一是处理好由群体性事件的发生而暴露出来的社会问题，例如贪

---

① 王金红、黄振辉：《社会抗争研究：西方理论与中国视角述评》，载《学术研究》，2012年第2期。

② David Zweig, "The Externalities of Development: Can New Political Institutions Manage Rural Conflict?", in Eliza-beth J. Perry and Mark Selden, *Chinese Society, Change, Conflict and Resistance*, Routledge Curzon London and New York, 2000, p.140.

③ 王金红、黄振辉：《社会抗争研究：西方理论与中国视角述评》，载《学术研究》，2012年第2期。

污腐败问题、拆迁款补偿问题等等；二是建立良好合理的沟通与表达机制，在整个社会结构中提高政府对于危机的感知能力和处理能力。在社会转型期，逐步形成各种类型的利益团体，而相互之间的利益冲突与博弈也是时常发生，在这样一个诉求众多、各方博弈的状态下，更为重要和根本的是建立良好的社会沟通与表达机制。希望通过更好的沟通和表达，使得社会体制更富有弹性，也使得政府拥有更好的回应性以解决可能出现的各种社会危机，从而缓解和减少群体性事件。

3. 提高政府公信力

政府公信力问题包括政策和管理问题，但核心和基础仍然是政治问题。而且政府公信力是政治信任的保障，"政治不信任的心理具有传染性、弥散性，如果有人把这种政治不信任表达出来，甚至付诸于政治行动，那些受政治不信任心理传染的人，就会跟着采取政治行动，从而形成群体性事件"。[①] 因此提高政府公信力，化解官民之间的矛盾和不信任，对于解决群体性事件具有重要意义。而提高政府公信力，重点主要在强化民生，解决问题的基础则在于加强社会主义民主政治建设。一是在制度层面，要进一步加强社会主义民主政治建设。二是在政府层面，要重点克服政府"单边主义"，耐心地做好民生工作，建设服务型政府。三是在政策层面，发展导向要明确，发展目标要更加细化，要对政府公信力作有差别性的考核。四是在政府过程的层面，提高政府公信力的日常性任务就是要根据民众需求不断完善和改进政府工作流程。五是在政府公关层面，良好的沟通技巧、充分的透明度等都有助于提升政府公信力。

4. 建设新型的服务型政府

新型的服务型政府应有合理的政策导向、配套的具体政策以及消解矛盾的制度化机制，这种服务型政府的建设会缓解官民矛盾问题。建设民生导向的服务型政府，需要政府官员转变基本理念，由 GDP 至上向以人为本的发展理念进行转换，切实履行服务型政府的公共职责，并且把改善民生同政府绩效有机地结合在一起。近年来，政府在改善民生方面的投入大幅度增加：2010 年，社会保障和就业计划支出增长 8.7%；教育计划支出增长 9%；医疗卫生计划支出增长 8.8%。[②] 除此之外还要压缩非民生的公共支出，特别是要逐渐建立起官民矛盾问题制度化的化解机制。只有构建民生导向的服务型政府，政府才能"以人民群众利益为重、以人民群众期盼为念，着力解决好人民最关心最直接最现实的利益问题"。[③]

---

① 刘孝云：《群体性事件中的政治信任问题分析》，载《探索》，2009 年第 5 期。
② 财政部：《中央和地方预算：2009 年执行情况与 2010 预算草案报告》，载《人民日报》，2010 年第 3 期。
③ 胡锦涛：《扎扎实实提高社会管理科学化水平　建设中国特色社会主义社会管理体系》，载《人民日报》，2011 年第 2 期。

5. 培育和扶持社会组织的协同治理

社会管理真正的主体是人民群众，根本的动力是人民群众的首创精神。人民群众自愿参与的社会管理才是真正有效的社会管理，人民群众自觉创造的社会稳定才是真正的社会稳定。所以民众和社会组织作为公共治理的直接主体，应当获得政府的支持，取得相应的政治地位，同时需要社会成员的认同和参与。"公民自主意识"的培养，是实现由社会管理中的不对称官民结构，向公共治理结构下的共享性权力结构转变的主要推动力。培育和扶持社会组织，有利于集聚社会成员的力量，有利于提升公民的自主意识，有利于维护公民自身权益并寻求更加有效的表达途径，这样政府在制定政策的过程中也会更加注重社会力量的平衡。所以培育和扶持社会组织，有助于实现公民、政府间充分对话的平台。[①]

---

① 王名：《中国非营利组织评论》，社会科学文献出版社 2007 年版，第 15—31 页。

耗散结构理论下的社会冲突与稳定

——以群体性事件为例的讨论

荣启涵[*]

摘　要：如何处理"冲突与稳定"的关系是各个国家发展过程中必然面对的重要课题，群体性事件是我国当前社会冲突的典型代表，而认清社会冲突与社会稳定二者的互动机制正是客观决策解决现实问题的前提。本文通过引入耗散结构理论对复杂的社会系统进行分析，试图通过更加直观而清晰的逻辑结构来解释"冲突与稳定"如何相互发生作用并最终作用于社会系统的发展之上，客观地揭示社会冲突的积极一面，并尝试提出对群体性事件为代表的一系列社会冲突有益解决机制的思考。

关键词：耗散结构；社会冲突；社会稳定；群体性事件

长期以来，"社会冲突"及"社会稳定"都是政治学与社会学研究的核心问题。尤其是在当下这个社会急剧转型的时代，群体性事件成为我国社会冲突的典型代表并以越来越高的频率曝光于公众面前。传统语境下的"社会冲突"往往被认定为一个负面而消极的词汇，常与暴力和不稳定相关联。然而就像亨廷顿在《变动社会的政治秩序》中所指出："现代性带来稳定，现代化引起动乱"[①]，现代化过程实际上是"一个克服社会动荡的历史阶段"。由于完整统计数据尚不可查，据2005年的《社会蓝皮书》指出，从1993到2003年我国"群体性事件"数量由每年1万起增加到6万起，参与人数也由每年约73万人增加到约307万人。而之后2004年重庆万州事件，2005年浙江画水镇"4·10事件"，2006年浙江瑞安事件，2008年贵州瓮安事件、石首事件，2009年湖南浏阳镉污染事件，以及2011年大连PX项目事件……一连串的数据与焦点背后，"维稳"工作从未间断，然而群体性事件的数量和复杂程度却也日益增加，

---

[*] 荣启涵，清华大学社科学院国际关系研究生，主要研究方向：国家吸引力、比较政治、台湾问题。
[①] [美]塞缪尔·P.亨廷顿：《变化社会中的政治秩序》，王冠华、刘为等译，生活·读书·新知三联书店出版社1989版，第44页。

这其中的症结何在？本文希望引入耗散结构理论的相关内容，用以理解和阐释社会冲突与社会稳定间的关系问题，并尝试提出对群体性事件为代表的一系列社会冲突有益解决机制的思考。

一、引言

（一）社会冲突与社会稳定

对于一个国家的社会发展和转型而言，稳定有序的变革自然是最好。但是，反观各国历史经验和理论结果，这种状态是过于理想化的。多年来"维稳压倒一切"的思路妨碍了对于社会冲突的积极作用的理解，片面追求的社会稳定并没有带来预期的效果。

20世纪六七十年代在欧美地区兴起了关于社会运动的讨论，而随着结构功能主义理论霸主地位的不断衰落，逐渐完善的社会冲突理论得到更多关注。冲突是人类产生和形成交往后就存在的现象，按照结果的性质界定，对社会冲突的理解被分为积极与消极两大流派。以马克思、达伦多夫为代表的"消极派"强调社会冲突的不良作用，将其看作是破坏稳定导致分裂乃至形成暴力革命的原因，是一种病态现象；而科塞及齐美尔的另一种观点则认为，社会冲突是正常的存在，作为一种安全阀机制来缓解社会矛盾的积压，并且具有社会整合与促进发展的积极作用。

参照现有发达国家的经验来看，社会冲突的出现不可避免，稳定与社会冲突实质上是一对不可拆分的关联，没有绝对的稳定状态，任何一个时间段里的社会稳定都是相对的。但是，有冲突不等于不稳定，相反冲突的解决往往会带来协调之后的稳定局面。如果只从静态的角度理解稳定，那么必然会陷入一种僵化的恶性循环之中。现代社会企图压制和消灭冲突是不可能的，这种冲突只能调节而无法根本消灭。以强力进行压制并不能消除矛盾，反而会把冲突隐藏到表层下面，这种积累扩大到一定程度后势必引起更加激烈的爆发。社会冲突并非"一种破坏性现象"，冲突可以缓解社会中的危机与不满，保证社会的连续性、增强社会组织的适应性、防止社会系统的僵化、减少对立两极产生的可能性，促进社会的变革；社会冲突不仅具有负面效应、负功能，而且还具有十分重要的决定功能。我们正视社会冲突的功能并不是肯定或者鼓励这种现象，而是因为这种现象的客观存在要求人们去解读。某种意义上，冲突的调节维护着现存的社会结构。

从20世纪五六十年代起，就将政治稳定亦或是社会稳定作为政治学中的一个重要研究范畴。可以达成普遍共识的观点将社会稳定分为静态稳定与动态稳定两类，相对于静态稳定，动态稳定更加积极而富有持续性。如果说"不稳定"是一种变换中的运行状态,而"稳定"是一种综合能力,一种可以把"不稳"变为"稳定"的能力,那么,这种能力如何达成?

(二)群体性事件

作为一个极具中国特色的词语,"群体性事件"并不能算作严格意义上的学术概念,它最早并且更多地被用在政府性文件之中。《公安机关处置群体性治安事件规定》(2000)里将"群体性治安事件"(即通常所说的群体性事件)的主要特点总结为"群体性、违法性和社会危害性",到2004年《关于积极预防和妥善处置群体性事件的工作意见》作出的定义是"由人民内部矛盾引发、群众认为自身权益受到侵害通过非法聚集、围堵等方式,向有关机关或单位表达意愿、提出要求等事件及其酝酿、形成过程中的串联、聚集等活动"①。虽然去掉了社会危害性的描述,但非法性和目的性依然醒目。从学术研究的角度讨论,群体性事件与"社会运动"和"集体行动"的概念相类似,而这些概念又往往被认为是社会变革的核心。排除有组织犯罪和宗教因素,目前我国最主要的群体性事件的引发原因总结起来存在两类:利益型冲突和社会管理失范引起的冲突。

二、从耗散结构理论看社会冲突与稳定:

耗散结构理论是比利时自由大学物理学家普利高津(Prigogine)于1967年提出的,他认为:一个远离平衡态的开放系统(无论力学、生物学或是社会经济的),当外界条件或系统的某个参量变化到一定阀值或称临界值的时候,通过涨落发生突变,就有可能从原来的混沌无序状态转变为一种时间、空间或者功能有序的新状态。这种远离平衡非线性区域形成的有序结构,需要不断地与外界交换物质和能量,以维持新的稳定结构。普利高津把这种需要耗散特质和有序结构称为"耗散结构"。

耗散结构是一种动态的、稳定的有序结构,这种有序是建立在"灵活"的基础上,也就是说系统本身不能是静止停滞的,而是可以不断向更新更为高级的耗散结构发展。要形成这种耗散结构需要满足以下条件:首先,系统必须是一个开放的系统;其次系统内部保持着非线性的相互作用;再次,系统必须有涨落,即一种围绕平均值上下波动的震荡,这是促使系统发生转变的关键点;最后,普利高津认为"不稳定是有序之源",所以系统必须是远离平衡态的状态。

使用耗散结构理论就不得不涉及熵理论的概念,简而言之,物理学中熵是分子紊

---

① 于建嵘:《抗争性政治:中国政治社会学基本问题》,人民出版社2010年版,第43—44页。

乱程度的描述，系统论中是系统无序性的描述，熵值越高紊乱和无序性越大。负熵的引入是耗散结构产生的基础，负熵是用以抵消熵值持续增加而防止系统崩溃的产物。负熵产生的开始也是系统走向有序化的开始，这个进化的过程是系统汲取了信息、能量或物质后发生的。

发展至今的耗散结构理论已经不再单纯只是物理学中的热力学概念，它在使用上得到了极大的拓展与深入，并同更多的自然和社会科学相结合。正是这样的学科交叉背景使得运用耗散结构对社会系统进行解释成为可能。首先，社会系统作为一个开放的系统，不仅包含着政府系统、企业系统等若干子系统，同时其自身也在不断地与外界发生着信息和能量的交换。其次，社会系统之中复杂的各个子系统及其他要素之间存在着非线性的相互关系，并且这种相互影响相互作用随时会发生某种变化。子系统间的相互作用带来负熵流促使新的有序状态形成。再次，社会系统发展演进到一定阶段的时候，某些要素将会自然发生涨落现象，开始出项不同程度的震荡。不同程度的涨落因其出现的时间点不一样而会产生大小不同的效果，有些涨落可能正是触发系统发生质变的转折点。最后，社会系统用于没法出现长久而稳定的平衡状态，任何平衡都是时间和空间段内的一种妥协与协调的结果。对于社会系统而言，稳定和平衡永远是相对的，而一个远离平衡的状态才是一种常态。

在坐标轴所代表的开放社会系统里，各个子系统 b/c/d 之间伴随利益分配、社会分层、结构调整等转型因素（熵增因素）而积聚熵值，导致社会系统自身危机膨胀，无序性增加。这种变化赋予应有调控责任的政治系统 A 以极大压力，而 A 本身又可以看作一个独立的系统与外界发生着交换，当陡增的社会管控压力与内在的制度适用性不相匹配的时候，政治系统中熵值也开始增长，系统功能随之衰减。若 A 不能正确理解并行系统变化中及时获取信息同时作出转变，则难以形成用以抵消熵增的负熵，即当社会冲突发生而政治系统的韧性和承受度不足，便会倾向于采用"以绝对管治秩

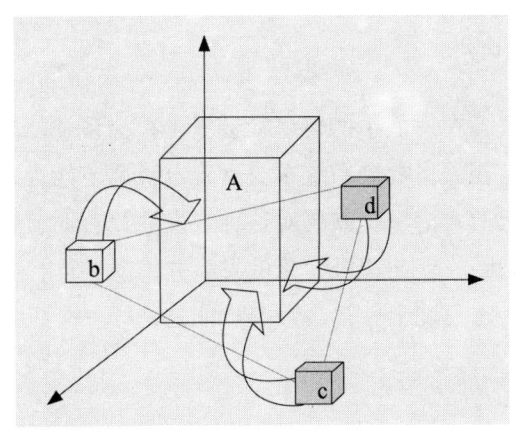

坐标轴：开放的社会系统

A：政治系统，隶属于社会系统但又可以作为一个独立存在并符合构成耗散结构的条件，于是与社会系统形成二元嵌套

b/c/d：其他社会子系统

图1

序为表象,以国家暴力为基础,以控制社会意识和社会组织为手段"[①]的刚性稳定,而经验告诉我们的是刚性稳定导向的维稳之路将越维越不稳。

如前所述,涨落是耗散结构得以形成的运行机理,当系统中某一变量对平均值或行为发生偏离时,就会使得系统脱离原先轨道。涨落是对原先秩序的破坏,可能带来无序的混乱,但也正是这一临界点上的突变导致系统大幅度变化,促使系统抵御这种无序混乱并进入到新的有序之中。让我们通过图2的模型来看:存在于系统每个分岔点上的选择是自由多样的。两个相同相似的系统在同样驱动力下,却由于在分岔点不同的选择而最终走上不一样的道路。这也可以解释不同国家社会在发展过程中由于选择的道路和体制不一,而最后进入到不一样的国家模式与发展阶段。社会系统总是从一个发展阶段迈向另一个更高的层级,当系统处于分岔点时,社会冲突的发生可以看作是外部环境带来的涨落,对解决冲突所作出的调整可能正是系统发展的一个方向选择。

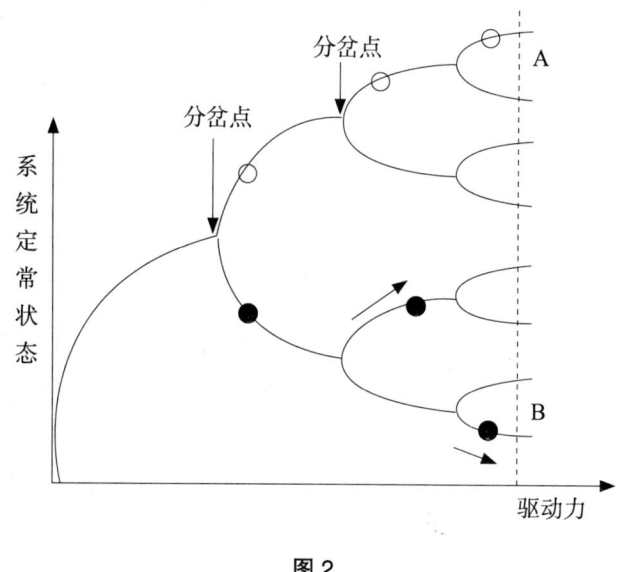

图 2

综合分析,我们可以有这样一些理解:在发展中的转型社会里,社会系统的稳定与否同政治系统对环境变化的敏感性高度相关。社会系统本身具有自我调节能力,简化形容为产生负熵。而此时作为管控单元的政治系统需要对这种自发的社会调节有所感知和反馈,在分岔点上吸收信息作出判断,促使积极变化的发生并推动整体社会结构、制度安排向新的有序的方向发展。一定程度上,社会冲突可能是这样一个机制:

---

① 于建嵘:《从刚性稳定到韧性稳定:关于中国社会秩序的一个分析框架》,载《学习与探索》,2009年第5期,第113页。

通过它，社会系统的压力得到外溢，并有赖于适当的政治系统的抉择实现变革。

三、从"静态稳定"到"动态平衡"：解决群体性事件的路径优化

运用耗散结构理论而进行的社会系统熵特征分析为研究社会冲突与稳定提供了很多可行的方向。封闭结构可能形成长期的平衡，但这是一种僵死的状态，开放的社会系统不可能处于不变的静态稳定里，一段时间的平衡稳定之后，就会随着发展的需要开始出现"不稳"并向"稳定"转变。

追求所谓"静态稳定"是指这样一种模式，以群体性事件为代表的社会冲突发生后，政治系统并未从中获取有益信息并作出调整，而是单纯以追求息事宁人的目的解决问题，通过强力压制冲突的源点而达到表面和谐。静态稳定似乎可以短期内维护政权的连贯和排他，但不能对大的社会系统变化作出反馈的政治系统，最终消耗的是自身合法性，并因压力膨胀而带来系统崩溃。对"动态平衡"的追求是指：在社会系统之中，政治系统的权威同其他子系统之间达成的平衡。不再刻意追求社会冲突事件的零发生率，而是努力通过完善制度供给和政治体制的弹性包容力，实现对社会冲突问题的预警、调节和疏导，减少高裂度事件发生的可能，正确对待和利用低裂度事件的发生而传达的信息。

第一，政治系统对社会稳定的态度由静止、单一转向动态、灵活。从对于群体性事件的概念认定中也可以看出，斗争观念一直占据主导，将群体性事件的发生视为破坏社会和谐的诱因。因此，直接造成冲突双方及权力主体的紧张关系。要做到"动态平衡"需要政府当局在思想上首先明确认识到社会冲突如果处理得当可以带来积极的效应，其次需要有一定的发展战略远见、掌控力和包容力。只有主导者有意将社会体系不断向前推进，才能预先考虑到转型过程中每一个折点上可能遇见的危机，提前做好预警和预案。要看到社会冲突事件对于整个社会发展的安全阀作用和社会自我调节所积累的社会资本。掌控力体现在政治系统本身的系统能力，如果系统自身调控能力强，各项机制健全有效，则可以通过平衡冲突双方有效控制群体性事件的烈度。掌控力并不是强调治理手段的政治控制，而是期望政治系统可以调动法律资源为群体性事件及其他社会冲突搭建起诉诸于程序和司法的解决渠道。最后，政治系统的包容性体现为不畏惧也不排斥可能出现的群体性事件，要调整原先政府绝对控制下的社会秩序，将一部分的调节功能交还给社会系统自身。社会转型还没有完成的过程中，经济发展、社会秩序格局、政治参与意识等重要因素并没有形成齐头并进的状态，存在着进度的不一致。此时，政治系统需要在处理社会稳定问题时区分策略性对策和战略性对策。策略性的对策主要针对于解决个案本身，以处理和消解事件为目的。而战略性的对策

则更多地是从全局来考量,不再将眼光局限于短期的静态稳定,而是把压抑的不稳定因素疏导出来,达到信息资源的减缓,以形成动态的平衡。态度的转变主要体现于从重视结果转为关注过程,改变高压高成本的维稳形式,变事后处理为事前预防和过程疏导。

第二,建立动态有效的信息反馈机制,实现利益表达、民意输出和社会沟通的联动。如果社会冲突是社会系统的安全阀,那么只有在内部压力过大而又不能得到疏散的时候,才会选择这一途径。完善利益表达机制和建立基层有效的民意表达机制,事关利益和诉求的意见能够得到及时有效的输出、传达和反馈。形成一个有序的、法定的输出框架,不仅是为了提供给公众一个制度化的表达渠道,也是为了规范这种表达方式,在社会转型的同时培养公民社会自发的理性意识。芝加哥大学赵鼎新教授研究表明,西方社会体制化的利益表达机制之后,尽管社会运动总量没有明显下降甚至有所上升,但其破坏力却越来越小,对整体本身的冲击力也明显减弱。由于我国当前大部分社会冲突事件都是个案性质和利益导向型事件,民众表现出的诉求多样而无序,如同零散迸发的火星,既不能引起重视又不知该从何着手排查隐患。在这种状况下,倡导基层实现动态平衡的维稳模式是十分适合的。通过基层政府建立的表达机制,允许民众将利益诉求和对现实的不满通过理性、有序的方式传达出来,既可以疏导不安情绪,也有助于基层政府了解真切翔实的问题所在,提高问题正面的解决速度。

第三,完善社会保障制度,提高社会救助水平,维护广泛而基础的公民权利。无论是社会分层还是利益分配不均,最终都会带来弱势群体生存无法保证,这种扩大化的底层人员数量也增加了群体性事件发生的可能。建立全民性的社会保障制度是各国普遍为减轻不确定、不稳定因素带来的弱势困境而采取的策略。社会保障制度类似于一张社会安全的兜底网,给予发展过程中被抛出社会结构的群体以及时的引导和救助。面对失业、贫困、灾害、老龄化等问题的困扰,包括最低生活保障制度的执行,各项保险制度的完善和提升全社会福利制度的普及化,这些完善的社会保障机制能够有效地分散社会矛盾和冲突焦点,提供维持社会基本正常秩序的底线保证。

第四,建立有效的社会预警体系和危机应对机制。危机应对机制的含义更为广泛,包括了群体性事件发生前的预防、发生时的处置机制以及事后的善后跟进机制。对社会问题在发生之初进行及时的信息收集、舆情分析,良好的社会问题预警系统可以帮助政府适时调整公共政策,实施有目的有针对性的社会控制而不至于全方位管控,既成本过高又效果欠佳。二战以后在西方国家陆续开始对社会预警进行科学理性的评测,包括未来学派等试图建立社会预警模型。根据研究机构提供的不稳定指数作为参照,可以及时发现问题的集中焦点,适当调整政策走向,及时疏导和防范危机诱发因素,从而避免冲突和更好地实现社会控制。群体性事件发生后,不能只追求平息事件、流于表面的解决方式,各级政府需要深入跟进,了解根本性的深层原因在哪里,防止同一原因多次反复导致冲突。

最后，调整社会利益的分配格局，建立起公平公正的社会分配体制。社会转型带来了不同利益群体的出现，社会分化造成了群体利益的对立。当弱势群体的利益没有合法而有效的表达渠道，而又深刻感受到系统中有组织的强势群体的相对剥夺感和不公正感的时候，就容易通过集体行动来表达不满情绪。总结过去十年中的群体性事件会发现，大多数只是工具性的冲突，民众只是利用群体性的方式维权、伸张利益诉求、宣泄情绪以引起权力部门的关注等等，并不具有针对政权的性质，从目前来看也尚不会强烈冲击到社会和政治的统一性。所以在有了民众诉求表达渠道之后，应该重视利益表达的内容，建立起公平公正的社会分配体制。

"事实上，'一致与冲突'都是社会存在的两种基本动力，稳定与变迁，是社会存在的两种基本形式。冲突是社会结构固有的成分，冲突引起社会变迁，社会变迁排除冲突的消极影响。"[①] 稳定有序的社会状态是各个阶段人们不懈努力的追求，而与此同时，致力于群体性事件等社会冲突的研究也是为了更好地从理论角度理解两者间微妙的关系。本文借助耗散结构理论的研究，希望能更加直观而清晰地解释"冲突与稳定"在复杂的社会系统里如何相互发生作用，通过自然科学的模型与逻辑思维有助于克服单纯文字描述的不足。认清社会冲突与社会稳定二者的互动机制是客观决策的前提，将理论分析回归实际的校验，才能更好地保障当前中国的转型与变革之路继续。

参考文献：

[1] 赵鼎新：《社会与政治运动讲义》，社会科学出版社 2006 年版。
[2] [比利时]伊·普里戈金：《从混沌到有序》，上海译文出版社 2005 年版。
[3] 于建嵘：《抗争性政治：中国政治社会学基本问题》，人民出版社 2010 年版。
[4] [德]刘易斯·科塞：《社会冲突的功能》，华夏出版社 1989 年版。
[5] 陈月生主编：《群体性突发事件与舆情》，天津社会科学院出版社 2005 年版。
[6] [美]曼瑟尔·奥尔森：《集体行动的逻辑》，上海人民出版社 1995 年版。
[7] 谢岳：《抗议政治学》，上海教育出版社 2010 年版。
[8] 宫志刚：《社会转型与秩序重建》，中国人民公安大学出版社 2004 年版。
[9] [美]塞缪尔·P.亨廷顿：《变化社会中的政治秩序》，生活·读书·新知三联书店 1989 年版。
[10] [美]戴维·伊斯顿：《政治生活的系统分析》，华夏出版社 1999 年版。
[11] 王银梅：《社会稳定及预警机制研究》，法律出版社 2009 年版。

---

① 于建嵘：《从刚性稳定到韧性稳定——关于中国社会秩序的一个分析框架》，载《学习与探索》，2009 年第 5 期，第 113 页。

[12] 郭云龙：《当代中国群体性事件研究》，天津人民出版社 2008 年版。

[13] 陈发桂：《理性化的构建——我国基层维稳运行范式的一种解读》，载《黑龙江社会科学》，2010 年第 5 期。

[14] 史云桂：《我国现阶段社会群体性突发事件的反思与应对》，载《政治学研究》，2009 年第 5 期。

[15] 于建嵘：《从刚性稳定到韧性稳定——关于中国社会秩序的一个分析框架》，载《学习与探索》，2009 年第 5 期。

[16] 王树民：《当前影响我国社会稳定的多种因素及对策分析》，载《政法学刊》，2011 年第 12 期。

[17] 李腊生、詹爱霞：《现代化进程中的社会稳定探析》，载《江汉大学学报（社会科学版）》，2011 年第 10 期。

转型期的政府网络舆论回应机制

——基于路径依赖的解释与分析

李利文*

摘　要： 经济、政治与社会的转型推动了网络政府的转型。转型期政府回应网络舆论的价值取向逐渐由工具理性转向价值理性、回应形式由正式转向正式与非正式互动，以及回应方式由无回应和被动回应转向主动回应。我国政府回应网络舆论的方式经过十几年的孕育和发展已经逐渐走向成熟并逐渐形成了诺斯所说的路径依赖。在交易费用为零的情况下，政府网络舆论回应机制巨大的启动成本、学习效应、协调效应和适应性期望强化了回应机制的路径依赖，而在交易费用不为零的情况下，网络空间秩序、政府及其成员的价值偏好对回应机制的绩效和路径具有重要的决定作用。

关键词： 政府回应网络舆论；路径依赖；报酬递增；网络空间秩序

1994年互联网在我国实现全面连接，回望近二十年的互联网发展历程，互联网发展的历程也是我国网络民意发展的历史过程。网络舆论体现网络民意，网络民意汇聚于网络空间，网络空间力量推动政府回应。网络民意以2003年"非典"事件为标志逐渐进入高层视野，随着网络群体的扩展和公民意识的觉醒，汇聚网络民意的网络舆论在政治、经济、社会和文化领域发挥着越来越重要的作用，尤其是近几年，网络舆论的社会影响越来越大，以至于中国网络舆情的重要研究者祝华新甚至在《中国青年报》上撰文《到了用网络倒逼改革的时候了》。正是在这一背景下，政府回应网络舆论的机制逐渐形成，政府经过十几年的经验积累，逐渐由不成熟转向成熟，在渐进调适的过程中逐渐形塑了自身回应网络舆论的机制。

---

* 李利文，华东政法大学行政管理硕士。主要研究方向：公共服务。

一、转型期政府回应网络舆论的新特点

转型期的政府回应网络舆论存在许多不确定性,复杂的网络行政生态对政府回应网络舆论的方式提出了更高的要求,越来越多的网民在经济发展、社会进步的情况下对自身权利的要求越来越明显,政府的决策和行为也需要更多地将网络民意纳入政府决策函数。正是在这一背景下,我国政府回应网络舆论逐渐形成了一些新的特点。

(一)政府回应网络舆论的价值取向逐渐由工具理性转向价值理性

随着网络空间的扩展和膨胀,政府回应网络舆论的价值取向也在渐进调适。1994年互联网在我国实现全面连接时,我国互联网发展还处于起步阶段,当时互联网的应用领域仅限于科研和政府间的文书传递等领域,互联网的巨大潜力还未被政府部门准确预见,因此此时政府对互联网的管理还是沿用传统的行政管理模式,互联网只是一个被视为不具有价值倾向的网络工具。随着网络的巨大潜力逐渐释放,互联网在政治、经济、文化和社会等各个领域逐渐蔓延,互联网逐渐嵌入到人们的生活之中并成为不可或缺的一部分,部分具有较高前瞻意识的公民开始利用网络进行传播和联系,这种行为的扩散促进了网络技术的发展和网络空间的扩展,但囿于政府传统行政方式的巨大成本惯性,政府仍旧沿用传统的工具理性取向,以2003年的"非典"事件[1]为标志,公民开始对政府的网络回应行为产生抵制,公民呼吁政府应该以人为本,及时、准确地回应网络公民,真正意义上的网络舆论也是从这时开始兴起和发展的。正是网络舆论形成的压力迫使政府开始反思,使政府部门逐渐注意到网络工具的价值理性。2007年重庆征地拆迁"钉子户"事件和山西"黑砖窑"事件[2]引发了网络空间的共鸣,网

---

[1] 2003年"非典"期间,政府一开始采取封闭消息的方式控制信息传播,这也是传统行政模式惯用的手段之一,但是由于互联网在国内经历了近十年的发展,公民在网络空间内的互动已成雏形,传统行政模式在现实空间中的信息控制与在虚拟空间中的信息控制形成严重冲突,当"非典"真相在网络空间内传播并公之于众时,政府行为受到严重谴责,同时政府公信力也大幅下滑。

[2] 2007年6月的山西"黑砖窑"事件引起了中央领导的高度关注和回应,民意表达在其中起了重要作用。据《南方周末》报道:"舆论风暴已经开始,外界已酝酿惊涛骇浪,而风暴的核心区一片平静,洪洞的官员们几乎无人知道。"在"黑砖窑"事件司法宣判后,北京华闻在线网络股份有限公司在"华政通"网站(www.infomix.com.cn)上,针对北京、上海、广州、太原等地46名从普通记者到副部级媒体从业人员作的一份问卷调查表明,高达97%的受访者认为互联网在促进事件解决中起了决定作用,网民的良知和正义感在其中起着重要作用。这说明网络民意的发展正在逐渐改变着政府回应网络舆论的价值取向,体现网络民意的公平、正义和以人为本的价值理念逐渐成为政府回应网络舆论的价值取向。参见《2007年中国网络舆情分析报告》。

络舆论的广度、力度和强度迅猛增长，网络空间内的利益表达与利益诉求直指政府，甚至 2007 年被称为我国"网络民意元年"，正是在网络民意迅猛增长的背景下政府回应网络舆论的价值取向逐渐由工具理性转向价值理性。

网络民意的发展从外部倒逼政府改善回应网络舆论的价值取向，同时政府本身也在网络行政生态不断变化的前提下逐渐调适自身的价值取向。首先，在公共行政理论方面，20 世纪 90 年代以来我国大量借鉴和引进西方新公共行政和新公共服务的价值理念。新公共行政的使命是对影响和削弱社会公平、出色管理、经济的和有效率的各种因素和组织结构进行变革。① 新公共服务理论② 则认为公共行政应该以公民为中心，政府的职责既不是"划桨"也不是"掌舵"，而在于建立一个具有完善整合力和回应力的公共机构。西方公共行政理论中的公平和以公民为中心的价值理念深刻影响着政府回应网络舆论的价值取向。其次，在电子政务方面，我国从上网政府、电子政府到网络政府的转型，体现了我国政府回应价值理念的转变。从价值理性的角度看，电子政府与网络政府是辩证统一的：电子政府为网络政府的形成奠定技术基础，网络政府则为电子政府提供价值关怀。③ 再次，从政府角色回归角度而言，在网络政治语境中，"'服务政府'、'法治政府'、'效率政府'、'有限政府'、'责任政府'、'信用政府'、'清廉政府'、'道德政府'、'网络政府'和'回应政府'等'大角色'都是一种价值应当，既是政府角色的价值承诺，也是民众对政府角色的价值期待。"④ 最后，在政府管理网络空间的方式上，政府由刚性管理转向柔性管理。柔性管理采取非强制的方式，在网民心目中产生一种潜在的说服力，从而将政府的意志变为网民的自觉行动，这既符合网络空间的特质，也符合现代政府管理网络舆论所追寻的目标。⑤ 总之，在外力压迫与内力驱动两方面作用下，我国政府回应网络舆论的价值取向已经逐渐由工具理性转向价值理性。

---

① 丁煌：《西方行政学说史（修订版）》，武汉大学出版社 2004 年版。
② 登哈特夫妇（Robert B.Denhardt）用来替代新公共管理理论的"新公共服务"来自以下两个灵感：（1）民主政治理论（尤其当它涉及公民之间以及公民与他们的政府之间的关系时）；（2）公共行政理论中"更具人文主义传统的方法"对管理和组织设计的研究。可见新公共服务理论体现了关心人和以人为本的价值取向。参见［美］罗伯特·B. 登哈特：《公共组织理论（第五版）》，扶松茂、丁力译，中国人民大学出版社 2011 年版。
③ 季丽萍：《价值理性视角下的电子政府与网络政府》，载《南京政治学院学报》，2007 年第 4 期。
④ 王腾：《论网络政治的生成与现代政府角色的回归》，载《福建论坛（人文社会科学版）》，2009 年第 2 期。
⑤ 黎慈、纪阿林：《柔性管理：政府走出网络舆论管理困境的有效路径选择》，载《湖北行政学院学报》，2010 年第 6 期。

（二）政府回应网络舆论逐渐形成正式与非正式两种形式的互动

网络舆情具有自由性、可控性、交互性、即时性、隐蔽性、外显性、情绪化、非理性、丰富性、多元性、个性化和群体极化性等多层特征。[①]正因为网络舆论的这些特性使政府在治理网络空间时表现出力不从心的感觉，但政府在逐渐的调适过程中形成了一套回应网络舆论的治理机制，并由这种机制衍生出一套非正式的制度约束。也即，政府回应网络舆论的机制在近二十年的历程中逐渐形成了一个包含各种独立的规则以及非正式约束组成的复杂结构，即制度矩阵（institutional matrix）[②]。正式约束[③]主要包括信息公开制度、网络发言人制度和公共事件发布制度。信息公开制度的法律依据是2007年国务院第165次常务会议通过的《中华人民共和国信息公开条例》。[④]政府在政务网站上正式公开政府信息是一种回应网络舆论的有效渠道，随着我国"三网一库"的建设，政府信息公开对网络虚假信息的澄清和政府信息的及时发布提供了重要的制度技术保障。网络发言人制度则是在最近几年网络舆论高涨的情势下逐渐形成的，尤其是在2009年，江苏、安徽、云南、浙江、广东等地网络发言人制度如雨后春笋般出现。网络发言人制度能很好地介于公民与政府之间处理利益矛盾突出的问题，它也是网络监督和网络问政的一种合理选择。近年来，该制度在处理"躲猫猫"、"小悦悦"等事件中及时正确地引导了网络舆论的走向，获得了较好的治理效果。公共事件发布制度的法律依据主要是《国家突发事件总体应急预案》[⑤]。由于最近几年我国公共事件

[①] 刘毅：《网络舆情研究概论》，天津人民出版社2007年版。

[②] 制度矩阵是新制度经济学代表人物之一的道格拉斯·C.诺斯（Douglass C.North）在其后期著作中经常使用的一个词组。诺斯认为由于人们在市场交换和社会交往中的信息不完全，因而人类总是处于各种各样的制度矩阵之中，而不是生活在一个"制度缺失"的世界之中。参见［美］道格拉斯·C.诺斯：《制度、制度变迁与经济绩效》，杭行译，上海人民出版社2008版，序言第8页。

[③] 正式约束主要包括政治和司法规则、经济规则和契约。能够补充和强化非正式约束的有效性，能降低信息、监督以及实施的成本，并因而使非正式约束成为解决复杂交换问题的可能方式。同时，正式制度也能修改、修正或替代非正式约束。参见［美］道格拉斯·C.诺斯：《制度、制度变迁与经济绩效》，杭行译，上海人民出版社2008版，第65页。

[④] 该条例第七条规定："行政机关应当建立健全政府信息发布协调机制。"第十五条规定："行政机关应当将主动公开的政府信息，通过政府公报、政府网站、新闻发布会以及报刊、广播、电视等便于公众知晓的方式公开。"

[⑤] 该预案将突发公共事件分为自然灾害、事故灾难、公共卫生事件和社会安全事件，各类突发公共事件按照其性质、严重程度、可控性和影响范围等因素，一般分为四级：Ⅰ级（特别重大）、Ⅱ级（重大）、Ⅲ级（较大）和Ⅳ级（一般）。该预案在信息发布一项中规定："突发公共事件的信息发布应当及时、准确、客观、全面。事件发生的第一时间要向社会发布简要信息，随后发布初步核实情况、政府应对措施和公众防范措施等，并根据事件处置情况做好后续发布工作。信息发布形式主要包括授权发布、散发新闻稿、组织报道、接受记者采访、举行新闻发布会等。"

密布，政府在信息处理以及网络回应上逐渐形成了一套成熟的机制，即及时、全面公布事件真相，积极正确地引导网络舆论。目前，公共事件的发布制度在处理汶川地震、新疆打砸抢烧等事件中发挥了较好的效果。

非正式约束[①]主要是指在网民论坛、官员微博、政府博客以及政务微博等网络工具中形成的一种非正式的网络舆论回应约束。政府回应网络舆论的非正式约束具有两个特征。一是没有对政府回应作强制性的规定。2007年春节，包括河南、湖南、江西、吉林、广西、陕西、甘肃、天津、新疆等省市区，以及开封、漯河、防城港、崇左、玉林、百色、如皋等市的不少地方党政领导人上网拜年[②]；2008年胡锦涛总书记在人民网"强国论坛"上与网友聊天二十多分钟[③]；2010年9月正式推出"直通中南海——中央领导人和中央机构留言板"，以及继云南省政府新闻办、湖南桃源县政府率先开设政府微博之后，公安系统微博在2010年如雨后春笋般上线。[④]通过以上案例可知这些由正式约束衍生的非正式约束在促进党政机关与网络公民之间互动，赢取公民信任和提升政府公信力方面发挥着补充、阐释和延伸的作用，但这种非正式的反应并不是法律规章对政府部门的硬性要求，而是政府部门为提高网络舆论回应绩效而在制度框架之外所采取的措施；二是根据正式制度的调整而不断变化。非正式约束具有零散性和外界敏感性，由正式约束衍生的非正式约束零散存在，不具有系统性，各种非正式约束之间具有排他性与非排他性，其对外界的变动具有较高的敏感性，对正式约束有较强的依存度。如2008年实施《中华人民共和国信息公开条例》以来，官员财产申报并未纳入信息公开的范围之内，但一些政府部门或官员自身为加强对网络舆论的回应，主动公布个人财产信息，这种效应带动了其他政府部门的效仿，这种根据正式约束调整而变化的非正式约束与正式约束形成了良好的互动并决定着未来政府回应网络舆论的方向。

---

① 正式的法律与产权为生活和经济提供了秩序，而在规则完全改变的情况下非正式约束使原有社会中的许多东西存续。非正式约束来自社会传递的信息，并且是我们所谓的文化传承的一部分，非正式约束的出现是为了协调重复进行的人类互动，他们是正式制度的延伸、阐释和修正，是由社会制裁约束的行为规范（socially sanctioned norms of behavior），是内部实施的行动标准，是制度变迁的重要影响因素。[美]道格拉斯·C.诺斯：《制度、制度变迁与经济绩效》，杭行译，上海人民出版社2008年版，第50—63页。
② 《2007年中国互联网舆情分析报告》，http://media.people.com.cn/GB/22114/52789/115416/6852601.html（访问时间：2013年9月5日）。
③ 《2008年中国互联网舆情分析报告》，http://www.china.com.cn/aboutchina/zhuanti/09zgshxs/content_17100922.htm（访问日期：2013年9月5日）。
④ 《2010年中国互联网舆情分析报告》，http://www.people.com.cn/GB/209043/210110/13740882.html（访问日期：2013年9月5日）。

(三)政府回应网络舆论的方式由无回应和被动回应转向主动回应

政府回应网络舆论的方式主要包括无回应、被动回应和主动回应三种方式①,根据这三种回应方式的特点可以将我国政府回应网络舆论的历史分为三个阶段,即无回应阶段(1994—2003年),被动回应阶段(2003—2007年)和混合回应阶段(2007年至今),这三个回应阶段也体现了我国政府回应网络舆论方式的逐渐调适和渐进转型过程②。1994年4月,我国实现了与互联网的全功能连接,当时互联网的使用者主要局限在科研机构和高校,互联网的使用也仅限于通过电子邮件传输数据,社会交往的意义也非常有限。③虽然在2000年左右我国互联网的普及速度和应用增长十分迅速,但网络空间内的力量还没有整合成一种"集体行动",这一时期在网民间的主要应用是QQ聊天、单机游戏以及电子邮件传输,互联网实质上还只是作为提高工作效率和娱乐放松的一种快捷工具,因此网络空间中零星的网络舆论没有形成网络共鸣,政府对之也采取不表态不解释不反驳的方式。但是政府的无回应并不表明问题不存在,随着互联网的迅速扩展,一些具有社会交往意义的网络论坛、网络留言板和聊天工具逐渐活跃,一些以前长期无法通过现实空间解决的矛盾和问题在网民的交流和讨论中逐渐浮现。网络空间力量的整合和网络空间批判功能逐渐成形,以"非典"事件为重要标志,政府部门开始对网络舆论进行回应。2003年国家主席胡锦涛在视察广东时,对一位参与"非典"防治工作的医生说:"你的建议非常好,我在网上已经看到了。"2004年11月温家宝总理依据互联网信息,对建筑商拖欠农民工的工资问题作出批示。④由此,政府改变了以前不回应网络舆论的形式,逐渐转向被动回应。

---

① 目前大部分文献将政府回应网络舆论的方式分为三种,即不回应、被动回应和主动回应,同时也存在一些学者在此三种基本回应形式的基础上引入其他变量对政府回应网络舆论的形式进行分类。如根据网民与政府这两个主体在政府决策中的互动情况将中国网络参与下的政府决策回应模式归纳为四种:鸵鸟模式:网民参与、政府不予回应;杜鹃模式:民意先发、政府被动回应;蜂王模式:政府主动、民意部分参与;鸳鸯模式:政府主导、政民高度互动。参见翁士洪、顾丽梅:《网络参与下的政府决策回应模式》,载《中国行政管理》,2012年第8期。

② 回应型政府就是一种以公共治理为理念,以解决公共问题、社会问题为责任,体现以民为本、服务导向、合作共治、及时反映、依法治理特征,具有稳定、可靠、可持续发展的回应型和回应机制,以及有效回应社会所需回应力的政府及其治理模式。因此这里以政府回应网络舆论的方式为依据进行的阶段划分并不是说该阶段只存在该种政府回应网络舆论的形式,而是表示该阶段政府回应网络舆论以该种形式为主。参见卢坤建、苗月霞:《回应型政府建设的理论与实践》,中山大学出版社2011版。

③ 刘力锐:《我国网络民意的成长、政治意蕴及政府回应》,载《广东行政学院学报》,2009年第5期。

④ 《2007年中国互联网舆情分析报告》,http://media.people.com.cn/GB/22114/52789/115416/6852601.html(访问时间:2013年9月5日)。

虽然"由于政府利益内在性的驱使，政府消极回应获得的收益往往大于积极回应获得的收益。"[①]但随着网络空间力量的不断增大，网络民意迫使政府角色回归本位，要求政府积极主动地扩大公共福利、维护公共利益和保障公民的安全。2007年，不少地方政府开始重视互联网反映出的社情民意，在网络舆情的应对中积累了不少经验教训。[②]2008年，我国网民规模达到2.53亿，规模达到世界第一，总体上中国的网络言论得到开放，管理水平正在提升，政府对网络舆情的认识也变得更加客观、科学。[③]2009年，政府一方面强化网络管理，以抑制过于偏激的言论；另一方面对网络舆论的反应提速，从中央到地方初步形成了政府对网络民意的监测、反馈和吸纳机制。[④]总体上干群形成了良性互动的格局。2010年被称为中国微博元年，微博渗透到社会生活的方方面面，并对中国社会舆论格局产生了空前巨大的影响。[⑤]中央和地方各级党政机关都在持续探索通过互联网有效听取民意、汇集民智、排解民怨的方法和途径。[⑥]截至2011年12月底，我国网民规模突破5亿，达到5.13亿。[⑦]2011年以动车事故为契机，更多社会群体登上网络舆论平台，对政府的公共治理提出审视和监督，依托于互联网的民间"自组织"力量不断壮大，互联网已经成为倒逼政府转型的最大社会推手。[⑧]网络空间内社会民意的不断壮大和政府回应网络舆论的不断成熟使我国政府对网络舆论的回应逐渐由管控转向治理、由消极转向积极、由拖延隐瞒转向公开负责。由此，我国政府回应网络舆论的机制逐渐走向成熟。

二、政府回应网络舆论机制形成的路径依赖

我国政府回应网络舆论的方式经过十几年的孕育和发展已经逐渐走向成熟并形成

---

① 李大芳、白庆华、陈志成：《公众网络参与与政府回应演化博弈分析》，载《统计与决策》，2011年第21期。
② 《2007年中国互联网舆情分析报告》，http://media.people.com.cn/GB/22114/52789/115416/6852601.html（访问时间：2013年9月5日）。
③ 《2008年中国互联网舆情分析报告》，http://www.china.com.cn/aboutchina/zhuanti/09zgshxs/content_17100922.htm（访问日期：2013年9月5日）。
④ 《2009年中国互联网舆情分析报告》，http://yuqing.people.com.cn/n/2012/0727/c209170-18615454.html（访问日期：2013年9月5日）。
⑤ 《2010年中国微博年度报告》，上海交通大学舆情研究实验室2010年。
⑥ 《2010年中国互联网舆情分析报告》，http://www.people.com.cn/GB/209043/210110/13740882.html（访问日期：2013年9月5日）。
⑦ 《2012年中国互联网发展状况统计报告》，http://www.cnnic.net.cn/research/bgxz/tjbg/201201/t20120116_23668.html（访问日期：2013年9月5日）。
⑧ 《2011年中国互联网舆情分析报告》，http://yuqing.people.com.cn/GB/16698341.html，（访问日期：2013年9月5日）。

了自己的一套运行模式，即以信息公开制度、网络发言人制度、公共事件发布制度为核心的正式约束和以网民论坛、官员微博、政府博客、政务微博为核心的非正式约束构成的制度矩阵。这种正式约束与非正式约束构成的互动在近几年解决网络舆论压力和社会公共事件方面发挥了良好的效果，政府也越来越依赖这一模式来处理网络空间内的问题，尤其是在近几年，不管网络舆论和网络公共事件的类型和影响程度如何，政府总倾向于采取这种正式约束与非正式约束互动的模式来化解舆论危机，由此我国政府回应网络舆论的机制逐渐形成了诺斯所说的路径依赖（path dependence）[①]。

（一）由正式约束与非正式约束构成的制度矩阵孕育了报酬递增的回应机制

有两种力量型塑了制度变迁的路径：报酬递增，以及以明显的交易费用为其特征的不完全市场。[②] 在分析政府回应网络舆论的机制变迁前首先应该分析一下制度变迁的主角——政府，因为"组织及其企业家从事的是有目的的活动，因而，他们是制度变迁的主角（agent），他们型塑了制度变迁的方向。"[③] 政府在回应网络舆论时的初衷主要是维护社会稳定和促进公共福利，当然也不排除政府内部个体减少工作压力的私利目的。换个角度考察，政府在某种程度上也是追求最大化行为的"经济人"。政府的"经济最大化"行为主要表现在以下三个方面。[④] 一是政府需要花成本和投入研究网络舆论的特点，认识网络舆情主要传播的途径、存在的主要形态以及网民的心理特征等知识，这些知识对政府决策具有重要作用；二是政府所采取的行为和作出的决策应该充分利用研究的知识并且需要与现有的制度框架形成较高的互动。对网络舆论研究的投资与政府获得的绩效呈现互补关系，也就是说，政府对网络舆论研究的投资越高政府获得的绩效就越高。而由正式约束和非正式约束构成的整体制度结构在决定政府机构在多大程度上鼓励新的回应网络舆论方式的出现方面起着关键性的作用。因为植根于整体制度结构内的激励带动了"干中学"（learning by doing）的过程以及

[①] 在《理解经济变迁过程》一书中，诺斯（North, 2005, p.21）把"路径依赖"简单地解释为"从过去衍生而来的制度和信念影响目前的选择"。

[②] [美]道格拉斯·C.诺斯：《制度、制度变迁与经济绩效》，杭行译，上海人民出版社2008年版，第130页。

[③] 同上，第101页。

[④] 诺斯认为经济组织的最大化行为通过以下几个途径型塑了制度变迁：（1）派生出了投资于各种知识的需求；（2）有组织的经济活动、知识存量与制度框架之间的持续互动；（3）作为组织的最大化行为的副产品，非正式约束也会有渐进性的改变。参见[美]道格拉斯·C.诺斯：《制度、制度变迁与经济绩效》，杭行译，上海人民出版社2008年版，第108页。

默会知识 (tacit knowledge) 的发展，从而引领政府组织在决策过程中逐渐演化出一个与他们起先所面对的不一样的制度系统。① 三是政府在追求其目的过程中逐渐建立起一系列正式约束，同时这种行为也带来了副产品，即非正式约束，非正式约束的边际调整对整个制度框架的稳定性和制度变迁产生重要影响。

由正式约束和非正式约束构成的制度矩阵孕育了报酬递增的政府回应网络舆论的机制。这主要体现在三个方面。一是成本的不断下降。随着网络行政生态的不断发展，我国政府回应网络的制度结构已经基本形成，信息公开制度、网络发言人制度和公共事件发布制度已经建立起来并成为回应网络舆论的有力工具，另外，以网民论坛、官员微博、政府博客为核心的非正式约束在与正式制度互补与互动方面逐渐由磨合期转向适应期，即达到了制度均衡。② 因此，随着网络舆论的增长和扩大，政府回应网络舆论的机制只需作微幅的边际调整，从长时间来看，政府回应网络舆论的成本在不断下降。二是收益的稳定上升。政府现有的网络舆论回应机制的收益不断增加，在2007年左右，政府在应对以"黑砖窑"事件为代表的网络舆论时逐渐形成了网络回应机制的整体框架，近几年政府在处理诸如三鹿奶粉事件、南方冰灾、小悦悦事件、杭州PX事件中都运用到了这些正式约束与非正式约束，并使事态得到了较好的结果。政府部门在运用这些回应机制的过程中积累了重要经验，即放弃使用"托、压、捂、盖"的方式"瞒天过海"，采用"尽早讲、持续讲、准确讲、反复讲，提高舆论引导水平，在多元中求主导，在多样中求共识，在多变中谋和谐"的应对方式。根据最近几年政府回应网络舆论的情况来看，虽然政府在不断微幅调整应对策略，但政府回应网络舆论的效果明显取得好转；三是成本收益的差值越来越大。收益的提高和成本的下降扩大了成本收益差值，提高了政府回应网络舆论的制度绩效。这种回应模式满足了政府组织追求"经济最大化"的要求，同时，政府组织也在无意识中逐渐形成了对这种报酬递增的网络舆论回应机制的依赖。

---

① 诺斯在谈到制度激励时提出了三个名词，分别是可沟通知识（communicable knowledge）、默会知识和"干中学"。可沟通知识是指那些可在个人之间进行传递的知识。默会知识是指部分地可通过实践得来，并只能部分地沟通。"干中学"是指组织经过重复的互动，能获得一些协调方面的技能并发展出能顺利运作的例行流程。参见 [美] 道格拉斯·C. 诺斯：《制度、制度变迁与经济绩效》，杭行译，上海人民出版社2008版，第103页。

② 诺斯认为制度均衡是指：在各方的谈判力量以及一系列构成整个经济交换的契约性谈判力量以及一系列构成整个经济交换的契约性谈判给定的情况下，任何一方都不可能通过投入资源来重构合约而获益。需要注意的是：均衡状态并不意味着每一个人对现存的制度或规则感到满意，而只是指：改变游戏的相对成本与收益对于已经签约的各方来说并不划算。参见 [美] 道格拉斯·C. 诺斯：《制度、制度变迁与经济绩效》，杭行译，上海人民出版社2008版，第118页。

（二）启动成本、学习效应、协调效应和适应性期望强化了回应机制的路径

当政府部门将报酬递增的回应机制作为回应网络舆论的一种"习惯"时，这种制度形成了四种自我强化机制。① 首先是巨大的启动成本。由于现有的政府回应机制是在网络生态变化和政府行政实践中逐渐形成的，在形成这一机制前政府耗费了巨大的启动资本，如在政府网站建设过程中投入了巨大的有形资本和无形资本，如大量资金和人力的有形资本投入，以及网民习惯和文化适应探索等无形资本的投入。还有政府花高成本请大批专家学者制定的公共事件应急预案以及网络发言人的筛选成本等都对现有政府回应网络舆论机制产生巨大成本惯性，政府权衡得失之后仍会沿用已经成型并发挥较好效果的回应机制。其次是学习效应。政府机关通过不断学习能提高对网络群体的认识，同时也会在不断学习过程中积累关于回应网络舆论的经验知识，政府利用其学习能力能够改善政府回应网络舆论的方式、降低回应网络舆论的成本。再次是协调效应。政府采取的信息公开制度和网络发言人制度等会促进相关企业、社会组织以及公民个人等主动披露相关信息，进而减少信息不对称，政府在回应网络舆论中逐渐形成了一种平衡机制，这种平衡机制能调和各种冲突矛盾和利益关系。最后是适应性期望。② 政府目前采取的回应机制受到越来越多公民的肯定，信息公开、回应及时、主动负责的回应方式增加了人们对政府的信任，提高了政府公信力，这也强化了政府部门继续沿用现有的回应模式。总之，政府回应网络舆论的制度矩阵的内部依存网络产生了很大的报酬递增效应。

虽然政府回应网络舆论的方式存在报酬递增的特点，但这些自我强化机制可能带来以下四个结果。一是多重均衡。通过这种强化机制政府回应网络舆论的方式存在多个，包括正式约束与非正式约束的各种组合，这就对具体采用何种回应方式组合产生

---

① 阿瑟总结出技术变迁四种自我强化机制：巨大的启动或固定成本（large setup or fixed costs），学习效应（learning effects），协调效应（coordination effects），适应性期望（adaptive expectation effects）。这些自我强化机制所带来的结果有以下四个特征：多重均衡（multiple equilibria），可能的无效率（possible inefficiencies），锁入（lock-in），路径依赖（path dependence）。技术变迁的自我强化机制同样适用于制度变迁。参见［美］道格拉斯·C. 诺斯：《制度、制度变迁与经济绩效》，杭行译，上海人民出版社2008版，第129页。

② 适应性效率（adaptive efficiency）是相对配置效率而言的，它所关注是那些型塑经济之长期演化方式的规则，同时还关注社会对获取知识与学问、引发创新、从事各种冒险的创造性活动以及解决随时间的推移而产生的社会问题与瓶颈（bottlenecks）的意愿。参见［美］道格拉斯·C. 诺斯：《制度、制度变迁与经济绩效》，杭行译，上海人民出版社2008版，第111页。

了一定的困难。如对网络群体性事件①和一般的网络民意表达应该采取不同的回应策略,对网络群体性事件的回应应该减少回应时隔、增加回应次数、拓展回应主体和调整回应策略。②对一般的网络民意表达则要求政府树立融合民意理念,提高回应意识,提取网络民意的真实诉求,提高回应客体的满意度,构建回应网络民意的机制,提高回应的制度化水平。③政府在面对网络舆论的不同类型时应该采取不同的均衡策略,因此政府需要在多重均衡中作出选择。二是可能的无效率。在回应网络舆论过程中政府可能因为曾经运用某种回应方式取得较好结果而惯于采取某一类型的回应方式,从而忽视了其他甚至更有效率的回应方式。三是锁入。一种回应网络舆论的有效方式一旦达成,就有可能很难从中走出来。如《信息公开条例》的实施要求政府部门对公众公开信息,公民对政府的信息公开行为形成一种依赖,一旦政府部门停止公布信息,必然引发公民的强烈抗议,这样政府囿于"经济最大化"的角色而难以走出《信息公开条例》的限制。四是路径依赖。2003年的一次蕴含必然因素的偶然"非典"事件拉开了政府回应网络舆论的历史帷幕,政府回应网络舆论的方式在网络生态不断变化的条件下不断调适,逐渐产生了一条以三大回应制度(信息公开制度、网络发言人制度和公共事件发布制度)为核心的特定路径。

三、政府回应网络舆论机制变迁的解释:不完善的网络空间秩序

上面所分析的政府回应网络舆论的报酬递增机制以及路径依赖的产生实质上是基于交易费用为零的模型进行分析的,这是传统微观经济学所惯用的分析模型,如果政府在回应网络舆论时的机制交易费用接近于零,那么这种机制的长期路径的确是有效的,在合理偏好下不仅不同的路径不会出现,而且低绩效也不会长期驻存。但是政府回应网络舆论是存在交易成本(transaction costs)④的,"交易成本不仅影响契约安排,

---

① 目前国内学者对网络群体性事件的定义有很多种,但总体来说有两种对立观点:一种将网络群体性事件作为公众通过网络进行评判客观事实、表达主观意志的客观社会现象,而另一种则把网络群体性事件认定为网民在网络上的非理性聚集,属于影响社会发展和稳定的矛盾事件。参见秦瑞娟:《网络群体性事件中的政府回应研究》,郑州大学硕士学位论文,2012年5月。

② 方付建、汪娟:《突发网络舆情危机事件政府回应研究——基于案例的分析》,载《北京理工大学学报(社会科学版)》,2012年第3期。

③ 刘力锐:《论我国网络民意的特征与政府回应》,载《求实》,2009年第6期。

④ 科斯(Ronald H. Coase)在谈到《企业的性质》(The Nature of the Firm, 1937)的写作时,他意识到使用定价机制(pricing mechanism)是要花费成本的,谈判要进行、契约要签订、监督要展开、解决纠纷的安排要设立等等,这些费用都是所谓的交易成本。参见[美]罗纳德·H.科斯:《论经济学和经济学家》,罗君丽、茹玉骢译,上海人民出版社2010年版,第3—17页。

而且影响产品和服务的生产。如果不将交易成本纳入理论，经济体系内运行的许多方面就无法得到解释。"①因此，在分析政府回应网络舆论的机制时应该将交易费用因素纳入该函数。

（一）网络空间秩序的不规范导致监管信息的不完全以及信息反馈的不连续

政府与网络群体之间的回应关系实质上是一种交易关系，政府通过搜集信息、制定政策、完善制度和实施政策等行为来满足网络群体的诉求，政府行为的这一过程是要耗费成本的。正如诺斯所说："交易费用政治学是建立在这些假设之上：信息是有成本的；行动者解释他们的环境是基于主观模型；合同的不完全实施。"②在网络空间内并不是所有言论都是真实的，"互联网作为'地球村'的一个'中心广场'，也吸引了不少骗子在这个广场上大叫大嚷。不少说谎者以次充好、以假乱真，使互联网上充斥着一片混乱的叫声。"③如2007年闻名全国的"纸包子"、"有史以来最毒后妈"、"金庸被死"等假消息混淆网民视听，引发网络群体情绪高涨。另外，随着科技的进步，网络犯罪愈演愈烈。"网络黑客（Hacker）倚仗高超的电脑技术入侵或者蓄意攻击，给国家安全出了一道苦涩的难题。"④一些网络黑客利用技术优势篡改政府网站发布的信息，误导广大网民，制造谣言，引发社会不安。还有，政府在回应网络舆论时应该尊重网民个人的隐私，注重网络空间内的个人隐私保护，"如果没有隐私的保护，网民将会遭到他人的操纵和控制，在追求自身的目标和实践时会更加拘谨和懦弱。"⑤如网上的艳照诈骗案等都是由网络监管不力而引发的。政府回应网络舆论的过程中需要从浩如烟海的信息集合中去伪存真、去粗取精、由此及彼、由表及里，这一信息搜集过程需要投入巨大的人力物力财力。事实上政府回应网络舆论的信息搜寻机制根本无法保证信息的完整性，政府的回应也只能建立在有限理性的基础之上。

交易费用成本包括衡量成本、监管成本和实施成本。前面的信息收集主要是指衡量成本。网络秩序的混乱同时还需要政府部门的监管，网络黑客、网络犯罪、网络隐私、网络知识产权以及网络暴力等都需要政府部门予以监管和治理，政府在监管过程

---

① ［美］罗纳德·H.科斯：《论经济学和经济学家》，罗君丽、茹玉骢译，上海人民出版社2010年版，第10页。
② ［美］道格拉斯·C.诺斯：《交易费用政治学》，刘亚平译，中国人民大学出版社2011版。
③ 史南飞：《互联网公德原理》，湘潭大学出版社2007年版。
④ 何精华：《网络空间的政府治理》，上海社会科学院出版社2006年版。
⑤ ［美］理查德·斯皮内洛：《铁笼，还是乌托邦——网络空间的道德与法律》，李伦译，北京大学出版社2007年版。

中不能简单地只采用网络技术监控,还要注重"行政立法监控、行政执法监控、主流舆论引导和伦理道德规范"。①因此政府监管网络空间的成本也是巨大的。在政府回应网络舆论过程中还需要实施成本,诺斯认为"实施通常都是不完美的,这是由两个原因导致的。一是有关衡量构成契约绩效的多种因素所需支付的成本;二是实施是由代理人执行的,因而他们自身的效应函数将影响结果。"②第一个是指收集正确信息对网络舆论作出正确回应的成本,即衡量成本,其对政府实施具有重要影响,如果衡量过程中信息失真,那么政府回应网络舆论的信息也将随着失真,这也就意味着政府决策的失败。2011年7·23甬温线特别重大铁路交通事故就是一个典型案例。③政府在信息收集过程中发生失真导致网络发言人回应网络舆论失误。在实施过程中政府代理人的自身函数对回应效果的影响也十分明显,这主要表现在两个方面。一是政府工作人员反应迟钝,回应不迅速,从而造成了一些时滞成本;二是政府工作人员的思想意识或不当行为引发政府实施成本的上升。同样,7·23甬温线特别重大铁路交通事故可以作为一个典型案例。在温州的官方新闻发布会上,当发言人王勇平被问到:"为何救援宣告结束后仍发现一名生还儿童"时,他称:"这只能说是生命的奇迹。"之后,被问到为何要掩埋车头时,他又说道:"至于你信不信,我反正信了。"由此,网络空间的不规范导致监管信息的不完全以及信息反馈的不及时加大了政府回应网络舆论的成本。

(二)监管成本提高的情况下使网民现有的"心智构念"型塑政府回应路径

理解人类行为有两个关键要素,一是动机,二是对环境的辨识(deciphering)。

---

① 何精华:《网络空间的政府治理》,上海社会科学院出版社2006年版。
② [美]道格拉斯·C.诺斯:《制度、制度变迁与经济绩效》,杭行译,上海人民出版社2008年版。
③ 在事故发生当天就有许多媒体和网民断定此次事故的元凶是铁道部门不合理的管理,事故第二天成立了国务院7·23甬温线特别重大铁路交通事故调查组,在小组进行调查过程中国家安监总局新闻发言人黄毅表示这不是一起自然灾害,而是一起责任事故。最后经调查认定,7·23甬温线特别重大铁路交通事故是一起因列控中心设备存在严重设计缺陷、上道使用审查把关不严、雷击导致设备故障后应急处置不力等因素造成的责任事故。参见http://baike.baidu.com/view/6171322.htm?subLemmaId=6257124&fromenter=%CE%C2%D6%DD%B6%AF%B3%B5%CA%C2%B9%CA&redirected=alading(访问时间:2013年9月5日)。

本文关于人的动机以诺斯关于人的动机的理解为分析基础，因此不加讨论。①"人的心智能力与辨识环境的不确定结合在一起，便演化出了旨在简化处理过程的规则和程序，由此形成的制度框架通过结构化（structuring）人们的互动，限制了行为人的选择集合。"②辨识环境的不确定性主要是指由衡量成本、监管成本和实施成本构成的交易费用构成的不确定性，前面已经分析了。人的心智能力主要是指人的心智构念（mental constructs）③。人们是通过一些现存的心智构念来处理信息和辨识环境的，现存的心智构念能帮人们解释环境并解决所面临的问题。这样政府在回应网络舆论过程中政府的价值取向以及政府内部公务员的价值倾向和行为方式对政府回应网络舆论的机制具有重要的决定作用。政府部门的价值取向以及构成政府组织的公务人员的价值取向与不规范的网络空间秩序导致的不确定的交易成本共同决定了政府回应网络舆论的机制选择集合。因此，政府回应网络舆论的方式其实是有限的，因为它既要受政府组织及其成员的价值取向的影响，还要受不规范网络空间秩序导致的不确定的交易成本的影响。目前我国形成的以信息公开制度、网络发言人制度、公共事件发布制度为核心的正式约束和以网民论坛、官员微博、政府博客为核心的非正式约束构成的政府回应机制，在一定程度上既符合我国政府及其成员的价值取向，也能在最大程度上降低不规范网络空间内的交易成本。

在交易费用十分显著的情况下，行为人的主观模型也可能导致政府回应网络舆论的长期低绩效。在构成政府回应网络舆论的衡量成本、监管成本（包括制度约束与非制度约束）和实施成本非常巨大的情况下，政府及其成员的心智构念对网络舆论的回应机制影响十分明显，但这种影响可能导致政府网络舆论回应的长期低效。如政府部门出于减少自身压力同时不对网民构成重大权益侵犯的观念，可能依赖于现有的网络舆论回应机制，这样可能导致政府在回应网络舆论绩效水平方面一直处于一种平庸的状态。"迄今为止，我们都认为制度是不可变更的。实际上，我们的分析都基于一种假设，即当制度保持不变时，它们能较好地为人们所理解，从而它们在规范人的行为

---

① 诺斯认为经济学家的行为假设并非意味着所有人的行为都与理性选择相一致，人类行为看起来远比蕴涵在经济学家个人效用函数模型中的来得复杂。在许多情况下，人们不仅有财富最大化行为，还有利他主义（altruism）以及自我实施的行为，这些不同动机极大地改变了人们实际选择的结果。参见［美］道格拉斯·C. 诺斯:《制度、制度变迁与经济绩效》，杭行译，上海人民出版社2008年版，第26—27页。

② ［美］道格拉斯·C. 诺斯:《制度、制度变迁与经济绩效》，杭行译，上海人民出版社2008年版。

③ 心智处理信息的方式依赖于"大脑的学习能力，而这种能力通过一种或多种精心构造的自然语言程式来将感性的、态度的、道德的以及事实的信息转换为能被接受的符号"。（Johansson,1988,p.176）参见［美］道格拉斯·C. 诺斯:《制度、制度变迁与经济绩效》，杭行译，上海人民出版社2008年版，第51页。

上也较有效率。但是，环境会变化，从而既有的规则也必须与之相适应。"①现有机制上的连续边际调整累积性地塑造了政府回应网络舆论的绩效，但"战争、革命、政府以及自然灾害都会导致不连续的制度变迁。"②随着网络行政生态的变化，不连续性的制度变迁较少出现，而连续性的累积性的制度变迁比较常见，制度在政府回应网络舆论机制变迁中起着更为基础性的作用，它是决定长期回应绩效的根本因素。在漫长的历史过程中，政府组织根据外界行政生态的变化，在报酬递增的政府网络舆论回应机制中作边际性的调整，随着时间的累积，这种微小的行为型塑了政府回应网络舆论机制的变迁路径，因此这种机制的形成不是一蹴而就的，而是一个漫长的过程。它是由衡量成本、监督成本、实施成本、保护权利的成本等共同作用的结果，同时正式约束、非正式约束以及政府及其成员的主观模型对政府回应网络舆论的机制变迁也起着重要的作用。

四、结论与余论

通过以上分析可以得出以下几条结论：

第一，我国互联网经过近二十年的发展，逐渐形成了自己的一套运行模式，即以信息公开制度、网络发言人制度、公共事件发布制度为核心的正式约束和以网民论坛、官员微博、政府博客为核心非正式约束构成的制度矩阵。这一制度组合在交易费用为零的情况下，使政府回应网络舆论机制形成报酬递增的特点，并使政府逐渐走上路径依赖。

第二，政府网络舆论回应机制巨大的启动成本、学习效应、协调效应和适应性期望强化了回应机制的路径，尤其是适应性期望，最近几年政府采取的回应机制受到越来越多公民的肯定，信息公开、回应及时、主动负责的回应方式增加了人们对政府的信任，提高了政府公信力，这也强化了政府部门继续沿用现有的回应模式。同时，这种自我强化的机制可能导致除路径依赖以外的多重均衡、锁入以及无效率等结果。

第三，政府回应网络舆论的交易费用实质上是巨大的，它包括衡量成本、监管成本、产权界定成本和实施成本。在搜集决策信息时的衡量成本，不规范的网络空间秩序导致的巨大监管成本，网络空间内利益纠纷引发的产权界定以及回应网络舆论的巨大实施成本，都不可能使交易成本为零的政府网络舆论回应机制形成。

第四，在交易成本为零的情况下，政府回应网络舆论的绩效可能是报酬递增的，这时制度也是无足轻重的，但在交易成本显著的情况下，政府及其成员的主观模型对

---

① [德]柯武刚、史漫飞：《制度经济学：社会秩序与公共政策》，韩朝华译，商务印书馆2000年版。
② [美]道格拉斯·C.诺斯：《制度、制度变迁与经济绩效》，杭行译，上海人民出版社2008年版。

政府回应网络舆论变迁起着重要的作用。因此在正式约束与非正式约束构成的制度矩阵互动结构下应该注重政府及其成员的主观意识与价值倾向，引导政府及其成员坚持以人为本、积极创新的思想，防止价值观念和行为方式偏向极端。

值得注意的是本文探讨的焦点集中在政府网络舆论回应机制产生路径依赖的原因与解释，文中所涉及到的一些其他问题还未来得及展开讨论和详尽分析，如政府网络舆论回应机制中交易费用成本的类型、特点及其对政府回应网络舆论是如何运作的？诺斯在人的行为假设上认为制度理论中的行为假定不仅强调传统的理性行为，而且还承认人的利他行为和自我实施行为，那么这种行为假设的设定具体是如何对网络空间主体价值观念产生影响的？以及在交易费用显著的情况下，"心智构念"是否可以认知，应该如何引导？等等。对这些问题进行深入的探讨和分析能够更好地认识和理解政府回应网络舆论的变迁路径。